匡亚明　主编　中国思想家评传丛书

沈家本评传

李贵连　著

南京大学中国思想家研究中心

南京大学出版社

中国思想家评传丛书

沈家本像

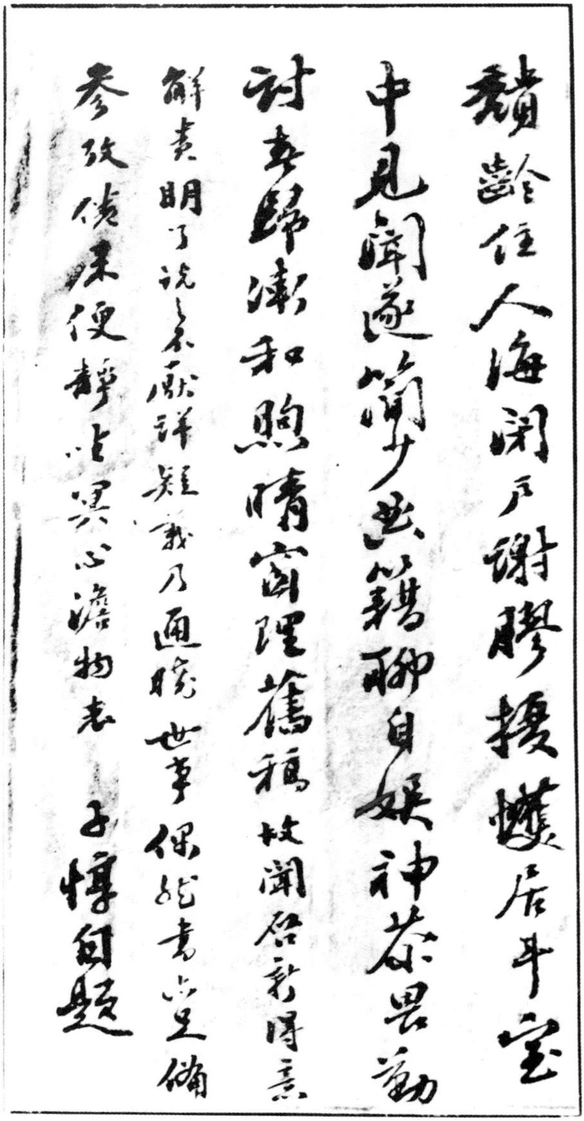

沈家本手书

《中国思想家评传丛书》序

匡亚明

伟大的中华民族在长达五千年连绵不断的曲折发展过程中，像滚滚东流的长江那样，以磅礴之势，冲破了重重险阻，奔腾向前，现在更以崭新面貌，雄姿英发，屹立于世界民族之林。这是人类历史上的一个奇迹。产生这一奇迹有诸多原因，其中十分重要的一点，就是我们勤劳、勇敢、智慧的各族人民，在长期的生产活动、社会活动、思维活动和对外交往以及抗击外来侵略过程中，逐渐创造、积累、发展了具有以生生不息的内在思想活力为核心的优秀传统思想文化。这是一种伟大、坚强的精神支柱，是我们民族凝聚力和生命力之所在，是历史留给我们所有海内外炎黄子孙引以自豪的无价之宝。

当然，和各国各种不同传统思想文化一样，在中华民族的思想文化传统中，也是既有精华，又有糟粕，因而全盘肯定或全盘否定，不对；一知半解、信口开河或裹足不前、漠然置之，也不对。郑重而严肃的态度应该是对它进行实事求是的科学的研究和分析，取其精华，弃其糟粕，继承和弘扬这份瑰宝，振兴中华，造福人类。人类历史发展的连续性，就是在不断去粗取精、继往开来和改革创新过程中实现的。继往是为了开来，开来不能离开继往。民族虚无主义和复古主义，都是违背历史发展的辩证规律的。

现在我们国家正处在一个新的继往开来迈向四化的关键时刻。继往就是继民族优秀传统之往，开来就是开社会主义现代化建设之来。对中国传统思想文化从广度和深度上进行系统研究，实现去粗取精的要求，正是继往开来必须完成的紧迫任务。我认为这是中国各族人民，首先是文化界、学术界、理论界义不容辞的光荣职责。但面对这一时间上长达五千年，内容上涉及人文科学、自然科学等各个领域的传统思想文化，将从何着手呢？毛泽东同志早在1938年就说过："从孔夫子到孙中山，我们应当给以总结，承继这一份珍贵的遗产。"[①]这是很有远见而又切合实际的英明建议。从孔子到孙中山这两千余年是中国历史上思想文化最丰富的时期，如果总结了这段历史，也就基本上总结了五千年传统思想文化的主要内容。当然，基本上不等于全部。孔子以前和孙中山以后的情况，可以另行研究。因此，我认为首先最好是在时间上从孔子开始到孙中山为止，方法上采取《中国思想家评传丛书》的形式作为实现这一任务的开端。这就是从这段历史的

① 毛泽东《中国共产党在民族战争中的地位》，《毛泽东选集》第2卷，人民出版社1952年，522页。

各个时期、各个领域和各个学科(包括文、史、哲、经、教、农、工、医、政治等等)有杰出成就的人物中,遴选二百余人作为传主(一般为一人一传,少数为二人或二人以上合传),通过对每个传主的评述,从各个侧面展现那些在不同时期、不同领域中有代表性人物的思想活力和业绩,从而以微见著、由具体到一般地勾勒出这段历史中中国传统思想文化的总体面貌,揭示其积极因素和消极因素的主要内涵,以利于开门见山、引人入胜地批判继承、古为今用,也为进一步全面系统地总结中国传统思想文化打下基础。自从毛泽东同志提出上引建议后,半个世纪以来,不少专家学者已从各个方面做了许多工作,但对全面完成这个任务来说还远远不够,还要在深度和广度上继续努力。作为"抛砖引玉",本《丛书》只是这个继续努力所应完成的工作的一部分。《丛书》凡二百部,约四千万言,自1990年开始陆续出版,争取十到十五年全部出齐。

《丛书》所以用"中国思想家评传"命名,主要是考虑到中国传统思想文化中的核心是生生不息的内在思想活力,而历史事实也反复证明,凡是在各个不同时代不同领域和学科中取得成就者,大多是那些在当时历史条件下自觉或不自觉地认识和掌握了该领域事物发展规律的具有敏锐思想的人。他们取得成就的大小,取决于思想上认识和反映这些规律的程度如何。思想并非先验之物,它所以能反映和掌握这些规律,主要是通过社会实践和对前人思想成果的借鉴和继承。思想一旦形成,反过来在一定程度上又对实践起决定性指导作用。韩愈说的"行成于思,毁于随"①,列宁说的"没有革命的理论

① 韩愈《进学解》,中华书局《四部备要》东雅堂本《韩昌黎全集》卷十二,3页。

就不会有革命的运动”①，这些话，虽所处时代和所持立场不同，所要解决的问题的性质也不同，但就认识论中思与行、理论（思想的高度概括）与实践的关系而言，确有相通之处，即都强调思想对实践的指导意义和作用。因此我们以“中国思想家评传”命名，就是力图抓住问题的核心，高屋建瓴地从思想角度去评述历史人物，以便对每个传主在他所处时代的具体情况下，如何在他所从事的领域中，克服困难，施展才华，取得成功，做出贡献，从思想深处洞察其底蕴。历史上各个时代富有思想因而能在有关方面取得成就的人，直接阐述自己思想观点的论著虽亦不少，但大量的则是其思想既来自实践（包括对前人、他人实践经验的吸取）、又渗透在自己创造性实践之中，集中凝聚在他自己的业绩和事功上，而没有留下论著。另一些人却只留下著作而无其他功绩，对这些人来说，他那些有价值的著作就理所当然地是他的伟大业绩和事功。如果论述一个人的思想而不联系他的业绩（包括著作），必将流于空洞的抽象；同样，如果只讲一个人的具体业绩而不结合他的思想活动，又必将成为现象的罗列。评价思想和评价业绩，两者不应偏废。而不断在实践中丰富和深化的思想活力则是经常起主导作用的因素，强调这个因素，引起人们的正视和反思，正是我们的主旨和目的。当然，思想和思想家，思想家和实践家，都是既有区别又有联系的不同概念，忽视这一点是不对的。《丛书》的重点则是放在两者的联系和结合上。至于如何使两者很好联系和结合而又着意于剖析其思想活力，各占多少篇幅或以何种方式表达，则自当由作者根据传主的具体情

① 列宁《怎么办》，《列宁选集》第1卷，人民出版社1976年，241页。

况创造性地作出妥善安排。

自从人类历史上产生了马克思主义，不仅全人类解放和发展有了划时代的明确方向，学术研究也有了更严密的科学方法，即辩证唯物主义和历史唯物主义的世界观和方法论。根据这一科学方法，在研究和总结中国传统思想文化，特别是联系到《丛书》的撰著时，我认为下列几点应特别引起重视。

一、坚持实事求是的原则。实事求是是贯串在马克思实际活动和理论研究中的主线，离开了它也就离开了马克思主义。只有切实掌握了客观情况，才能得出正确的认识和判断。前者为“实事”，后者为“求是”，二者相结合，就叫实事求是。事不实则非夸即诬。为了弄清情况，就必须对情况的本质与现象、整体与局部、真与伪、精与粗，作出区别、梳理和取舍，这样才能掌握情况的实质，达到“实事”的要求；然后进一步加以分析研究，找出事物本身固有的真相而非主观臆测的假象，并验证其是否符合人民利益和人类历史前进方向，是否反映科学、技术、文化、艺术的发展规律，这样才能得出正确的认识和判断，达到“求是”的要求。实事求是是治学的基本功夫，是对每个传主的功、过、是、非作出公正评价的必要前提。不论古今中外，对历史人物过高或过低的不公正评价，大都由于未能认真坚持实事求是原则的缘故。

二、坚持批判继承的原则。马克思主义学说就是批判的学说，而批判是为了继承、发展和创新。这就需要我们在实事求是的基础上，既要继承发扬传主业绩和思想中的积极因素，又要批判清除其消极因素。凡传主业绩和思想中体现了诸如爱国主义、民主意识、科学见解、艺术创造和艰苦奋斗、克己奉公、追求真理的精神，即在符合历史前进要求的“立德”、“立功”、“立言”诸方面有显著成就等积极因素者，必须满腔热情地加以继承和弘扬，并紧密结合当前社会主义建设实际，使之深入人心，蔚然成风；凡反映有诸如封建迷信、专制独裁、愚昧落后、丧失民族尊严和违背科学进步等消极因素者，必须以历史唯物主义的观点加以批判，清除其一定程度上至今尚起作用的消极影响，而消极因素经过彻底批判后可转化为有益的教训；凡积极因素和消极因素相混者，更当加以认真清理和扬弃，既发扬其积极因素又摒弃其消极因素。我们力求一点一滴、切实认真地探索各个传主思想和业绩中珍贵的积极因素，使之成为全国各族人民正在从事的继往开来伟大历史工程的组成部分。

三、坚持“百花齐放”、“百家争鸣”的原则。“百花齐放”和“百家争鸣”，是发扬学术民主、促进学术繁荣的正确原则和巨大动力。前者强调一个“齐”字，后者强调一个“争”字，是表示学术上平等、民主和自由的两种不同状态；前者突出的是统一与和谐，后者突出的是区别与争论；两种状态又统一于不断地相互促进和相互补充、转化的持续发展提高过程之中。“百花齐放”、“百家争鸣”的原则体现在撰著评传时，应从“齐放”和“争鸣”出发，综合中外各个时期对有关传主的不同评价，吸取符合客观存在的对的东西，摒弃其违反客观存在的不实的东西，然后创造性地提出经过自己独立思考的、赶前人或超前人的一家之言。同时，对整个《丛书》而言，也有个共性、个性又统一又区别的问题。这就是一方面作者应把“实事求是”、“批判继承”和“百花齐放”、“百家争鸣”这几点作为大家的共性（统一与共识）；另一方面，对每部评传的立意、结构和行文（文体、文风和文采等），则主要是作者的创造性思维劳动和雅俗共赏的文字表达艺术的成果，是彼此的个性(区别)，不宜也不应强求一律。评传作者都有充分自由去发扬这一个性，力求在对每一传主的评述中探索和展示其积极因素，使之和正在变革中国面貌的伟大社会主义建设实践融为一体，丰富其内容，促进其发展，而不是仅仅停留在对传主思想业绩的一般性诠释上。

我认为，以上三点大体上可以表达《丛书》所遵循的主要指导思想，但也不排除用其他思想和方法得出的有价值的研究成果。

感谢所有关心和支持《丛书》工作的单位和个人，特别感谢《丛书》的名誉顾问和学术顾问。他们的热情关心、支持和指教，使《丛书》工作得以顺利进行。更要感谢所有承担评传撰著任务的老中青学者，他们都以严谨的治学态度，作出了或正在作出对学术、对民族、对历史负责的研究成果。没有他们的积极合作，《丛书》工作的开展是不可能的。《丛书》副主编和中国思想家研究中心、南京大学出版社，在制定《丛书》规划，约请和联系国内外学者，审定书稿以及筹划编辑出版等方面，克服重重困难，做了大量工作，他们的辛勤劳动是《丛书》能按预定计划出版的必要前提。

现在《丛书》开始出版了，我作为年逾八旬的老人，看到自己迫于使命感而酝酿已久的设想终于在大家支持合作下实现，心情怡然感奋，好像回到了青年时代一样，体会到“不知老之将至”的愉悦，并以这种愉悦心情等待着《丛书》最后一部的问世；特别盼望看到它在继承中华民族传统思想文化的珍贵遗产方面，在激励人心、提高民族自尊心和爱国主义思想方面，在促进当前建设有中国特色的继往开来的社会主义现代化物质文明和精神文明的历史性伟大事业中，能起到应有的作用。我以一颗耄耋童心，默默地祝愿这一由一批老中青优秀学者经长年累月紧张思维劳动而作出的集体性学术成果能发出无私的熠熠之光，紧紧伴照着全民族、全人类排除前进道路上的各种障碍，走向和平、发展、繁荣、幸福的明天！

热诚欢迎国内外同仁和各界人士不吝赐教，以匡不逮。是为序。

1990年10月7日

内 容 简 介

清末修律的主持人沈家本，是从刑部司员一步步走上刑部“当家堂官”的位置。他固然是一位公认的律学专家，同时又领导了一场针对旧律的翻天覆地的改革。这场改革使得运行了约两千余年的旧律走到了尽头，从此，以亿数计的中国人得以生活在现代法律体系中。在这场改革中究竟发生了什么，以及应该如何评价这场改革，都已成为仍然处在这场改革的延续期中的我们所要面临的重大课题。本书试图以沈家本为核心，通过追述沈家本的经历、心路和学术思想轨迹，对以上课题作出自己的探讨。

A Brief Introduction

Shen JiaBen who presided at legal amendment of the last of Qing Dynasty, stepped to the principal director of the Department of Criminal from a common clerk. He not only was recognized as the old law expert , but also leaded the world-shaking reformation of the old law system. Just this reform ended the old law system which functioned over two thousand years in China, and made hundreds million of Chinese living in modern law system. What had happened in this reform? And how to evaluate it? These questions are the important problems for us who are staying in the continuous era of the reform. This book try to discuss these problems hereinbefore, encircled Shen JiaBen including his esperiences, his feeling, the contrail of his academic and ideology.

目　次

《中国思想家评传丛书》序 …………………………… 匡亚明

上编　沈家本传

前言　法治(Rule of Law)：晚清法律改革者的理想 …（ 3 ）
第一章　家世和青少年时代……………………………（13）
　一　宦迹不显的诗书世家……………………………（13）
　　（一）湖州城编吉巷 …………………………………（13）
　　（二）家世 ……………………………………………（15）
　二　北京——童年和少年……………………………（18）
　　（一）师承 ……………………………………………（18）
　　（二）读书 ……………………………………………（20）
　三　遭时多故，辗转湘黔 ……………………………（21）
　　（一）父亲外放 ………………………………………（22）
　　（二）滞留京师 ………………………………………（23）

（三）漫漫湘黔路 ……………………………（26）
（四）铜仁——长沙 …………………………（28）
（五）连天烽火逼贵阳 ………………………（31）
第二章 前尘似漆渺难知
——30年的刑曹和科举生涯 ……………（34）
一 乡试中举………………………………………（35）
二 索米长安感岁华………………………………（37）
（一）会试落榜 ……………………………（37）
（二）破书生涯 ……………………………（38）
（三）以律鸣于时 …………………………（44）
（四）磨驴陈迹踏年年 ……………………（49）
第三章 外官任上……………………………………（53）
一 外放天津………………………………………（54）
（一）强持手版趋跄拙 ……………………（54）
（二）治尚宽大 ……………………………（55）
（三）由来师克在人和 ……………………（59）
二 保定任上………………………………………（63）
（一）穷则变，变则通 ……………………（63）
（二）北关教案 ……………………………（65）
（三）《刑案汇览三编》 …………………（75）
（四）留得余生供读律 ……………………（79）
第四章 执掌刑部，奉命修律 …………………（94）
一 此人端为救时来——西行漫思…………（94）
（一）痛定应思痛，须寻国手医……………（95）
（二）哭奠赵舒翘 …………………………（96）
二 当家刑部………………………………………（99）

（一）身列朝班 ………………………………（100）
（二）当家堂官 ………………………………（101）
（三）整理部务 ………………………………（104）
三　奉命修律………………………………………（105）
第五章　改重为轻，化死为生
——翻译西法，改造旧法 ………………………（110）
一　改律例馆为修订法律馆………………………（112）
二　翻译各国法律…………………………………（114）
三　改造旧律………………………………………（118）
（一）删削《大清律例》中的部分条款 …………（118）
（二）废除重法 ………………………………（119）
（三）禁止刑讯 ………………………………（120）
（四）削减死罪条目 …………………………（122）
（五）改革行刑旧制 …………………………（123）
（六）删除奴婢律例 …………………………（124）
（七）统一满汉法律 …………………………（124）
（八）改革秋审制度 …………………………（126）
（九）增纂新章 ………………………………（127）
第六章　大理院正卿、修订法律大臣 …………（129）
一　预备立宪与官制改革…………………………（130）
二　大理院正卿……………………………………（132）
（一）筹设大理院 ……………………………（133）
（二）部院司法权限之争 ……………………（134）
三　修订法律馆的重新组建………………………（142）
（一）张仁黼：法律馆改为修订法律院 ……（143）
（二）沈家本：开去修订法律差事 …………（144）

（三）戴鸿慈：特开修订法律馆 ……………（146）
（四）奕劻：修订法律馆仍归独立 …………（147）
（五）修订法律馆的筹办 ……………………（150）
四 出国考察，聘用外籍专家和国内调查 ………（152）
（一）考察日本法制 …………………………（152）
（二）聘请日本专家 …………………………（154）
（三）调查民商事习惯 ………………………（161）
第七章 折冲樽俎，模范列强
——新法律草案的制定……………………（169）
一 商 律……………………………………………（169）
二 《刑事民事诉讼法》草案…………………………（172）
三 《法院编制法》……………………………………（174）
四 《违警律》…………………………………………（175）
五 《大清新刑律》……………………………………（175）
六 《国籍法》…………………………………………（178）
七 《大清刑事诉讼律草案》…………………………（180）
八 《大清民事诉讼律草案》…………………………（182）
九 《大清民律草案》…………………………………（184）
十 《大清现行刑律》之编定…………………………（185）
尾 声 退出政坛，斗室蠖居 ………………………（187）

下编 沈家本法律思想评述

第八章 沈家本“会通中西”的法律观…………………（193）
一 沈家本法律思想研究的出发点…………………（194）

二　沈家本的中西法律观 ……………………… (201)
(一) 究其真是,何旧何新 ……………… (201)
(二) 中西法律,同异参半 ……………… (206)
(三) 取长补短,齐一法制 ……………… (211)
三　“仁政”的内涵 ………………………………… (218)
四　“法理”的意义 ………………………………… (227)
第九章　礼法论争 ………………………………………… (235)
一　张之洞:法律本原实与经术相表里 ………… (238)
二　学部:因伦制礼,准礼制刑 ………………… (243)
三　旧义与新理:劳沈之辩 ……………………… (247)
(一) 劳乃宣:本旧律之义,用新律之体 …… (248)
(二) 沈家本:劳说不合旧义,亦悖新理 …… (256)
(三) 编制局:法律保护人之权利,尊长
不能倚法专横 ……………………… (260)
四　规范各异,道德与法律应否分离
——“无夫奸”与“子孙违反教令” ………… (265)
(一) “无夫奸”应否入律定罪 ……………… (265)
(二) “子孙违犯教令”如何制裁 …………… (273)
五　杀死奸夫:旧律不合法理,
无益政治、风俗和民生 ……………………… (275)
六　国家主义与家族主义
——新旧法律的原理原则 ……………………… (280)
(一) 杨度的国家主义理论 ……………………… (280)
(二) 劳乃宣的三种生计法律说 ……………… (284)
(三) 董康的新律本旧典参新事 ……………… (289)
(四) 吴廷燮的旧法律不合中国今日国情 … (292)

（五）崔云松的新律法理源于近世科学说 …（295）
（六）编制局的国家主义保护人权论 ………（298）
七 劳乃宣的《新刑律修正案》与资政院议员的辩论………………………………（300）
（一）劳乃宣的《新刑律修正案》 ……………（300）
（二）子孙对尊长能否适用正当防卫的辩论 …（303）
（三）“无夫奸”应否定罪科刑的辩论 ………（305）
（四）新刑律的颁布与刘廷琛的弹劾 ………（308）
第十章 近代法学与法学教育的奠基…………（311）
一 法学盛衰说……………………………（312）
二 兴学明法，政平讼理 …………………（317）
三 沟通新旧，融会中西 …………………（323）
四 创建、主持京师法律学堂 ……………（326）
五 北京法学会、《法学会杂志》 …………（331）
六 翻译、整理中外法律和法学著作 ……（334）
第十一章 沈家本的人格平等观………………（343）
一 平等：一个让沈家本回避的问题 ……（343）
二 形式平等：善恶与贫富之议 …………（352）
（一）以“善恶”论刑 ………………………（352）
（二）“赎法”之于贫富 ……………………（356）
三 人格：西方的？抑或中国的？ ………（360）
（一）人格的基础涵义 ……………………（360）
（二）沈家本所理解的“人格” ……………（363）
四 结语：曲折的解释……………………（371）
第十二章 沈家本的刑法思想…………………（376）
一 刑罚人道主义…………………………（376）

(一) 东西方的标准：仁与人道主义 ……… (376)
(二) 沈家本“仁”的法律观和反对重刑的思想
…………………………………………… (379)
(三) 人格：仁与刑罚人道主义的媒介 …… (382)
(四) 沈家本“托古改制”的合理性 ……… (385)
二 传统“罪刑法定”的近代转化…………… (387)
(一) 中国古代法中的相关条款 …………… (388)
(二)《大清现行刑律》的相关条款 ………… (392)
(三) 罪刑法定与《大清新刑律》 ………… (396)
(四) 比附援引与罪刑法定 ……………… (407)
三 传统“罪刑相当”的近代转化…………… (422)
(一) 沈家本关于罪刑相当的法理表达 …… (424)
(二) 沈家本对传统法中罪与罚关系的调整 … (425)
(三) 沈家本的罪刑相当观 ……………… (431)
第十三章 沈家本的司法审判独立思想………… (439)
一 撤废领事裁判权与沈家本倡议改良司法…… (439)
(一) 领事裁判权与清王朝司法主权之关系 … (440)
(二) 为撤废领事裁判权而改革司法 ……… (451)
二 司法审判独立——沈家本改良司法的核心范畴
…………………………………………… (454)
(一) 中西古今之置换
——沈家本对司法独立思想的把握 … (454)
(二) 对传统司法体制的批评和变通 ……… (460)
(三) 重视对司法人才的培育 …………… (464)
(四) 沈氏司法审判独立思想的发展 ……… (466)
三 结 论…………………………………… (477)

第十四章　结语：反映论？进化论？会通中西论？ ………
………………………………………………………… (479)
一　劳乃宣的"反映论"…………………………… (479)
二　杨度的"进化论"……………………………… (482)
三　沈家本的"会通论"…………………………… (487)
四　结　语…………………………………………… (492)
索　引……………………………………………… (494)
人名索引……………………………………………… (494)
词语索引……………………………………………… (497)
文献索引……………………………………………… (500)

后　记……………………………………………… (505)

A CRITICAL BIOGRAPHY OF SHEN JIABAN

CONTETS

Introduction

Part one Biography of and Comment on Shen Jiaben

Chapeer 1 The descent and his adolescent age

Chapter 2 The vague and unexpectable future—thirty years for imperial examinations and criminal clerk

Chapter 3 Taking up an appointment out of the capital

Chapter 4 Directing the Criminal Department and being nominated to mend legal system

Chapter 5 Abating the cruel punishment—translating the west countries' law and rebuilding Chinese legal system

Chapter 6 As the principal director of the Supreme Court and the minister for legal reform

Chapter 7 Diplomatic negotiation and imitating the West law

Epilogue: retreat from the political field, and in tranquil life

Part two Comment on Shen Jiaben's law ideology

Chapter 8 On the law viewpoint of "digesting the Chinese and the West"
Chapter 9 The argument of "Li" and Law
Chapter 10 Amendment for the basic of the Chinese ancient legal system
Chapter 11 On the viewpoint for equality of personality
Chapter 12 On the ideology of criminal law
Chapter 13 Abolishing consular jurisdiction and advocating the independency of judicatory
Chapter 14 Conclusion
Index
Postscript

上编　沈家本传

前言　法治(Rule of Law)：晚清法律改革者的理想

沈家本先生于1913年去世，从他的逝日上溯11年即1902年至今，他主持的晚清法律改革已逾百年。百年后的今天，回首这段改革的历史，我们发现：尽管这场改革曾有不少争论，大者如(法)部(大理)院权限之争，小者如罪刑法定与比附援引之争、刑讯与废除刑讯之争，以及陪审制、律师制之争等等，但是，从改革之日起，法、法治这些现代国家的标志，实际上并没有成为中国政治生活的主流话语。“晚清法律改革”、“沈家本”等名词，似乎在20世纪30年代便已“失语”①；80年代初改革开放以前则几乎成了不为法学界所知的古董。

---

① 蔡枢衡先生在1939年的一篇文章中说：当时“尽管习法者能知外国法及外国法律家甚多且详，却不一定知道中国法律史和法学史上有个沈家本。这不能不算是中国法律学教育的失败和耻辱”(见《中国法理自觉的发展》第95页)。

直到90年代初，国人要为行政诉讼法的颁布而欢呼"民"可告官；90年代中期，"以法治国"的提出，一度引起法学界学者们的高度振奋。如此等等，是历史遗忘了国人，还是国人遗忘了历史？令人感慨万千。

改革开放，把老古董从故纸堆中翻检出来。今天，"沈家本"、"晚清法律改革"虽然不是法学界十分流行的热门话语，但是学界中人对此至少并不陌生。"承前启后"、"媒介中西"——20世纪30年代杨鸿烈先生对那场改革主持者的定位也被学界认同。这是中国法和法学的进步，也是历史的进步。

自老古董被翻检出来后，晚清法律改革肇因于收回领事裁判权的需要，这一观点已经成了学界的共识。这是一个正确的表达。但是我觉得这只说到这次改革的一个方面，即原因方面。而从属性上来说，它还有另一个方面，即它从属于当时的"新政"和稍后的"立宪"①。也就是说，法律改革是"新政"、"宪政"的一部分，甚至可以说是重要的部分。②

"立宪"或者说"宪政"为什么要把法律改革做为重要内

---

① 对晚清的"新政"、"立宪"，学界一般统称为晚清变法。"立宪"从1906年的官制改革入手。对晚清变法，时人和后人都有很多评述，总的评价是"假立宪"、"伪立宪"。末代封建官僚，凭借这个"变法"舞台，做了淋漓尽致的表演。这不是我的臆断，沈家本先生的长女婿汪大燮在给汪康年的信函中，就尽情发泄了他对"变法"的不满："改官制事，非变政，实斗法。"(见《汪康年师友书札(1)》第895页)"今日是鬼蜮世界，举朝之上，如粪窖内蛆虫一般，活趋活瞧，不知闹些什么？"(见《汪康年师友书札(1)》第910页)鬼蜮世界中的蛆虫们，不以国家存亡为念，打着"变法"的旗帜而"斗法"，这就是当日的变法、立宪。

② 查阅当时的宪政清单，就可以看出新法律的制订在宪政中的地位。

容？道理很简单，从西方舶来的“宪政”，它在西方国家是离不开“法治”(rule of law)的。没有 rule of law，就没有立宪，没有宪政。而在中国，虽然自古以来没有“立宪”之说，但是却有“法治”或者“以法治国”。学者们一般以为，这种“法治”，不是西方意义上的 rule of law，而是 rule by law(法统制)，或者说是形式法治。晚清的改革，既然以“立宪”相号召，它就无法回避“法治”(rule of law)。法统制时代的法，不能胜任“立宪”的需要；制定法治时代的法，就成了仿行“立宪”的逻辑结果。

通过沈家本先生的晚年活动，我个人认为，至少在清朝宣布仿行立宪以后，他便已是法治(rule of law)特别是法治中审判独立的追求者和实践者。

作为晚清法律改革的主持者，沈家本既熟悉我国的古代法治(rule by law)，同时也了解西方的法治(rule of law)。在他的晚年著述《新译法规大全序》中，他开篇就指出：

> 《管子》曰：“立法以典民则祥，离法而治则不祥。”又曰：“以法治国，则举措而已。”又曰：“先王之治国也，使法择人，不自举也。使法量功，不自度也。”其言与今日西人之学说流派颇相近，是法治主义，古人早有持此说者，特宗旨不同耳。

中国古代法治，与西方法治只是“颇相近”。相近在什么地方？相近在“以法治国”、“使法择人”、“使法量功”这些表面的形式。但是，这种形式上的“相近”，无法掩盖二者的“宗旨”，亦即精神内核的天渊之别。二者宗旨区别在什么地方呢？他论证说：

今者法治之说，洋溢乎四表，方兴未艾，……或者议曰：以法治者，其流弊必入于申韩，学者不可不慎。抑知申韩之学，以刻核为宗旨，恃威相劫，实专制之尤。泰西之学，以保护治安为宗旨，人人有自由之便利，仍人人不得稍越法律之范围。二者相衡，判然各别。则以申韩议泰西，亦未究厥宗旨耳。[①]

直到今天，西方学者对“法治”的解释仍然是言人人殊。但是，不管西方对法治有多少解释，西方法治不同于中国古代“法治”，这是中西学者的共识。然而，就当时而言，又有几个人能真正区分两者的不同呢？（说句不好听的话，今天不是仍有人将“以法治国”直认为“法治”么?!）这位花甲之年才开始通过翻译而接触西方法律的老翁，短短几句话，就使人洞若观火，实在无法不使人不佩服他的法学渊深，以及由此而来的洞察力。

具备这样的洞察力，能对中西法治做如此精辟的分析，其价值取向不言而明：“近今泰西政事，纯以法治，三权分立，互相维持。其学说之嬗衍，推明法理，专而能精。”[②]泰西各国，“十九世纪以来，科学大明，而研精政法者，复朋兴辈作，乃能有今日之强盛，岂偶然哉”[③]？日本采用西法而强，“益知法治之说为不诬矣”[④]。奉行“法治”（Rule of Law）主义，跃然

① 《法学名著序》，《寄簃文存》卷六。
② 《法学名著序》，《寄簃文存》卷六。
③ 《政法类典序》，《寄簃文存》卷六。
④ 《新译法规大全序》，《寄簃文存》卷六。

纸上。

但是，理性的认识，不等于理论体系的建立，已届垂暮之年的老翁，虽然心知“法治”(Rule of Law)能导致中国的强盛，然而他已没有精力为之建构理论体系。他只能在职份范围内，通过“斗法”[①]，把自己的“法治”理想灌注到制度的建构中。这种建构，大体可分四个方面：

一、移植外国法，建构“宪政”的法律制度。

晚清法律改革，虽然只有短短的十年，但是可划分为两个阶段：1902 年到 1906 年的“新政”阶段，重点在对旧律的改造。就沈家本的思想而言，改造旧律的目的，落脚点主要是收回领事裁判权。1906 年至 1911 年，由于清朝宣布预备立宪，所以法律改革的重点在围绕“立宪”，制订适于宪政时代的新律。当然，由于新律要到“宪政”施行后才能实施，因此，这个阶段还必须继续改造旧律，使之成为“宪政”前的适用法律。因之有《大清现行刑律》的颁布施行。但宪政需要法治，因此，第二个阶段的法律改革，是为宪政而制订推行法治的法律文本，即各种现代法典。而沈家本的思想，除了“收回领事裁判权”这一直接目的之外，这一阶段，他的理想是在中国推行法治，希望中国能因“法治”而强盛。这正是这个时段他的著述频频出现“法治”，并对中西“法治”进行区分的原因。

---

① 沈氏女婿汪大燮“改官制事，非变政，实斗法”之论，虽然刺耳，但精当。晚清变法，实在是官僚争权“斗法”的大战场。我相信，沈家本在这种环境之下要“斗法”，即使不为现实利益，为理想，也要“斗法”。我有时认为，晚清法律改革，所以能有这样的结果，有一半要归功于他善“斗法”。没有贺卫方先生所说的“对中国官场逻辑的谙熟”，不会“斗法”，在当时的官场，恐怕寸步难行。

二、融合中西,推行审判独立。

清廷宣布预备"立宪"后,沈家本是一位坚定的司法/审判独立主义者。[①] 他既是当时司法/审判独立的理论阐述者,同时又是实践者。

(1) 著《历代刑官考》,阐明"政刑权分"为中国古制:

> 成周官制,政刑权分,教官之属,如乡师、乡大夫、州长、党正,各掌其所属之政教禁令,此持政权者也。刑官之属,如乡士、遂士、县士、方士,各掌其所属之讼狱,此持刑权者也。……近日欧洲制度,政刑分离,颇与周官相合。[②]

《历代刑官考》成书于1909年,正是清廷筹建各级审判厅,将审判权从各级行政官手中剥离之际。因此,人们尽可讥评他以古代"刑官"类比"欧洲制度"的幼稚浅薄,批评他"司法独立非惟欧西通行之实例,亦我中国固有良规"之论的妄谬。但是,我们无法否认他在社会转型时期为当时各级审判厅奠基的理论意义;而就论证方法而言,也无法肯定他的方法比其他论证方法的效果要差。就当时的环境而言,如果不用这种"托古改制"或"复古改制"的手法,而直接用西方理论去阐述司法/审判独立在中国的必要性,它的效果究竟有多大,实在

---

① 司法独立是近代以来的常用词。但是我觉得,司法独立没有审判独立确切,现在称作"司法"的机构太多,容易使人误解这些带有"司法"的机关都要独立。

②《历代刑官考上》,沈家本撰,邓经元、骈宇骞点校:《历代刑法考》(四),中华书局1985年版,第1962页。

令人怀疑。

（2）派员考察日本裁判制度，确认“司法独立与立宪关系至为密切”。如果说，《历代刑官考》是从中国传统说明司法/审判独立在中国的可行性，那么，调查日本裁判制度，则是实地考察司法/审判独立在东方国家的实效。通过考察，他确信日本“国力之骤张基于立宪，其实司法独立隐收其效”。在列举行政官兼任司法的四大害处之后，他斩钉截铁地说：“司法独立为及今刻不容缓之要图。”①

（3）引入律师制、陪审制。在西方国家，律师制、陪审制既是防止法官专断、保证审判公正的重要环节，同时也是审判独立的重要内容。几经曲折，律师、陪审，特别是律师，不但在制度上得到肯定，社会上也被认同。

三、采用西法，建构新的监狱制度。

按照沈家本先生当时对西方法治的认识，“泰西立宪诸国，监狱与立法司法鼎持而三”。有完备的法典，明允的法官，还必须有良好的监狱。因此，他极为注重狱政狱制。主张改建新式监狱，养成监狱官吏，颁布监狱规则，编辑监狱统计。②

四、创建法律学堂，开展现代法学教育。

---

① 他论证行政官兼任司法的四害文字较长，今录其第一害说：“吏治之兴替，繁州县之系，而任是职者率从科举捐纳而来，律例成案夙所未谙，一旦策名仕版，盲者登途，方位罔辨，其克副明允之选者几希。即使有志修习，律义简奥，既非浅涉所能领悟，且地方应办之事初非一端，冲要之区尤为纷繁。而尽责之州县，一人之身，其智力亦有所不逮。学无专精，由于官无专职。”（见《调查日本裁判监狱报告书》卷前奏疏，北京农工商部印刷科铅印）

② 《实行改良监狱以资模范而宏教育折》，《调查日本裁判监狱报告书》卷后奏疏，北京农工商部印刷科铅印。

现代法学教育，其始应为 1895 年的北洋大学堂。如果再早一点，可以上推到 1869 年同文馆国际公法课程的开设。但是，正规而有系统的法学教育，应该是 1906 年由他主持开办的京师法律学堂。这是一所为新设各级审判厅培养法官的学校。沈家本为之倾注了大量的心血。

模范列强制定"宪政"之法，在"宪政"之法的规范下，实行司法独立，建造管理新式监狱，这就是沈家本晚年致力法律改革的理想。这种理想，就是法治(Rule of Law)的理想。这是西方现代国家的管理模式。这种管理模式，都以"宪政"为前提，不管这种"宪政"是民主的还是君主的，抑或是君民共主的。但是，晚清专制统治者的"立宪"，是在内外交困的局面下，为稳定自身统治权力而被迫宣布的"立宪"。这种"立宪"，不但不同于西方的民主立宪，甚至与日本的"君主立宪"也相距甚远。面对破碎山河，晚年沈家本就在这样的环境中构造自己的理想。他是"奉命修律"的官员。他奉慈禧老佛爷之命，当然要服从命令。他所组建的修订法律馆，也不是西方那样的独立立法机关，只不过是清朝廷下面一个粉饰"立宪"、拟定法律草案的机构而已。一位以个人权位为鹄而同意"立宪"的老佛爷，加上举朝为权位而斗法的官僚，"法"、"法治"的命运可想而知。

沈家本研经读律，一生栖身官场。他熟悉官场规则，也了解官僚的心态，十分清楚法、法学、法治与政治的关系："法学之盛衰，与政之治忽，实息息相通。然当学之盛也，不能必政之皆盛，而当学之衰也，可决其政之必衰。"①这是他总结历代治乱得出的结论，但更多的恐怕还是他混迹官场几十年的实

① 《法学盛衰说》,《寄簃文存》卷三。

际体验。“不能必”、“可决”这几个字，十分准确地勾划了他对自己“法治”理想的态度。

他以垂暮之年，为大清王朝的“宪政”制定法典，改革司法，改造监狱，兴学明法。他的目的是希望中国能真正实行“立宪”，实行“法治”。这种理想能实现吗？不一定。因为学盛“不能必”政盛。但是，这仅仅是一种可能肯定，而不是必然或绝对肯定。它还有另一种可能，即学盛可能会使政盛。至于学衰，情况就不同了。学衰，其政必衰，再加上“可决”，就有了绝对肯定的含意。学盛还是有可能导致政盛，这就是他追求“法治”理想的基本动力。

为什么“学盛”只是有可能导致政盛，而“不能必政之皆盛”呢？他在《法学盛衰说》中为我们做了明确的解答：

> 吾独不解，骫法之人，往往即为定法之人。……法立而不守，而辄曰法之不足尚，此固古今之大病也。自来势要寡识之人，大抵不知法学为何事，欲其守法，或反破坏之，此法之所以难行，而学之所以衰也。①

谁是“势要”之人？当然是当权者。而且这种既有“势”且为“要”的人还不是一般的当权者。是谁呢？是“寡识”“骫法”的“定法之人”。这种人，只能是最高统治者。他们不知法学为何事，自己定法，但不守法，甚至破坏法。由他们当道，学虽盛，政焉能盛；由他们把持政权，兴盛之学又焉能不衰，学衰政

---

① 《历代刑法考》(四)，第 2144 页。

又焉能不衰呢?

这就是沈家本以其毕生经验,为中国"法治"号脉所得出的结论。它切中了中国"法治"的病根。他在世时,因"势要寡识"之人把持国家政权,而使"法治"成为镜中花水中月。他逝世之后,中国的"法治"又何尝不是如此呢?沈家本先生知道他的理想在当时无法实现,所以,他提倡振兴法学,使天下之士群知讨论,最后使"人人有法学之思想,一法立而天下共守之,而世局亦随法学为转移"。他寄希望于未来。我想,今天的我们不会再寄希望于将来了吧!

第一章　家世和青少年时代

一　宦迹不显的诗书世家

（一）湖州城编吉巷

太湖南岸的湖州城，是一座历史名城，它地处富庶的太湖边，毗邻美丽的莫干山。人杰地灵，名人辈出，形成了悠久的人文传统。明、清两朝，这里都是湖州府治。在清朝，它还是归安县和乌程县的县治。城中的一条小河将全城一分为二。一边是归安县，一边是乌程县。一座不太大的城市中，既有府治，又有两个县治，这在当时的中国并不多见。这样的行政建置，为这座历史古城增添了不少有趣的异地审案故事。其中一个，名曰“汤圆案”，是这样记述的：

据说，某一年归安县新来一位郑姓知县，因断案神明而有郑青天之称。一天，城外一个农民进城为女儿办嫁妆。他在乌程县所辖的一个点心铺吃完汤圆后，发觉身上没有铜钱而与店主商量先记账后还钱。店主以本小，互不认识而拒绝。无奈之下，农民只好留下一个银元，声明待后拿铜钱来换。但是，当农民办完事来换银元时，店主拒不交换。农民走投无路，求救一位赵姓讼师。讼师对他说，这个地方是乌程县辖地，告到乌程县，你的亏就吃定了。只有告到隔河的郑青天那里，你才不吃亏。你如果愿意挨打几鞭子，我告诉你办法。在讼师的指导下，农民来到归安县衙，故意冲撞郑知县的仪卫。在郑知县喝令打他的时候，他说：我是乌程县民，你是归安县官，你不能打我，应该把我送到乌程县。郑知县很生气说：天下官管天下百姓，你在我这里犯事，我就有权打你。农民心甘情愿挨了他的几鞭子，打完后掏出状纸就告状。郑知县说：你的事出在乌程县，你到乌程县告去。我是归安知县，不能审理，农民说：天下官管天下百姓，这不是你刚才说的吗？老爷你怎么一下就变卦了。郑知县笑了，终于接过这个农民的状纸，异地审案，在很短的时间里，就还了这位农民的清白。

道光二十年七月二十二日，公历 1840 年 8 月 19 日，归安县属的湖州郡城南门内编吉巷口沈家，一个新的生命呱呱落地。① 翻遍现有的记载，这个小生命降生前和降生时，都没有出现什么瑞兆。但是，他以后的经历，却与中国法律法学紧紧

① 沈家本会不会降生杭州俞家？笔者有这种怀疑。原因：沈家本说沈丙莹当年赘姻俞家。另外，同治十一年沈家本丁父之忧，曾重访外祖父俞焜故宅并赋诗，中有"杖履追随记昔年"之句。但我没有确切材料，说明他出生在杭州俞宅，故以编吉巷为其出生地。

联系在一起。他就是我们讲解、解读中国近现代法律法学无法回避的人物——沈家本。

一般的中国人,特别是舞文弄墨的文化人,恐怕没有不知道1840年。即使不知道1840年,也知道鸦片战争。这是中国历史的转折点。1840年,划分了中国的古代和近代;1840年,划分了独立的中国和半殖民地的中国;1840年也划分了中国的封建社会和半封建社会。中国的国家社会,在1840年鸦片战争的炮声中急剧演变。造物主让沈家本——本评传的传主,降生在这样的年代,这就注定了他一生的命运。他必须随着这个国家、这个社会、这个民族的起伏动荡而起伏动荡。

翻翻中国历史的陈年旧账,七月二十二日也不是什么好日子。鸦片战争期间,这一天中国方面主战派的首领林则徐遭到道光皇帝的申斥。骚扰澳门关闸的英国兵船虽然被清兵击退,但是渤海湾的英国兵船却从白河口出发游弋辽东。

战云迷漫。时代注定,伴随沈家本降生的是中华民族的灾难,国家的沉沦。他在这个时代降生,也就无法回避这个时代。

(二)家 世

时至今日,我们尚无法了解沈家本的童年生活。资料阙如,文不足征也。至于他的世系,现有四种记录可供参考。一是沈氏考取举人的补行咸丰辛酉科并同科壬戌恩科朱卷履历。二是考取进士时的光绪癸未科会试朱卷履历。三是光绪癸未同年齿录。四是沈家本祖父沈镜源晚年所作《蓼庵手述》中的《世泽纪略》、《先行纪略》、《自叙行略》(下称《三略》,均收

入沈家本晚年所编《沈氏家集》)。依据上述四种资料,沈氏世系如次:

十二世分支祖沈祝,字东生。

十一世祖沈经,字北桥。

十世祖沈朝元。

九世祖沈文逊。

(按:以上沈氏远祖,《三略》及辛酉壬戌科履历等均未提及,仅见于光绪癸未科朱卷履历)

八世祖沈复初,字敬桥,明代邑庠生。据《三略》,敬桥先世居湖州城北朱洪村浒稍桥。自敬桥起,迁居湖州郡城浮星桥。沈镜源以敬桥为本宗之祖。

七世祖沈天应,字济寰。敬桥次子。清顺治时,以运粮功议叙,选授金华协标守备,居京师打磨厂。后以失察海寇罢官归里。

六世祖沈铨元,字霞峰。济寰次子。科举无名,为人作幕40余年,以佐治功,议叙县丞。行年80,才回到湖州故里。

五世祖沈良丰,字西城。沈镜源虽然称其"忠厚端谨,乡里推为祭酒",家道显然中落。

高祖沈逢龄,字巽斋(按:光绪癸未科会试朱卷履历作:"高祖逢龄,字舜庸,国学生。"《世泽纪略》作:"祖巽斋公,以生计艰难,不得已栖身为椽吏。"从《世泽纪略》),因"生计艰难",已无法读书。为生存计,"不得已栖身为椽吏"。后被拔为库书,"赋税出纳,一秉勤慎",不但家境丰裕,本人也纳粟而为太学生。

曾祖沈国治,字琴石,号韵亭。安邑庠生,22岁为诸生。虽然受知于不少达官显宦,乾隆三十年(公元1765年),乾隆帝南巡江浙，亲往行在献诗献赋，得乾隆帝嘉奖。但前后省试十八科，终未考中举人。由于一生埋首举业，不善经营，以致家业日蹇。

祖，沈镜源，字席怀，号蓼庵，家道中落，生计艰难。嘉庆三年（公元 1798 年）考中举人，但会试却屡次榜上无名。乾隆帝定制：举人三科会试不中，挑取其中一等者以知县用，二等者以教职用。这就是清代的大挑制度。嘉庆二十二年（公元 1817 年），沈镜源因屡试不中，赴京大挑，不幸没有入选。道光六年（公元 1826 年），他变卖家产，再次进京应挑，被列为二等。次年，即被选授庆元县（今属浙江龙泉县）教谕。道光八年（公元 1828 年），他奉命赴任，一直至道光十三年（公元 1833 年），才告病返乡。

本生父沈丙莹，字晶如，号菁士。道光壬辰科举人（1832 年），乙巳恩科进士（1845 年）。沈丙莹尚有兄沈丙辉，弟沈麟书，均早夭。麟书自幼为镜源所喜爱，随往庆元教谕任内。他的早夭，对镜源的打击沉重，为之作《麟书小传》，并指令沈家本承麟书之宗祧。故一般记载均作：沈家本“父讳麟书”，“本生父讳丙莹”。

1840 年，沈家本就降生在这样一个宦迹不显的诗书世家。屡世科举，屡世不显。在小生命降生之时，他的前面，已有嫡兄、嫡姐各一。另有本生胞兄家树。后来又有本生胞弟彦模、家启、家霖。这是一个庞大的家族。家族的承传和希望，就同时落在他们的身上。几十年痛苦的科举之路，是历史的重压，也是家族的重压，他们无法回避。他们的命运，从降生之日起便无法逆转。

二　北京——童年和少年

(一) 师承

道光十二年(公元 1832 年),沈丙莹乡试中式,考取举人。次年,由沈镜源同年端木鹤田、俞铁花为媒,聘俞焜次女为妻。同年八月,沈丙莹成婚入赘俞家。

俞焜,字昆上,浙江钱塘人。嘉庆二十五年(1820 年)进士,改庶吉士,授编修。道光十三年(1833 年)迁御史。十七年(1837 年)授河南彰德府知府,旋擢永定河道,调湖南衡永郴桂道,一度署理湖南按察使。咸丰九年(1859 年)在杭州督办团练抵御太平军。第二年,太平军忠王李秀成攻杭州。俞焜率众抗击,死于城破之时。赐谥文节。

光绪三十二年(1906 年),沈家本校刊《沈氏家集》,在后识中说,在沈镜源晚年,沈家"家计益艰"。沈丙莹中举之次年,他即辞庆元教谕之职,回归湖州故里。沈丙莹赘姻俞氏后,"俞太夫人奁资尚充,赎田典屋,皆俞太夫人之资也"。在沈家本出生时,沈家虽不富有,但也不贫穷。他的童年当无衣食之苦。

沈丙莹考取举人后,随即两次参加礼部会试,均未中式。沈家本五岁那年,即道光二十五年(公元 1845 年),沈丙莹再次北上京师,参加会试。这一次,时来运转,不但考中进士,同时补官刑部,为陕西司主事。

沈丙莹在刑部为官,仕途基本顺利。他在刑部 12 年,由陕西司主事而致广西司员外郎，再迁为江苏司郎中。在刑部，他“熟于律例”，“为上官所重”①；“沈默畏慎，不求自异而勤于其职，能以律意傅狱情，多所平反。”②但是，由于“肃顺弄权，招之，谢不往”③。所以，他的升迁并不快，在刑部 12 年，仅为司员而已。他的刑部经历和勤谨作风，对沈家本影响颇深。徐兆丰在《春星草堂集跋》一文中曾指出：“君（指沈家本）之学术禀承有自。”

沈丙莹为官不久，即将家眷接往京师。沈家本随父在京就读。《同年齿录》、光绪癸未科会试朱卷履历等，开列一长串受业师的名单。这些受业师，很多是科举考试时的考官。其中，见诸沈家本文字并具影响的，或者说影响较大的，当为沈桂芬。

闵连庄既是沈丙莹的朋友，也是沈家本在京读书的老师。沈氏一直十分怀念这位少年时代的老师。

沈桂芬是沈家本姨父。同治二年（1863 年）即出任山西巡抚，曾任清朝廷都察院左都御史、兵部尚书、总理各国事务衙门大臣、军机大臣等要职，是同光重臣之一。有的论者认为，沈桂芬在同光时期的重要性，不仅在于他的身任要职，尚在于他是当国恭亲王奕䜣的灵魂，是左右奕䜣的人物。④ 据《清史稿》《清史列传》本传所载，他既是一个“遇事持重”、“谙究外情”的官僚，又是一个服膺儒家学说，堪为楷模式的人物：

---

① 《归安县志·沈丙莹传》。
② 施补华：《春星草堂集序》。
③ 《归安县志·沈丙莹传》。
④ 刘厚生：《张謇传记》（上海书店 1985 年版）说：“那拉氏垂帘，恭王当国，起先恭王的灵魂，是吴江沈桂芬，后来是高阳李鸿藻。”

"躬行谨饬，为军机大臣十几年，自奉若寒素，所处极湫隘，而未尝以清节自矜。"①对这位长辈兼老师，沈家本一生都十分敬重。从现在所能看到的沈氏日记中，无论在京在外，两人往来都十分密切。光绪年间，沈桂芬在京逝世。沈家本执礼极恭，天天守灵。直至最后，亲自将灵柩送出北京。

（二）读书

在中举之前，沈家本读了哪些书？这是一个需要探究的问题。《清史稿》本传对此只有 14 个字的记载："少读书，好深湛之思，于《周官》多创获。"②它无所述。

《周官》即《周官书名考古偶纂》。③ 此书旨在纠明人郎兆玉《周官古文奇字》之错。对一本成名之作进行纠错，以正其伪，以删其谬，以补其缺，也不是浅尝辄止者所能为。特别是这种古文字考据之书，更非浅学者之所能。《清史稿》以"好深湛之思"、"多创获"以概其少年时代学业，应非虚言。

1861 年，他离京前赴其父贵州任所。以后四五年间，辗转湘黔。虽然时事艰难，仍不忘读书。同治乙丑（1865 年），就几年所读之书作《借书记》。书前小引，记述了他对求书之苦与读书之乐。他在动荡不定的年月里，孜孜不倦地苦读。据《借书记》，一共读了 348 部书。这些书，非常杂驳，有经史

---

① 《清史稿》卷 436，《清史列传》卷 52。

② 《清史稿》卷 443。

③ 沈氏《墓志铭》作：《周官书名考古》。现已汇入中国社会科学出版社 1997 年版《沈家本未刻书集纂》。

也有子集;有神仙也有怪异;有国内也有国外,还有清朝的禁书。总之,被一般士人目为"不正经"书,也都列入他的眼底。如《仙吏传》、《柳毅传》、《龙女传》、《妙女传》、《神女传》、《枕中记》、《离魂记》、《再生记》、《才鬼记》、《灵鬼志》、《穷怪录》、《幽怪录》等神仙鬼怪之书;《圜容较义》、《测量法义》、《几何原本》、《同文算指前编》、《海录》、《新释地备考全书》、《全体新书》等早期西方传教士,以及近期西洋译作,都被他尽收眼底。

特别使人惊异的是,明末清初黄宗羲的《明夷待访录》也被他笔记录入《借书记》。黄氏此书,一般认为19世纪90年代,因梁启超、谭嗣同的地下刊印才得以流行。对"明夷待访"四字的解释,梁启超、章太炎两先生还有一段公案。但是,早在60年代,沈氏即读该书,并对"明夷待访"做了解释:

> 明夷待访者,言当明夷之世,而冀当局者如箕子之见访也。所条并为治大法,欲革百王之弊,以复三代之盛。口端冠以顾亭林先生书,其推服良深。惟建都一条,亭林先生亦非。

三 遭时多故,辗转湘黔

1913年,时任民国临时大总统的袁世凯,派人到沈家本灵前致祭。其中"遭时多故,辗转湘黔"一句,是对沈家本青年时期在湖南贵州颠沛流离生活的真实写照。沈家本一生历经各种磨难,1861年至1864年反复出入湘黔,就是其中重要的一次。

（一）父亲外放

沈家本何年到京师？现在尚无明确的资料记载。按沈丙莹 1845 年考取进士并补官刑部，沈家本时年五岁。以此相推，他可能在当年，或翌年随母到京师居住。咸丰十一年（1861 年）举家南行贵州，被困黄河渡口。他在《日记》中说："忆甲寅胜芳回浙，道出东平，因兵差旅店挤荡，在三官店小车店暂息一宵，前后光景相似，一为之甚，而今再矣。"①甲寅是咸丰四年，公历 1854 年，时沈家本 14 岁。"回浙"，系从京师返回浙江湖州。据此，他在 14 岁以前即已随父客居京师，这一点是没有疑问的。

沈丙莹为官京师，沈家本随任就读。咸丰七年（1857 年），在做了 10 多年的刑部司员之后，沈丙莹改官都察院山西道监察御史。"其始官刑部也，勤于其职，遇疑狱多平反，而不自表爆以博赫赫名。"②清朝官场，京官做过几年，最好是放外任。否则，就会穷困潦倒一辈子做穷京官。沈丙莹在京师为官 10 多年，直到咸丰九年（1859 年）才有幸外放为贵州安顺府知府。贵州是边远穷省，而且正值兵乱。他不能不赴任，又不知道到贵州后，会给他和家人带来什么样的结果。

---

① 沈家本：辛酉年《日记》，稿本。

② 徐兆丰：《春星草堂集·跋》。

（二）滞留京师

沈丙莹在京师为官，全家居住宣南坊。外放贵州时，因路途遥远，且前途未卜，故眷属暂留京师，准备南返浙江湖州。但是，他离京不久，太平军忠王李秀成即挥师入浙。战火纷飞，沈家本南行受阻，全家由宣南坊移居会馆。

寄居会馆的都是浙江同乡，消息灵通。但是，传来的都是坏消息：李秀成挥师入浙后，安吉被占，长兴被占，家乡湖州被围。浙江省会杭州被围，二月二十七日城破，外祖父俞焜战死，没有过门的原聘妻子郑氏死于战乱。天京大会战，清军江南大营被攻破。江苏丹阳、常州陷落。每一条消息，都使他惊心动魄。特别是杭州的失陷，外祖父的死难，在他的心上留下难以抚平的伤痛。《悲武林》记录了他当日的悲痛心情：

> 角声促，吴山足。鼓声哀，西湖曲。鼓角动天地，湖山亦遭辱。旌旗不飞扬，落日亭台黄。昔日销金锅，今日瓦砾场。苏工隄上唤春鸟，城西日日泣枯草。①

初尝亲人离散死亡之痛的同时，已经成人的他，又体验到官场变化造成的炎凉人世。《二犬记》记录了这位初涉世事的年轻人，对封建末世官场人情的凝思：

---

① 沈家本：《偶存稿七》。

京师多梁上君子，积俗然也。旅居之家，多畜犬以司警。谓其胜于持时专当者。

家大人官西曹，卜居宣南坊，畜二犬，一苍瘦而挚，一黄肥而猛，夜不虚吠，吠必有盗。一夕盗至，已下屋，由外院入内院，二犬吠随之不少懈，盗上屋跳。自是频夕至终不得逞，乃绝迹。佥曰：二犬之功也。然外人来，当白昼亦必吠，示欲挞之状，则噬更猛，每至窘不得移步。非有导者，虽贵客亦然。犬若以己之职分当尔，不以人之贵贱贫富而有所上下于其间。其性之忠亦如此。岁己未，家大人出守黔中，留眷京师。庚申道梗，南归不成行，暂移居会馆。二犬随至，司警如故，时无贰心。时余家居内院，乡人之旅京者居外院。二犬终日守内院，即至外院，亦帖耳服人，不入内不吠。一若知此地为公共之地，于人己之界极为分明也者。殆又忠一之心之所发露欤。

吾尝观世之人，富贵者尊之畏之，且谄事之；贫贱者卑之鄙之，且呵叱之；不问己之职分居何等，但视人之位分为进退。又尝见世之为友朋及为仆从者，当主人得位时，惟主人之颜色是听，一旦事势异，即反唇相诋，怀贰心，甚且设阱以相陷复下石焉。若二犬者可谓忠一矣。辛酉春，举家赴铜仁，出国门时，二犬随车行及门而返，依依然有不忍舍状，道远不能从也。

辛酉冬，家大人去任，友仆中有怀贰心者。余感其事不能忘二犬之忠一也，故记之。①

① 沈家本：《偶存稿五》。

这是一篇小文。这样的小文，在沈家本的文字中并不多见。他将“人”与“犬”作对照，在某种意义上，可以说是对“人”的亵渎。但是，人类进化脱离动物而丧失纯真的本性后，有时确乎比不上动物。他用活灵活现的文字描绘的犬的忠纯，鞭挞人性的卑污丑恶。人世间的世态炎凉，在他刚刚涉世之时，就在脑海中打下深刻的印记。20世纪初年，他主持法律改革，力主尊重人格，削除奴婢律例，或许种根于此。

京师滞留的窘境远未结束。第二次鸦片战争的战火迫近京师。七月五日，大沽北岸炮台被英法军攻占；七月七日，天津被占；八月四日，通州失陷；八月八日，咸丰皇帝自圆明园北走热河；八月十二日侵略军进至北京朝阳门外；二十二日进占圆明园，二十九日进入北京城；九月五日，在额尔金的命令下，圆明园火光冲天，燃烧三日，世界名园，化为瓦砾。

北京城风声鹤唳。七月二十七日，咸丰皇帝巡幸木兰，逃离京城的消息传出，人心惶惶中，踢处会馆的沈家，终于离开会馆前往西山避难。

八月二日，咸丰帝同意英国侵略者的议和条件，接受城下之盟。得到这个消息，沈家本带领全家，返回会馆。但是形势的发展，不容他梦魂安定。为英法使臣觐见咸丰帝，向咸丰帝跪拜呈递国书之争。双方谈判再次破裂。咸丰帝下令拘留巴夏礼等39人，对英法宣战。腐朽的御林军不堪一击。2万多人的僧格林沁部，迎战人数仅3500人的英法军，结果一触即溃。八里桥再战，骄横不可一世的胜保被一枪击落马下。战不能战，咸丰帝在万般无奈中，把议和全权转交恭亲王奕䜣，自己带领后宫侍卫，远走热河。

皇帝丢下他的子民逃走了。北京城人心汹汹。八月九日，沈家本带着全家，再次离京到西山避难。

第二次出京，他和全家暂住西山柿子园周氏山庄。秋风阵阵。风风雨雨中度过中秋。哀鸿声起，重阳又到。“一声哀雁起秋凉，午夜衔芦为底忙。我有愁心何处寄，梦中随尔过潇湘。”①战火离乱中，这个刚刚涉世的青年，发出了这如歌如泣的低吟。

经过一个多月的凄风苦雨，留守全权大臣恭亲王奕䜣，终于在刺刀下接受了侵略军提出的全部条件。九月十五日，咸丰帝批准中英中法北京条约。侵略军满载劫略的财宝，退出北京。九月二十日，他和全家再次回到北京城中。

短暂的颠沛流离结束了，但是更长更远的征途在等待着他。

（三）漫漫湘黔路

传主留京，在战火中艰难度日。传主之父，外放贵州的沈丙莹处境同样艰难。他就任贵州安顺府知府时，正值张秀眉领导贵州苗民起义。当时，贵州全省，苗民起义军和以汉族人民为主体的“号军”、“教军”，人数达几十万，石达开脱离太平天国后，率部西行，先遣队也进入了贵州。清王朝派往贵州的各级官吏处在义军的重重包围之中，封疆大吏甚至不敢出贵阳城一步。派出镇压义军的官兵，腐朽不堪，屡战屡败。

贵州来人，也谈到黔中光景。“军务败坏，非贼之势张，实国之饷绌。”“饷难为继，民不聊生，贼氛遍野，旋扑旋炽，贼日

① 沈家本：《偶存稿七》。

多而民日少，安望太平日乎。”[1]无钱养兵，便纵兵略民。民不堪略，便起而反抗。“贼日多而民日少”出自当日官僚之口的语言，充分道出了“黔乱”的乱因。

咸丰十一年（1861 年）正月初四，正在忙着拜客的沈家本，接到父亲自上年十一月十六日寄来的信函，告诉他拟署理铜仁府知府。铜仁府“界连楚南，尚称平静。拟仲冬二十四日赴任至铜，即谋接眷计”。得到这封信，他曾一度犹豫。因为这一年是乡试之期。如到贵州，便要放弃这次考试。而科举对他这样的读书人来说，该是何等重要。功名，生计，加上战乱而来的路途阻隔，使他迟迟拿不定主意。

二月二十三日，病中接父函，告知上年腊月已抵铜仁，十六日接铜仁知府印。由于道路阻塞，加上大病未愈，他仍在犹豫中。三月十六日，再按沈丙莹函，命其收拾一切，定计南行。父命难违，他不能再犹豫了，终于决定本月底南下赴黔。

三月二十六日，京师的风沙遮天蔽日。沈家本护送着母亲，带着弟妹，9 辆车浩浩荡荡从京师彰仪门起程，踏上漫漫征途。姨丈沈桂芬等前来送行。

这是一次非常艰难的旅程。从三月二十六日动身，直到六月初八日，历时两个多月，才抵达贵州铜仁沈丙莹任所。其时清军与捻军正在河北、河南鏖战。他们一家在途中曾一度失散。四月初九的《日记》，记录了他们过黄河渡口的艰难：

> 初九日，晨晴。五更开车，时寅初，因抢船故趁早也。三十里五驿镇，二十四里马村。路人云，冈园

① 《日记》辛酉正月十五日。

渡已移南二十里。绕道二十里至颜家村，则渡口又移向北二十五里。打饋后又回至新寨口，时方晌午，狂风陡作，惊心动魄，声震天地。俟至申牌，风势愈甚，飞沙走石，对面不见人。因回至七里马庄宿。村僻惟小车店一处，土屋三间，床三只，秽气薰蒸，殊不可一瞬。而食无他物。惟向卖糉翁买得小米粥，权作晚餐。即在车中假寐。惟慈闱及壬、菱二弟、连喜四人在苇床暂息。此等境地，不跋风尘，安得尝之。

自三月二十六日出都过卢沟桥，沈氏带着弟弟，护送母亲，过保定，走邯郸，渡黄河进入河南；又经襄城、叶县新野，来到湖北；在樊城由陆路改为水路，出荆门经沙市，过长江到达湖南，五月十六日，经过近50天的行程，来到常德，由春到夏，前面等待他的是最为艰险的最后一段旅程。

五月二十日，经过一番准备，解维开船40里，即遇大风雨。江湖风波恶，真是言不虚传。二十三日，进入沅陵饔子洞。最后，加雇6名舟子，饱尝风险，历时两个多月，六月初八日，他终于结束了这段艰难的旅程，到达铜仁。

（四）铜仁——长沙

从六月初八日到十二月初八日，半年时间，沈家本在其父铜仁知府任所，一面课弟读书，一面帮助其父料理府中事宜，包括审理案件。

但是，在大动乱的年代，山城也不安静。加上官场的腐败倾轧，沈丙莹在铜仁始终只是署理知府，十一月就被他人取代。据沈家本后来追述,沈丙莹从安顺府到达铜仁府任内后,正值铜仁邻郡思州府属之路溪教军发动起义,他越境作战,为清王朝立下了汗马功劳。但因为没有向上司韩超送礼,沈丙莹不但"有功"未赏,最后还丢了乌纱帽,返回贵阳闭居。

早在催促沈家本入黔之日,沈丙莹就有如在铜仁能稍充宦囊即回湖州老家的打算。而今在铜仁任所不足一年,囊中羞涩依然。官场如此险恶,黔局如此混乱,自己是官身,只能回贵阳待命。但是,眷属呢?最好是离黔。让他们到哪里去呢?回京师?当时京师政局动荡,肃顺等顾命大臣正与后宫激斗;回浙江老家?杭州又再度被围,炮火连天。都不是好去处。筹思再三,只好让他们先到湖南长沙。长沙离贵州近,战火大体平息,又有自己的老朋友在彼。然而,铜仁到长沙,路途也不安静。他们原定十一月二十二日动身。由于石达开部与官军仍在必经之地浦市一带交战,所以直至十二月初八日才正式开船。

护着母亲带着弟妹,在兵荒马乱中经过20多天的行程,终于在春节来临前到达长沙。路途的艰难,使他虽然经常骂"贼"、恨"贼",但官兵的劫掠也使他愤怒。路过浦市,"浦市几成白地,沪溪县城亦烧矣"。"浦市系江练所毁。此地兵练,民亦甚苦之,不亚于长毛也。"

十二月廿五日,沈家本带全家进入长沙。经俞同甫介绍,租住长沙东茅巷彭宅。开始了新一年的等待。

除夕一过,就是同治元年。北京城中,宫廷内经过残酷的杀戮。肃顺等人,杀的杀,放的放。两宫垂帘,恭亲王奕䜣议政。爆竹声中,他和朋友们议论着,盼望一个好的年头。

正月十一日,时任礼部左侍郎的姨丈兼老师沈桂芬来到长沙。他们彻夜长谈，谈京城政局，谈江浙战况，谈沈丙莹贵州的处境。最后，他们认为，沈丙莹因系“实缺人员，他省不能奏留。惟有捐双月道，俟后请咨赴选，则道出湘南即可奏留矣”①。这只是设想，能否行得通，还待以后。

这是一个痛苦的年代。作为一个血气方刚的青年，他不知道自己的命运会发生什么变化。他不但看不见将来，连明天会出现什么事情，他也无法预料。眼前是异乡异客，有家不能归，有父不能随。

在长沙，沈家本侍养母亲的同时，一边自己读书，一边课弟读书。另外，随时探听浙江和贵州两个地方的消息。这一年虽然是新朝开始，政局一变；京外曾国藩也正式就任两江总督，统辖江苏、安徽、浙江、江西四省军队，统一各路官兵，集中对付太平军，但是，战局并无什么起色。传到长沙的消息，以贵州和浙江为多，而且特别不好。贵州方面，官场败坏。沈丙莹离开铜仁，沈桂芬为他拟定的方案没有结果，他只好前往贵阳闲住；安顺府有缺，但是谋者太多，未能如愿，只好继续闲住。铜仁府自沈丙莹走后，由小吏出身的王云继任知府。其时官逼民反，黔东成了火海。贵阳方面，兵骄将悍，官不能制。官场的败坏，导致内部涣散无力，义军趁势长驱直入。

浙江传来的消息令他坐卧不宁。年前杭州城破，年后传来湖州被围。这是他的根，祖坟亲族都在这里。五月二十九日，最令他害怕的消息传来：湖州城于本月初三日被攻破。

异乡异客，秋雨秋风，湖州城内的火光，被饿死、杀死的一张张熟悉的脸在眼前闪现，挥之不去。“鼙鼓三江急，尘氛两

① 《日记》壬戌正月二十日。

浙延。乡关归瓦砾，骨肉泣刀铤。桑梓情徒切，萍蓬迹自怜。”[①]虽然已过三更，但是他辗转反侧，无论如何也睡不着。起来伫立阶下，除了风声雨声，周围是这样的静寂。他低首吟哦：

拥衾不成梦，凉思动今宵。
之子处幽迥，秋风增寂寥。
孤灯荧悄悄，落木和萧萧。
莫向空山听，鹲魂声里销。[②]

爆竹声送走这痛苦年份的最后一天。新一年大局面虽然没有多大变化，但是，贵州传来消息，韩超已被撤职，张亮基入黔为巡抚，并奉命查办韩超与提督田兴恕。闲居贵阳的沈丙莹得布政使龚叔雨推荐，张亮基命他代理贵阳府知府，三月二十七日正式接印任职，命沈家本带家人前来任所。四月二十六日，结束长沙的旅居生活，再次入黔。

（五）连天烽火逼贵阳

又是一番艰难的旅程。湘黔虽然已有往来两次的经验，但是那样的年头，是走一次害怕一次。途中不但有“贼”有“匪”，各处团练乡丁，散兵游勇，和“贼”“匪”并无什么区别，甚至比“贼”“匪”更可怕。除此之外，还有厘卡差役。“正安州差

① 沈家本：《偶存稿八》。
② 沈家本：《偶存稿八》。

役势甚鸱张，足以挟制官长，乡民受[甚]（按：当为其）累。”所经地方，乡民“有逃避未归者，有未开店门者。嗟夫，练之祸民也”。不仅如此，连所雇伕役也不可靠，伕头陈士隆竟然逃走，“随身拜匣被其背去，内均紧要之件，殊怕人也”①。只好报官追缉。这样停停走走，直到六月二十三日，走了近两个月才到达贵阳。

沈丙莹得署贵阳知府，出于贵州布政使龚叔雨的推荐。接印上任后，得巡抚张亮基的信任，“遇事尽言，多所区画”。张亮基的奏折、各种政治、军事方案，都由他代拟。在他的协助下，“数月间黔事有起色”。但是，官场风云变幻，他代理贵阳太守不久，云贵总督劳崇光便来黔办理教案。入黔途中，遭到起义军的阻截，得总兵沈宏富相救得脱。入黔后，为报救命之恩，保奏沈署理贵州提督。沈宏富原为田兴恕旧部，所部官兵，毫无纪律，十分腐败。“所部多妇孺，民出御贼，而兵反劫其家。”劳崇光知沈宏富之所为，而置之不问。

离贵阳仅120里的开州府，被义军包围七年而不解。官军屡吃败仗。牧守戴鹿“恃民团与贼相抵”。沈宏富部往救，民团与义军在前面作战，沈部官兵趁机“前往村中到处掳掠，民心遂变”。九月初，义军首先突破北门沈部守地，戴鹿自杀，开州被攻陷。

义军向贵阳推进。在这危急存亡之秋，作为一郡之守，沈丙莹虽为文职，也手执戈矛，日夜亲自巡视四城。紧随父亲身后，沈家本走上贵阳城头。

贵阳城最后得赵德光军的救援，得以保全。但是，由于沈

① 《日记》癸亥六月二十五日、二十六日。

丙莹不受当权者的拉拢,"遂不安于其位矣"[1]。

沈丙莹离开安顺府,署铜仁府,权贵阳府,时间很短,且不得志,处处被排挤。最后,被人举劾。这时,湖州战火基本停息,于是,他决计辞官归里。同治三年(公元 1864 年)正月十六日,元宵刚过,沈家本便随同父亲离开贵阳,到长沙会齐亲人后,顺长江而下,回到浙江湖州老家。

① 沈家本:《春星草堂集·贵阳官文书偶存》后记。

第二章　前尘似漆渺难知——30 年的刑曹和科举生涯

结束了颠沛流离的湘黔之行后，沈家本开始步入中青年时代的科第及刑曹生活。这个时期长达 30 年，科举与刑曹并行，个人和家庭变化都很大。科第方面，他轻而易举地考取了举人，但会试进士，却屡次名落孙山，直至过了不惑之年，才金榜题名，考取进士。刑曹生活方面，由于他个人的努力，他很快以律鸣于时，成了一名精通律例，能得心应手处理各种复杂案件的刑部司员。这个时期，由于醉心科第，他为考取进士而被八股文所困近 20 年。反复出入科场和 30 年漫长的刑曹生活，使他的思想经常处于消极、悲观甚至绝望的状态。但是，他毕竟是一个笃学深思的人，尽管处境不佳，有时甚至屡逢逆境，但在经史考证和律学研究方面，仍然成就斐然。

一 乡试中举

同治三年(公元 1864 年),沈家本随父离开贵阳,在四川泸州乘舟东下。在湖南长沙汇合母亲再顺江东下,直达上海,然后,由海道北抵山东烟台,最后从烟台直达北京。在长沙,他就决定与家人分手,单独入京。

他如此急速进京,是为了什么呢?日记断记,诗文也没有明确的回答。光绪十三年,他在刑部参加京察。京察前,他赋诗二首。诗前序云:“腊八京察过堂,计自甲子到部,八过堂矣。”甲子年正好是同治三年(1864 年),距光绪十三年(1887 年),整 24 年。京察三年举行一次。所以光绪十三年的京察是第八次。以此计算,他这一年匆匆进京,显然是到刑部报到任职。另据《墓志铭》:“安顺公(按:指沈丙莹)以忤时解官归,公(按:指沈家本)才弱冠,即援例以郎中分刑部,公之学律自是始。”从这节记载,也可说明,他这次进京的目的是到刑部任职。

同治四年(1865 年),浙江补行辛酉(咸丰十一年,即 1861 年)科乡试。他到刑部时间虽然不长,但不能放弃这一机会。六月十九日,他由北京起程,先到天津。二十八日,在紫竹林登上轮船行如飞号。七月初四日到达上海。初七日雇船前往湖州,十二日回到编吉巷旧宅。父子兄弟稍作团聚,二十一日由其父陪同前往杭州应试。

这是他等待多年,又千里迢迢,拼力为之一搏的考试。可能是太兴奋又太紧张的缘故,到杭州没几天,他的旧疾又发作了。一连几天,他的头剧痛,浑身发热,胸膈不通,饮食不进。一直到八月初八日开试,他虽然精神不支,痼疾未愈,但为了这难得的机会，仍然扶病入场。

自咸丰帝季年以来，浙江乡试便因战乱而停止。乡试消息传出，全省士子云集，经历两度战火，已经残破不堪的杭州城顿时热闹起来。进场入考士子，仅绍兴一地就达 2 200 多人，宁波次之 1 600 多人，杭州又次之 1 000 有奇，台州来了 800 多，相比之下，嘉湖地区少多了，仅 700 多人，金、严、温、衢、处五府人数最少。全省共约 9 100 余人。上万士人，角逐有限的举人。这就是当日的科举考试。

多年苦读，他对这次应试似乎胸有成竹，三场一挥而就。出场后，他的心情很好，游西湖、访灵隐、登雷峰、拜岳坟。游完杭州后返回湖州等待消息。

重阳过了，报录人来到编吉巷口，在近万士子的角逐中，他成功了。虽非解首，中式第 62 名，也不算后。编吉巷口人声吵杂，贺客盈门。热闹一阵以后，再返杭州，拜见房师，翻读考卷。笔者手边有他头场的试卷，原文冗长，不便照录。下面将他的房师荐批录入如下：

全部三场荐批："首艺理明机圆，词无庞杂，次、三清畅，诗妥。经艺稳洁一律。五策清洁。"

首场头题批："一气挥霍之中仍处处典切，禀经酌雅，洁净精微。"

首题批："清而腴，疏而畅，沙明水净，尘障一空。"

三题批："从以是二字著笔，故语语有颜子在。不矜才不使气，灵光四映，元著迢迢。"

诗批："自然浑雅。"①

① 朱卷后批语。

就批语看，是不错的。

人生总是悲喜相间。正当他沉浸在中举后的欢乐中的时候，从北京传来他父亲谋复职而失败的消息。更糟糕的是，父亲奉旨罢休尚未到家，四弟病危，旋即辞世。在此期间，一位与他有着生死之交的朋友的死讯也传到编吉巷。有道是乐极悲生，造物主经常捉弄人，既给欢乐，又给人悲苦，总不愿意使人事事如意，一帆风顺。上天让他顺利中举，中举后的这些不快，似乎又向他预示：后面的路并不平坦。

二 索米长安感岁华

造物主确实在捉弄他。1865 年，他一试中举，但以后的会试却连连受挫，几十年沉湎科举，耗尽他的青春年华，终而不悔，这是他诗书世家的本色，也是他的悲哀。在参加科举考试的同时，他在刑部为郎，经过长期历练，成为刑部出色的法律专家。

（一）会试落榜

同治五年(1866 年)二月初九日，处理完四弟的丧事，他动身赴京。四月初四日抵达北京，暂住会馆。稍事休息，即到刑部销假。他的原聘妻子、起居注主事郑训之女郑氏，已于同治元年在郡死于战火。现在，他已 26 岁，早已过了成婚年龄。因此，沈丙莹在京为他重新定山东候补运同陈瑞麟长女。4 月 21 日，沈家本拜会媒人，翌日同至陈宅过礼。

是年秋，为庆祝平定太平军，收揽人心，清朝廷决定举行丙寅恩科会试。刚刚考取举人的沈家本，虽然已到刑部销假，主要精力则放在这次会试上。去年乡试的成功增强了他的信心，试场的感觉也还不错。所以，从通州试院出来，他颇为得意。

他本望在会试中一举成名。但是，时运不佳，他落榜了。

会试落榜，他回到刑部继续任职。他的年纪已不小，任职刑部也需要人料理家事，而父母又不在身边。因此，金榜虽然无名，生存生活需要他完婚。完婚后，他由会馆移居大安南营日南坊。移居，一是新婚后需要一个安定的家；再是这里地近海王村，既便求书，又可减少交游，专力攻读。

（二）破书生涯

自丙寅（同治五年，1866 年）第一次会试落榜，到癸未（光绪九年，1883 年）金榜题名，前后时间长达 18 年。这正是史家所称道的同光新政，或曰同光之治、光绪新政时期。国家、社会包括他的家庭都有极大的变化。大而言之，慈禧太后通过玩弄各种政治手段，终于登上权力的顶峰、掌握了中国的命运；洋务运动蓬勃开展，进入鼎盛时期。清王朝的统治相对稳定。就家庭而言，他父母相继在同治年间谢世。但是，就他自己而言，除了年龄的增长、子女相继出生之外，科举和刑部职业似乎都没有多大的变化。

湖州守制，福州幕居

同治九年（1870 年）十月，他的父亲逝于湖州。按照传统礼制，他向刑部请假，从京师回到家乡，为父守制。处理完丧事,翌年四月初一日,动身入闽,前往福州。他的姐丈潘霨(字伟如,江苏吴县人)时任福建布政使。在上海,因谢孝和等船,他稍作停留。上海变化很大,即如交通而言,人力车就增加不少。但是,他对洋人的管理却甚不以为然。"沪地小车向来极少。闻去年自崇明江北来者不下三四千辆。每(辆)鬼子月收钱二百文,予票一张,一月一换,无票者不许做生意,每月计可得钱数百千。如此搜括,非鬼不能。"①字里行间,充满夷夏之分,也显示了他对现代经济管理的无知。

四月十九日,他乘坐行如飞轮到达福州,当即住进潘霨衙署。潘霨是他的亲戚,也是至为亲密的朋友。他来福建,显然是来助潘氏,作潘氏幕客,所以到后便读左宗棠督浙奏稿。他一边帮助潘氏处理公事,一边读书。书读得很杂,既有《诗》、《书》、历史、地理,也有农医。福州是通商口岸,中外交涉案件也比较多,"神仙粉"案即被他详细记入日记中:

六月二十九日:"近日粤东有送神仙粉者,颇闹事。谣云:食之,男则鬡肿,女则腹胀致死,人情皇惑。凡有持粉者,见辄殴死,已四五人。其经官拏获正法者亦四五人。东莞石龙镇尤甚。闻已将夷人教堂拆毁一间。言神仙粉从夷人医馆来。此间南门外有丹国人,在井边哈水,为土人痛殴,谓其持粉投入井中,其实并无是事。官赏该夷人二十元了案。"

七月初二日:"是日拏获散神仙粉匪犯一名,乃土人捆送者。据供系侯官人,向来做裁缝。身带药数十包,五色俱备。

---

① 《日记》辛未四月初七。

供系有病自食。福州赵太守令该犯自食,即不能言语。"

广东传来消息说:"神仙粉一事,羊城谣言不一。东莞地方,归城内及石龙镇教堂焚毁,烧死鬼子三人,中国人十数人。瑞中堂(按:瑞麟)派兵三千及(兵)船六只前去,亦不敢动手也。"

福州:"前日所获神仙粉匪犯,讯得实系疯子,所带之药已令自食净尽,但胡言乱语。赵守将该犯锁在大门,令百姓观之。"

七月二十二日:"是日鬼子有照会,言长乐县古田县民人将教堂拆毁,一英一美,亦粤东样子也。漳州府挐住散神仙粉人犯,讯系夷人主使,不问明白,即行正法,亦可谓草率弥缝矣。"

神仙粉,闹动两省。又是拆教堂,又是杀人犯,闹来闹去,神仙粉到底是否毒品也没有搞清楚。最后,只好草率了结。这就是当日的官场。在这里,他第一次接触到与他的命运和事业直接相关的中外交涉案件。

也许是水土不适,或者是"晦气尚未脱",不但他在福州老是患病,而且湖州来信,家人也诸多不安,他决定回去。从离家到回来,前后半年多一点。

父死期年,已届安葬之时。现存弟兄,他年纪最长,主持安葬事宜,是他的责任。料理完丧事,他来到杭州,拜见省中官员,领取咨文。回湖州稍作安排,便启程回京。

科场失意,乞米长安

回京后销假、问候亲朋之后,又回复过去那一套:读书,做八比试帖,官场应酬,刑部案牍。异常枯燥,十分无味。

自丙寅(1866年)会试落榜,戊辰(1868年)会试虽然是挑取誊录第一名,但毕竟落榜。辛未(1871年)遭父之丧停科,壬申回京后,他接连参加甲戌(同治十三年,1874年)、丁丑(光绪三年,1877年)、庚辰(光绪六年,1880年)三科会试。但是,三科都名落孙山。清朝士人的进身之路,通常是三条:科举、捐纳、军功。后两条路,对他来说,没有可能,也没有希望。就他的家庭生活状况而言,他虽然没有衣食之忧、饥寒之迫,但是也无力拿出大笔现银让他走捐纳之路。咸同之际,不少士子投笔从戎,以致功业彪炳;现在已非其时,家庭和本人也不具备这种素质。军功之路无门。家族传统和本人所长,只能让他走科举之路。因此,尽管他对科举非常厌烦,但是,还是必须走下去。因为,只有考取进士,他才有飞黄腾达,进入上层官僚集团之望。"数十年中,为八比所苦。"这后日的追忆,正是当年的写实。

在这条漫长艰难的道路上,屡试不中,精神所受的创伤难以言表,意志也一度消沉。

同治七年(1868年),他在《漫赋》一诗中,初露这种心态:

西来秋色最萧疏,人境翛然也结庐。
静约树声风紧处,寒留花影月明初。
青衫落拓贫非病,白眼揄揶壮不如。
欲向崆峒倚长剑,半生豪气未消除。

白云南望愿难赊,索米长安感岁华。
采笔何曾干气象,破书依旧寄生涯。

身非骐骥才甘让，心在鲈鱼梦转差。
塔古亭高归去好，碧湖烟水共浮家。[①]

连续落榜的打击是如此之重，以至连日记也一改详记会试经过的习惯。在庚辰日记中，我们发现，记录会试的文字，仅剩“进场”、“出场”寥寥几字。连试题是什么，也不作记录了。

金榜题名，进士及第

失望难熬中迎来癸未年（光绪九年，1883 年）。三月初八日，他带着弟弟，兄弟三人同时进场。

四月十一日，会榜揭晓。精诚所至金石为开，造物主终被感动。他考中了，名列第 203 贡士。房师，内阁中书周云章对他的荐批也很好：

第一场：沈雄深厚，一气呵成；次确切不浮；三有笔有书，足征根柢；诗工。

第二场：《易》《书》《礼》三艺考核明确；说经铿铿；《诗》艺亦组织鲜明；《春秋》持论名通，甚有见解。

第三场：五策旁推典证，洞悉源流。

按下来复试，取列二等第 48 名。四月二十一日殿试，取列二甲第 100 名进士。最后的朝考，因诗中用错二字，取列三等第 62 名。

自乙丑（1865 年）举于乡，直至癸未（1883 年）中式，经过近 20 年的努力，方才如愿以偿，酬其科举之志。很可惜，他的

① 沈家本：《偶存稿八》。

父亲已长眠湖州，无法分享他金榜题名的欢乐。

在考取进士之前，他的主要精力虽然集中在八股文上，只是“间或从事经史考证之书”。他偏爱经史，但是，为考取进士，他无法将自己的精力投入自己喜好的书籍。从日记可以看出，做会文，几乎占去了他绝大部分的时间。然而他对经史的考证虽然是“间或”进行，成效仍然卓著。著作计有：

《诸史琐言》。包括《史记琐言》三卷，《汉书琐言》五卷（按：《墓志铭》作六卷），《后汉书琐言》三卷，《续汉书志琐言》一卷，《三国志琐言》四卷。

《古书目四种》。包括《三国志注书目》二卷，《世说注书目》三卷，《续汉书志注书目》三卷，《文选李善注书目》六卷（按：《墓志铭》作：《李善文选注引书目》六卷）。

以上两种著作，除《文选李善注书目》六卷外，其他均已收入《沈寄簃先生遗书乙编》。《诸史琐言》并于 1963 年重版新本，独成一书。

《说文引经异同》二十六卷，《附录》二卷（按：《墓志铭》作：《说文引经异同》二十五卷，又《附录》一卷）。

《三国志校勘记》六卷（按：《墓志铭》作七卷）。

《古今官名异同考》一卷。

《日南读书记》十八卷。

《汉书侯国郡县表》一卷。

《奇姓汇编》一卷。

《吴兴琐语》一卷。

《金井杂志》一卷。

后面这些著述，长期未能刊行。现已收入 1999 年中国社会科学出版社出版的《沈家本未刊稿集纂》。

（三）以律鸣于时

光绪丁未(1907年)，沈家本编纂《寄簃文存》工竣，作小引曰：

> 余性钝拙，少攻举子业，进步极迟。乙丑举于乡，复困于礼部试，癸未始脱举籍。此数十年中，为八比所苦，不遑他学。间或从事经史考证之书，若古文词未之学也。

这段话，概括了他考取进士以前的生活，没有提及他在刑部的工作。光绪乙丑(1889年)，他编辑《压线编》，也有一段小引：

> 余承乏西曹，癸未捷南宫后，始留心亭疑奏谳之学，公余讨论，不敢自菲薄。雪堂友人不以为菲，当薄书丛积之时，尝以奏牍来相諈诿，为之拟稿，积久遂得若干篇，汇而存之，亦足以备稽考。秦仲明《贫女诗》云："每恨年年压金钱，为他人作嫁衣裳。"此亦压线之类也，因以二字题其端。

这节小引，概括了他考取进士后，以刑部案牍为主体内容的生活。把这两节小引合起来，便构成他外放天津以前半个多世纪的经历。

笔者以为，他的这两段小引，都是大实话，没有丝毫夸张之态。癸未以前，由于他没有考取进士，在刑部又仅为候补郎中。因此，主观和客观，都不可能把精力放在刑部案牍上。查阅现存日记，也确实如此。现在所存日记，起自辛酉（咸丰十一年，1861 年），迄于壬子（1913 年）。从甲子进部，到癸未考取进士，前后 20 年，能看到他 15 年的日记。在这 15 年的记录中，他到刑部办事的记录不多，更难看到他对具体案件的审理和对案牍的具体处理。这种状况，和癸未以后截然相反。考取进士，引见以后他以原官即补，由候补刑部郎中，变为刑部正式郎中。接着任刑部奉天司主稿兼秋审处坐办，律例馆帮办提调，协理提调、管理提调。担子一天比一天重，责任一天比一天大。他再不能清闲自在地读经史，必须把主要精力放在积压如山的案牍上。因此癸未以后日记，做会文的记录是没有了，经史的读书记录也很少见，大量的是案牍以及读律的记载。

潘祖荫之叹

但是，这并不是说，在考取进士以前，他完全不以案牍为意。实际上，秉承家学渊源，以及贵州其父任所的办案历练，他到刑部任职不久，即“以律鸣于时”。据《墓志铭》载：他考取举人后，“回京供职，历充直隶，陕西司主稿。时吴县潘文勤为尚书，公尝为同舍郎某拟稿进。文勤诧其不类平日所为，诘之。某以实对。文勤叹曰：吾固知非沈君不办此也。公之以律鸣于时又自是始”。

潘文勤即潘祖荫，为乾隆名臣潘世恩之孙。江苏吴县人，字伯寅。光绪五年（1879 年）至光绪九年（1883 年）任刑部尚书，八年、九年兼军机大臣。同舍郎，当为他刑部所在司的同僚。他为同僚代笔拟稿，潘祖荫一眼就看出所拟之稿出自沈家本之手。可见，当日他在刑部的声名。

据笔者所见，沈家本此期法律方面仍有专作。这些著作计有：

《内定律例稿本》(又作《旧抄内定律例稿本》六卷)。这是清嘉庆、道光、咸丰帝三朝秋朝审黄册出语的汇集。出语，是指秋朝审案件经九卿会议后，刑部缮写黄册，对各案所作的结论性意见。本书录三朝各类出语 1 116 条，以若干条为类而设一目。卷一至卷六，目数次第为：7 目、7 目、11 目、19 目、21 目、14 目，总计 79 目。一目或数目之前，就该目、或数目之出语加以撮要，点明该类案件"实""缓"之要，然后按案件时间顺序逐一录入该类出语。本书为国内记录沈氏著述行状之作所不列。笔者于 1995 年在日本东京大学东洋文化研究所见此抄稿，携之归国，现收入《沈家本未刻书集纂》。

《学断录》，学断，学习断案之谓。沈氏既名之"学断"，亦显系刑部早年任职之作。本书从史书中录出，然后加按语。全书记录四案：

1. 后魏刘辉之狱，录自《魏书·刑罚志》。

2. 宋安绪之狱，录自《通考》卷 170。

3. 宋檀偕之狱，录自《通考》卷 170。

4. 宋阿云之狱，录自《宋史·许遵传》。然后又从《通考》、《大学衍义补》中，录出王安石，司马光、邱浚等对该案的讨论。

综观"出语"的撮要和案语对案件的分析，沈氏任职刑部即精于律例，诚非虚言。下面，录引一条撮要，以见其概：

一十五岁以下幼孩杀人之案，除谋故等项应入情实外；如系斗杀，必实有凶暴情节，伤多近故，无一可原，及死更幼稚，死系双瞽、笃疾、理曲、欺凌、迭殴多伤者，方入情实，余俱缓决。至老人杀人，有彼此强弱不同。如以弱抵强，虽伤多亦可缓决；若犯本强健，而死者懦弱衰迈，或系幼孩笃疾，辄肆行迭殴，情伤俱重者，自应入实。其谋故杀等项，亦与凡人同。

用词不多，即将此类案件分析得精到入微。

律学著作

考取进士以后，传主“专心法律之学”①。“所讲求者，案牍之文，多作狱讼驳诘之语。”②在部10年，无日不以纂述为事。10年之中，撰写了大量的法律著作。这些著作计有：

《刺字集》五卷，于光绪十二年(1886年)刊刻成书。付梓之日，时任刑部侍郎的著名法学家薛允升，特为之作序，大加推誉。“独是良民，偶罹法网，追悔已迟，一膺黥刺，终身戮辱。”他在书中直指刺字这种野蛮落后刑罚对人体的残刻，对人格的侮辱。希望通过这本书，尽量缩小这种刑罚的适用范围，这就是他的用意。也正是因为有这样一种用意，所以在20世纪初他主持修订法律以后，首先奏请在法律上革除这种刑罚，并且通过他的努力，终于在法律上将刺字之法革除。

《压线编》一卷。本书小引说明成书经过、编订目的，前已

① 《清史稿》本传，卷443。
② 《寄簃文存小引》。

引录。本编汇录沈家本为律例馆、江苏司、奉天司、直隶司、四川司同僚代拟案牍12件。

《律例杂说》一卷。本书是对《大清律例》中各种刑名，罪名的解释。

《刑法杂考》一卷。本书是对律例中，诸如五刑、赦、老少废疾收赎、犯罪自首、徒流迁徙地方、吏律、擅离职役、户律、礼律、兵律、贼律、盗田野谷麦、谋杀人、杀一家三人、殴祖父母父母、父祖被殴、诉、诬告、犯赃、伪造铜钱、捕亡、断狱、淹禁、官司出入人罪、有司决囚等第等刑名、罪名的源流的考释。

《奏谳汇存》一卷。这是光绪十五年(1889年)至光绪十九年(1893年)，他在刑部审理案件，结案后拟定的，以刑部名义上奏的奏稿汇集。

《驳稿汇存》一卷。这是光绪八年(1882年)至光绪十五年，他在刑部草拟的对各省上报案件的批驳。全书共辑入30个案件，最后一篇为《变通军流徒犯办法说帖》。这篇说帖，旨在解决军流徒犯在配所逃亡问题。

《雪堂公牍》一卷。这是沈家本光绪十四年、十五年、十八年在刑部办理案件的公牍汇集。

《秋谳须知》。秋审是清朝刑部最重要的工作之一。本编是沈家本依据自己在秋审处任职所获的经验和对秋审条例的理解，对清朝秋审所做的全面的记录。全书共十卷。是研究清朝秋审制度的重要材料。

《刑案删存》六卷。本编所辑为嘉、道、咸、同、光(二十年以前)，刑部所办刑案。嘉、道偶见一、二案。刑部直接审理的案件，一般都是重要案件。故本编对诸如戊午科场案，肃顺逆案等清代著名大案，均有详细记录。“删”，删去一些不重要的。“存”,存重要的。是一部研究晚清政治法律的重要材料。

《日南读书记》十八卷。这是沈家本阅读《易》、《书》、《诗》、《周礼》、《礼记》、《左传》、《公羊》、《谷梁》、《论语》、《孟子》、《尔雅》等经典的读书笔记汇集。此书不纯为法律著作,但阐述了很多法律问题。

《文字狱》一卷。

以上著述,经学界多年努力,除《文字狱》外,均已出版发行。

光绪十六年(1890 年)十二月,沈家本与同僚集款重刻《唐律疏议》。书成,他为之序。序中说,“律者,民命之所系”,立法要研究“天理”“人情”,司法必须深求法律之源,精思法律之理,以期在适用法律之时,“情罪相准”。这是他重刻《唐律疏议》的目的,也是他对法律价值作用的认识。这篇序文,以及《刺字集序》,是他 30 年刑曹生涯习律的总结。“以律鸣于时”,“法律专家”,不是时人及后人对他的夸饰美誉,而是他的盖棺定议。

(四)磨驴陈迹踏年年

光绪四年(1878 年)八月二十五日,沈家本在日记中记道:

> 看《申报》中《嬾则致贫说》,中有“嬾于晋接则托言不事奔竞以鸣高’之语,颇与余情状相合。为之哑然。

“哑然”，苦笑之谓。这是他对自己在刑部为官的自白。按晚清官场惯例，像沈家本这样的六部司员郎官，要想在官场得到升迁，就必须外放各省道府。再由道府逐步升迁，或为疆吏、或为部院大臣。就古代国家任用官吏而言，这种制度比哪一个朝代的制度都要完善。因为六部司员，多为科举出身。中央任职，做的多为文牍工作，没有行政、司法方面的实际治理经验。经过外任，有了实际经验，再予提拔。用今天的话说，通过这样的磨练，既有理论又有实践，这样的官员，就是管理国家的好手。这套制度，对稳定清朝 200 多年的统治，起了重要作用。但是，由于专制政治的痼疾，晚清末造，也被官僚们破坏无遗。

按照惯例，京曹外放，必须通过京察。“京察大典，即古之三载考绩，归吏部考功司掌之。各署一等人员，皆由该部堂官择其优良者，出考语，咨送吏部核定。间有驳回者，故各部皆有备一等者一、二人防之。列二等者照旧供职。列三等降或调。”[①]京察三年一次，只有考列一等者才有升迁外放之望。而且每部只有一人，由各部长官决定。这样一来，各部司员之间的角逐，便势所不免。

这就是沈家本读《申报》而“为之哑然”的原因。在刑部 30 年，不论是“才守”“资格”还是“例案”“文理”，他都是佼佼者。特别是癸未以后，任职秋审处、律例馆，都是刑部最重要的机构。“刑部政事皆在秋审处。凡部中要人皆致力于秋审。”[②]不宁唯是，我们从他的日记中还可以发现，当时刑部的重要案件、重要奏稿，都由堂官点名交给他审理，让他办稿。光绪十六年

① 崇彝：《道咸以来朝野杂记》，1982 年北京古籍出版社点校本，第 4 页。
② 崇彝：《道咸以来朝野杂记》，第 4 页。

(1890年)慈禧太后和光绪皇帝拜谒东陵,刑部堂官特点薛允升随驾。薛允升又特点沈家本为随员之一。所以要他随行,为的是处理沿途的叩阍事件。正月十五日,慈禧和光绪帝起驾第一日,即有叩阍者二起。以后,每天都有叩阍者,多时一天达10多起。这些叩阍案件,都必须当天处理完毕,因此,要选择干练司员跟随。这正是薛允升特别要他随行的原因。

用今天的眼光看,由于他精通律例,刑部的重要派差都有他的份,但是,升迁外任却沾不上边。最后,与他一起编撰《刺字集》的郭存甫主事也外放了,而他仍然是一名老司员。才干与境遇之间的反差,漫长而又呆板枯燥的刑部案牍生涯,不能不使他经常流露升沉牢落之感,归隐碧浪湖之念。

光绪十三年(1887年),他在刑部已达24个春秋,腊月八日,他又一次参加京察。京察前,他赋诗两首,以推磨老驴自喻,对京察既寄希望又不抱希望,流露出颇为悲观失望的情绪:

登场傀儡暗牵挂,郎府依乌逝景弛。
题柱名谁田凤媲,停年格漫左雄訾。
七条弦邀琴曾奏,九转丹成鼎尚迟。
廿四韶华同一瞬,前尘似漆渺难知。

何自为郎滥备员,磨驴陈迹踏年年。
幸逢儒雅同曹选,喜诵清新好句传。
守拙分居灵运后,蜚声多愧照前邻。
于今西府寒蝉噤,鸣凤朝阳待上贤。①

① 沈家本:《偶存稿九》。

“惯为他人作嫁衣”，做了那么多的嫁衣，穿上嫁衣的人早就“出嫁”了。自己蜚声在外，却仍然身处司员。像拉磨老驴，围着身边的案牍转。“前尘似漆渺难知”，委屈、悲凉之感经常出现在他的诗歌中，20多年漫长的刑曹生活，已使他厌倦。在刑部司员中，他虽然以精湛的法律知识，以自己的办案才能而蜚声在外。但是，“磨驴陈迹踏年年”，在司员的位置上，他不但过了而立之年、不惑之年，而且已是半百之年了，难道自己就这样为人“作嫁衣”而了此一生吗？

奔竞，倾轧，自古以来官场就是如此。造物主既然安排他进入这个大染缸，他就不能免除这种有如炼狱般的煎熬。在这个大染缸中，“折狱良才”是没有用的，“清德”更是书呆子的自我安慰。他用诗安慰自己、安慰朋友，相信“老骥”不会比“渐鸿”后到，但是胸中块垒并未消除。身处这样的环境，他寄情山水。广渠门外西南二里外的南河泡，是他和友人常到之地。但是，江山胜迹，杯中美酒，月白风清，柳絮扬花，也只能排除暂时的痛苦，而不能消除他内心的煎熬。以酒浇愁愁更愁，他要回到碧浪湖去，回到父辈的身边。

光绪十九年(1893年)，他已53岁，到刑部任职已30年，他的消极情绪到了极点，他对前程已不抱什么希望了。然而，就在这个时候，他的命运发生了变化。第十次京察，他被列为上等。中秋刚过，八月十九日早晨，他套车正要进署，苏拉送信，他已奉旨简放天津知府。天津虽非直隶首府，但它的位置，在当时可与首府保定相比。与他的父亲沈丙莹外放贵州相比，更不能同日而语了。经历30年的苦熬，年过半百，他终于得到外任机会。

第三章　外官任上

沈家本这次外任，确实很突然，也很幸运。继昌所著的《行素斋杂记》说："癸巳冬，林绍年授云南昭通守，王鹏寿授江西南昌遗缺守，沈家本授直隶天津遗缺守，皆截取班也。"①

我们查阅他的日记，八月上半月，除在刑部处理秋审案件之外，便是卧病在床。"十九日晨起，套车正欲进署，杨苏拉来送信言，奉旨简放天津府知府。妇稚皆不信。十下钟，李玉坡同年著人送谕旨来。午刻往访玉坡，知津守邹岱东因病出缺，遂有是命。玉坡已饬供事代备谢恩折，午刻送来。恭阅一过，即令于今夜呈递。"②从中可知，当日外放天津，实出意料之外。

① 继昌：《行素斋杂记》，1984年上海书店据光绪二十七年湖南臬署本影印，第14页。

② 《日记》癸巳八月十九日。

一　外放天津

（一）强持手版趋跄拙

年过半百，终于能得一外任，且放在咫尺之内的天津，他和全家当然高兴不已。要离开任职 30 年的京师了。他必须处理两件事。一是拜别亲朋好友。为此，出京前，几乎日日召饭宴请。二是大女出嫁。召见后的第三日，即由叶伯臬、朱霍生为媒，将长女许配汪大燮伯唐。

汪氏为钱塘大族。清末民国时期，汪大燮活跃外交政界，曾一度出任北洋政府总理。汪、沈联婚，因汪氏丧妻，早在沈家本得旨外任前，即已商妥。汪氏不但是钱塘望族，当时且为新派思想。沈氏与汪氏联姻，显然不以其新派思想为忤。据笔者在北京石经山所见沈氏存留零星材料有《沈寄簃先生遗书》刊刻，募集款项，主持者赫然为汪大燮。可知，沈氏这个女婿对他的作用。

天津府隶直隶。直隶总督原驻保定。自同治九年（1870年）十一月清朝廷设北洋通商大臣，直隶总督兼任北洋大臣起，因天津地理位置的重要，清朝廷明令直隶总督，每年春融开冻后，移驻天津；冬令封海，再回保定。藩、臬两司，则常驻保定。沈家本赴任时，虽然天津尚未封海，总督仍驻天津。要参拜两司，故先到保定。其时直隶一带，连年水灾，老百姓流离失所，满目凄凉。路过窦店打尖，家人费尽心思，也买不到农村常见的鸡蛋。还没有到任，他就体察了前途的艰难。

到达保定后，参拜藩、臬两司，呈缴吏部凭证。他久居京师，对外官的站班很不熟悉。拜见两司后，他颇为感慨：

久习京曹礼数宽，骤侪外吏整衣冠。
强持手版趋跄拙，细认头衔辨别难。
缅想昔年都会盛，幸逢今日海疆安。
循良遗迹仪龚遂，毂最应惭咏素餐。①

他所熟悉的京曹礼数，在这里已行不通。他要重新学习，辨认外官的头衔等级。不但如此，他还要学习与外国人交往礼数。十一月初，他到达天津，在直隶总督李鸿章的催令下，正式拜印升座，接印视事。第三天，李鸿章就带他到新医院出席宴请洋人的宴会，首次大开眼界。这是他第一次接触西方文化，从饮食开始。以前在京师，他肯定看过洋人；读《申报》，对西方文化也会有一定的了解。但是没有直接接触的记录。这是首次，从此结下与洋人、西方文化的不解之缘。

（二）治尚宽大

从光绪十九年(1893 年)冬至光绪二十三年(1897 年)夏，沈家本任天津知府共三年半时间。《清史稿》本传说他“治尚宽大”，但没有列举实例。甲午日记，有李鸿章派办遵化案记录，但未列内容。而乙未、丙申、丁酉三年日记又已失去。职是之故，他在津到底如何“治尚宽大”，无从稽考。《墓志铭》据

① 沈家本：《偶存稿九》。

以佐证事为:"津俗极剽悍,喜械斗。前守持之严,风少敛。公履任,以宽大为治。群不逞之徒以为可欺也,聚百人哄于市。公饬役擒其魁四人,戮之,无复敢犯者。"津民闹市案,资料阙如,详情无法了解。不过,可以看出,沈家本在天津任职,非一意为宽,实际上仍然使用封建统治者惯用的宽猛相济的手法。

《墓志铭》记录的另一件事是:他在担任天津知府期间,重建因同治九年(1870年)"天津教案"而被烧毁的望海楼,楼成以后,民间流行各种传说。适在此时,又查获拐卖孩童人犯,一时民气沸腾,大有一触即发之势(拐卖儿童是"天津教案"的导火线)。为了平息民愤,沈家本迅速查清案情,将拐卖孩童人犯立即处死。当时有人提醒他说:按照《大清律例》的规定,拐卖孩童没有使用迷药,不能处死刑。他回答说:这是特殊情况,不能以"常例"论处。坚持将罪犯处死。由于他的及时处理,很快就平息了民愤。因此,《墓志铭》说他:"用律能与时变通也。"就是说,他不拘守死条文,能按照不同情况灵活运用法律。

30年刑曹阅历,使沈家本积累了丰富的办案经验。他临案不凭主观臆断,注重实地调查,和具有各种特长的人反复商讨,弄清案情,尊重书本而又不死守书本,因时制宜地灵活适用法律,这是难能可贵的。《沈寄簃先生遗书·寄簃文存》卷五《补洗冤录四则》所记对郑国锦一案的审理,就是一个明显的例证。下面将原文录出:

> 直隶天津县郑国锦,因奸商同奸妇王氏谋杀本夫刘明身死一案。缘郑国锦与刘明,先不认识。王氏系刘明之妻,刘明带同王氏并子刘黑儿,在天津县

城寄住。郑国锦亦在天津，扎针治病。嗣王氏患病，刘明延郑国锦给王氏看病，医治痊愈。刘明即令黑儿认郑国锦为师，时常往来，郑国锦乘间与王氏通奸，刘明并不知情。光绪十八年二月间，郑国锦至刘明家内，捏称有病，不能出外行走，王氏即留郑国锦在伊家住歇。因房屋无多，同炕睡宿。刘明、王氏一边睡歇，郑国锦与刘黑儿另睡一边。每逢集期，刘明一早出外赶集，郑国锦即与王氏续奸，被刘黑儿看破。刘明生气得病，即向王氏声称，病痊全家回籍。郑国锦恋奸情热，起意将刘明谋害。向王氏商允，乘刘明患病，假以针治为名，将其致死。遂与王氏向刘明劝说，给其针治，刘明不允。三月十七日四更时，郑国锦料知刘明病中无力，可以用强针治。时刘黑儿睡熟，郑国锦即起身骑压刘明两腿，一手揿住上身，刘明不能动转。王氏在旁看视，郑国锦在刘明脐上一寸部位禁针之水分穴内，连扎三针。刘明声喊，刘黑儿惊醒瞧看。刘明曾说，郑国锦与王氏将其害死。郑国锦将针拔出，刘明移时殒命。郑国锦将尸棺殓，捏称病故，通知尸兄刘长清来津。刘长清信实，带同刘黑儿将尸棺搬回原籍埋葬。郑国锦与王氏私自成为夫妇，一同过度。

旋经天津县访拿审供，详由臬司，扎委天津府检验。余时承乏天津，率同静海县知县史善诒、候补知县李应培，驰赴静海所属之杨官店村，督同李、史二令，饬令尸兄刘长清、尸子刘黑儿，指明已死刘明坟冢，眼同掘去坟土，起出尸棺，舁至尸场，开棺查看：

该尸身皮肉销化无存,饬令仵作侯永等,将骨殖逐一检出,用温水涮洗净尽,如法检验。已死刘明骨殖,仰面顶心骨骨缝浮出,用丝绵试验,能挂。囟门骨近左现红色,向日光照视,如瓜子大一点,明透,骨缝浮出,系应伤。又上下牙齿生成二十八个,脱落二十一个,内一个系旧日脱落无存,余俱存。醩朽三个,其正中牙根并近左第一、二、三各牙骨,俱现红色,亦系应伤。委系虚怯处所受伤身死。检查郑国锦原供称,在死者水分穴扎三针。据医书内载:水分为禁刺之处,其为因此致死无疑。当即提同尸兄、尸子及犯、证人等,逐一明白指示,并令仵作,按件给予看明。郑国锦及郑王氏,即刘王氏,虽供词翻异,而顶心骨之浮出,囟门骨及牙根骨之现红色,当场饬令伊等细看,伊等不能狡混。随与到案人证一同具结。由府详司,旋经省局将王氏、郑国锦照律拟罪,结案。

按:用针死者,《洗冤录》但有"重竭逆厥"之名,而无验尸检骨之法。此案余奉扎后,即念事隔数年,势须检骨。而如何检法,无例案可凭,颇觉为难。因思凡人下体虚怯处受伤身死者,必有应伤见于上。《洗冤录》云:"凡伤下部之人,其痕皆现于上。男子之伤,现于牙根骨里。"又《备考》云:"肚腹、小腹,乃中焦、下焦皮骨易溃之所。案经日久,无凭验视,惟检头顶骨、囟门骨居中至正处,确有圆围三四分许,红赤色。"又《疑难杂说》:"将人致死,经久尸肉腐烂,无迹可凭,但检囟门骨,必浮出脑壳缝之外少许,其骨色淡红,皆因罨绝呼吸,气血上涌所致。"此数说者，以理推测，当可援以为据。当经咨调京师仵作侯永到津，先向讨论，该仵作亦持此说。迨经检验，则牙根及头顶骨之红赤色，囟门骨之浮出，与所推测者一一相符，得以定案。可见事理贵能会通，未可以古书所未及，而遂忽略之。此案验法，为《洗冤录》所未载，故并案情详录之，以备参考。庶检察官不至无所适从焉。

附记：

刘明所埋之地，在村外半里许。开检时，系正月下旬，雪后冻未解，而坟内独未冻。询之土人，言此坟当下雪时，旋积旋化，群以为异。开棺时有蛇一条，蟠蛰其中，殆其地气独暖故也。

刘黑儿曾供称："伊父死后，伊拾得小纸包一个，内系水银。伊先不认识，郑国锦告知，是药虱之用。"故承审官或疑是毒死，开棺时，先用银钗在尸骨胸前土内搅翻良久，细验胸前各骨，并无颜色，可决其非毒死也。

从沈家本对这个案子的记录中，可以看出，他对《洗冤录》，既遵循又不死守。为弄清郑国锦的死因，特从京师调来有经验的仵作侯永，一起查勘，一起讨论，最后不但水落石出，而且弥补了《洗冤录》的不详不尽。

（三）由来师克在人和

"天下兴亡，匹夫有责。""先天下之忧而忧，后天下之乐而乐。"这是传统中国士大夫的入世情结。古往今来,这种将个人命运与国家命运相维系的情怀,激励不少士大夫投笔从戎,将自己的智慧才华,奉献国家。沈家本一生,虽然从来没有投笔从戎之举。但是,他的身上深深地烙上这种传统的印记。从青年到老年,从刑曹到修律大臣,愈到后来愈是强烈。

筹边慎莫付庸才——《续海防要论》 中法战争

由于天然地理位置,自古以来的中国都是有海无防。在技术落后的古代社会,大海本身就是防。明朝以来,虽有倭寇入侵,都是小股干扰,无碍大局。1840 年以后,情况变化了,西方列强挟持先进的坚船利炮,从海上破关而入,海防成了中国存亡的生命线。从魏源起,中国士大夫们就倡议筹海。进入同光时代,用今天的语话说,海防成了当日士大夫们,或者说精英们的热门话题。

沈家本秉承先辈们的传统,早在英法联军火烧圆明园之时,就发出"感慨谁投笔,阽危欲请缨"的呼喊。在同光之际的海防讨论中,他位卑不敢忘忧国,不以位卑职微而置身事外。光绪五年(1879 年)除夕,在满城鞭炮声中,他伏案疾书,撰写《续海防要论》,倾注了他对国家命运的关切。这篇洋洋洒洒的海防要论,不见其著述,反见其日记。全篇主旨可用两句现代语言加以概括:发展资本主义经济以筹集海军经费;消除海军内部的腐败以提高海军的战斗力。这两个问题,触及当时海防的根本。

这是一篇切中时事的论作。接着而来的中法战争,极为残酷地为他这篇文章作了注脚。光绪十年七月马尾海战,南洋水师全军覆没。他忧虑害怕的事情终于成了现实。

几人移戍枕戈眠——甲午战争

如果说，前述对海防的议论，还是隔岸观花之见，那么，就任天津知府第二年爆发的甲午中日战争，给他补上了实际体验这一课。天津是直隶总督兼北洋大臣驻地，中方指挥战争的中枢。他是天津府最高地方长官，不可能置身事外。这一年的日记，详记了这次战争，是了解这次战争的第一手资料。从这些记录中，我们可以发现，字里行间，处处流露他的不满。每年花几百万金钱训练军队，但是，危急之秋，人们看到的却是贪生怕死被德国军官用手枪逼上指挥台的将领、临阵逃命的军官，和互不统属、互不配合、畏葸不前、自行其是的军队。种种丑恶，使他痛心，使他愤怒。但他只是一个小小文官，无法左右局面，只能将这些愤怒写入诗篇。

甲午战争的失败，不幸又为他的海防论所言中。“养士金钱过百万，于思弃甲听舆评”，“却看对马师方出，不道文龙帐已空”，“一夜数惊神志定，帐中高卧壁何坚”①。这是何等沉痛的语言。最后“寄语塞垣诸父老，由来师克在人和”，是他对这次战争的总结。甲午战争期间，清朝统治者内部矛盾重重，这是清朝军队失败的原因之一。但内部矛盾的根源是什么？他没有说下去，也说不出来。实际上，清王朝在甲午战争中失败，根本原因是专制制度本身。统治阶级的内部矛盾，军队的腐败，其根源都在这里。要使人的精神振奋，就必须改革国家制度。甲午的这种实际体验，不能说不是他后来变法改革的动力之一。

---

① 沈家本：《偶存稿十》。

沈家本一生著述丰富，但是，论兵文字则屈指可数。《枕碧楼偶存稿·文一》存两篇论文兼论人之文：一为《岳忠武恢复论》，一为《曲端论》。

《岳忠武恢复论》，旨在驳斥岳飞用兵不能恢复北方领土，南宋再造是秦桧之功的论调。这篇驳论，以岳飞所处时代，金国君臣是否上下一心，金国宗族诸王是否毫无私心，都忠于国家，金国兵将是否仍如过去一样勇锐，南宋军队能否抵挡金之劲族，金国民气是否强于南宋民气，金国气运是否才兴盛而南宋的气运是否完全衰败等几个方面立论，最后得出结论说：这几个方面，均非不可恢复论者所说的那样，如执行岳飞的军事计划，南宋完全可以恢复北方领土。南宋的失败，关键在于秦桧"画淮之计既坚，言恢复者皆其所忌"，宋高宗"无恢复之心，甘以小朝廷求活"。所以，岳飞的"恢复之策非惟不能用，且为其所忌"。终于被宋高宗和秦桧以金牌召回，加以杀害，恢复北方领土之宏愿遂化为乌有。

《曲端论》一文，旨在辨明是非曲直，好恶惩劝。张竣和曲端都是南宋将领，曲端带兵在陕西抗拒金兵，为张竣部下。沈家本在这篇文章中，列举很多事实，论证了曲端的功罪。指出曲端"外刚而内忌，不欲人出已上分其功"，一生罪大于功。张竣"知端之可用而不能善用端，浸淫于众人之口而不加深察，遂使端不以罪死"，而以谗言杀曲端。这是他颇为叹惜之处。结论是：不能把张竣杀曲端，与秦桧杀岳飞相比。两者是非曲直各不相同。曲端死有其罪，张竣之过在于以谗杀曲端，而不以罪杀曲端。其次，曲端虽然有罪，但是"持重严整，能与金人角"，如果张竣善于用人，让曲端独挡陕西一面，那么，泾原可以不丢失，被金人占领的关陕之地也可徐图恢复。

这两篇文章，以兵事论人，是否就甲午战争诸事而发？他自己没有说明。不过，从"由来师克在人和"句来看，则颇有借古人之事论今之失之意。

二　保定任上

光绪二十三年（1897 年）夏，沈家本由天津调任保定知府。保定是直隶首府，京师大门，地位十分重要。而且首府还要主持直隶发审局事务。因此，公务之劳累，甲于天津。

这是一个思想大动荡的年代。就任保定知府之翌年，戊戌变法运动即席卷全国。他的女婿汪大燮，是变法运动的支持者，大燮兄弟汪康年还是积极的参与者。但是，现有材料，未见他对变法持何态度。从所存文字记载看，他既没有明确支持变法，倒向新思潮；也没有明确站在变法的对立面。基本是同情理解。另一方面，保定知府任内，因保定教案而导致的被侵略军的非法拘留并险遭不测的经历，则使他终身难忘。

（一）穷则变，变则通

积久法遂敝——保定府试

这个时期，沈家本虽然没有明确的变法思想，但是，由自己所受的八比之苦，对科举考试，颇有变通的想法。外任天津知府，他就主持天津府试。调守保定后同样主试。光绪二十三年九月，保定郡试，他赋诗一首，初次流露出其变通的思想。按照他的说法，这是"兴酣"所发的"狂言"。"狂言"狂在对科举制度的批评。通过科举取用的人才，"自治且未足，远略畴能胜”。因此，他主张按照《易》之所云“穷则变，变则通，通则久”之义，加以变革。改革科举制度，是戊戌维新者们的一大变革措施。在这里，沈家本虽然没有提出具体的变通措施，但是他显然是赞同对科举制度进行改革的。通观他这一时期的文字，他对科举考试的变通，似乎对“分科”比较感兴趣。

青山惨埋骨——戊戌挽歌

京城“百日维新”闹得轰轰烈烈，但是咫尺之近的保定，似乎并未受到什么影响。惟一月二十二日，光绪皇帝诏改各省大小书院为兼习中学西学之学校，以省会之书院为高等学堂，郡城为中等学堂。诏下一月有余，书院改学堂之风才吹到保定。时直隶绅士公函直隶总督荣禄，请将保定莲池书院改为省城高等学堂，畿辅学堂则改为保定郡城中等学堂。消息传出，堂中诸生哗然。荣禄将诸绅意见入告，而布政使与按察使意见不一。沈家本周旋其间，基本倾向是改为学堂。除此之外，他的日记看不见保定的维新之风。他本人基本置身维新之外。八月初九日，西太后已重新垂帘三日，汪大燮从上海发来电报，请他派人将京师家眷接往保定，他还“不知何事”。但是，当得到确切消息后，他对蒙难之人极为同情。八月十四日“是晨，闻杨深秀、杨锐、谭嗣同、林旭、刘光第、康广仁，已于十三日正法。党祸至此惨矣哉”①。“六君子”中的刘光第，是他的癸未同年，当年会试，他中式第 203 名，后面第 204 名即为刘光第。而今，同年横尸菜市口，他怎么会不感到悲惨呢。但

① 《日记》戊戌八月十四日。

他同情，似乎对变法又不甚理解。就在这则日记的天头，他赋诗以志哀悼，同时又认为他们为浮名而死，很不值得。其《书事》诗曰：

之奇尽室行，伯玉近关出。
君子见几作，必不俟终食。
衷哉襬襶子，营营竞触热。
浮名婴网罗，羁绊曷遗脱。
白首竟同归，青山惨埋骨。
千秋万载后，畴秉董狐笔。①

“襬襶子”乃不晓事者之谓。他以不晓事者喻死难之人，以“浮名”而痛其死，看来，他对变法运动的理解实在有限。但他毕竟是以己心智以促国家强盛的开明正直官僚，所以他对他们的死难寄予深切的同情，希望史家能直书其事，留之青史。

（二）北关教案

就在变法期间，保定北关法国教堂被毁，教案发生。他作为保定知府，全力投入这起教案的处理。前后时间 22 天。

这起教案从发生到结案，历时不长。但是它为日后沈家本被侵略军拘留并险遭不测，埋下祸根。根据沈氏《戊戌日记》、《大清德宗景皇帝实录》，汇录本案如下：

① 沈家本：《偶存稿十》。

甘军滋事

五月十八日(日记):

日暮,正吃晚饭间,忽县中来报:北关外甘军过毁法国教堂,将洋人殴伤捆绑入营。饭罢,臬台传见。即往。途遇张西園,约出北关弹压,嘱先往。即至臬署,偕马东园刺史同见。即同出北门,时阴云四合,大雨如注,势不能行。在光顺酒店避雨约两钟许。雨渐小,冒雨至甘军□□处。西园在彼。询悉:今日傍晚时,有甘军中营哨官何文海、刘万喜二人带领路过法国教堂门首,问一卖瓜小童:此何处?可进内一游否?童云:可。二人即推入进内。堂中人拦阻。不服,口角争殴。堂中人闭将二人捆起。该哨勇丁闻信,纠众前往,打入堂内,将何哨官抢出,打毁门窗什物。洋教士杜保禄、华教士王海芝皆受伤。勇丁又将两教士及一工人拖至营中,势汹汹将欲焚堂。该营管带姚兴垒旺,赴正定不在营,帮带刘姓前往弹压,勇丁始归营。清苑陈令赴该堂勘验,并至营中安慰两教士,劝令回堂,两教士不肯,非派兵百人护送不可。时已子刻,猝不克派兵弁目。先归署,作两禀,禀藩臬二宪。

变法初起,西太后即拟策动政变。四月二十七日,任亲信荣禄为直隶总督兼北洋大臣,统辖北洋军队。旋调西北董福祥甘军入卫京师,归荣禄节制。保定北关教案,就是甘军入卫,途径保定,与教堂冲突所起。从上录沈氏当日日记看,教案之起，为鸡毛蒜皮小事。兵士对教堂颇感新鲜，想去教堂看看。从小童回答，可知教堂平日亦允许人入内观看。但是，因为这些人是当兵的，所以教堂不允许。甘军向以无纪律闻世，不让进则偏要进，最后打人毁物。一起教案即由此发生。

清政府待民如虎，对洋人则胆小如鼠。教案发生易，处理则十分艰难。沈家本处理此案，看来是十分冷静的。接下来，是保定北关教案处理过程。

送回教士

五月十九日（日记）：

> 三钟即起。五钟陈令来言，五鼓时已将两教士陪送出营，进城暂寓北街庆祥客店，其一人遣令回堂。即偕至臬署见，又偕至藩署见。臬台亦至藩署。藩宪言，已据昨禀电禀督宪矣。目前办法必须先将教士送回，再议了结之法。当嘱陈令将堂中人侯镇东找出，令伊劝驾。又派章令焘会同陈令先往堂中，将打毁门窗什物，眼同该堂中人开具一单存案。复赴吉祥店劝教士回堂，言非有兵役，并非在该堂门首扎两帐房常以保护不可往。向张西园相商，而西园不肯。言非奉帅谕不能派兵。经臬台往说，西园始允派二十人、保易军派八人，在该堂常川驻扎。陈令复往劝驾，教士始允回堂。旋以天晚，兵役不齐，言定明日午前十钟护送回堂。

登记毁坏门窗什物存案、劝教士返回教堂，处理井井有条。但是拿鬼容易送鬼难。甘军可以强力将他们捆到军营中，送回去就费周折了。洋人们有治外法权保护，是太上皇。连皇帝都怕，甘军逞一时之忿，又能把他们怎么办呢？欲云：吃不了兜着走。甘军吃不了，但是兜着走的却是地方官。

五月二十日，谕旨下发荣禄：

> 谕军机大臣等，电寄荣禄，保府教堂，被董福祥兵毁坏，两教士被殴，带至营中。法使已照会总署。荣禄电称，此案由外设法拟结，著即赶紧办理，务须速了。省城重地，甘军勇丁，何得任意滋事。并著转电董福祥，认真弹压，以后如该军别有滋闹情形，定惟该提督是问。

这样严厉的命令，荣禄不敢怠慢，不但急催保定，而且亲自从天津派人帮同办理。

五月二十日(日记)：

> 晨赴臬署，见藩台亦至。津电来，并派张道莲芬帮同办理。令先多派兵役送教士回堂，与现在所办相合。归署得教士来函，言保伊命方肯回去。余恐其藉此延俄，即亲赴庆祥劝慰。该教士忻然归。陈、章二令送往。初议教士归后，陈令偕姚管带前往见面，即可解释前嫌。而教士不欲姚往，盖欲藉此要挟，一见面反不好说也。侯镇东言，堂中有电予总教杜国良(按：疑日记有误。北京天主教大主教时为樊国梁)，明日十钟电来，当有说法。姑俟之。亥刻，

臬台已传见，津上又来电，催令速了。已拟一电，令往与藩台商定即发。同见者东园、瑞伯臣侯，即偕往藩署，将复电商定。

初次谈判

二十一日（日记）：

晨，张西园来。又赴臬署见臬台，言：昨日督电添派姚道文栋来，我等必须先办有眉目，方不落人后。令即往与教士面议此事。午后约同梁敬之太守、马东园直刺、陈、章二令，及西园城戎，于五钟至该堂。询知该堂京电才到，即与教士晤面。杜保禄将京电持示，乃法文，无人能识。据杜言，樊总教电称：第一款，滋事勇弁须惩办，我不要他脑戴[袋]，我不要他性命，但照《大清律》办，我不要利害声名。第二款，教堂在北关外，从前常有兵勇滋事，中国官员势难保护，要在城内给予有住房地基一处，将该堂互相换掉。第三款，移堂之时，要地方官护送进堂，不要人说我外国人害怕跑了。第四款，我教士受伤不要养伤之费，夫役受伤要给养伤费。第五款，打毁门窗什物要赔偿。能如所请，即可在外议结。当与诸君进城。先至藩署见，令将此议请臬台拟电速发。遂至臬署将此议禀明。归来在上灯后矣。

是日张观察自津来。

就19世纪60年代出现的诸多教案而言，樊国梁的五款条件，并不为苛。五款的关键是第二款，其他各款很难说它不公道。撇开传教性质不说，就此了结，并不算太失体面。问题出在天津来人身上，特别是二十二日手执荣禄令箭的姚子良文栋身上。也就是《墓志铭》所云："当路慑于外人之势，遽派员查办"的查办人。我们且看他以后的日记所记。

不矜畴与汝争功——总督特派员

五月二十三日（日记）：

往拜姚观察。即至藩署。臬台、张、姚观察先后至。姚本定九钟赴教堂，直至午后始往。姚虑前日所议未经开单，或有反复，故前往索一单来。酉刻，赴臬署。藩台、高道台、姚、张二道先后至，张西园亦至。姚取索单大致相符。惟第二款改为要公所地基。其意不可测。其单系半开红纸，亦何足为据？而姚之意得甚。公拟与中堂发电，姚主笔，作为初次定议。藩宪将"初次"二字删去。姚意不怡而未发也。散时亦已上灯。

同时，清廷再次电谕荣禄云：

谕军机大臣等，电寄荣禄，保定教堂一案，前谕荣禄，赶紧查办，迄今尚未据复。现办情形如何？已否了结？著即日电奏。

以往教案，都远离京城。这次不同，在家门口，而且是甘军肇事，所以，清朝廷不能不急。但是，你急你的，保定官僚内部却不急在了结，而急在争功。

五月二十四日（日记）：

早六钟，臬台来函言：中堂复电来言，所议五条，当妥即照议速结。令八钟赴藩署会商未尽事宜。七钟出门拜张观察。见。又至丰备仓一看，即赴藩署。姚先至，臬署良久始来。坐次，言及移堂。余言：既许移堂，必有地基以应之，丰备仓似可作备悉。姚云：此意不可露，如欲如此办，我即不管。姚又欲一人独发一电。其意欲将教士等先借一地以居之，事结后再与磋磨，盖欲一人居功，而将为难之事诿诸地方也。藩宪言，一人独发电，中堂将疑我等有意见，发电亦须联衔。断断相争，历巳午两时之久始联函发电。

饭后，往见臬台言：姚公早晨来谓，此事为府县办糟。此后会议，不可令府县知。臬台与之辩论数回，并欲一人发电，阻之不可。午前在藩署委曲牵就而始肯联衔。其意盖谓移堂一事不可骤允之也。然其初到时曾言此五者皆不可不允，不允反觉小气。何其自相矛盾也。余谓：移堂一事，前此开议时并未允许。而姚到堂中即慨然允之。此时何从挽回。闻伊明日欲遣缁译生询赔费数目，必须令陈令偕往，方与初议不断气。否则，如侯镇东者不羁縻之即生枝节矣。臬台以为然。瑞伯言，姚到堂中大声言，此事皆由府县保护不力，中堂派我来查办，府县皆须参处。杜保禄云：微府县之力，我等无命矣。姚又言：中堂命我来专办此事。杜保禄云：甚好，即请定议。姚则又言：移堂之事，当须商之府县。是日酉刻，姚连得堂中两书。前一书：我等赖有府县保护，万不可将府县参处。后一书，则要淮军公所及旧道署内予一处与教堂掉换。姚得书大窘而赴藩臬两处，商定如何复之。臬台云：伎俩毕露矣。近来熟悉洋务大率如此等辈，人才之乏，可胜浩叹。

京城结案

五月二十五日（日记）：

赴臬署见。臬署言：今晨得中堂电，此事已在京议定，可不必聚讼矣。中堂电言：前因杜教士有须候樊主教复电之语，当派胡直牧良驹入都，与樊主教面商办法。兹按胡牧电，樊主教云：第一款教士受伤自医，无庸给费。惟夫役伤三名，每名给百金。第二款教堂门窗被毁并遗失各件，无须赔偿。惟北关地势孤悬，拟向城挪移，将清河道旧署互相调换，不给改造迁移之费。第三款滋事勇丁哨弁，照中国军律惩办，地方官免议，移堂之日，请府县设筵款待以彰交谊。樊主教一面照会公使自行议结等语。查与该司等所议大致相符。有恤费而无赔偿，亦为省便。已饬胡牧告知樊主教转电杜教士遵照，望即依此议结，切速具电以凭电奏。

时藩宪亦在座，言昨日姚之窘状。臬台言，君等今日即往与定议。因俟镇东为姚招往,当约四钟前往。届时与敬之、瑞伯、任俟四人赴堂,知伊堂电未至(北河电竿坏),当将津电说与杜听。杜言:既在外议决,何以樊国良又在京如此办。惟中国有上司,我亦[有]上司,樊主教即我之上司。既如此说,我亦无可说,惟须俟电到看相符合否。旧道署亦须勘视一番,再行定议。

六月二日,保定北关教案由荣禄派人在北京画押签字结案。在办理过程中,沈氏在案发后即赶赴现场,制止事态的扩展;然后多次与杜保禄协商,让他先回教堂;最后,据樊国梁提出的善后意见,计划用丰备仓地址与教堂掉换。这就是他的全部方案。但是,他的方案被姚文栋搅乱。保定不能速结,荣禄派人到北京与主教樊国梁结案。结果,掉换的地址不是丰备仓,而是清河道旧署;赔偿也由原来工役每人百金,变为五万金。这样的结局,荣禄很满意:"赔费既少,地方官又免参处,办理甚属持平。"①清朝廷也很满意:"谕军机大臣等,电寄荣禄。电悉,教案办结,尚属妥速。甘军驻扎保定,诚恐日久生衅。著就保定省北涿州一带地方,酌量移扎处所,与董福祥电商妥办。"②但是,他不满意:"省中业已办有眉目,何至以道署遽予之耶?政令如此,可发一叹。"③

---

① 《戊戌日记》戊戌五月初二日。

② 《大清德宗景皇帝实录》卷421。

③ 《戊戌日记》戊戌五月初二日。

荒词寂寞英灵护——地界交涉

案子已经签字画押，他再不满意也无法挽回。剩下的问题就是划界交割迁址。道署后面有坟庙一块，不属道署旧址范围。前面有东西科房马号。他带人先行丈量。除去这前后两块地方，道署面积为10亩零6厘，房134间。凝望这片土地，他的心潮起伏，实在不愿将它交给教堂。但是，荣禄所派胡良驹，带着从北京来定界的教士林懋海已到保定，局面已无法挽回。为保留署后坟庙，他和林懋海之间就墓地是否归属道署旧址进行辩论：六月初八日，“至旧道署，与法人林懋海定地基界限，断断者甚久”。他以康熙名臣韩菼为道署所撰碑文为据，证明坟庙不在道署范围之内。在他的辩驳下，双方始议定，将署前东西科房马号，以及署后民房官地一块，共2亩9分7厘，与道署10亩零6厘，合计13亩，与教堂掉换。《墓志铭》所云：教士“以郡廨东偏为道署旧址，应划归教堂为辞。将许之矣。公独持府志断断辨，教士始无言而退”，即指此地之争。

六月初九日，法国教堂迁往道署。他到教堂新址，按约定派人护送教士进城，并设席为贺。历22天，教案全部结束。

教案办结了，没有给他记过，当然也不会为他记功。但是，他的心情不能平静。他幼读诗书，受儒家思想熏染极深，始终对洋人没有好感。但拿洋人的某些生活行为，与清朝官场行为相较，他又对后者的作为感到可叹可恨。如在教堂搬往道署新址之时，教堂“一草一木皆不动”，交给清朝官方。而营务处搬运旧道署杂物，“活树一株亦锯去。相形之下，可发一叹”①。还有，该年九月，董福祥甘军，又在卢沟桥与修铁路

① 《日记》戊戌六月初八。

洋人相斗，起因仅为一条巴儿狗。"洋人有一小巴儿狗，甘军索之不与，以致互殴。"最后甘军占铁路，"女鬼子用枪放伤甘勇二人，甘军群起将车站打毁，枪毙工匠一名，洋人亦受微伤"，导致"洋人全数回津，停工不做"。在他看来，"洋人骄横，甘军滋事，皆可恶也"①。内治败坏，外患深入腹心。他对当时的时局看得非常清楚。但是，他没有解国家民族于倒悬的力量。

（三）《刑案汇览三编》

戊戌政变后，荣禄内调，直隶总督改由裕禄担任。沈家本得裕禄之信任，被举荐。光绪二十五年（1899 年）三月，光绪皇帝下诏引见。这是分次引见，直到九月他才应召进京。从光绪十九年离开京师起，屈指算来，已届 6 年。亲朋相迎，旧僚相贺，虽然年纪老了，仍然算是春风得意。二十五日，光绪帝将他召见，命他仍任保定府知府，"以道员尽先即补"②。

沈家本自来多病，这次进京，旅途风霜加上京师应酬，回到保定，他就病了。病榻之上，他追忆自己 60 年生涯，思绪万千。赋诗多首，以寄情怀。

早在刑部任职期间，他就准备续纂《刑案汇览》。调任天津后，他将一应材料带往任所。这一年，《刑案汇览三编》杀青。《刑案汇览》向被论者视为有清一代之活法。瞿同祖先生的名著《中国法律与中国社会》，便多取材于此。《刑案汇览三

---

① 《日记》戊戌九月十五日。

② 《大清德宗景皇帝实录》卷 451。

编》,承《刑案汇览》和《刑案汇览续编》之后,汇道光、咸丰、同治、光绪四朝刑案于一篇,为四朝活法之宏编巨帙。编纂告竣,沈氏为之序曰:

《刑案汇览》,前编六十卷,续编十六卷,纂订者会稽祝松庵,刊行者歙县鲍季涵也。前编所集,有说帖、成案、通行、邸抄,以及《所见集》、《平反节要》诸书;而以说帖为最多,约居四之二,成案居四之一。续编所集惟说帖、成案、通行、邸抄,而无他书。成案居四之三,说帖仅十之一,其中有道光十三、十四等年交馆之案。当时核复未具说帖者五十九件。此两编纂订之不同也。

从前刑部遇有疑似难决之案,各该司意主议驳,先详具说帖呈堂,如堂上官以司议为是,由司再拟稿尾(复外省之语曰稿尾),分别奏咨施行。若堂上官于司议犹有所疑,批交律例馆详核,馆员亦详具说帖呈堂。堂定后,仍交本司办稿,亦有本司照复之稿。堂上官有所疑而交馆者,其或准或驳,多经再三商榷而后定,慎之至也。道光中,渐有馆员随时核复,不具说帖之事。去繁就简,说帖遂少。光绪庚辰以后,凡各司疑难之案,一概交馆详核。于是各司员惮于烦也,遂不复具说帖,馆员亦不另具说帖,径代各司拟定稿尾,交司施行。自是馆事日繁,而各司多不讲求,因有人才牢落之叹。虽经堂上官谆谆告诫,而积习相沿,未之能改,故说帖亦寥寥罕见,所可采者,惟成案矣。

余官西曹三十年，癸未秋在奉天司主稿，凡议驳之案，必先具说帖，或拟定稿尾，再请交馆。奉天辖东三省，该省官吏，多不知刑名事，每年应驳之稿，有多至百余件者。余固不敢惮烦，而同司僚友亦互相讲求，颇获切蹉之益。夫刑名，关系重要，其事之蕃变，每千头万绪；其理之细密，如茧丝牛毛，使身膺斯责，而不寻绎前人之成说，参考旧日之案情，但凭一己之心思，一时之见解，心矜则愎，气躁则浮，必至差以毫厘，谬以千里，往往一案之误，一例之差，而贻害无穷，岂不殆哉！《汇览》一书，故所以寻绎前人之成说，以为要归；参考旧日之案情，以为依据者也。晰疑辨似，回惑祛而游移定，故法家多取决焉。

顾或者曰：今日法理之学，日有新发明，穷变通久，气运将至。此编虽详备，陈迹耳，故纸耳。余谓：理固有日新之机，然新理者，学士之论说也。若人之情伪，五洲攸殊，有非学士之所能尽发其覆者。故就前人之成说而推阐之，就旧日之案情而比附之，大可与新学说互相发明，正不必为新学说家左袒也。

鲍之《续编》说帖，迄于道光十七年冬季，成案迄于道光十四年，通行迄于道光十八年秋季，邸抄迄于道光十八年九月。自是以后，无人续纂以接其绪。鄂省刻有一编，所采仅咸丰、同治两朝，亦未完备，与鲍书不能相接。余尝得抄本《驳案集成》一书，起道光十八年，讫三十年，凡三十二卷，系律例馆原本，不知为何人所编，实可以接鲍书之绪。又得抄本道光十八年以后之《馆稿》八册，可以补《集成》之未备。

光绪戊子秋，余承乏律例馆，复得裒集咸丰、同治、光绪年事，如是者五年。癸巳秋，擢守天津，不复与馆事。尔后见闻遂寡，间采通行数件，他未及也。丁酉夏，调守保定，省中诸幕僚见此书，咸怂恿付梓，因复手自校订，除繁去复，排比成书，凡一百二十四卷，颜之曰《三编》，志与鲍书相接也。官事冗迫，暇晷难得，灯炧饭罢，搦管吮毫，辄自笑曰：何不惮烦也！光绪己亥秋日。

《三编》辑成，当时并未刊版。1907 年，他汇集多年论说，成《寄簃文存》八卷，将这篇序列入，编后又加上一段话：

　　此编抄撮于京邸，编订于天津、保定两郡署。见者谓宜公诸世，余方筹剞劂之资，旋值庚子之变，事遂中辍，忽忽又八九年矣。今日修订法律之命，屡奉明诏，律例之删除变通者已陆续施行。新定刑法草案，虽尚待考核，而事机相迫，施行恐亦不远。此编半属旧事，真所谓陈迹故纸也。芟薙之功，待诸来日，姑记其缘起于此。丁未仲冬。

新理为学士的论说，旧案为中国人情之综汇。推阐前人之成说，比附旧日之案情，新旧学说互相发明，融中外法理于一炉，这正是解决中国近代法律去从的关键。很可惜，沈氏约略理解的这个问题，后来又被他自己所否定，以“故纸陈迹”而置之筐箧。他虽然想“待诸来日”，但来日落了空。时至今日，这样的宏篇巨帙，仍然束之高阁。

（四）留得余生供读律

庚子之变，是中国近代史上的奇变。国难沉重，沈家本本人也和国家一样，命悬一线。差一点惨死侵略军的刀下。这次事变，对他刺激至深，有着刻骨之痛。但是，各种记述都极为简略。《墓志铭》云：

> 拳匪之变，萌于山东，蔓延于畿辅。民初有私习者，公辄侦得其首要，重惩之。俄而朝贵多为所惑，卒不可遏。保定密迩京师，故受祸尤烈。英美教堂相继被毁。公时已升通永道，擢山西按察使，未及行而两宫西狩。联军入保，大肆搜索。某教士衔公前争郡廨之隙也，则诬公附和拳匪，百计中伤之，卒无佐验而难解。

民国年间出版的龙顾山人《庚子诗鉴》，有诗一首、注一条，叙述沈氏被联军拘留原因及释放经过。现予录出：

> 自焚袄宇避锋机，曲突深心计亦非。
> 留得余生供读律，当时台柏幸卑微。
>
> 沈子敦侍郎时官直臬，与廷（按：廷雍，字召民。时为直隶布政使、护理直隶总督）等同被逮。盖因清河道任内，尝自焚署旁教堂，冀免拳祸，致为西人指摘。讯问时有教士在侧，沈曰："若当日有意仇教者，君等已葬于火中，那得在此饶舌。"教士语塞，于

> 是释令回署，仍遣兵监之。迨宣布廷等罪状，于沈则谓其罪轻于廷，且官职卑微，判令革职。然各使指摘不及，故得内迁，官至法部侍郎修订法律大臣。[①]

两处记述，前略后详，然似皆有小误。《墓志铭》认被逮之因为“某教士衔公前争郡廨之隙也，则诬公附和拳匪，百计中伤之”，似不如《庚子诗鉴》“尝自焚署旁教堂，冀免拳祸，致为西人指摘”为确。但是，“自焚署旁教堂”亦不确。据有关资料，当时是拆毁教堂。

为明了沈氏被逮的前因后果，以及关押的情况，笔者将手中材料整理如下。

侵略军进入保定后，逮捕几名清朝官员，沈家本身列其中。不经清朝廷，自行判决处斩清朝官员，仅沈家本一人幸免于难。八国联军战争期间，由侵略军自行其是，处决清朝高级官员，这是绝无仅有之事。因此，叙述沈家本被逮，不能离开这次集体被逮，集体被斩。而要知道这次集体捕杀之因，不能不先述义和团运动期间保定的局面。

混乱中的保定城

有关义和团运动期间的保定局面，笔者所见最为详细的材料，是成书于光绪二十七年（1901 年）八月的刘春堂所撰的《畿南济变纪略》。该书第一篇《方伯廷杰》，记述保定情况颇详，照录如下：

---

① 龙顾山人：《庚子诗鉴》卷 4。

方伯名廷杰，字用宾，满洲正白旗人。微时家贫，尝为童子师以自给。光绪丙子成进士，由郎中简放承德府知府，荐升奉天府尹。二十四年擢直隶布政使，精勤好察，外间铢两之奸，皆知之。事必躬亲，黠吏束手。期年之间，核人才，究吏治，裁浮费，减平馀，搜剔靡不至，岁省巨万。然亦有病其太刻者，属官穷愁嗟怨，谤议鼎沸。方伯毅然不摇。总督裕禄尝规之曰："无尔将府怨。"方伯曰："我不慑也。"行之益力。时按察使觉罗廷雍庄默静镇，不喜纷更，有长者之名。方伯意轻之，黜陟僚属，多反其所言。廷雍公不能堪，两司遂积成水火。

庚子春，省南习拳者渐众，方伯饬清苑县陈大令鸿宝查明以闻。陈大令务为调停，多方讳饰，报曰："非义和拳，乃少林会也。"方伯以其不实，命复查之。则又以保甲闻。时城内文昌宫亦潜设拳会，方伯微闻之，欲派兵搜捕。陈大令密告拳匪使避，因入告拳匪之散，请无深究。拳匪移于七圣庵，又设分会于五仙祠，聚日众而方伯不知也。三月，遂有张登之事。

初谢庄附生张玉瑢为南乡望族，尝与教民搆讼不得直，村民为之调停，亲诣教民谢罪，备受凌辱，忿不欲生，日思所以报之。然畜怨未有以发也。会山东义和拳蔓延直隶，乃迎师立厂，与教民格斗于张登镇，杀伤数十人，伏尸流血，远近震骇。方伯饬陈大令亲临谕解，被拘留不得返。廷雍公禀请寓津候补府陶太守式鋆来省会办，并派练军马队分统王占魁带兵两哨驻防，以资镇慑。集文武反复筹商，日久不决。方伯以陈大令仁柔寡断，非治剧才，立解其任，以署武邑县张大令炳喜调署。

张大令尝步行街市，苦口劝诫。闻省东南四十里东闾村教民筑圩自保，拳匪攻之，亲往劝谕。行近十余里，忽炮声霆激，不得近而返。又往谒城守尉奎恒公，请禁旗民习拳。奎恒公曰："旗民练习拳棒，自保身家，并不滋事，君不得过问。"张大令大沮而回。

正筹议间，忽涞水县祝大令芾禀称，县东南十八里与定兴接界之高洛村拳教搆衅，焚毁教堂，杀教民无算，请兵弹压。方伯禀请天津巡防营务处张观察莲芬带兵前往。匪势日炽，张观察兵单不能制。旋禀请杨协戎福同、邢协戎长春、杨协戎慕时、张协戎士翰等会防，方伯与之往复筹商，指授机宜，力主痛剿。廷雍公谓杀义民不祥，心不然之。未几，杨协戎福同阵亡于涞水县北三十里之石亭驿，舁榇旋省，谗丛毁集，皆尤其滥杀激变。惟方伯悲其忠而被祸，率文武恭迎致祭，抚柩痛哭。

已而松林店、方顺桥、北河、固城等处铁路相继焚毁。比、法工程师大惧，男女数十人议回津避乱，求兵护送。方伯商之廷雍公，廷雍公奋然作色曰："我未曾降附外夷，奈何以华兵而反为之用耶？君请自为之，我不敢与闻。"西人固请不已，卒派兵四十名护送。行至任邱之苟各庄遇匪截流，大呼"专杀洋人，中国人速远避"。华兵徐步而归。洋人登岸开枪奋击，毙匪亡算。洋人亡四名，伤数名，狼狈旋津。方伯大怒，与邢、杨、张三协戎密计大举攻剿。杨协戎歼匪于松林店，邢协戎创匪于北河、大沟等村，杀伤数百人。群匪惧，布散流言，谓邢、杨纵兵淫掠，屠戮良民。定兴县罗大令正钧，徇绅士之请见方伯，言："官军骚扰，请移调他所。"方伯怒叱之，欲乘此兵威严密搜剿。廷雍公阻诘百端。方伯曰："拳教相仇，姑可勿论。今戕杀二品大员，焚毁国家铁路，是叛逆君父，非仇视外洋也。若不严密搜拿，痛加惩讨，使匪党知所警惧，后患何堪设想。"廷雍公曰："夫拳民皆乌合之众，大兵一至，则散而归村，良莠何从区别；若纵兵剿捕，必致玉石俱焚。"两司各执其见，常盛气奋争，甚至喧哄诟詈，声彻庭闼。僚属相顾愕眙，不敢置一词。二公争执不相下，各具禀互讦于裕公。裕公批复两是之。

当是时，省城内外拳匪充斥，扬言某日举事焚毁天主堂，杀大员三人：一为方伯，一为张协戎，一为莲池书院主讲吴挚甫先生。并声称有义和拳万人约期赴都勤王，须进南门经城而过，以耀神威。方伯欲闭城不纳，列队拒击。廷雍公谓："开仗恐惊扰百姓，莫如遣人劝说，晓以不宜进城之义。"然拳匪实无入城意，不过故为空言，以恫吓官长而已。保定府知府沈家本建议，令天主教士杜保禄率教民暂避于安肃之安家庄，其城内教堂由官看守，因拆其洋楼改设巡防营务处，以免拳匪焚毁。

时拳焰日炽，方伯募马队百名列衙署以自卫。议缮城守而患无兵。或说之曰："四街水社壮丁近千名，刀矛皆备。同治七年捻匪扰直隶，曾助官守城。何不援例召之。"方伯称善。集社董与议，许给口粮。初，四街水社每年由藩库领银数百两，以为津贴，行之已久。方伯莅任裁减浮费，悉革除之。社董以为言，廷雍公捐廉赔垫。由是水社皆感廷雍公而怨方伯。至是不应召，且曰："若有臬台一言，则吾辈应命立至，虽自备糗粮亦踊跃乐从。"于是廷雍公出为谕勉，社董方唯唯听命。

五月十九日，天津兵衅开，邢、杨诸军调赴前敌，城内拳匪公杀教民，官不敢问。

六月初四日，廷雍公奉檄抚用拳匪，赏顶戴助钱米。是日焚北关教堂。次日冒雨焚南关教堂。廷雍公闭城严备，派张协戎督兵弹压。教士教民数十百人焚杀净尽，无一脱者。内地会贝教士见公理会火起，急携其妻子逃至刘爷庙营中求救。营官王占魁惧罪不敢留，送交拳匪，诣城内献俘。教士曰："死无所吝，但愿一见方伯。"当事者不许，仍舁出城骈戮之。由是省城纷纷立厂。不数日增至十余团，焚杀无虚日，腾煽蜚语侵方伯益急。方伯惶惧不知所为，乃出示悬赏，募人攻东闾以自解。……示既出，兵与匪围攻东闾，迄不能拔。既而有诏来京，以廷雍公代之。丁吏差役皆惮方伯明察，而喜廷雍公宽厚，更代之日，阖署相庆。

时京津一路拳匪蜂屯，虽闻方伯有募攻东闾一示，而怨终不释，争欲得而甘心焉。扬声俟方伯启行，当于中路邀之。方伯惧，求廷雍公派拳匪四人护送。沿途阻截，红巾排数十里，执旗露刃，遮舆哗噪，从者婉言谕解，仍乃达京。方伯既去，拳匪益骄，公于臬司辕门杀人，扰营务处，抄莲池书院，毁上谕，缚官长，廷雍公不能制。畿南之事遂嚣然不可复靖矣。未几联军踞省，是非大明。议者皆追思方伯之先见，而悲其蒙垢去官，不竟其用，致有此变。教士教民尤感之，虽曾募攻东闾，然皆知其计出无聊，不之咎也。

直隶总督裕禄驻天津，保定事务由藩司廷杰、臬司廷雍主持。自义和团起，清朝统治集团内部，对义和团即分"剿""抚"两派。大体上办理洋务者主剿。由于戊戌政变后，西太后立大阿哥，意在废除光绪皇帝之举，遭列强干预。因之，迎合西太后的一般守旧王公大臣，力主利用义和团的排外而主抚。受中央清朝廷的影响，保定这两位主政官员也在"剿""抚"上势成水火。藩司廷杰与副将杨同福、邢长春、范天贵等主剿；臬司廷雍及城守尉奎恒等主抚。双方告到总督处，裕禄两是之，这就是保定当日的局面。

自焚祆宇避锋机

《墓志铭》云，沈家本在义和团初起之时，侦得私习者即"重惩之"。据此他属主剿派。但是《墓志铭》没有材料举证。而这篇记述，对义和团是剿是抚，看不出沈家本的明确态度。只记录了他的一件事："令天主教士杜保禄率教民暂避于安肃之安家庄，其城内教堂由官看守，因拆其洋楼改设巡防营务处，以免拳匪焚毁。"这一记录，与《庚子诗鉴》所述相同。而且很可能《庚子诗鉴》即据此记录而来。

这段记录的关键，是他令教士离城，保护教士教民的生命;同时又拆毁教堂,使教堂变为巡防营务处。对于他的这种举动,可以仁者见仁,智者见智,作出两种相反而又合理的解释。解释不当,将使他身首异地。

一种是龙顾山人《庚子诗鉴》和上引作者的解释,"自焚祆宇避锋机",老谋深算,"曲突深心",为避义和团盲目排外所带来的焚杀,预先将教士转移,拆毁教堂,使义和团失去打击对象。由于保护了教士教民,所以在义和团以及主抚派眼中,他是主剿派。

第二种解释适与第一种解释相反。主抚派盲目排外,支持义和团杀洋人,毁教堂。他主动拆毁教堂,与义和团毁教堂相似。按照逻辑推理,这种行动属于附和"拳匪",因此他是主抚派。后来,教士和侵略军,就是按照这种逻辑推理,推定他附和义和团而加以逮捕。①

总之,转移保护教士与拆毁教堂,这两种行动,在当时会引出两种不同的理解。究竟他是属于主剿派,还是属于主抚派?依笔者之见,两者都不是。他既不会附和义和团,也不会如《墓志铭》所云重惩义和团。理由如下:

首先,他是科班出身的士大夫,而且研讨法律几十年。在他的头脑中,"民""匪"的概念是极为明确的。守法为民,藐法为匪。在儒家民本思想的熏陶下,他痛恨残民害民的治人者,同情良民的被残被害。但是"民""匪"之分的思想惯性不可能改变。当时的义和团,根本就不受清朝法律的

① 《畿南济变纪略·陶太守式鋆》中有:"时臬司为沈公沈家本,以首府升署者也。沈公初无纵匪情事,因谣传其子习拳,故有此变。其后卒得白,解绶去。"这是另一种记录,有儿子习拳之谣传,更容易推定他附拳。

约束，不把清朝法律放在眼里，所做所为与法律水火不相容。因此，在他们心目中，“拳”只能是“匪”而不会是“民”。即使不以“匪”视之，最少也是“乱民”而不是“良民”。明了他的思想基础，我们就能理解，他的主动拆毁教堂之举，与义和团毁教堂不能等视。他是“避锋机”，老谋深算的权宜之计，不是附和义和团。

其次，他不附和义和团，而且又有转移教士，保护教士教民之举。这种举动又与义和团杀尽洋人之举正好相反。那么，他会不会站在主剿派的立场上，重惩“拳匪”呢？笔者以为，这种可能性非常之小。

在我国的传统思想中，“夷夏之辨”或“夷夏之防”也是主流思想之一。身为传统士大夫，他不可能不受这种传统思想的影响，甚至可以说，他的身上留有这种思想的极深的烙印。“排外”，是“夷夏之防”的必然归宿。受这种传统思想的影响，他在日记中，经常称洋人为“鬼”、“女鬼”，就是这种排外思想的记录。个人对当时社会的深切了解，以及亲属环境（至亲沈桂芬、徐筱云、汪大燮都办外交，与洋人打交道）影响，他不会盲目排外。但是传统的幽灵很难驱散。这是他不会重惩“拳匪”的思想基础。

现实利害关系，也使他不会一开始便重惩“拳匪”以保护教士。前面说过，当时从中央到地方，对义和团都有“剿”“抚”之分。保定更是如此。两位顶头上司因此而成水火。使他这位下属的处境十分尴尬。他是一位年已花甲，有着 40 年官场阅历的官僚，知道开罪哪一位上司，在当时的情况下，都会带来难以预料的后果。因此，基于这样一种现实考虑，他也不会贸然站在主剿派一边，重惩“拳匪”。更何况，在保定官场中，他似乎更接近廷雍。①

总之,无论从思想渊源,还是从现实出发,笔者以为,对义和团,当时他都不会公开主剿,或公开主抚。侵略军入保,教士以其拆教堂指其附拳既谬,《墓志铭》认其重惩“拳匪”似亦无据。

就在这种混乱之中,保定官场发生一次大变化。“庚子夏,拳变猝起,省城大乱。两司龃龉,布政使廷杰公去位,按察使觉罗廷雍公代之,总统振远全军,以保定府知府沈公沈家本升署按察使。”②

升署直隶按察使任内

沈家本升署直隶按察使,似无清朝廷直接诏谕。而是因廷雍升任布政使后,直接暂时代理。他的亲家、时任兵部尚书、后来被杀的徐筱云,六月间与沈家本几次通信、谈时局,也讲到升署问题。其中六月初四日函云:“时局之变,实由亲贵中主谋数人昧于形式,鲁莽从事,置社稷生灵于不顾,欲以一弱敌众强,且又自绝转圜之路,祸必不测,殊可叹恨。一切情形,谅泊棠到省必已祥达。”这封信谈局势,徐在八国联军战争中是主和派,对义和团主剿。信中已料到战争的结果。同时,知道他的大女和大女婿汪大燮已由京到保定。

六月十一日函,对他的行止提出建议:“昨闻子梅(按:

① 《偶存稿十》有《送觉罗劭民大京兆入都时将之官沈阳》五首。于此,可见他与廷雍的关系。

② 《畿南济变事略·高观察骖麟》。

沈子梅，又名沈能虎）开缺，阁下升补。通永地当京津冲衢，窃为失马者喜，得马者忧也。吾兄在省，素得民心，亦为两司所倚重。此时简放遗缺，调补需时，谅上台必请留省相助，暂缓交卸，尽可能另派候补通员先署通永。”上年九月，他蒙召见，即定以道员尽先补用。到本年初十日，大乱之际，调他实际担任危机四伏的通永道。徐筱云劝他不要赴任，先留保定，以观事变。

六月十六日，徐又函云：北京董福祥军围东交民巷20日，官兵死亡不少，洋人死者无多；北京聂士成已阵亡，天津城可能要失守。“一、二月间，大局不可问矣。廷方伯留京，召民坐升。新任臬司远在江右，到任需时，吾兄可暂署臬篆。通永本任断不可去也。”①

沈家本复徐筱云函虽不可见，但从这些信函，可以看出，他升署直隶按察使，是地方临时措施，并未奉有明诏。从六月中旬起，虽然他实质上担任按察使，但是他不可能像廷杰那样，与廷雍分廷抗礼。廷杰一走，“地方大政一决于廷（雍）公，僚属无敢为异议者”②。七日，裕禄死，新总督李鸿章又远在上海，廷雍护理直督，保定事宜更由他一个人说了算。

局势的发展，确如徐筱云信中所言。京城董福祥甘军久攻使馆不下。六月十八日，侵略军便占领了天津，接着挥兵西进，七月十二日攻占杨村，十八日占领通州，二十日进入北京。第二天，西太后挟持光绪帝，仓皇逃走。闰八月初三，西太后

---

① 上引信函见沈厚铎《徐筱云致沈家本信函五札简注》。载1992年5月陕西人民出版社《博通古今学贯中西的法学家》，第466—468页。

② 《畿南济变事略·高观察骖麟》。

和光绪帝在太原发布谕旨以“直隶通永道沈家本，为山西按察使”①。

但是，诏旨虽下，他却无法起任。原因是，此时他正在审理谭文焕一案。

谭文焕是天津候补道，支持义和团。在慈禧逃离北京，对义和团改“抚”为“剿”，廷雍遵从慈禧旨意，对义和团挥动屠刀以后，谭文焕仍然率义和团抵抗。最后被廷雍派人捕获。沈家本是署理臬司，审讯谭文焕是他的职责。因此，他打发眷属离开保定，先行奔赴西安。自己则留在保定，继续审理谭案。计划案结后再行觐见赴任。

办理谭案，先由护督廷雍交办，后由李鸿章交布按两司审办，实际上是沈家本一人主办。这样的局面，他当然无法脱身。

楚囚相对集新亭

这一留，给他带来极为可怕的后果。

闰八月初八日，沈家本担任山西按察使的谕旨发布5天，李鸿章正式接任直隶总督，十二月，手谕廷雍，如侵略军入保，各军勿得迎敌，将军械收缴，运出库款。十九日，侵略军统帅瓦德西下令进军保定。保定城插上白旗投降。

二十二日，保定署理知府陶式鋆、观察孙钟祥等，奉命率官绅、备礼品，迎英军将领贾思尔率领的侵略军于安肃南关。但是，贾思尔不满意，要廷雍亲自出迎。翌日，廷雍即遵命，率保定文武官员，迎之于保定北关。二十五日，联军移入保定城

① 《大清德宗景皇帝实录》卷470。

内，分驻四城。紧接着，藩署司库被占，侵略军进入廷雍的内署。

侵略军占据藩库，不仅库银 16 万两尽失，而且在保定“设立权理司，地方刑政皆归之，华官无权”①。九月初二日，更严重的事情发生了，“联军约两司赴公所，先向臬司各教案，旋听回署，仅守以兵，廷藩司被留，至今未释”②。《畿南济变纪略》作：“九月初一日，署按察使沈家本与廷公同时被拘。”沈家本《枕碧楼偶存稿十一》有“九月初一日口占”，记自己被拘。故沈、廷被拘，当为九月初一。同时被拘的有城守尉奎恒、统带王占魁。

沈家本与廷雍等被拘后，清政府曾为之交涉。

廷雍是直隶布政使，一度护理直隶总督，是地方大员。他虽然按李鸿章之意，不放一枪，便扯起白旗，将保定城拱手交给侵略军，而且，在侵略军还没有到达保定之前，就擒拿谭文焕，同时又率军驱散包围献县天主堂近两月之义和团，以使“给自己造成一个积极反对义和团的名声”③，但是，最终谭文焕被侵略军杀害，他自己也难逃一死。

沈家本和廷雍等被拘留期间，保定官员曾竭力营救。怎么营救呢？《畿南济变纪略·陈太守以培》中说：

> 两司被拘，太守（按：指陈以培）与陶太守、吴大

---

① 《畿南济变记略·孙观察钟祥》。

② 李鸿章十一日电报，见《档案史料》下册，第 742 页。

③ 《北华捷报》1900 年 9 月 19 日，转引自李文海等编《义和团运动史事要录》，齐鲁书社 1986 年 12 月版，第 407 页。

令等出死力营救，密见德国翻译官部驷，谄以重金代二公请命。部驷曰："苟得银二万两，吾能设法解救，惟功名则不敢保。"太守密遣人商之廷公，廷公曰："时势如此，富贵本非吾愿，诚以诸君之力得免于难，虽布衣终老亦所乐也。"时藩库被占，公私奇绌，无现银可措，而廷公朝不保夕，待救甚急，太守乃贷练饷局汇丰银钞一纸计五万两，持交部驷为质，容措银二万两再为购赎。部驷在西官中最为桀悍，每语事剽词怒目，华官皆懔懔畏之。谓太守曰："慎毋言，有敢泄此语者，吾当枪毙之。"已而廷公竟不保，太守始知为部驷所绐，索钞不与。李傅相（按：李鸿章）在京悉闻其谋，谓太守轻动公款，受人愚弄，严札切责之。太守惧，与陶太守、吴大令并窦刺史以锜、冯刺史清泰各捐廉千金，将原钞赎回。

说穿了，就是行贿。但是他们遇到洋无赖部驷。到头来，人财两空。营救失败，还受到李鸿章的斥责。

营救无效，廷雍等最后终于被杀。沈家本则因：一其子习拳无所据；二拆毁教堂，意不在仇教，而是避义和团烧教堂杀洋人的权宜之计；三官职卑微，罪轻于廷雍。因为这三条原因，他终于躲过这次劫难，也是被逮官员中惟一逃脱这次劫难的人。常言道，大难不死必有后福。龙顾山人诗咏："留得余生供读律。"这算是他的后福吧！

他逃脱了死神，但是并没有恢复自由，仍然被监视居住在臬署中，一直到和谈告成以后。这时，已是旧历年底（公历1902年）了。从五月到十二月，保定城风云变幻。义和团奋起反抗以教堂为代表的外来侵略势力。但是，他们所发出的道义的愤怒，却与旧时代连结在一起。以旧时代的思想物质为后盾的正义者，无法战胜以现代思想物质为后盾的非正义者。为了自己的权位，慈禧可以宣布“抚拳”，同样，为了自己的权位，她可以宣布“剿拳”。最后，义和团终于淹没在她和侵略军联合屠杀的血泊之中。在这动荡不安的年月，沈家本这位花甲老人，身处其间，不但失去自由近 4 个月，而且一度危如累卵。他有多少悲愤，他有多少忧伤。

十二月二十五日，奕劻、李鸿章在《和议大纲》上画押。翌日，沈家本离开保定奔赴西安。侵略者终于将他释放，结束了囚徒的生活。七九已过，河边柳芽已发，春天到了。他快马加鞭，奔向西安。

第四章　执掌刑部，奉命修律

20世纪初期的中国法律改革，是中国法律史上亘古未有的变革。经过这次改革，现行法律从体系体例到名词概念再到精神价值，都与传统法律断裂。西方化法律取代了传统法律。而沈家本是这次法律改革的主持人。

自改革之日起，沈氏和他所主持的法律改革，就颇多争议。誉之者视他为"法家泰斗"，融铸中西法律法学的巨人；毁之者，斥之为"抗命之臣"，自毁藩篱的罪魁。如此等等，这种争论，持续到了21世纪。

一　此人端为救时来——西行漫思

《和议大纲》告成，侵略军终于将沈家本释放。庚子十二月二十六日，他如脱笼之鸟，匆匆离开保定。先南下，后西行，前往西安觐见慈禧和光绪帝。

（一）痛定应思痛，须寻国手医

从保定出城，冒着凛冽的寒风，风餐露宿，终于来到开封。家人在这里等待他，全家终于在这里团聚，是梦？是幻？是真？是实？劫后复聚，会使人立刻想起杜甫的绝唱。《到大梁》就是当日全家相见的真实写照：

日日望行人，行人久不至。
既至翻惊疑，还恐是梦寐。
骨肉散复聚，坐定心转悸。
离踪说不尽，约略说三四。
囊空且毋忧，身幸免罪累。
今宵旅魂安，忘此亦异地。①

旅魂稍安，他在开封小住。二月初五日，全家从开封出发，前往西安。在郑州，他拜谒子产祠。子产，即公孙侨，字子美，亦称公孙成子。春秋时期著名政治家，执掌郑国国政 20 多年。春秋时期的郑国，处在强国的包围之中。为了救时强国，子产毅然改革“刑不可知威不可测”的旧传统，铸刑书将法律公诸于世。子产是中国历史上最早的法律改革者之一。沈家本敬重他，理解他。他拜谒子产祠，同时赋诗寄托自己心愿：

① 沈家本：《偶存稿十一》。

公孙遗爱圣门推，论学原须并论才。
国小邻强交有道，此人端为救时来。①

子产为救时而改革传统，是他效法的楷模。如果要探讨沈家本改革传统法的思想源于何时，西行路上的这首诗，当是最直接的表露。

西行途中，他还参谒了清代有名的不畏权贵的执法者武虚谷之墓：

虚谷才名海内知，一官下邑已惊时。
饶他缇骑鸱张甚，难免先生尽法笞。②

武虚谷，名亿，虚谷是他的字，又一字为小石，自号半石山人。乾隆进士，曾为博山知县。大学士和珅派番役捕盗，依仗和珅之势，横行不法，各地州县不敢过问。但是，在博山却被武亿痛斥。从歌颂武亿的执法不阿中，深深寄托了他的治国理想。

（二）哭莫赵舒翘

二月下旬，沈家本全家终于在风尘仆仆中到达西安。

在西安，刑部旧僚为他的脱险西来举行宴会。他回到同僚中，回到朋友中，既高兴又感叹。其时，清朝刑部一分为二。

① 沈家本：《偶存稿十一》。
② 《武虚谷墓》，见沈家本《偶存稿十一》。

一部分在北京，审理北京案件；一部分在西安，综理全国刑名。而早在他到来之前，已经致仕的老上司薛允升，在年过80之时，又被重新起用，担任刑部左侍郎，接着又升任刑部尚书，实际主持西安刑部事务。内阁学士戴鸿慈则为刑部左侍郎，协助薛允升处理西安刑部日常事务。前任刑部尚书赵舒翘，因被联军指为祸首，先是闲置，接着赐令自尽。

薛允升，字云阶，陕西长安县人。清末著名法学家，在刑部任职几十年。沈家本出守天津后，任刑部尚书。后因执法不阿，处斩太监李苌材等，触忤慈禧，先被降为宗人府府丞，接着致仕赋闲在家。在被慈禧重新起用担任刑部尚书时，他曾以年老力辞，遭到慈禧的申斥。这是霸王宴，不吃也得吃。80高龄的薛允升，终于鞠躬尽瘁，为清王朝的国祚，死于慈禧回銮途次。当然，这是后话。

到达西安后，沈家本觐见慈禧、光绪帝，述职后等待下文。三月十日，谕旨："命山西按察使沈家本开缺，以三四品京堂候补。以湖南岳常澧道陈璚，为山西按察使"①，免去沈家本山西按察使之职，候补闲住。

候补闲住间，他来到长安县赵舒翘家中，祭奠赵舒翘。

赵舒翘，字展如，陕西省长安县人。同治十三年进士，以主事分刑部。以平反河南王树汶冤狱而闻名。精通旧律，是晚清著名法学家之一。光绪十二年后任安徽凤阳府知府、浙江布政使、江苏巡抚。光绪二十三年内调为刑部左侍郎、尚书、总署大臣、军机大臣。联军入京后，被指为祸首。初被慈禧革职留任，继定为斩监候。光绪二十七年正月初六，赐令自

---

① 《大清德宗景皇帝实录》卷481。

尽。沈家本到达西安时，他已死去近两个月。

赵舒翘是沈家本的刑部同僚，而且彼此因究心律学，成为知己朋友。他不相信赵舒翘会袒护义和团，指赵舒翘为祸首而令其自尽，实在是冤枉。这一天，他来到赵氏故居大元村，哭奠以后，赋长诗《大元村哭天水尚书》，为赵氏鸣冤：

海内论知心，知心能有几。
与君交素谈，公庭接冠履。
沈埋簿书中，讵遑计誉毁。
君独语同僚，推许多溢美。
五马去濠州，鹏翮程三徙。
述职来春明，欢言酌芳醴。
洎余守渤海，金阊列戟棨。
云泥分虽隔，尺素通迢递。
朝命总秋曹，执法少偏倚。
进贤陈密勿，旁采及葑菲。
闻我考绩来，相迎乃倒屣。
旧侣遍评骘，阳秋有臧否。
用法寓慈祥，设我识此旨。
一面成永诀，耿耿情何已。
妖气起畿甸，张皇到山鬼。
亲贵诧奇术，假以雪吾耻。
君独知其非，密陈不可恃。
孤愤尼众咻，愔恢势难止。
西狩遂入秦，流离叹琐尾。
群雄益鸱张，移檄究祸始。

始祸众亲贵,误国魄应褫。
君乃罹此难,系铃铃谁解?
入觐咸阳城,出城访君里。
躯车渡澧桥,长虹跨波起。
其长丈廿四,工钜君所庀。
行人免徒涉,利济颂桑梓。
入村问君屋,方兴役又罢。
古寺一抚棺,萑兰频挥涕。
馨颏眷畴昔,浩落固如在。
万恨何时平,千龄终已矣。
试泪强回辙,就车还嘘唏。
言之愧不文,奋笔畴为诔。①

这是一首诔文,也是一首为赵氏洗刷罪名的长赋。对亡友的伤悼,对愚顽亲贵的谴责,对侵略者的抗议,都在这首长诗中发泄出来。

二 当家刑部

这次候补的时间不长,五月十四日,谕旨下达:"以候补三四品京堂沈家本为光禄寺卿"②。

光禄寺卿为中央六部九卿之一,从三品,专管皇室祭品、膳食及招待酒宴,没有什么实权。西太后任命他为光禄寺卿,

① 沈家本:《偶存稿十一》。
② 《大清德宗景皇帝实录》卷483。

看来也是临时措施。大概是让他做回銮先行官，准备路上的膳食之类。

（一）身列朝班

四月二十一日，议和大局已定，慈禧下诏定于七月十九日回銮。

五月十四日，沈家本被命为光禄寺卿，二十八日即动身离开西安。

但是，直至七月二十五日，奕劻、李鸿章才与11国代表在《辛丑条约》上签字。因为这个原因，两宫回銮推迟到八月四日，十月二日到达开封。其时，作为先行官的沈家本，则早已离开开封，差不多到达北京了。

就在慈禧到达开封后的第二天，80高龄的薛允升，不堪路途的奔波，骑箕西去。十月初四日，谕旨："调工部尚书张百熙为刑部尚书"，"以光禄寺卿沈家本为刑部右侍郎"①。这一任命，给他的生命和事业带来巨大的转折。

传主于十月十日回到乱后的京城。吊死伤生，笼罩心头的是故都之情，劫后余觞：

磨驴故步迹都陈，满眼偏教百态新。
羸马今朝行得得，又随人踏软红尘。

惨扶丹旐恸归来，寒酹忠魂酒一杯。
荒寺孰携磨镜具，萧萧风助白杨哀。

---

① 《大清德宗景皇帝实录》卷488。

幼随慈母见恒河,转眼年华六十过。
回首昔年游钓地,故人零落已无多。①

自己已经年过六十,慈母早去,故人无多。但是,身不由己,还要在人海中漂浮。新的任命似乎并未增加他的激情。

(二) 当家堂官

十一月二十八日,两宫还京。作为刑部大员,他第一次入值:

入卫边兵列队齐,羽林闲杀禁门西。
晓筹依旧鸡人报,不分还来听鼓鼙。②

清朝中央六部,各部设尚书二人。满汉各一;设左右侍郎四人,满汉各二。尚书、侍郎都是各部堂官。统称六堂官。如果大学士、军机大臣兼职管理某一部,则该部便有七位堂官。但是不论是六堂官还是七堂官,对部政起决定作用的只有一位,这位起决定作用的堂官,称为当家堂官。

沈家本再进刑部,初为右侍郎,后为左侍郎,一直到光绪三十二年官制改革,将刑部改为法部为止。在此期间,满尚书先为贵恒,后为荣庆、奎俊、溥兴;汉尚书初为张百熙,后有葛宝华。但是,不管尚书如何变化,当家堂官都是沈家本,刑部

---

① 十月初十日到京杂诗,见沈家本《偶存稿十一》。
② 《入直口占》,见沈家本《偶存稿十一》。

大小事宜，皆由其主政。这是清朝光绪以后，中央官制耐人寻味的一段特殊情况。下面，我引述一些资料，对此加以说明。

先看徐珂所辑《清稗类钞·爵秩类》：

清朝中央六部，“管部及尚书、侍郎，皆各部之堂官也”。“凡指麾一切者，谓之当家，部事向皆满尚书当家，汉尚书伴食而已。四侍郎则更不事事，有半月不入署者。若管部为满大学士，或汉人而兼军机，则实权在管部；若汉大学士管部，尚书则满人而兼军机，则管部绝不过问。盖视乎地位势力而有异同也。然亦有侍郎当家者，赵舒翘、沈家本之在刑部，皆以深明旧律，为尚书所不及，实权乃渐集于侍郎。盖因其人而生权力也。非当家之堂官，值司官来请画稿，不敢细阅，谓之画黑稿。故有任堂官数年而不知部事为何物者。”

再看刘体仁《异辞录》卷三：

“本朝旧制，六部满汉各六尚书十二侍郎，一部六堂官，常有大学士管部为七堂，虽云位尊至上，仍视乎其人而已。薛云阶、赵展如、沈子敦为刑部侍郎，即主政。”

但是，无论是野史还是笔记，这种“因其人而生权力”的侍郎当家主政的例外情况，都仅及刑部，而且仅及薛允升、赵舒翘、沈家本三人。这当是以慈禧太后为首的清朝最高决策者的有意安排。三人在刑部的任职时间，很能说明这个问题。

光绪六年(1880 年)，薛允升由漕运总督内调，先任刑部右侍郎，后转左侍郎，一度署理尚书，光绪十九年升任刑部尚书。薛氏由漕督调任刑侍，显然是因为他在外任以前，曾有10 多年刑部司员的阅历，以熟悉法律、善决疑狱为朝野所瞩目。在他任职刑部堂官期间，赵舒翘、沈家本均在刑部任职司员。阙后，赵舒翘外放安徽，沈家本则外放为天津知府。

光绪二十二年，薛允升因坚持依法处决在京师庆和园肇事行凶杀人的太监张受山、李苌材，开罪了慈禧太后和总管太监李莲英，第二年即被借故降职为宗人府丞。在薛允升调离刑部前几个月，赵舒翘即被内召，由江苏巡抚调任刑部左侍郎。是时，刚毅以军机大臣兼刑部满尚书（刚毅出身亦为刑部司员）。第二年，刚毅调任兵部尚书，赵氏即升任刑部汉尚书，不久兼军机大臣。

光绪二十六年，慈禧太后挟光绪皇帝逃至西安，赵舒翘不久赐死。在部务无人综理之际，慈禧太后起用已经赋闲的薛允升。薛氏时已80高龄，本不愿出山，但是，他既痛心河山破碎，又迫于慈禧太后的威势，最后决定出山。开始署理刑部左侍郎，赵氏死后，升任刑部尚书。第二年，慈禧太后偕光绪皇帝返京，薛氏随行，到达开封，死于途次。沈家本就在薛氏死后被立即任命为刑部右侍郎。

从以上可以看出，光绪五年以后，薛允升、赵舒翘、沈家本三人，前后衔接，在清朝刑部次第担任侍郎、尚书。如果加上他们刑部司员的职期，那么，从咸丰朝开始（薛允升咸丰六年考取进士后，即分刑部为主事），刑部从未消失过他们的身影，从而给人一个深刻的印象：清末刑部离不开这三位法律专家，他们与刑部结下了不解之缘。

时人笔记，稗官野史，三人任职情况如此。除此之外，最能说明沈家本在刑部当家主政的根据是，沈家本任侍郎时，御史潘庆澜弹劾沈家本和刑部，刑部反劾潘氏，闹出的一场公案。

潘氏认为，刑部近年所办之事，之所以很多不如人意，究其原因，在于刑部司员出身的堂官，自诩专家，一人把持政务，专断擅权，其余五位堂官备位伴食。以致造成下属司员奔走伺候于当家一人，互相援引，互相包庇，部务因之日驰。这样，潘氏所劾，便由沈家本一人，而连带了刑部所有堂官和大部分司员。

刑部反劾，首先否定潘氏的刑部内专家当家的立论依据，指出，专家当家之说是“毫无实据”的“俗说”，不足为据。其次指出，由于刑部司员“劳苦特甚”，一切要差都必须由熟悉法律之司员充任，根本无由幸进。因此，潘氏指责司员奔走于当家堂官，纯属“挟私弹事”、“任意诋毁”。第三，反劾潘氏因庚谷氏一案的处理不合己意，“处心报复”，“以泄私忿”。最后请求清朝廷，对这种“有意吹求”谨慎处理，免使办事之人“人人自危”。

由法律专家主政刑部，这是清末官场的一个特色。沈家本正是以法律专家的素质，以侍郎身份而当家刑部，直至官制改革，改刑部为法部，而调任大理院正卿。

（三）整理部务

慈禧西逃，把清朝中央六部也带到西安。和其他五部相较，刑部比较特别：北京刑部，由满尚书贵桓留守，带一批司员继续运行办公；西安刑部，由汉尚书薛允升负责，处理各省上奏案件。两宫回銮后，两地又合为一。

合署后整顿部务的第一件事，就是褒奖战乱中仍然守职尽责的人员，以资激励。通过褒奖、稳定司员之心。另一件急办之事是处理被联军逮捕送交刑部监狱关押之人，以及被联军放走的刑部监狱的原有犯人。通过奖励司员、清理积案，部务转入正常运转。

三　奉命修律

从光绪二十八年（1902 年）奉命修律，到宣统三年（1911 年）清社倾覆，这是沈家本生命中最为光辉灿烂的时期，也是他最为后人称道的时期。这一时期奠定了他在中国法律史的地位。在这十年里，他虽然仍有各种挫折，但是，平生以法救时治国的抱负得以施展，几十年所学得以发扬。在他的努力下，中国法和法学终于从中世纪的野蛮落后状态中姗姗走出。时间虽然晚了一些，但是他为现代中国法和法学奠定了基础，为中国法和法学的转型立下汗马功劳。正是这一点，使他名垂青史，成为解读中国现代法的关键人物。

就法律与政治、经济、道德、风俗、习惯、宗教等等的社会关系而言，导致晚清统治者作出法律改革决策的最重要的因素，莫过于政治改革。因政治改革而导致法律改革，当时的历史就是这样撰写的。因此，要明白晚清法律改革何以会在这个时候被重新提上议事日程，就必须先对法律改革前的政治改革有一个基本了解。而只有清楚法律改革只能在这个时候进行，我们才能理解沈家本风云际会，适逢其时，主持这场改革，成为今天法学界必须研究的人物。因为，这场改革早于或晚于这个时候，主持这场改革的人，就很可能不是他。

我们知道，19 世纪下半叶的洋务运动，从它的开展之日起，就出现激烈的“体”“用”之争。这一争论的展开，政治改革便逐渐为知识界所认知，由认知到接受，终于导演出 90 年代的戊戌变法。

戊戌变法是一场思想解放运动，也是一场政治改革运动。不幸的是，顽固守旧掌握国家实际权力的慈禧一伙，不但不认同接受这场可能改革中国命运的政治改革，反而发动政变，将这场改革淹没在血泊之中。

所有的统治者，都可以依仗手中的权力，去屠杀改革者。但是，同时也要为自己的倒行逆施付出代价。慈禧付出的代价，是被联军的大炮轰出紫禁城，同时发出剥夺她的权力、还政光绪帝的恫吓。对于这个掌握中国命运几十年，专横拔扈不可一世的独裁专制者来说，她的一切作为，都围绕权力这个核心，权力之外的任何其他东西都不可能改变她的意志。联军的恫吓，正好触动了她的这根神经中枢。在权力危机面前，她妥协了。就在逃离紫禁城五天后，这个一向不知自己有错的专制统治者，终于不得不以光绪帝的名义下诏罪己，承认："知人不明，皆朕一人之罪"，"自顾藐躬，负罪实甚"①。"臣民有罪，罪在朕躬。"②为了挽回人心，继续维护手中的权力，十月十日又在西安下诏，令内外大臣总督巡抚条陈朝章国政、吏治民生、学校科举、兵政财政等改革事项，限两个月内具奏，准备变法。十二月十日，更以光绪帝的名义，发布变法诏书，极其卑下地用沾满维新志士鲜血的双手，接过维新志士的变法旗号。这是晚清变革的起点，晚清的政治改革由此而起。

这一变法诏书洋洋千言，除侈谈变法，痛詈康梁而外，对如何变法，并无任何具体措施。至于"法令不更，锢习不破"中之"法令"，乃为广义的包括整个国家制度之"法"，亦即谕中所

① 《光绪朝东华录》光绪二十六年，中华书局 1958 年版，第 70—71 页。

② 《光绪朝东华录》光绪二十六年，第 149 页。

云“朝章国故,吏治民生,学科科举,军政财政”等等,非近代法学中所云狭义之“法”。尽管如此,它最终还是羞羞答答地表示要破锢习,更法令,要取外国之长,补中国之短。为晚清的政治改革,并为随之而来的变法修律,敲了开场锣鼓。

紧随这道变法诏书,慈禧还进一步做出改革姿态,于光绪二十七年(1901年)三月三日,下令设立督办政务处。派庆亲王奕劻,大学士李鸿章、崑冈、荣禄、王文韶,户部尚书鹿传霖为督办政务大臣,两江总督刘坤一、湖广总督张之洞遥为参预。将一切因革事宜,和衷商榷,悉心平议,次第奏闻,随时颁行。

同年四月十七日,下令恢复戊戌时期的经济特科;六月九日,改总理各国事务衙门为外务部,七月十六日,下令明年起废除八股科举;八月二日,下令将各省所有书院于省城改设大学堂,各府及直隶州改设中学堂,并多设蒙养学堂。

在侵略军的炮口下,在权力危机中,慈禧集团终于承认,变法图强是国家安危命脉之所在。清末新政,就在这种紧锣密鼓的变法之声中开场。

这是炮口下的改革、炮口下的新政,是无可奈何的选择。清末所有改革的得和失,都与这个背景紧密相关。法律改革作为政治改革的重要内容,就在这样一种背景下出台。

变法诏书的下达,引来大小臣工的陈疏。在这些奏疏中,最著名的要数两江总督刘坤一、湖广总督张之洞,会衔于光绪二十七年五月二十七日和六月四日、五日,次第所上的三个奏折,此即为名噪一时的“江楚会奏变法三折”。三折中的第二折,主在整顿中法,提出的十二条建议中,有一条为“恤刑狱”,包含九项内容,即“禁讼累、省文法、省刑责,重众证、修监羁、教工艺、恤相验，改罚锾、派专官”。第三折旨在学习西法，其中提议制定矿律、路律、商律和交涉刑律。这些条陈，与清王朝的上述变法宗旨完全合拍，因此大得慈禧之赞誉：“事多可行，即当遵照所陈，随时设法，择要举行。”并再次表示，还要“集思广益，博采群言，逐渐施行。择西法之善者，不难舍己从人；救中法之弊者，统归实事求是”①。变法修律，通过刘、张之条陈，开始提上日程。

经过一年多的酝酿，光绪二十八年（1902 年）二月初二日，清廷下诏：

> 中国律例，自汉唐以来，代有增改。我朝《大清律例》一书，折衷至当，备极精详。惟是为治之道，尤贵因时制宜，今昔情势不同，非参酌适中，不能推行尽善。况近来地利日兴，商务日广，如矿律、路律、商律等类，皆应妥议专条。著各出使大臣，查取各国通行律例，咨送外务部。并著责成袁世凯、刘坤一、张之洞，慎选熟悉中西律例者，保送数员来京，听候简派，开馆纂修，请旨审定颁行。总期切实平允，中外通行，用示通变宜民之至意。②

这道谕旨的内容，甚至很多文字均来自刘坤一、张之洞的奏折，谕旨下达后，驻外使臣搜求各国法律，源源送回国内，自不待言。国内袁世凯、刘坤一、张之洞亦很快做出反应。

---

① 《大清德宗景皇帝实录》卷 486。
② 《大清德宗景皇帝实录》卷 495。

同月二十三日，连衔保举熟悉中、西法律的沈家本、伍廷芳二人主持修订法律。沈家本久在秋曹，刑名精熟；伍廷芳则熟悉洋务，是西律专家。由两人主持修律，逐渐更张，“内治必可改观，外交必易顺手，政权、利权也不难次第收回”①。慈禧将此保折留中一个多月。四月初六日才发出上谕：

> 现在通商交涉，事益繁多，著派沈家本、伍廷芳，将一切现行律例，按照交涉情形，参酌各国法律，悉心考订，妥为拟议，务期中外通行，有裨治理。俟修定呈览，候旨颁行。②

清廷这道简任诏旨，没有使用“修律大臣”一词。但不管是不是使用这个词，沈家本从这道诏旨起，主持修律，清末法律改革进入实际性操作阶段。

---

① 《袁世凯奏折》卷 14，天津古籍出版社 1987 年 3 月版。
② 《大清德宗景皇帝实录》卷 498。

第五章 改重为轻，化死为生
——翻译西法，改造旧法

自光绪二十八年（1902 年）四月，沈家本、伍廷芳奉命修律，启动晚清的法律改革，直至清社倾覆，前后时间，正好十年。这十年，细而分之，可分为两段：从光绪二十八年起到光绪三十三年（1907 年）止，这是新政时代的改革；从光绪三十三年到宣统三年（1911 年），这是预备立宪时的立法。前一段，重在对旧律的改革，后一段，重在为实行宪政制定新法。

当年参预这一过程的董康，在上世纪 20、30 年代，曾经著文，极为简要回忆这场改革。我将他的这段话录出，以为叙述传主十年修律之纲。

> 团匪乱后，两宫回跸，翌年派沈家本、伍廷芳为修订法律大臣，奏请将律例馆更名修订法律馆，派提调等职，开始进行。并择留学生章宗祥、陆宗舆、曹

汝霖充纂修,美人林某充顾问。康亦以校对,滥厕其间。最初循曩时修改故事,仅荟萃同治以来章程详看编辑(同治以后,迄未修订)。未几伍大臣出使美国,馆中仅沈大臣一人主持。年余,政府诘问,沈大臣征求众议,康建议自宋以后,刑制日趋于重,若凌迟尤形残酷,今欲中外划一,须从改革刑制始。如蒙俞允,始知朝廷非虚应故事也。由康草拟改革刑制奏稿。凡分三项:一废止凌迟枭首。原拟凌迟枭首者,改为斩决;原拟斩绞立决,改为绞监候,入于秋审情实(情实者秋后勾决也);通常斩监候,改为绞监候。二免除缘坐,三废止刺字。奏进,俱蒙一一允行。军机大臣瞿鸿机尝语人曰:年来臣僚,侈谈新政,皆属皮毛,惟法律馆此奏,革除垂及千年酷虐之刑,于小民造福不浅也。沈大臣感朝廷之嘉纳,督饬同僚,奋志进行,复公同议定办法四种:一请支领办公费用,由户部月支银二万两;二派员至日本延聘顾问,并调查改革之历史,及其成绩。三设立京师法律学堂,训练法律系各种科目,备实行新律之任使。四调留学各国之毕业生,如江庸、王宠惠、丁士源、陈箓、朱献文,皆负优秀之物望者,亦蒙愈允。为延顾问,康衔命东航数度,计先后聘得法学博士冈田朝太郎、松冈义正、小河滋次郎、志田钾太郎,充馆中顾问暨学堂教习。乃沈大臣为人龁龁,曾裁撤大臣一职,将馆归并法部(时刑部已改法部)。嗣朝廷颁行立宪年限,复将法律馆独立。政府知斯职非沈家本不能胜任,令其复职,加派英瑞、俞廉三襄助,英瑞未就职病故。宣统三年，沈大臣兼任资政院副总裁。然卒以礼教问题，为反对派所排击，先后免去本兼各职，增派宝熙、刘若曾、于式枚三人充修订法律大臣。袁项城组织内阁，起用沈家本为法部大臣。是年冬，宣统逊位，改官司法首领，旋即辞职。①

董康这段话，高度概括了沈家本十年修律活动。但也许是时过境迁，他的这段回忆，也有一些小错。如沈家本兼任资政院副总裁，系宣统二年，因礼教问题于宣统三年初被免职。再如法律馆经费，“由户部月支银二万两”，恐怕是“岁支”而不是“月支”。这些问题，我在后面还要说到，这里不再赘述。这一章，我把新政时期的改革先作交待。

一　改律例馆为修订法律馆

袁、刘、张三人的保荐和清王朝的任命，都是沈家本和伍廷芳，但是，在清廷任命下达时，伍氏尚在驻美公使任内。当年六月八日谕旨：“赏出使美、日、秘国大臣四品卿衔道员伍廷芳，以四品京堂候补”②，解除出使大臣职务，等待任命。九月十五日谕旨：“候补四品京堂伍廷芳，著派充会办商务大臣，并会议各国商约事宜。”③同日谕军机处电伍廷芳：“伍廷芳已派充会议商约大臣，著迅即启程，取道东洋，迳道上海，妥

---

① 董康：《中国修订法律之经过》。
② 《大清德宗景皇帝实录》卷501。
③ 《大清德宗景皇帝实录》卷505。

议商约。其使馆事宜,著派参赞暂行代办。”伍氏由美国直接回到上海,会议商约一直到第二年七月十九日,得到军机处:“伍廷芳现已补授商部左侍郎,著即来京供职”[①]的电谕,才启程到北京。回到北京后,十一月二十七日,谕旨:“调商部左侍郎伍廷芳,为商部右侍郎。”[②]这时,伍氏才以外务部侍郎兼修律大臣身份,参预修律事宜。

沈家本奉命修建以后的一年多时间里,因伍廷芳尚未回国,他自己也主要从事刑部左侍郎任内事务,修订法律仅做了一些筹备事宜。这些工作主要是:奏请将刑部律例馆更名修订法律馆,拟定修订法律的办法;挑选熟悉中西法律人员、担任纂辑;聘请外国法律专家担任顾问;调取毕业回国的留学生从事翻译、研究外国法律的工作;筹备经费等。这些工作,进行得很慢。伍廷芳到职后,他们确定筹建修订法律馆以调取修律人员和翻译外国法律为首要任务,并请示清廷每年拨给法律馆白银3万两,作为活动经费。经过两年的筹备,光绪三十年四月一日,修订法律馆正式开馆办事。

修订法律馆开馆初期,主要从事两项工作:

一是删削旧律。清王朝任命沈、伍修订法律的谕旨,要求将“一切现行律例”,认真加以考订。在他们受命不久,刑部亦以则例年久失修,奏请删改,以便与各国法律互相参酌。所以,考订现行律例,删削旧律成了修订法律馆开馆后的首要任务。

二是翻译外国法律。任命沈、伍修律的谕旨还要求新修

① 《大清德宗景皇帝实录》卷516。

② 《大清德宗景皇帝实录》卷523。

法律必须“参酌各国法律”。这样，翻译外交使节送回的各国法律，以备修订新律时参酌，便成了修订法律馆开馆之初的又一项重要工作。这项工作为制定新律服务，因此，沈家本对这项工作非常重视。

沈、伍合作主持修订法律馆的工作，一直到光绪三十二年（1906年）四月。四月十九日，伍廷芳向清廷请假修墓。从此以后，伍氏再未参预修律。

二　翻译各国法律

外国法律的翻译，从鸦片战争起即已开始。当时，主持战事的林则徐，曾请美国传教医生伯驾（Parker）和袁德辉，据奇蒂（J. Chitty）的英译本，将瑞典法学家兼外交家瓦特尔（Vattel，旧译滑达尔）《国际法》中的部分段落，翻译成中文，定名《各国律例》。19世纪60年代洋务运动开始以后，适应洋务外交的需要，曾形成一股以翻译国际公法为主的小高潮，其中，法国《拿破仑法典》、《新加坡刑律》等，同时被译成中文。

但是，那个时代，因中国缺少现代法律词汇，翻译者又大多为外国人，所以中译外国法律法学著作，一般中国人都无法读懂，不明所以。80、90年代，黄遵宪著《日本国志》，其中的《刑法志》系翻译注解日本明治维新时期移植欧美法而颁布的《刑法》和《治罪法》。由于日本与中国同洲同文，故《刑法志》所录的日本最早颁布的这两部法律，成了法律改革前影响最大的外国法。

清朝廷在修律谕旨中，既有令出使大臣查取各国法律咨送国内之语，又有参酌各国法律，务期中外通行之令。因之，修订法律馆在改造旧律和编纂新律草案的过程中，始终把翻译各国法律列为修律之重要一项。

沈家本重视对东西各国法律的翻译，前已有述。他认定"参酌各国法律，首重翻译"。而且深明译书以法律为难，语意既有缓急轻重之别，记述亦有详略偏全之异，"抉择未精，舛讹立见"[①]。他为求信达，对每种法律，均做过认真考察研究，深恐翻译失实，导致参酌失误。

在他的主持和督促之下，从光绪三十年(1904 年)四月一日修订法律馆开馆起，到宣统元年(1909 年)止，几年时间，就翻译出十几个国家的几十种法律和法学著作。

光绪三十一年三月，在《删除律例内重法折》中，他对开馆近一年的翻译做过一次统计。计译出外国法律有：德意志《刑法》、《裁判法》，俄罗斯《刑法》，日本《现行刑法》、《刑法》、《陆军刑法》、《海军刑法》、《刑事诉讼法》、《监狱法》、《裁判所构成法》，法学著作则有日本《刑法义解》。正在校正的有《法兰西刑法》。初期翻译，侧重刑法，且以东洋为多。此为当时翻译的一个特点。

两年以后，即光绪三十三年五月，在《修订法律情形并请归并法部大理院会同办理折》中，他对翻译又作一次统计，计有：法兰西刑法、德意志刑法、俄罗斯刑法、和兰(按：原文为此，当为荷兰)刑法、意大利刑法、法兰西印刷律、德国民事诉讼法、日本刑法、日本改正刑法、日本海军刑法、日本陆军刑法、日本刑法论、普鲁士司法制度、日本裁判构成法、日本监狱访问录、日本新刑法草案、法典论、日本刑法义解、日本监狱法、监狱学、狱

① 沈家本：《修订法律情形并请归并法部大理院合同办理折》。

事谭、日本刑事诉讼法、日本裁判所编制立法论(按：以上所列为二十三种，但沈家本在排列上述法律后说“二十六种”)。已译而未完者有：德意志民法、德意志旧民事诉讼法、比利时刑法论、比利时监狱则、比利时刑法、美国刑法、美国刑事诉讼法、瑞士刑法、芬兰刑法、刑法之私法观等十种。

这次统计，包括了光绪三十一年的统计。所译法律和著作，虽然仍以日本为多，以刑法为重，但是，种类、数量和国家都比以前更多、更广泛。这种情况，与配合当时新律的制订是密切相关的。

宣统元年正月，他对光绪三十三年十一月法律馆离部独立以来的翻译又做一次统计。共有：法律名词(以现拟民诉草案所有名词为标准)、日本商法、德国海商法、英国国籍法、美国国籍法、德国国籍法、奥国国籍法、法国国籍法、葡萄牙国籍法、各国入籍法异同考、比较归化法、日本民法(未完)、德国民法(未完)、法国民法(未完)、奥国民法(未完)、西班牙国籍法、日本票据法、美国破产法、美国公司法论、英国公司法论、亲族法论、日本加藤正治破产法论、罗马尼亚国籍法、意大利民法关于国籍各条、德国改正民事诉讼法(未完)、日本条约改正后关于外国人之办法、德国强制执行及强制竞卖法(未完)、日本现行民事诉讼法、法国刑事诉讼法(未完)、奥国法院编制法、奥国民事诉讼法(未完)、裁判访问录、国籍法纲要及调查员志田钾太郎意见书、日本民事诉讼法注解、日本刑事诉讼法论、日本民事诉讼法论纲、德国高等文官试验法、德国裁判官惩戒法、德国行政官惩戒法、国际私法。①

① 《东方杂志》1909 年第 3 期。

宣统元年十一月，沈家本等在《修订法律馆奏筹办事宜折》中，又称译出德国民法总则条文、奥国亲属法条文、法国民法总则条文、法国民法身份证条文、法国民法失踪条文、法国民法亲属条文、日本奥田义人所著继承法、奥国民事诉讼律、德国强制执行法及强制竞卖法、日本法律辞典；译而未完者有日本冈松参太郎所著民法理由总则物权债权、德国改正民事诉讼法、德国破产法条文。

我要特别提请读者注意的是，这个时期的翻译，不但数量上大大超过前期，质量上也是前期翻译所无法比拟的。究其原因，一是日本新创法律名词大量引入，法律概念得到更新。二是思想观念的转换，加深了人们对西方近现代法的理解。三是外文原本多为清朝驻外使节通过外交途径收集购买，版本比较准确完整。四是翻译人员的外语和专业素质。这四个原因中，第四条最重要。由于沈家本极为重视法律的翻译，因而特别重视人才的罗致。据当时留学归国任职法律馆的江庸称："当时东西洋学生之习政治法律归国稍有声誉者"，几乎被沈家本全部罗致法律馆从事翻译编纂工作。为使这些留学生不因资历浅不能担任高级职务而又能致力于法律馆事业，馆中职员薪俸倒挂。在提调、总纂、纂修、协修这种职位系列中，"总纂薪金倍于提调，纂、协修之专任者，其薪金又倍于总纂"①。在这种重金挽留下，这些从国外归来的专业留学生，全力投入。这是上乘译作得以问世的最重要原因。

---

① 江庸：《趋庭随笔》。

三　改造旧律

改造旧律，是清末法律改革的主要任务之一。

清朝修例，按乾隆定制，律文不改动，例则五年一小修，十年一大修。修例分删除、修改、修并、移并、续纂五项。但是，《大清律例》自同治九年修订以后，就再也没有修订过。由于年久失修，因此，改革"倍觉不易"，大体按如下次序进行：

（一）删削《大清律例》中的部分条款

删除《大清律例》中部分条款，是改革旧律的第一步，也就是董康所说："循曩时修订故事。"修订法律馆正式开馆办事以后，沈家本即督同下属人员，开始进行这项工作。将"定例系一时权宜，今昔情形不同者；或业经奏定新章，而旧例无关引用者；或本条业已赅载，而别条另行复叙者；或旧例久经停止，而例内仍行存载者"，全行删除。光绪三十一年（1905年）三月，这一工作告竣，共删除《大清律例》中的例文344条。[①]由于这种删除，没有超越清代历届修例范围。因此，上奏后，清廷全行照准。

做完这一工作之后，沈家本等原计划一气做完修改、修并、移并、续纂等项工作，全面改造《大清律例》。但是，由于官制改革，修订法律馆之"提调、总纂各员，有擢升外任者，有调

① 沈家本：《请将律例内应删各条分次开单进呈折》。

赴他部者"，旧律改造只好中途停止。[①] 光绪三十四年修订法律馆重行组织后，《大清新刑律草案》亦已制订完毕，经沈家本等陈请，继续对旧律进行改造，最后成《大清现行刑律》（详见后）。

（二）废除重法

光绪三十一年三月，沈家本、伍廷芳向清朝廷上《删除律例内重法折》，力主废除凌迟、枭首、戮尸，缘坐和刺字三项重刑。

这个建议，得清廷之允准。此后，"凡死罪至斩决而止，凌迟及枭首、戮尸三项，著即永远删除。所有现行律例内凌迟、斩枭各条，俱改为斩决；其斩决各条，俱改为绞决；绞决各条，俱改为绞监候入于秋审情实；斩监候各条，俱改为绞监候，与绞候人犯仍入于秋审，分别实缓办理。至缘坐各条，除知情者仍治罪外，余著悉以宽免。其刺字等项，亦著概行革除"。这三项酷刑，至此在法律中被明令革除。

与缘坐有关，还有强盗窃案内，"父兄不能禁约子弟为强盗，应杖一百；不能禁约子弟为盗窃，应笞四十"之条文。这是依照封建宗法家族精神，而确立的亲属连带责任条款。缘坐制度是家族连带责任的集中表现，缘坐已废，这一条款已无存在之必要。因此，废除重刑后不久，经他的陈请，清廷批准"将不能禁约子弟为强盗窃之犯父兄应得笞杖，概予宽免"[②]。强

① 《大清现行刑律（钦定）》卷首奏疏。
② 《宽免徒流加杖片》。

盗犯和窃盗犯之父兄，不再负连带责任。

（三）禁止刑讯

禁止刑讯，是我国法史中的古老话题。古先民对于刑讯，不乏非之者，亦不乏是之者。非之是之，皆有其正当之理由。晚清重提禁止刑讯，其议始发于刘坤一、张之洞。修订法律馆奉清朝廷之命核议刘、张之请。光绪三十一年三月，沈、伍上《议复江督等会奏恤刑狱折》，赞同废除刑讯（有保留）。规定：审案时，除罪犯应死，证据已确而不肯供认者准许其刑讯外，凡初次讯供时及流徒以下罪名，概不准刑讯，以免冤滥。其笞杖等罪，仿照外国罚金之法，凡律例内笞五十以下者，改为罚银五钱以上，二两五钱以下。杖六十者改为罚五两，每一等加二两五钱，以次递加，至杖一百改为罚十五两而止。如无力完纳者，折为作工。应罚一两，折作工四日，以次递加，至十五两，折作工六十日而止。旗人有犯，照民人一体科断。至此项罚金折为作工之犯，嗣后即应按照新章收所习艺。至于断案，除死罪必须取具输服供词外，其流徒以下罪名，若本犯狡供不认，果系众证确凿，其证人皆系公正可信，上司层递亲提复讯，皆无疑义者，即按律定拟奏咨立案。如再京控上控，均不准理。废除用刑罚逼取死罪人犯以外犯人口供的规定。

刑讯有条件废止后，又对与此相关的三个问题，进行改革。

1. 盗窃罪之笞杖。旧律盗窃赃四十两以下，科罚止于笞杖。笞杖已废，此法相应改革。改革后，凡窃盗应拟笞罪者，改拟工作一月；杖六十者改拟工作两月，杖七十至一百，每等递加两月。以窃盗论,准窃盗论,及各项因盗问拟笞杖,并抢夺强盗案内拟杖者,同行此法。

2. 妇女犯罪收赎。清律沿明之旧,妇女犯罪不予实决,改为收赎,且收赎银数甚微,收赎满流仅四钱五分,即纳赎亦不过一两二钱。例内虽有妇女犯罪不予收赎"实发为奴"之条,但只限于"犯不孝、奸、盗及刁健翻控"等罪;且经多次修改,"有改为监禁者,有改为准其收赎一次者"。断狱之时,极难援引。沈家本等认为,国家法律,"范围全国,固不能因中外而殊科,亦不能因男女而异制"。旧律"不特与新章轻重背驰,抑且法轻易犯";奸猾之徒,"习知妇女犯罪可邀轻典,往往与人涉讼,便令妇女出头,贿买主使",生出无数弊端。为防微杜渐,统一国家刑制,对妇女犯罪收赎之法,作如下改革:(1)妇女犯笞杖罪,不予收赎,按照新章,一律改为罚金;(2)妇女因不孝及奸盗诈伪罪该遣军流徒,旧例应实发者,改为留于本地习艺所一体工作,以十年为限;应监禁者,照原定年限亦收入本地习艺所工作;(3)其他一般案件,允许赎罪,徒一年折银二十两,每五两为一等,五徒准此递加;由徒入流,每一等加银十两,三流准此递加。遣军照满流科断;如无力缴纳赎银,"将应罚之数,照新章按银数折算时日,改习工艺";(4)妇女犯该枷号,不论日数多寡,俱酌加五两以示区别。[1]

3. 宽免徒流加杖。依清律规定,五徒三流五军罪犯,到配所后均应杖责;总徒准徒之犯到配杖责一百。笞杖已废,军流徒人犯应得加杖,亦应概予宽免,到配后不再议罚。[2]

---

① 《变通妇女犯罪收赎银数折》。

② 《宽免徒流加杖片》。

禁止刑讯，遭一般舆论之非难与司法之蔑视。代表舆论提出非难者为御史刘彭年，代表司法而蔑视之者为号称全国文明审判之地的上海会审公堂。

对刘的非难，沈、伍等立法者立予驳斥。对上海会审公堂蹈用积习，沿用严刑，蔑视新法之举，立法者要求清朝廷给予应有之制裁。法令如此，能否执行，实为一大问题。据有关资料记载，不惟上海，全国最高审判机关大理院，便仍有刑讯之举。于此可见，这种传统审讯方法，实非一纸法令之所能禁。

（四）削减死罪条目

清律死罪条目，顺治时代律例内真正死罪凡 239 条，杂犯斩绞仅 36 条。迨至清末，死罪凡 840 余条，法网繁密，为中国数千年所未有。为此，沈家本诸人，向清朝廷上《虚拟死罪改为流徒折》，将清律中有死罪之名，司法实践中并不执行死刑之虚文条目删除，分别改为流徒。沈家本等认为："现行律例内，其虚拟死罪而秋审拟缓者，莫如戏杀、误杀、擅杀三项。"三项犯罪，按照法理，均有不死之情，"戏杀，初无害人之意，死出意外，情节最轻；误杀，虽有害死，而死非互斗之人，亦初意之所不及；擅杀，情节轻重不等，而死者究系有罪之人"。犯罪动机和情节均有不死之理。外国法律对此"仅仅惩役禁锢之刑"。《唐律》"戏杀、误杀各按其当场情形，分别徒、流，并无死罪；擅杀分勿论及徒、流、绞四等，亦不概问死罪"。现行律例，"不分戏、误、擅杀，皆照斗杀拟绞监候，秋审缓决一次，即准减流，其重者，缓决三次减流"。因此，三项犯罪"虽名为绞罪，实与流罪无殊,不过虚拟死罪之名,多费秋审一番文牍而已”。具体改为:(1)“戏杀改为徒罪;因斗误杀旁人,并擅杀各项罪人,现律应拟绞候者一律改为流罪。”改成徒、流以后,按照新章程,不再发配,收入各地罪犯习艺所,罚令工作。(2)“误杀、擅杀中的误杀其人之父母兄弟等项,并擅杀二命以上,及谋故、火器擅杀各项,不准一次减等者,酌加二年;如遇情有可原或情节较重者,应俟临时酌量办理。”(3)“戏伤、误伤、并擅杀,按例罪不至死者,均于本罪上递减一等。”

(五)改革行刑旧制

清代死刑执行,“各直省、府、厅、州、县,大都在城外空旷之地”;京师则在菜市口。“本示众以威,俾以怵目而警心”之意,死刑当众公开执行。沈家本认为,古圣王“明刑弼教”之义,在使用刑罚以杜绝老百姓之“残忍之端,而导之于仁爱之路”。古时“犯法者多不肖之人,为众所共恶,故其戮之也,亦必公之于众”。此之谓“刑人于市,与众弃之”。时至今日,不但“众弃”之旨全失,而且“稔恶之徒,愍不畏死,刀锯斧钺,视为故常;甚至临市之时,谩骂高歌,意态自若。转使莠民感于气类,愈长其凶暴之风;常人习见习闻,亦渐流为惨刻之行”。不但法律之“威渎不行”,而且有妨教育。特别是京师菜市口,“决囚之际,不独民人任意喧呼拥挤,即外人亦诧为奇事,升屋聚观,偶语私讥,摄影而去。既属有乖政体,并恐别酿事端”。据此理由,沈家本主张改革行刑制度,采用西方大多数国家死刑秘密执行的方法,“不令平民闻见”。这样变通“防卫既较严密,可免意外之虞”;亦可使老百姓“罕睹惨酷情状,足以养其仁爱之心”①。

（六）删除奴婢律例

禁革买卖人口，删除奴婢律例之议始于署理两江总督周馥的条陈。在该条陈中，周馥提出：无论满汉官员及军民人等，均不准再将人口进行买卖。如有违犯，不论买者卖者，均照违制律治罪。“使用奴婢，只准价雇，仍议定年限。以本人过二十五岁为限，限满听归本家。无家可归者，男子听其自立，女子由主家婚配，不得收受身价。纳妾只准媒说，务须两相情愿。不得抑勒；母家准其看视，仍当恪守妾媵名分，不许僭越。”

周氏条陈交由沈家本“参考中西，拟定办法”。沈家本认定欧美各国，尊重人格，均无买卖人口之事。为革除旧习，各国之法实可采取。为此拟定 11 条办法，这些办法虽不彻底，然已触犯王公贵族之利益，至被束置高阁。后经他反复陈述，才由宪政编查馆奏请通行。制定《大清现行刑律》时，将此全行吸收。

（七）统一满汉法律

庚辛之后，孙中山先生揭起民族革命旗帜，海内外学子纷纷响应。光绪三十二年，清朝廷行官制改革，引起满汉官僚地主之冲突。为缓和矛盾，度过危机，光绪三十三年七月、九月

① 沈家本：《变通行刑旧制议》。

清朝廷两次下谕化除满汉畛域。遵此旨意，沈家本于同年八月、十二月，两次上书，拟定统一满汉法律之法。

这次改革，将《大清律例》中旗人犯罪折枷各制，以及“满汉罪名畸轻畸重，及办法殊异之处”，共删除、移改、修改、修并50条，其中删除律文1条，删除例文40条，移改例文1条，修改例文7条，修并一条。“旗人犯罪俱照民人各本律本例科断。”①

与此同时，在司法上对旗人案件审理也进行了改革。所有旗人案件，“统归各级审判厅审理，其审判厅尚未设立省份，概归各州县审理，毋庸再由理事、同知、通判等官会审”；“驻防旗人应入秋审人犯，亦请改归各督抚汇入民人秋审册内一体办理，毋庸再由各将军、都统审核。”

清王朝以少数民族入主中原，八旗入关后，旗民即不事生产，由政府划给田地（旗地）、房屋（旗房），发给饷银，负担衣、食、住。大清律规定：旗地、旗房概不准民人典卖；违者，不但地亩房屋之价银入官，而且业主售主俱受刑罚之制裁。旗员不准在各省置买产业；违者，不但所置产业变价归旗，同样应受刑罚制裁。咸同之间，户部放宽对旗产的限制，允许旗民在一定的条件下与民人交换买卖。但是，为时不久，又予禁止。沈家本力主废除这种过时禁令，使八旗子弟自筹生计。最后，经他拟定并由户部核定：删除旧律中不准旗民与民人交产之条款，允许旗人房地与民人互相买卖，旗人在外省居住营生，允许随便置买产业。

---

① 《遵议满汉通行刑律折》。

（八）改革秋审制度

宣统元年八月，沈家本、俞廉三编定《现行刑律》初稿后，请求重新编订《秋审条款》。理由：《秋审条款》“与刑律相辅而行”，“据律例以定罪名，即因罪名以定矜缓情实，法至善也”。但是，该书纂定于乾隆三十二年（1767 年）和四十九年（1784 年），“历时既久，例文叠经修改，条款仍沿用至今。其原订子目四十条，大半不能概括”；而《现行刑律》，“一切罪名等次，较以前多有轻重之分”。为使将来核办秋谳有法可循，应将《秋审条款》按照现行刑律逐加厘正，“藉为亭比之资”。宣统二年七月，编纂告成。通过省约旧文，纂集新事，共订定 165 条，比原款 185 条减少了 20 条。

同年三月十六日，沈家本等又上书清廷，请求变通秋审复核旧制，“秋审人犯，径由按察司或提法司审勘，缮具招册后尾咨呈法部核议。其督抚布政使会审之制即行停止。朝审人犯，概由法部核议，无须奏派复核大臣；其朝审会同九卿审录之制亦即停止。至法部议定之后，刊刻招册等事，仍照旧办理”。简言之，就是停止各省的督抚布政使会审之制和中央的九卿会审制。沈家本为刑部司员时，曾在秋审处多年，深知“秋朝审一字增损，动关生死，未可以寻常文牍薄之”，也深悉会审之弊。他列举停止会审之理由说：会审之制，其初意“本为严杜构陷锻炼之弊”。现在《法院编制法》已颁布施行，各级法官经过慎重挑选，法院审判实行三审制、合议制、律师辩护制和审判公开制，“凡为被告人谋利益者无微不至，详慎之处，实无深故之虞”，构陷锻炼之弊已去，会审之制理应停止。此其一。朝廷现已明令行政不准干涉司法，若总督、巡抚、布政使和中央九卿继续会审，"是与违法干涉何异"？司法独立，会审之制亦需停止。此其二。最后，秋朝审"为录囚之成规，推勘尤宜入细"，各类案情十分复杂，法律条款繁多，"必研习有年，斯无贻误"；会审让"素未涉猎之人"负司法之重任，并"非循名责实之意"。而且，秋朝审时间短促，会审之员"无暇审思"，因此，让他们参加会审，徒具形式，毫无实际意义。①

这些意见和办法最后得到清廷的认可，延续 200 多年的清朝秋朝审会审制度，至此得到较大的改变。

（九）增纂新章

晚清时局之变，远非昔比。各种新事，层见叠出。旧律无法概括，新章因之频增。由法律馆主持或参与起草者，其数颇多，今列其二：

1. 制定伪造外国银币专条。

近代海禁开放以后，外币大量通行国内，由此而相应出现伪造外国货币之行为。旧律有伪造本国货币治罪条款，伪造外币则无相应的法律条文。光绪三十二月四月，沈家本向清廷上《伪造外国银币拟请设立专条折》，主张比照伪造本国货币治罪条文，制定伪造外国货币治罪章程，以禁止伪造外国货币的行为。经参酌英、俄、法、日等国之律，"私造外国货币，均较本国处刑为轻"。故拟定："凡伪造外国银圆行使，无论赃数、次数多寡，为首及匠人，均于奏定私铸银币章程绞罪上减

① 《秋审条款案语》。

一等,拟以流三千里;其为从及铸造未成之犯,各于流罪上减一等问拟。”所得流、徒罪名,仍照章收入习艺所工作。刑罚轻于铸造本国货币罪的刑罚。这一办法,经清廷批准,作为新章程颁发旅行。

2. 核定贩卖吗啡治罪专条。

对贩卖、注射毒品吗啡明定科条,给予治罪,乃光绪三十三年十一月江苏巡抚陈启泰向清王朝所上的条陈。第二年六月沈家本与法部会衔,核定陈氏条陈,规定:“拿获制造施打吗啡针之犯,不论杀人与否,应比照造畜蛊毒律,斩罪上酌减,为极边烟瘴安置。其贩卖吗啡之铺户,如查系未领海关专单者亦照知情卖药律与犯人同罪”,并查封铺户。同时,令各海关严禁私投。[①]

以上,皆为新政时期的改革。某些改革,如奴婢律的改造等,因改革的艰难,延续到预备立宪时期。为行文方便,兼使读者能一目了然。我把它放在这里,一并叙述。

---

① 《法部会奏议复苏抚奏请定贩卖吗啡等治罪专条折》。

第六章 大理院正卿、修订法律大臣

光绪三十二年（1906 年），清朝廷宣布“筹备立宪”。预备立宪，就必须预备一套与过去不同的立宪法律，以便在立宪开始时实施。为适应这种“筹备立宪”的需要，法律改革由改造旧律，转入制定新律。法律馆由此重组。这就是董康前述的“法律馆独立”，直接隶属清朝廷，为立宪而拟订法律草案。

在宣布预备立宪的同时，清朝廷又宣布“先行厘定官制”。在官制改革中，沈家本被任命为大理院正卿。大理院是近代式最高法院。大理院正卿是大理院的最高长官。从这个意义上说，沈家本当为中国第一任最高法院院长。不久，沈氏与法部尚书戴鸿慈、法部右侍郎张仁黼因司法审判权限发生争论而转任法部侍郎。光绪三十二年，沈氏又与戴、张二人就法典编纂权发生争论。后经清朝廷裁断，法律馆独立，“政府知斯职非沈家本不能胜任，令其复职”①。从此修订法律重又开始，进入制定新法时期。

一　预备立宪与官制改革

1901年开始以来的新政，虽有慈禧的多次切责；官僚们迎合慈禧，章奏连篇累牍。但是，正如军机大臣瞿鸿机所言，这些言论，“侈谈新政，皆属皮毛”②。风声大，雨点小，说得多，做得少；有敷衍，无实效。在这种局面之下，因而有五大臣的出洋考察。1906年夏天，五大臣陆续回国，都主张“改行立宪政体，以定人心，而维国势”。认为实行君主立宪有三大利：一曰皇位永固，二曰外患渐轻，三曰内乱可弭。③ 在他们的劝说下，慈禧终于在光绪三十二年七月十三日下达预备立宪先行厘定官制的谕旨。钦赐立宪就在这样的局面下出台。它虽然是“钦赐”的，但又是被逼出来的，是国际国内各种力量斗争的结果。

翌日，慈禧又降谕旨，著派载泽、世续、那桐、荣庆、载振、奎俊、铁良、张百熙、戴鸿慈、葛宝华、徐世昌、陆润庠、寿耆、袁世凯等14人为官制编纂大臣；令端方、张之洞、升允、锡良、周馥、岑春煊选派司道大员来京随同参议；设立编制馆，作为编

① 董康：《中国修订法律之经过》。

② 据刘厚生《张謇传记》（上海书店1985年版），瞿氏实为新政时期的核心人物，“那拉氏对于重要政务，关于改革诸事，仍特别向鸿机询问意见。”“这几年，瞿鸿机在军机处，对于新政方面，握有大权”，见该书第135、130页。

③ 《出使各国考察政治大臣载泽奏请宣布立宪密折》，《档案史料》（上），第173—175页。

纂官制的专门机构，由庆亲王、首席军机大臣奕劻，文渊阁大学士孙家鼐，外务部尚书、协办大学士、军机大臣瞿鸿禨三人总司核定。官制改革转入实际操作阶段。

两个月后，以奕劻为首的官制编纂大臣，将"厘定中央各衙门官制缮单进呈"。在这个奏折中，他们认为旧官制的弊病主要是三个方面：一则权限之不分，二则职任之不明，三则名实之不符。要求按照立宪国制，以立法、行政、司法三权分立为原则，对中央官制进行改革。"立法、行政、司法三者，除立法当属议院，今日尚难实行，拟暂设资政院以为预备外，行政之事则专属之内阁各部大臣"。"司法之权则专属之法部，以大理院任审判，而法部监督之，均与行政官相对峙，而不为所节制。"[①]简言之，就是改以军机处为政务中枢的部院制，成立以新内阁为政务中枢的内阁制。中央设资政院，代行立法之责。裁汰军机处与旧内阁，设新内阁，下分十一部，掌行政之事。司法之权则专属之法部，以大理院任审判，由法部进行监督。

九月二十日，经慈禧的权衡裁择，按照军机处不议、内务府不议、八旗事不议、翰林院事不议、太监事不议的五不议原则，颁布上谕，裁定奕劻等人的草案："内阁军机处一切规制，著照旧行。"改组中央各部，除外务部、吏部、学部照旧外，巡警部改为民政部；户部改为度支部，以财政处并入；太常、光禄、鸿胪三寺并入礼部；改兵部为陆军部，以练兵处、太仆寺并入；改刑部为法部，专任司法；工部并入商部，改为农工商部；另设邮传部，专司轮船、铁路、电线、邮政；改理藩院为理藩部；改大

① 奕劻等：《厘定中央各衙门官制缮单进呈折》，见《档案史料》(上)，第 464 页。

理寺为大理院，专掌审判；凡十一部又一院。各部设尚书一人，侍郎二人，“不分满汉”。都察院设都御史一员，副都御史二员；六科给事中改为给事中，与御史各员缺均暂如旧；增设资政院、审计院；其余宗人府、内阁、翰林院、钦天监、銮仪卫、内务府、太医院、各旗营、侍卫处、步军统领衙门、顺天府、仓场衙门，均毋庸更改。①

按照这一谕旨，内阁军机处一切规制仍然是政务中枢，法部、大理院虽然专任司法和审判，但是仍隶其下；新设资政院仅为“博采群言”，而非立法机构。因此，这次官制改革，并没有完成向以“三权分立”为核心的近代政治体制的转变。但是，法部、大理院的分工，资政院的设置，却是专制政体中所没有的异体，是中国近代政治体制变革的重要环节，触动了传统体制中最保守的东西。相对旧体制来说，还是一种进步。

二 大理院正卿

就在裁定官制的九月二十日，慈禧任命各部尚书侍郎，“法部尚书著戴鸿慈补授，左侍郎仍著绍昌补授，右侍郎著张仁黼补授”②。沈家本刑部左侍郎之职，自然撤销。

同日，谕旨“以沈家本为大理院正卿，定正卿秩正二品”。次日，又谕“以刘若曾为大理院少卿，定少卿秩正三品”③。和大理寺卿的品级相较，改制后的大理院卿的地位，显然提高

① 《裁定奕劻等核拟中央各衙门官制谕》，《档案史料》(上)，第471—472页。
② 《光绪朝东华录》光绪三十二年，第114页。
③ 《光绪朝东华录》光绪三十二年，第116页。

了。但是,仍然低于各部尚书,仅与各部侍郎相当。作为全国最高审判机关,大理院这一近代国家机构,从开始之日起,就被最高决策者定位在行政机构之下,这种定位,多少反映了近代中国人追求司法独立的艰难。

(一) 筹设大理院

受命担任大理院正卿后,沈家本第一件要做的事,就是筹设大理院。

大理院不同于大理寺,它是专任审判的全国最高审判机关。为此,他于同月二十七日会同法部尚书戴鸿慈联衔具奏,"以大理院一时未能成立,刑部原办理审案件,碍难久为延搁",商定仍由法部暂时办理,以三个月为限,届时查酌情形,再行交代,转由大理院审办。同时请求拨给衙置及公所,以资办公。十月四日,大理院单独上奏,首明大理寺之不适于时,次论最高审判机关设置的必要,再次,借鉴外洋规制,指出现代裁判的必具条件,最后,为筹设大理院这一全国最高审判之所,当务之急是"调用人员,建立法庭",二者又以"筹款尤为先著",请求拨给 2 万两,以资开办。①

同月二十七日,上《审判权限厘定办法折》,确定全国审判的四级三审制,以及各级审判权限。②

在明分各级审判权限之后,又拟定《大理院审判编制法》,对大理院以及京师各级审判厅局的设置和权限加以规范。

① 《光绪朝东华录》光绪三十二年,第 120 页。
② 《光绪朝东华录》光绪三十二年,第 133—134 页。

（二）部院司法权限之争

官制改革谕旨规定：法部专任司法，大理院专任审判。但是，法部所掌的司法范围，大理院所掌之审判范围，两者如何划分，官制改革大臣没有解释，谕旨也没有解释。这种含混，导致（法）部（大理）院对权限的争论。

光绪三十三年（1907年）四月三日，法部尚书戴鸿慈上书慈禧，对部院的司法、审判权限进行划分。他们认为："司法者与审判分立，而大理院特为审判中最高之一级。盖审判权必级级独立，而后能保执法之不阿；而司法权则层层监督，而后能防专断之流弊。"法部的司法行政权，包括司法和行政两个权。具体说：

司法权："大辟之案，由大理院或执法司详之法部，以及秋、朝审大典，均听法部复核；此外，恩赦、特典，则由法部具奏。"

行政权：原定官制王大臣奏明法部官制办法规定，"法部管理民事刑事牢狱，并一切司法上之行政事务，监督大理院、直省提法司、高等审判厅、地方审判厅、乡谳局、及各厅局附设之司直局，调度检察事务"。根据这一规定，行政权"复析之曰区划权、曰调度权、曰执行权、曰任免权"。也就是说，所有"司法官吏之进退，刑杀判决之执行，厅局辖地之划分，司直警察之调度"，均属法部行政权范畴。

据此，他们对法部、大理院的权限作如下划分：

一、大理院自定死刑之案，咨送法部核定，将人犯送法部收监，仍由大理院主稿会同具奏；其秋后人犯，于定案后移送法部监禁；朝审册本由法部核议实缓，再由法部及钦派大臣复核，黄册专由法部进呈。

二、外省秋审事宜，仍照向章办理。

三、大理院自定遣、军、流、徒之件，由大理院定稿后咨送法部，查照例章办(理)。

四、大理院自定专案，军、流以下之件，由大理院自行具奏，咨报法部备案。

五、高等审判厅、地方审判厅成立后，其死罪案件，分详部院，由大理院复核后，咨法部核定，由法部主稿，会同大理院具奏。其遣、军、流、徒以下案件，均详法部办理。

六、速议之件，外省奏请奉旨后，专由法部核议。如情罪不符者，咨交大理院，俟供勘到后，援律驳正，仍由法部具奏。

七、汇案死罪之件，外省具奏奉旨交法部议奏者，应令各省将供勘分达部院，由大理院复核，限十日咨送法部核定，即由法部具折复奏，如有情罪未协者，仍咨大理院驳正。

八、外省寻常军、流以下咨案，应由法部复核，笞、杖等罪，造册报部。

九、大理院官制，因检察总厅隶于法部，及请简请补员缺，皆须会商，即应会同法部具奏。其推丞及总检察，由法部会同大理院请简，推事及检察，由法部会同大理院奏补。

十、各级审判厅官制员缺，及分辖区域设立处所，由法部主稿会同大理院具奏。

十一、法部监督各级审判厅、检察厅，由法部议定处分。

十二、死刑由法部宣告，令该管检察官监视行刑。其检察厅未成立以前，暂由法部派员会同原审官监视行刑。①

---

①《法部尚书戴鸿等奏酌拟司法权限缮单呈览折(附清单)》。

这十二条办法，包揽了大理院的大部分审判权和人事权，仅仅三、四两条，大理院能自主行事。但是，由于清廷对这种权限的划分也不清楚，所以，当即批准了法部的办法。奏折和清单发至大理院。沈家本于四月九日上书朝廷，对法部办法以予批驳，提出自己的意见。

他指出，从他任大理院正卿后，他便多次“与法部堂官往返晤商，欲将此权限酌量定拟，合词请旨遵行”。但是，双方“商未就绪，而法部已自行具奏”。文辞之间，对法部流露一种不满情绪。

他接着认为，法部和大理院同属“司法之机关”，“法部所任系司法中之行政”，大理院“所掌系司法中审判”，界限分明，本无争议。在大理院刚刚成立，人员不备的情况下，他也不同意大理院立即掌握全部审判权。但是，法部所定办法，“死罪必经法部复核，秋、朝审必须法部核定”，则侵夺了大理院的审判权，这与大理院“专掌审判之本意”不相符合。此其一。至于行政用人权，外国法律教育发达，选取人才不难，所以“由司法省大臣专任其事”。考试法官由司法省主持，大审院和控诉院从旁参予，亦非完全“不预闻其事”由司法大臣一手包办。中国“法学甫有萌芽”，能胜任审判的人才不多，大理院如不“亲加试验”，很难选用得力合格的审判人员。因此，全国各级审判厅的“用人之权”，大理院的“用人之事”，全交法部掌管，应待法律教育发达，“人才造就”之后，“今兹尚非其时”。此其二。

基于上述两方面理由，他对法部的第一、六、七、九条进行修正：

对第一条，沈家本指出：“各国裁判制度，皆以大审（理）

院为全国最高裁判之地，定拟各案，惟死罪送交司法大臣执行，如情罪或有可原，则由司法大臣奏请减免，并无驳审之权”。厘定官制王大臣所定办法亦云“法部只能监督裁判，处理其司法上之行政事务，不能干涉其裁判权”。因此，规定大理院自定死刑案件，还应送法部核定，不但与各国办法相异，亦有违原定官制王大臣所定办法。照此办理，“恐贻笑外人，而治外法权（按：当为领事裁判权）之收回，迄无效果”。基于这一理由，他重新拟定通融办法：凡大理院“审定死刑之案，抄录红供奏底连折稿送由法部复核，会划以后，系立决人犯，即送交法部收监，以便执行处决；系秋后人犯，俟会奏后移送法部监狱”。朝审案件，本为大理院“自审及京师地方审判厅以上审理之案”，外省秋审人犯，尚须“各省自拟实缓，先行奏闻”；那么，“京师各审判衙门定拟秋后人犯”，自然应由大理院“审拟实缓”，然后“咨送法部核办，黄册则由法部进呈。”

对第六条“速议之件”，他认为：“外省重大案件，如奉硃批法部速议具奏者，自应由法部核议。”若情罪不符，咨交大理院驳正，那么，法部应会同大理院连衔具奏。

第七条“汇案死罪之件”。沈家本认为，既然汇奏案件需要大理院复判，那么，检查例案及查核减等等项，恐需时日，原定十日，时间太短，应改为“供勘到后，以二十日为限，咨送法部复奏”。同时，案件既然由大理院驳正，大理院亦须会衔具奏。

第九条用人权问题。光绪三十二年九月二十日清王朝改革官制的谕旨说：“各部院等衙门职掌事宜及员司名缺”，由各部院堂官“自行核议，会同军机大臣奏明办理”。沈家本认为，法部所定办法，显然与这道谕旨相背。他指出，检察总厅的职掌有二：一是调查罪证，搜求证据，保护原告权利，与律师保护被告权利、为被告辩护相对立。这一职掌与审判密切相关。二是监督审判。因此，监督审判只是检察厅职掌的一个方面。由于外国的检察厅“大都附设于裁判衙门”，所以，大理院的官制清单，把检察厅作为大理院下面的一个部门。虽然如此，检察厅所司毕竟“为行政事务”，因此，人员选用应待官制奏定以后，由大理院“会同法部请简请补”。至于大理院的“推丞推事等官，必须得力人员”，并经大理院试验后才能任用，不能由法部决定和试验鉴别。因此，应由大理院自行“请简请补，以一事权而免贻误”①。

很有意思的是，这场争论还牵动远在海外的戊戌骄子梁启超。丁文江、赵丰田主编的《梁启超年谱长编》，引录戴鸿慈当时写给梁氏的信函，以及梁氏写给他人信函时对此争论的意见。

清廷对部、院的争吵大为恼火，在沈家本的奏折后面批谕：双方“会同妥议，和衷协商，不准各执意见”②。

两天后，即四月十二日，又进一步采取行政措施：“调大理院正卿沈家本，为法部右侍郎；法部右侍郎张仁黼，为大理院正卿”。所以调张仁黼，是因为法部发起这次争论的主要是张氏。

“和衷协商，不准各执意见”的谕旨，以及沈、张的对调，使戴、沈、张等“惶悚莫名”。经过“连日晤商”，对沈家本驳正的几条，部、院重新商定如下：

---

① 《档案史料》(下)，第827—830页。

② 《大清德宗景皇帝实录》卷572。

一、大理院自定死刑之案，先行抄录红供奏底，咨送法部复核。有无签商，于三日内片复大理院，再由院备稿，送稿会划，定期具奏。系立决人犯，即送交法部收监，以便执行处决。系秋后人犯，于定案后移送法部监禁。朝审册本由法部核定实缓后，并照旧章奏请钦派大臣复核，黄册专由法部进呈。

一、速议之件，外省奏请奉旨后，专由法部核议，如情罪不符者，咨交大理院，俟供勘到后，援律驳正，仍由法部缮折，会同大理院具奏。

一、汇案死罪之件，外省具奏奉旨交法部议奏者，应令各省将供勘分达部院，由大理院复核，限二十日咨法部核定，即由法部具折复奏，如有情罪未协者，仍咨大理院驳正后，再行咨部缮折，会同大理院具奏。

一、大理院官制，拟会同法部具奏后，所有附设之总检察厅丞及检察官，由法部会同大理院分别开单请简、请补；其刑科、民科推丞，应由部院公同妥商，将大理院审判得力人员开列清单，由部会院请简，推事以下各官，即由院会部奏补，以收得人之效。

一、外省奉到部文后，应即遵照新章，将死罪案件供勘，分别咨达部院，听候大理院复判，法部核定；如未经奉到部文之先，业已交部核议者，仍由法部照常办理，以免参差。①

① 《法部大理院院会奏遵旨和衷妥议部院权限折》，见《大清光绪新法令》第15册。

根据西方的三权分立标准，梁启超批评沈氏“将一切用人行政区划审判区域修律各事”，都纳入大理院权限，“恰恰倒置”，是很中肯的。但是，戴鸿慈认定沈氏“以阴柔手段，攘窃法权”，恐怕也有个人成见在内。争权，特别是争夺用人权，这是晚清官制改革的普遍现象，甚至还是迄今为止各朝代机构改革都有的普遍现象。戴氏加“阴柔手段”于沈氏，而没有说及具体内容。细读双方条陈，关键可能就是大理院官员的简选上。沈氏以法律教育尚未发达为由，反对法部干预大理院官员人选，坚持大理院官员由大理院堂官请简请补。

由大理院自行决定大理院和各级审判厅法官的人选，这显然背离立宪精神，背离三权分立说。但是，我们不能就此而得出结论，认为沈家本为权力而反对司法独立。就现有的资料看，他不但肯定司法独立，而且力促其行。只不过清朝实行的立宪，并不是西方国家那种完整意义上的立宪。所以，他所主张的司法独立，也就只能是“勿求之于形式，而求之于精神”[1]的独立。换句话说，就是按照当时的实际情形，将司法独立精神贯注其中的独立。

光绪三十三年四月十一日，在即将调离大理院正卿之前，沈家本进呈调查日本裁判监狱情形，具折阐述司法独立。这是近代中国第一份由中央官员倡言，系统论证在中国实行司法独立的奏疏。这份奏疏指出传统行政兼理司法的四大害处，最后得出“司法独立为及今刻不可缓之要图”。言词十分恳切。

奏折和访问清单是给朝廷看的。为使国人了解司法独立

---

① 《寄簃文存卷六·裁判访问录序》，《历代刑法考》(四)，第 2237 页。

之义，赴日调查员董康等，在清单基础上，编成《裁判访问录》。沈氏为之作序，向国人宣传司法独立。他在序中论述说，裁判之法，不但古今不同，中西有别。即使是西方国家，也是同而不同。因此，当今中国的司法，不应求其形式，而应求其精神。勿淆群言，不胶一是，不存中外古今之见，熟审中国的政教风俗，同时贯通法理。这就是他对司法独立的理念，也可以说是他主持制定新法的理念。

但是，一种新制度的确立并不是一件容易的事情。在行政司法长期混一的中国，推行司法独立，谈何容易。张之洞就十分明确地加以反对，“此乃出自东洋学生二三人偏见，袭取日本成式，不问中国情形，故坚持司法独立之议”。在他看来，疆臣不问刑名，“州县不审判，则爱民治民之实政皆无所施，以此求治，未见其可”①。正是在这一片反对声中，为使国人“勿淆群言，不胶一是”，沈氏特撰《历代刑官考》，通过古今对比，中西对比，论证司法独立并不是西方特有的制度，中国古代虽然没有西方那样的司法独立，但是，也有类似独立的制度。沈氏之说，难免牵强。他自己也说：“夫考古制以证今日，东西各国之制本难强合。然其中用意未尝无暗相合者。特古人不立主名，又无人推阐其说，其意或明或晦，不若今之西人喜恢张其科学以炫世人之耳目，而世人亦遂奉其说而尊为鸿宝。”②很显然，他不是强调说中国古代有西方那种司法独立之制，而是说，中国古代有司法独立的“用意”。希望智者去探赜这种微妙，勿淆群言，不胶一是，以为是新名词，就全看作是

① 《张文襄公全集》卷 197。

② 《历代刑官考(下)》，《历代刑法考》(四)，第 2005 页。

外来的,全部加以反对。

三 修订法律馆的重新组建

董康在《中国修订法律之经过》中说:清朝专司修订律例的律例馆,初系独立,并不归属刑部。该馆向以九卿中曾由刑部司员出身,素谙习律例长于听断者领之。各部则例,概归其修订。如刑部侍郎缺额,即以是人充补。因刑部为刑名总汇之地,非专家不能胜任。所以刑部满汉尚书侍郎虽有六人,咸推是人为当家堂官,一切奏咨文稿,非经其画诺后,概不签署,沿为故事,不知始于何时。律例馆后来归并刑部,改用本部秋审处司员提调,位列诸郎员之上。法律改革开始后,将律例馆更名修订法律馆。这是法律馆的由来。

光绪三十二年的官制改革,对极端腐朽的清朝官僚体系来说,简直就是一场劫难。沈家本的长女婿汪大燮,官制改革时被任命为外务部右侍郎,他在写给汪康年的信中,用极粗俗的语言描述说:"改官制事,非变法,实斗法。""今日是鬼蜮世界,举朝上下,如粪窖内蛆虫一般,活趋活瞧,不知闹些什么。"[①]闹什么?闹的就是权位。在这场权位之争的闹剧中,修订法律馆亦难幸免。当时沈家本既是简任修订法律的大臣,又是刑部当家侍部。按照董康的说法,修订法律馆实际上不是一个独立机构,而是附属刑部。光绪三十二年官制改革后,刑部更名法部,沈家本刑部左侍郎之职自然撤销,同时又不在法部任职,加之为人所忌恨(董康语:为人龉龁),修订法

① 《汪康年师友书札》(1),上海古籍出版社 1986 年 2 月版,第 895 页。

律大臣职务实际被裁撤。官制改革没有设定立法机构。修订法律馆虽然只有法律法典的编撰权，在没有正式立法机构的当日，这种编纂权已够官僚们眼红了。

（一）张仁黼：法律馆改为修订法律院

张仁黼，字劭予，光绪二年进士，官制改革由工部右侍郎改法部右侍郎，因部、院司法权限之争，与沈家本对调，改任大理院正卿，就任不到20天，即于光绪三十三年五月一日上书设修订法律院，钦派部院大臣会订，他的奏折，大要如下：

一是说明法律改革，当采日本。

二是提出法律改革的方案，主事者一，成之者三。

主事者一是组织立法之机关。他认为，东西各国三权分立，立法权均归议院。故能顺乎民情，合乎公理，而裁可之权仍在君主，既采舆论之公，亦无专断之弊。但是，中国政体不同于西方，难仿其法，只能稍取其意。彼公诸议院者，我则公诸群臣，据此，他反对过去由修订法律馆制定法律草案的办法。主张："钦派各部院堂官，一律参预修订法律事务，而以法部大理院专司其事，并选通晓中外法律人员，充纂修协修各官，将法律馆改为修订法律院，所有各员均系兼差，不作缺额，另议办事章程"。这样一来，立法便有议院之长，而无专断之弊。

成之者三是指：明订法律宗旨。保全尊君亲上，人伦道德之国粹。

三讲明法律性质，分清主法与助法。中国"修订法律之最要者，则在主法与助法之别，盖主法为体，助法为用，如刑法及民法为主法，而刑事诉讼法及民事诉讼法为助法是也。有主法而无助法，则徒法固不足自行，主法虽精，而助法未臻完善，其行之也就不能无弊。且也主法不可纷更，而助法则可以屡变，盖主法一有改移，则于人民权利之得失多少，罪罚之轻重出入，即相悬殊，屡事纷更，是使民无所措手足也”。

四编纂法律成典，研究编纂之法。[①]

这就是张仁黼的主张，关键之处是主事者一，即修订法律馆由谁主持，也就是由谁主持法律馆，主持新法的拟订。目的是解除沈家本主持法律法典编纂之权。

（二）沈家本：开去修订法律差事

张仁黼条陈上达以后，沈家本立即作出反应。五月十八日上奏，赞同张氏意见，认为张氏请求“钦派部院大臣会订，而以法部、大理院专司其事，并选通晓中外法律人员充纂修协修各官，将法律馆改为修订法律院，均属切要之言”。交待前段修律情况，请求开去修订法律差事。

这份奏折，心气似很平和。张仁黼不是要修订法律之权吗？我拱手相送，你说了那么多的道理，对不对我不答腔，只交待我办过的事，表面上给人一种不争不抢、不屑一顾的印象。

实际上，在举朝皆不知“法”为何物的当时，沈家本非常看重法律的草拟权，对张氏争法律馆权也十分不满。有两则资料可证：一是当年所赋的《书高丽破扇》：

---

① 《档案史料》(下)，第833—836页。

招凉赖尔廿余年，纸断丝残忍弃捐。
破碎山河都不管，茫茫对此感无边。①

这首诗，写的是破扇，抒发的是对朝政的不满。一个"忍"字，是何等的无可奈何！他是一个对国家民族负有使命感的人，希望通过"内治"，使国家民族强盛起来。由法律改革，而至内治井然，再至国家民族的强盛，这是他的理想抱负。他说不管"破碎山河"，这不是他的真实思想。他是想管，管而遭受各种非议，实在无法去管的情况下，才违心地说"不管"。"茫茫对此感无边"。在光绪三十三年，先是部院权限之争，接着又逼进一步，对法律馆提出异议，他对无所"感"吗？因此，这首诗，书的是这件事，感的也是这件事。平静的外表中，深藏汹涌的感情波涛。

二是《历代刑法考·律令考三》，引梁武帝用蔡法度修律及蔡法度议修律方法之文后，沈氏按语云："法度言'魏、晋撰律，止关数人'。可见此事自属专门，非尽人所习。若聚无数素所不习之人参预其间，非尸位即掣肘矣，况欲征天下之人之意见乎？筑室道谋事何能成？今之名公卿颇有此种见识，真可笑也。"②专家立法，这是沈家本一贯的主张。"自来立法之权必统于一方无纷岐之弊，……未闻筑室道谋而能有成者也。"③这是专门之学，让部院大臣，王公大臣这些法盲参预立

① 沈家本：《偶存稿十二》。
② 沈家本撰，邓经元、骈宇骞点校：《历代刑法考》(二)，中华书局 1985 年版，第 905 页。
③ 《历代刑法考》(二)，第 823 页。

法，尸位其间，立法事业就会付之东流。“今之名公卿颇有此种见识”，这已是点名批评张仁黼们了。可恨、可悲、可笑，这就是他上奏请求去修订法律差使的真实用意。

（三）戴鸿慈：特开修订法律馆

戴鸿慈，字少怀，广东南海人。光绪二年进士，考察政治五大臣之一，编纂官制大臣，官制改革被命为法部尚书。

继张仁黼、沈家本之后，六月九日由戴氏领衔，法部、大理院会奏拟订法律办法。

戴氏办法大体与张氏相同。他在奏折中，首先阐明编纂法典的重要性：立宪之精意，即以国家统治权，分配于立法、行政、司法三机关，并保障国民之公权及私权，而后国家之土地、人民、政事三者以相维相系而永固。国家机关之组织作用及国民公私权利，必须依法律规定为据，因此，编纂法典，实为预备立宪最要之阶段。因此，法典编纂必须有主事之政策、行政之机关、议事之方式。主事政策是什么呢？他列举说：普鲁士、英国两国编纂法典以守成为主，设置专门机关，经长时间讨论而成。意大利编纂法典，调和各国法典而整齐之，以统一为主，日本变政，用法国人或德国人编纂法典，改正则用本国人，以更新为主。中国“允宜采取各国之法，编纂大清国法律全典，于守成、统一、更新三主义兼而有之”。这就是主事政策。

行事之机关，即立法机关如何设置？他认为，法典编纂，委诸一二人，固觉精神不能专注，即增加数人，亦未足当此重任。他主张特设立法机关，“应请特开修订法律馆，以示全国法律之所从出，将来无论何种法律，皆须由法律馆编纂及提议改正，以期法律之统一”。特开修订法律馆的组织办法是：按张仁黼的办法，由法部、大理院专司其事，同时钦派王公大臣为总裁，特派各部院堂官为会订法律大臣，各地总督、巡抚、将军为特派参订法律大臣。在这些大臣之下，法律馆设提调，一二三等纂修、总校、分校、内外调查、翻译、书记、会计各员。此外，延聘东西法律名家，参与编纂。

议事方式，即法典编纂中的讨论方式。由修订大臣督同纂修员起草，无论何种法律，凡未经议决者，皆谓之法律草案。草案之后，各附理由书。每草案成，由会订大臣逐条议之。其有督抚、将军有参订之责，亦应随时特派司道大员来京会议，参照议院法，分议决为认可及否决两种，皆从多数为断。其否决者，必须声明正当理由，修订大臣应合纂修员改正再议，议决后由修订大臣奏请钦派军机大臣审定，再行请旨颁布。①

这就是戴氏方案。从张、戴两氏方案可以看出，他们的核心是将沈家本排除在修律之外，由法部、大理院控制立法，也就是控制在他们两人手中。因为他们一为法部尚书，一为大理院正卿。

（四）奕劻：修订法律馆仍归独立

经过近三个月，九月三日，宪政编查馆大臣奕劻等才核议上奏修订法律办法。针对戴氏为首的部、院会奏，宪政馆认为：

---

① 《档案史料》(下)，第840—842页。

所称主事之政策，在兼用守成、统一、更新三主义，参酌古今，以期蔚成大清法律全典，洵属至当之论，应该定为准则。对此虚项表示赞成。

但是，对实项行事之机关，则推翻戴氏等方案，并逐一加以批驳。

张、戴两氏奏疏的核心，是由法部、大理院专司立法之事，目的是排斥沈家本对法典草案的拟定权。张氏谓："若仅委诸一二人之手，天下臣民，或谓朝廷有轻视法律之意，甚且谓为某某氏之法律。"以及戴氏重复的"委诸一二人，固觉精神不能专注，即增加数人，亦未足当此重任"。这些话，不要说当时，今天人们一看，也知道这是针对沈家本而发。但是，在这个核心问题上，宪政编查馆奕劻等谓："今若以修订法律馆归该部院管理，是以立法机关混入行政及司法机关之内，殊背三权分立之义。"①轻描淡写，一句话就将他们反复申说的理由，全部加以否定。

笔者常常怀疑，自光绪三十二年秋以来，沈家本与戴鸿慈、张仁黼之间的司法权限和法典编纂权的争论，是清末丁未政潮中的一波。然而，我无法举出他们置身其中的证据，按学界的考论，这次政潮，以瞿鸿机、铁良、岑春瑄为一派，意在摧垮奕劻、袁世凯的势力，最后，瞿、铁等失败。就沈氏而言，奕劻显然是支持他的，后来，对《大清新刑律》的争论，袁世凯则是少数几个支持新刑律的大臣之一。宣统三年，袁世凯组阁，袁氏提名沈氏担任司法大臣。这是沈氏最高官阶。就这些现象而言，沈氏显然站在奕劻、袁世凯一边。但是，沈氏长女婿

① 《档案史料》(下)，第850—851页。

汪大燮又为瞿氏学生，关系非同一般；瞿氏对沈氏前段改革亦颇为赞赏。因此，我对沈氏是否卷入这次政潮，只好存疑。而就张、沈、戴、奕四疏而论，张疏的现代法知识最为浅薄。他的法系说，如果不是出自顽固的天朝自大狂，简直就是一种胡说八道了。再把现代法分类当作法律性质，实在也不敢让人恭维。1907 年，稍习法学之中国人，对上述问题都分得很清楚。而张氏却以这样的文字写入简牍上奏，实在可叹，让他主持立法，实在可忧。戴氏出洋考察过，比张氏识见略强，仍然散乱浅薄。相较之下，奕劻等疏，显然高于张、戴，上引对张、戴的批驳，已见其见识。还有，他们指出，立法"若隶属行政或司法机关之内，必致徒徇行政及司法上之便利，而有任意规定之弊"。这种见解，直至现在仍有意义，仍然是立法中必须解决的问题。当然，奕劻等疏也好，张、戴之疏也好，甚至沈疏，可能都不是出自本人之手，而是出自属下参谋之笔。但这正好说明了当时留学归国的法学人才，大都流向法律馆和宪政馆。

宪政编查馆奕劻等奏疏，最后决定修订法律馆的命运。同日，谕旨："宪政编查馆奏，请派修订法律大臣一折。著派沈家本、俞廉三、英瑞充修订法律大臣，参酌各国成法，体察中国礼教民情，会通参酌，妥慎修订，奏明办理。"①第二天，又下诏："沈家本、英瑞业经派为修订法律大臣，自应专司其事。法部右侍郎著王垿署理，大理院卿著定成署理。"②修订法律馆脱离法部大理院，沈家本法部右侍郎之职由王垿代理，专任立法，草拟立宪法典草案。

---

① 《大清德宗景皇帝实录》卷 579。

② 《光绪朝东华录》光绪三十三年九月，第 121 页。

（五）修订法律馆的筹办

官制改革后，刑部改为法部。法律馆原由刑部律例馆改名，沈家本又是刑部当家堂官。两处兼管，并无窒碍。改名法部后，沈家本改任大理院正卿，法部无职，法律馆便失去依持。加之官制改革，各署调用人员，法律馆人员纷纷他调，馆事无形停止运转。这就是董康《中国修订法律之经过》中所云法律馆"曾裁撤大臣"之由来。沈家本复受任命，法律馆只好再起炉灶，重新筹办。

光绪三十三年十月二日，沈家本、俞廉三（按：英瑞未就职）就法律馆筹建上疏。他们认为："法治主义为立宪各国之所同，编纂法典，实预备立宪之要著"[①]。为不负朝廷之托，国民之望，拟定三条办法，并陈述理由：

> 一、参考各国成法必先调查也。日本变法之初，调查编订，阅十五年之久而后施行。就我国今日情势而言，较诸日本，益形迫切。而事关立法，又何敢稍涉粗疏。拟一面广购各国最新法典及参考各书，多致译材，分任翻译。一面派员确查各国现行法制，并不惜重赀，延订外国法律专家，随时谘问，调查明彻。再体察中国情形，斟酌编辑，方能融汇贯通，一无扞格。此为至当不易之法。
>
> 一、任用编纂各员宜专责成也。……臣等悉心

① 《光绪朝东华录》光绪三十三年，第 139 页。

酌核，拟设提调二员，由臣等督饬筹办全馆事宜。一俟慎选得人，开单请旨简派，以昭郑重。此外纂修协修各员，容臣等甄择通才，奏调到馆。任用之方，以明定课程优给薪水为主，总期有专责而无冗员，庶收指臂之助。聘用外国法学专家，未可轻率，自当妥订合同，以防流弊。至体查中国礼教民情，所包者广，断非臣等之孤陋所能自信。拟略仿礼学馆章程，分省延聘谘议官，待以宾师之礼，用资受教。

一、馆中需用经费宜先筹定也。开办用款，如建设馆舍，添购书籍，印字机器等项，核实估计约需银二万两。常年用款，如调查、翻译、薪水、纸张、印工、饭食等项，约计每年需银十万两。库储支绌，臣等固所深知，但使可从简略，讵敢稍涉铺张，惟是立法事宜，关系全国，既非一手足之烈，亦非一朝夕之功。所有需用经费，均系再三确核，力求樽节，无可再减。拟恳天恩饬下度支部照数拨给，俾臣等有所藉手。①

这些办法，清朝廷都答应了，同月 12 日，法部右参议王世琪、候补郎中董康，因沈氏奏调，被清朝廷简任为法律馆提调。这是法律馆具体事务的总管官。紧接着，纂修协修等，也陆续调进。但是，经费却成了大问题。八国联军战后，民穷财尽，沈氏所要经费虽然不算过大，就一馆而言，也不算小。慈禧令度支部拨给，度支部无银可拨。直至十一月十四日，最后确

① 《光绪朝东华录》光绪三十三年，第 139—140 页。

定，照原法律馆之数，每年拨给3万两，问题才算解决，经费核实，二十七日重组的法律馆宣布开馆办事。

重组的修订法律馆分二科三处。二科分任民律、商律、刑事诉讼律、民事诉讼律之调查起草。三处：一为译书处，任编译各国法律书籍。一为编案处，任删订旧有律例及编纂各项章程。一为庶务处，任文牍会计及一切杂务。以提调总司其成，另拟法律馆办事章程14条，以明各科处职责。① 到宣统年间，修订法律馆已成为一个颇具规模的法典草拟机构。据宣统二年开列修订法律馆修订《现行刑律》衔名，除大臣沈家本、俞廉三外，提调官4人，总核官1人，总纂官5人，纂修官12人，协修官12人，校理官3人，校对官3人，集掌官2人，共44人。

四 出国考察，聘用外籍专家和国内调查

派员出国考察国外法制，聘请外国法律专家充当顾问，调查国内民情、商情，这是沈家本法律改革以来就已确定的方针。这一方针，既有借鉴日本明治维新以来的立法经验成分，也是衔接外来法与传统法的必由之路。

（一）考察日本法制

派员赴日本考察法制，是修订法律馆开馆时的已定措施。光绪三十一年九月，沈家本、伍廷芳曾专折奏请派员考察日本，在这个奏折中，他们首先阐明考察的必要性，其次确定董

① 《光绪朝东华录》光绪三十三年，第177页。

康、王守恂、麦秩严为此次赴日人员。任务有三：(1)“调查法制刑政，并分赴各裁判所，研究鞫审事宜。按日报告，以备采择。”(2)“凡该国修订之沿革，颁布之次第，以及民事刑事之所以分判，并他项规则之关于刑政为译书内所未赅载者”，均应查其要领，带回国内。(3)日本监狱制度，久为西方国家所称颂，“尤应详细稽考”，直接绘图贴说，调查了解清楚。①

光绪三十二年四月，调查人员东渡，当年十二月先后回国。翌年四月，沈家本向清廷上《调查日本裁判监狱情形折》，进呈调查清单，详细叙述了调查的经过。

王仪通在《调查日本裁判监狱报告书叙》中说，董康等在日本“出则就斋藤、小河、冈田诸学者研究法理，入则伏案编辑，心力专注，殆无片刻”。工作十分努力。

呈送清廷的调查清草共分两部分：调查裁判清单和调查监狱清单，编入《调查日本裁判监狱报告书》的，除两个清单之外，附有《松冈义正日本裁判沿革大要》和《冈田朝太郎死刑宜止一种论》；以及沈家本的奏折两件。

通过这次调查，沈家本坚定了司法独立的立场。他在奏折中阐述司法独立的必要性：

司法独立与立宪，关系至为密切，日本开港之初，各国领事俱有裁判之权，逮维新以来，政府日孜孜于裁判统一，不数十年，卒使侨民服从其法律之下，论者谓国力之骤张，基于立宪，其实司法独立隐收其效。

在批驳了反对司法独立论者的种种论调以后，他列举行政兼任司法之四害，最后，十分坚定地指出：“司法独立为及

① 《光绪朝东华录》光绪三十一年，第128—129页。

今刻不可缓之要图。”

除《报告书》书外，董康还就赴日所得，编辑而成《裁判访问录》和《监狱访问录》。《裁判访问录》全书均为日本司法省参事官斋田十一郎《日本裁判所构成法》的讲述，故该书内封标明“斋田十一郎著”。《监狱访问录》则全部为小河滋次郎之讲演。两书讲解详尽，既有理论阐述，又有图示讲解，还有实地说明，而且经常对照中国情况，浅近而生动。沈家本亲为两书作序，对日本裁判、监狱制度大加褒誉。[1] 赴日调查的预期目的基本达到。检查晚清审判制度和新式监狱规则，几乎完全同于日本，赴日访问，不能说不是重要原因之一。

（二）聘请日本专家

聘请外国专家参与中国立法的发明者，不是沈家本，而是刘坤一、张之洞。在《江楚会奏变法三折》中，他们已十分明确地提出，要聘请各国的法律专家帮助中国立法修律。在连衔会保沈家本、伍廷芳修订法律之前，张之洞还专门电商刘坤一、袁世凯，主张在保奏折中加上：“在日本访求精通法律学之博士一两人，来华助我考订法律，尤为有益”这样的内容。沈家本是这个倡议的执行者，但是，他并没有完全听从发明者的意见，而是全部聘请日本专家。日本法律专家，几乎参与晚清各种新法制定的始终。他们不但按照当时日本法律的模式，为中国草拟法律草案，而且参与立法中的新旧论争。在中国近代立法史上，这是日本法律影响

① 修订法律馆印：《调查日本裁判监狱报告书》前奏疏。

中国法律的登峰造极时期。

在沈家本主持下，当时受聘来华协助制定新律的日本专家，前后共四人：冈田朝太郎、松冈义正、志田钾太郎、小河滋次郎。从现有的材料看，冈田朝太郎和松冈义正先来，沈家本在为冈田氏所撰的《法学通论讲义序》中说，在他创立京师法律学堂时，因教习无人，"乃赴东瀛，访求知名之士，群推冈田博士朝太郎为巨擘，重聘来华。松冈科长义正，司裁判者十五年，经验家也，亦应聘而至"。民国三年(1914 年)，冈田朝太郎在北京做过一次讲演，叙述他的来华经过说：光绪三十一年清朝设法典调查会，"当时即招余任编纂事，因其宗旨未确定，余虽任编纂，而不能收何等之效力"①。董康对四人来华，有一概述："……直隶总督袁世凯、两江总督刘坤一、湖广总督张之洞，会保刑部左侍郎沈家本、出使美国大臣伍廷芳修订法律。乃奏设修订法律馆，调取研究中西法学人员，并延聘日本法学博士东京帝国大学教授冈田朝太郎、法学士东京控诉院部长松冈义正为调查员，从事编订。"光绪三十三年(1907 年)修订法律馆离部独立，"添聘日本法学博士志田钾太郎、小河滋次郎充调查员"②。

董康的回忆，大体反映了当日聘用日本法律专家的情况。但是，由于年久日深，亦有小误。我在台湾查到沈家本一份奏疏，这份奏疏议复翰林院侍讲学士朱福诜光绪三十三年十一月二十二日奏请慎重私法编纂选聘起草员之议。朱氏奏称："日本修正民商法时，梅谦次郎曾拟提议合编，以改约期近，急欲颁布而不果。中国编纂法典之期后于各国，而所采主义学

① 《冈田博士关于吾国法典之讲演》，见《法政学报》民国三年第 2 卷第 1 号。

② 董康：《前清法制概要》，见《法学季刊》第 2 卷第 1 期。

说不妨集各国之大成为民商法之合编。”建议请聘日本法学博士梅谦次郎为民商起草员，而以中国法学生参议。简言之，中国法典编纂后于各国，民、商两法典不应分立，而应统一为民商法典，聘梅谦次郎起草。

沈家本、俞廉三不同意民商法典合编之议。他们认为：“自法国于民法外特编商法法典，各国从而效之，均别商法于民法各自为编，诚以民法系关于私法之原则，一切人民均可适用。商法系关于商事之特例，唯商人始能适用。民法所不列者，如公司、保险、汇票、运送、海商等类，则特于商法中规定之。即民法所有而对于商人有须特别推行者，如商事保证契约利息等类，亦于商法中另行规定。凡所以保护商人之信用而补助商业之发达，皆非民法之所能从同。”所以，民商合典之说不可取法。

梅谦次郎是当时日本最著名法学家之一，是冈田氏等人的师辈。据冈田氏云，法律馆原聘梅氏，因梅氏无法长期离开日本而推荐冈田氏。沈氏议朱氏所请亦云：“以聘用外人至有关系，不得不加意慎重。”因此，在光绪三十四年法律馆事粗定以后，“派令臣馆提调，大理院推事董康前赴日本，详细访察。该员在日本将及半载，深悉梅谦次郎为该国政府随时顾问必不可少之人，断非能轻易聘用”。在这种情况下，“访有日本法学博士志田钾太郎为商法专家，名誉甚著，禀经臣等公同商酌，聘充臣馆调查员，电请出使日本国大臣胡惟德，妥定合同，约其来京。此外，另订旧在京师之日本法学博士冈田朝太郎，小河滋次郎，法学士松冈义正，分任刑法、民法、刑法诉讼法调查事件，以备参考”①。

---

① 光绪三十四年十月初四日，沈家本、俞廉三奏疏。档案现存台湾。

四名日本专家，在法律馆协助制订法律，在京师法律学堂任教（还在其他法政学堂任教），与法律馆和法律学堂之官员教员相处极为融洽。1910 年北京法学会在财政学堂设短期法政研究所，冈田、志田即应邀义务讲演，与中国同僚共同切磋，在修律诸人遭受守旧派攻击时，冈田、松冈，均撰文反驳。特别是冈田朝太郎，不但在华时间长（1914 年还在北京讲演），而且在中日两国分别出版了数量可观的汉文法学著作。现在所能见到的他的第一本汉文法学著作名为《汉文刑法总则讲义》，1906 年（日本明治三十九年，清光绪三十二年）由日本有斐阁书房发行。该书虽然简单（仅 72 页），但毕竟是外国人用汉文撰写的最早的法学著作之一（笔者现在尚未发现比该书更早的外人汉文法学著作）。第二本为《法学通论讲义》，这是冈田氏就京师法律学堂的讲稿加工而成书，沈氏曾为此书作序。第三本为《大清刑律草案大清违警律》，1908 年北京有正书局发行。冈田氏在《例言》中云："本书所辑刑律草案，系由法律馆编纂，而未经确定颁布者，违警律系民政部会同修律大臣原奏，宪政编查馆审查，既经复奏颁行者。然俱系采用最进步之学理。同其主义与宗旨，故今合为一，以便学者之参考。"此处所云"刑律草案"，即为沈家本光绪三十三年上奏之第一次草案，两法草案，当经冈田氏之手。第四本为《刑法理由书》。据江庸云："法律馆出版《刑法理由书》，则与日人冈田朝太郎合著，但未署名耳。"[①]为两人合作产品。此外，据现有材料看，沈家本与冈田氏私交甚笃，切磋学术，见诸文章，如

① 《江庸自传》。除上列之外，1930 年胡长清曾翻译冈田氏《日本刑法改正案评论》，由上海法学编译社出版，胡氏翻译此书，意在为当时中国修改刑法作借鉴。

沈家本的《死刑惟一说》，即为两氏探讨死刑执行方法，互有所见之作。沈氏不完全赞同冈田氏之见，但并不以主压宾，而是进行朋友式的商讨。

总之，受聘来华的日本专家，为法律馆起草法律草案，立说著书，教授学生，在中国近代法律的变革中，起了重要的作用，以致当时的一些人（包括某些西方人），认定法律馆制定的法律草案为“日本律”，此说非完全无因。

晚清法律改革，新法所受日本影响最大。从法律新名词到法典的编纂几乎照搬日本法，这是一个不争的事实。沈家本为什么会把日本作为取法的对象呢？这里面，既有社会的、也有地域的，甚至还有财力上的种种原因。

就社会原因而论，它是戊戌时期取法日本的滥觞。晚清法律改革距戊戌变法不过三五年时间，而且是在变法遭受镇压而导致民族危机加深的局面下提出。因此戊戌时期所造成的社会认同，不但没有从人们的思维中消失，反而更加强烈。社会认识如此，清政府的高层官僚也是如此。其中，刘坤一、张之洞、袁世凯会保沈家本、伍廷芳修订法律的奏折说得最明确：“近来日本法律学分门别类，考察亦精，而民法一门，最为西人所叹服，该国系同文之邦，其法律博士，多有能读我会典律例者，且风土人情，与我相近，取资较易。”[①]社会认同如此，所以法律改革一开始，取法日本便很自然地为沈家本们所接受。

而就地域言，“我国与日本相距甚近，同洲同文，取资尤易

① 《袁世凯奏议》。

为力”[①]。这是沈家本们取法日本最为重要的一个原因。

沈家本等在受命修订法律之初，即负“参酌各国法律”之责。要“参酌各国法律”，就必须了解各国法律；要了解各国法律，就必须翻译各国法律。“欲明西法之宗旨，必研究西人之学，尤必编译西人之书。”[②]编译成为参酌各国法律必不可少的环节。但是，当时的翻译存在两大困难：一是翻译人才缺乏，特别是既懂英、法、德等西方国家语言又懂法律的专才极少，二是西方法律法学著作数量大，下手翻译，极为不易。对这种困难，沈家本身在其中，体会极深：“欲取欧美之法典而尽译之，无论译者之难其人，且其书汗牛充栋，亦译不胜译。”如果以日本法律法学为对象，这两个困难，都较易克服。(1) 20世纪初年，由于留学日本热潮的出现，成千上万的知识分子东渡日本，其中学政法者为数最大，通过几年的学习，出现一批既掌握日本语言，又粗具政治法律知识的人才。“译和文又非若西文之难”，译材问题较易解决。(2) 日本新法，来自西方，了解日本法律，也就了解西方各国的法律。这里要特别提出的是，沈家本非常推誉日本学者学习西方的态度，不止一次地指出：

> 日本之游学欧洲者，大多学成始往，又先已通其文字，故能诵其书册，穷其学说，辨其流派，会其渊源，追至归国之后，出其所得者，转相教授，研究之

---

① 《光绪朝东华续录》光绪三十一年，第129页。

② 《寄簃文存卷六·新译法规大全序》，见《历代刑法考》(四)，第2242页。

> 力，不少懈怠。是以名流辈出，著述日富。……①
>
> 日本旧时制度，唐法为多，明治以后，采用欧法，不数十年，遂为强国。是岂徒慕欧法之形式而能若是哉？其君臣之上下，同心同德，发愤为雄，不惜财力以编译西人之书，以研究西人之学，弃其糟粕而撷其英华，举全国之精神，胥贯注于法律之内，故国势日强，非偶然也。②

既然经过日本学者的努力，日本已将西方法律的“英华”尽收其内，取法日本，就能达到目的，事半功倍，又何乐而不为呢？

最后，就财力而言，由于当时库储枯竭，修订法律馆的经费十分困难。光绪三十三年（1907 年），法律馆离部独立，沈家本等人请求清廷，年拨法律馆经费 7 万两，但是，清廷因财源枯竭，长期间未作答复。最后，沈家本不得不主动请求减少到 3 万两，才使法律馆得以运转。这笔经费，既要支付高薪聘请的日本专家，又要高薪挽留任职法律馆的留洋学生，还要支付前往日本考察司法，以及国内派往各省调查民情风俗商事习惯人员的费用，等等，即此已是焦头烂额。因此，就当时的财力而言，也只好以日本为主要学习对象。

基于上述原因，借鉴取法日本，几乎成了法律改革的必然选择。此外，急功近利，也应该是原因之一。

---

① 《寄簃文存卷六·法学名著序》，见《历代刑法考》（四），第 2239—2240 页。

② 《寄簃文存卷六·新译法规大全序》，《历代刑法考》（四），第 2242 页。

（三）调查民商事习惯

对国内民商事习惯进行调查，以编定民商法典，是法律馆已定方案。这一工作，从光绪三十四年（1908 年）开始，分两个阶段进行。先调查商事习惯，后调查民事习惯。

东南各省民俗商情的调查

光绪三十四年正月二十六日，沈家本疏请调查东南民俗商情。疏云："拟订民商法典，亟应派员亲往各省调查习惯，以资考证。查有翰林院编修朱汝珍，现充臣馆纂修，该员洞彻法理，任事精勤。拟请派令前赴东南各省，将民俗商情详细调查，随时报告，事毕即行回京。"①正式开始商事调查。

沈家本等对这次调查是相当重视的，不但专门奏调朱汝珍主其事，而且专门制订《法律馆调查各省商习惯条例》，就调查事项、内容、方针，用《条例》形式做硬性规定。《条例》分《总则》、《组合及公司》、《票据》、《各种营业》、《船舶》为五章。我把《总则》条文录出，以见其貌。

第一章　总则

第一条 有称为商人之特别阶级否？若无之，则是否无论何人，皆得为商人？

第二条 称为商人者之范围如何？

① 《修订法律大臣沈家本等片》档案，存台湾。

第三条 就营某种商业，若有特别限制时，则详述之。

第四条 官吏公吏等之营商业，有无制限？此外有无特就营某种类商业，加以制限者？

第五条 女(妻或独立之女)或未成年者，有无营商业之例？若有之，则与成年男子营业之方法，有无差异？

第六条 有大商人与小卖人之别否？说明其区别之标准，及营商业之方法等，有无差异。

第七条 有小卖商人与卸卖商人之别否？若有之，亦说明其区别之标准，及营商业方法等，有无差异。

第八条 此外有商人之区别否？

第九条 有特别交易之市场否？若有之，则言其制度如何。

第十条 对于商人，特有登记否？若有之，则详言其制度。

第十一条 商人在其商业上为表示自己的名称，要用姓名否？若系不要，则言其关于用姓名以外之名称？有无制限？若有制限，则言其制限如何？又不问有无制限，详言关于商业上所用之氏名，及其他名称之制度。

第十二条 商人表示自己之名称以外，有表其商业处所之名称否？若有之之际，及关于此之制度。

第十三条 商人有为表示其商品用文字图形记号者否？若有用之者，则详言其制度。

第十四条 商人商业本据，系一种物品否？若有多种物品，则其间有无主从之关系？宜详说其制度。

第十五条 商人有记录其商业情形之账簿否？若有之，则详言其制度？

第十六条 详言关于商人在其商业上所使役者(包含商业使用人商业学徒等)之制度。

第十七条 商人在其商业上，有以他商人为代理，或居间之常设机关否？若有之，则详言其制度。

第十八条 详言商人在自己之营业上，临时使他人(不同其为商人与否)代理自己，或使其补助自己之制度。

第十九条 商人有举其店铺商品交易上关系等一切事物，出顶与他人否？若有之，则详言其制度。

第二十条 商人间之交易，及商人非商人间交易，并非商人间之交易，其间有无差异(如利息连带及其他等)。①

这些名之为《条例》的内容，实则为调查大纲，从总体上了解当时全国(主要是东南各省)是否已经形成商人阶层，以及商业市场、商人登记制度、商标制度、雇工、代理、抵押等，以为立法之参考。

朱汝珍等于当年三月到达上海，据《东方杂志》报道，效果似不理想。出自记者之笔的《东方杂志》报道，总有夸饰之嫌，大体却是事实。花费很大气力的商事调查实效不

① 《东方杂志》第8期第15—16页。

著，这是腐败专制国家官民相隔，官员不得民众信任的必然结果，是立法的悲哀，也是国家的悲哀。但是，沈家本对这次调查似尚乐观，认为朱汝珍等“遍历直隶、江苏、安徽、浙江、湖北、广东等省，博访周谘，究其利病，考察所得多至数十万言，馆中于各省商情具知其要”[①]。观察方位不同，结果也就相反。

民事调查

商事调查之外，沈家本又准备进行民事调查。先于光绪三十四年五月奏请以各省提法使、按察使兼充法律馆谘议官。谘议官除对各项法律事件应札饬各州县详查报告外，对于法律馆所派调查员还应协助调查，随时接洽。宣统二年正月，正式上奏派员调查。其论调查之必要性云：

> 民商法律，意在区别凡人之权利义务而尽纳于轨物之中。条理至繁，关系至重。中国幅员广远，各省地大物博，习尚不同。使非人情风俗洞彻无遗，恐创定法规必多窒碍。

这次调查，派馆员分往各省，同时请各省督抚，指派有关司和新设调查局，造具表册，随时报告法律馆。

调查先从江苏开始，派馆员纂修许同莘前往。按照《调查民事习惯章程十条》，调查员仅到各省省会，商同各省调查局

① 《修订法律大臣奏请派员分赴各地调查考察民事商事习惯折》，见《大清宣统新法令》第16册。

所共同进行，调查员于应行调查之件，如力所不及，应随时商请各省提法使或按察使（皆法律馆谘议官）妥办，调查员与在省绅士会晤讨论，由调查局或提法司按察司安排，讨论时将法律馆提出问题发交研究；各地绅士无人在省，由调查局或臬司将问题发交地方官，转请绅士研究，按限答复；各处乡族规、家规，容有意美良法，调查员应采访搜集，随时寄交法律馆；各处婚书、合同、租券、借券、遗嘱等项，调查员亦应收集，各抄一件，汇寄法律馆。

调查举例

笔者没有见过法律馆当日调查资料。北京大学图书馆善本室藏《民情风俗报告书》稿本，共 32 册，记录清末天津府武清县民情风俗。从条例内容看，极似法律馆调查条例所列，有可能是直隶调查局或提法司，发交调查记录，该《报告书》采问答式，我引录其两项中的部分，以见当时的调查。

一为第一部第三款“职业”第四项“商”之第 11 问至 20 问：

十一、各该处有无商会？其所办理者何种事？其经费若何？

答：蔡村于光绪三十四年创立商务会，稽察私贩银两洋元铜元及钱铺钱票荒闭等事，本镇公约，绅商尽义务无经费。

十二、商人之普通名称若何？

答：业主称东家，管事者称掌柜，童年习学称徒弟。

十三、何种商有牙行经记?

答:凡买卖牲畜及鸡鸭者,专有牙行经记。

十四、何种商须临时当差?

答:大牙行、小牙行、秤行、斗行、杂货行、银行、粮行、鸡鸭行、席行、棉花行、米行、油行、鲜果行、脚行。

十五、有无临时市场?每年几次?约在何时?大宗多系何种物品?

答:城镇皆每月五日一开市场,其名曰集。此外则二月十八日,旧县地方有庙会,各种物品农具居多。京津及各城镇之药行,每年至春秋赴祁州买药,此一大市场也。

十六、各种市价由何处议定?

答:向来听卢台镇及天津市行,并看市面上买卖多少?

十七、何种商业有同行公议条规?

答:前所答之各行皆有条规。

十八、何种商业有资助贫穷善举之事?其办法若何?

答:无。

十九、有无专司货物买卖说合之中间人?其名为何?

答:市场交易,粮米则斗局说合,棉花则秤行说合,牲畜则牙行说合,皆名经记。

二十、有无专司土地房屋买卖说合之中间人?其名为何?

答：向来说合此项买卖及书契作中，皆平日互相信心（按：当为“任”）之戚友或邻人，名曰中人。新章没有官经记，不过定议后代写官纸契券，分受中用而已。

再为《诉讼事习惯报告书》第二款“民事诉讼”，第一项“原告投呈”：

一、诉讼呈状共有几种？具禀与用呈有何区别？其格式若何？

答：有呈有禀。平民用呈，其纸有横竖乌丝格。凡有职衔及有功名者用禀，其纸无乌丝格。呈禀叙事相同，呈称：具禀某人呈为某事云云，禀称：具禀某人禀为某事云云。格式不过如此。凡应交应领之件皆具状。格式与呈禀大同小异。

二、绅董遇何种事件可用片送，何等事件仍须按原告式具呈？

答：绅董无片送事件，事无大小皆具禀。

三、民事诉讼有无传呈名目？由何房办理？与平常投呈办法有无相异之处？

答：无传呈名目。

四、是否人民具禀即为违式概不准理？抑但加申饬仍可准理？收呈之人有无查看合式与否之权，抑不准收？

答：具禀违式但加申饬，准理与否，须视案情缓急，收呈之人亦应查看，令违式者更正，然亦看案情缓急。

如果上引调查,确为直隶调查局对武清县的调查,当时调查确很细致,下了一番功夫。

第七章 折冲樽俎，模范列强
——新法律草案的制定

制定新律，是晚清修律的最重要任务。在未宣布仿行立宪之前，旨在适应时局；在宣布仿行立宪以后，则专为宪政。主要新法（包括草案）有如下诸端。

一 商律

重农抑商，或重本抑末，为我国传统思想，亦为我国封建法律之重要内容。由于它适应我国封闭的农业经济，行之二千余年而不衰。明末清初，启蒙思想家代表市民利益，提出“工商皆本”的新命题，否定传统。然而它犹如一颗彗星，随着清廷封建政权的巩固，飘然而逝。鸦片战后，海禁大开，列强的商品输出，刺激了民族工商业。早期改良主义者郑观应等曾奔走呼喊主张发展民族工商业，与列强开展“商战”。制定相应的商法由是萌芽。但是，颟顸的清朝廷在几十年中，对此几乎没有任何反应。迨至光绪二十五年，由于上海奸商虚设公司行铺倒骗存款，严重干扰社会秩序，两江总督刘坤一据上海商务局之请，令江苏按察使朱之榛拟定保护办法，上奏清朝廷施行。规定：商民开设公司钱铺，援照京城钱铺定例——“无论新开旧设，均令五家联名互保，报官存案。如有侵蚀倒闭商民各款，由地方官立拏监禁，分别查封寓所资财及原籍家产，勒限两月全数完竣，起意关闭之犯，枷号两个月，杖一百，折责释放。若逾限不完，无论财主、管事人及铺伙侵吞赔折，统计数在一百二十两以下者，照诓骗财物律，计赃照窃盗论罪，至一百二十两发附近充军，一百二十两以上至三百三十两发近边，六百六十两发边远，一千两发极边足四千里充军，一千两以上发黑龙江安置，仍照章发新疆种地当差改发极边足四千里充军，到配后加枷号三个月。一万两以上，拟绞监候。均勒限一年，追赔全完，枷责释放。不完，再限一年，追赔全完，死罪减二等定拟，军流以下仍枷责发落。若不完，军流以下人犯即行发配；死罪人犯再限一年追赔；若再不完，即永远监禁。所欠银钱，勒令互保均匀给限代发，免其治罪；仍咨行本犯原籍，于家属名下追偿。如互保不愿代发，或限代发未完，拘拿到案，照准窃盗为从律减一等，杖一百，徒三年。其互保代还银钱，如本犯于监禁及到配后给还者，军流以下即行释放，死罪人犯减二等发落。若互保同时关闭，一并拘拏监追，照前治罪；未还银钱，仍于各犯家属名下严追给领。其有虚设别项行铺，侵蚀商民各款，情节相似者，亦即照此办理。”①

① 《刘坤一遗集·奏疏》卷31。

这种用旧法治新事，与其说护商，毋宁说维护社会治安，谈不上什么商法商律。正因为如此，故刘坤一与张之洞条陈变法时，才有制定商律之议。

询刘坤一、张之洞之议，清朝廷决定成立商部，于光绪二十九年（1903年）令载振、袁世凯（旋请开缺）、伍廷芳先订商律。载振、伍廷芳以为，商律门类繁多，非短期所能告成，而目前要图，莫如筹办各项公司，力祛往昔涣散之弊，庶商务日有起色，不致坐失利权。因之决定先订公司条例，俾商人有所遵循。同年十二月，编写商人通例9条，公司例（又称公司律）131条，合计140条，上奏后定名为《钦定大清商律》颁行。[①]此为我国有史以来之第一部商律。

自此始，又陆续制定颁布了《公司注册试办章程》（18条）、《破产律》（69条）、《银行注册章程》（8条）、《大小轮船公司注册给照暂行章程》（20条）、《运送章程》（56条）。其中《破产律》由商部起草，脱稿后送沈家本、伍廷芳会商，奏准以钦定本颁行。其立法之旨，在于区分公司破产之不同情形。因光绪二十五年刘坤一奏定章程，仅为惩罚倒骗奸商。然诈伪倒骗者之出于有心，而经营未善、市价不齐而亏蚀倒闭者之出于无奈，虽皆谓之破产，而情形实有不同。诈伪倒骗，洵属可恨；亏蚀倒闭，不无可原。若仅以惩罚示儆之条预防流弊，而无维持调护之意体察下情，似于保商之道犹未尽也。因此对破产有较完备之规定，颁行后刘坤一奏定章程即同时废止。[②]

以上商法的迅速制定和颁行，乃为当时时势之所迫，应急

① 《光绪朝东华录》光绪二十九年十二月。
② 《光绪朝东华录》光绪三十二年四月。

之法律法规。故清政府宣布预备立宪后，又有系统的商法编纂。计有：

《大清商律草案》(《志田案》)，宣统元年(1909 年)起陆续脱稿，由修订法律馆聘日本志田钾太郎起草，分总则、商行为、公司律、票据法、海船律五编，1008 条。

《破产律草案》，宣统元年脱稿，修订法律馆聘日本松冈义正起草，共 337 条。

《保险规则草案》，由农工商部制定，计 124 条。

《改订大清商律草案》，宣统二年农工商部据光绪二十九年之《钦定大清商律》，参酌各地商会特别是上海总商会呈报之《商法调查案》而成，分总则、公司为两编。总则下分七章：商人、商人能力、商业注册、商号、商业账簿、商业使用人、代理商。公司下分六章：总纲、无限公司、两合公司、股份有限公司、股份两合公司、罚例。全案共 367 条。

以上法案，虽未颁行，然清亡以后，均成后来立法机关参考之资，在中国商法史上占有一席之地。

二 《刑事民事诉讼法》草案

列强放弃领事裁判权之约，有查悉中国"审断办法"之句。清朝廷任命沈家本、伍廷芳修律亦有"按照交涉情形，参酌各国法律"之语。因之，沈家本、伍廷芳受命之后，亟于对司法审判之改革，于光绪三十二年首先制定《刑事民事诉讼法》草案，从而首次打破二千多年诸法合体之立法例。

草案合刑民诉讼为一编，下分五章：总纲、刑事规则、民事规则、刑事民事通用规则、中外交涉案件，共计 260 条，另附颁行例 3 条。

草案乃应急而订，故沈家本等亦认为它只不过是一部简明诉讼法而已。其中我法未备，为挽回法权而亟应取法各国通例者有：

一设陪审员也。理由：国家设立刑法，原欲保良善而警凶顽，然人情涛张为幻，司法者一人，知识有限，未易周知，宜赖众人为之听察，斯真伪易明。若不肖刑官，或有贿纵曲庇，任情判断及舞文诬陷等弊，尤宜纠察其是非。因此，今后各省会并通商巨埠及会审公堂，应延访绅富商民人等，造具陪审员清册，遇有应陪审案件，依本法临时分别试办。如地方僻小，尚无合格之人，准其暂缓，俟教育普被，一体举行。从而使裁判悉秉公理，轻重胥协舆评，杜绝枉纵深故之弊。

一用律师。理由：一般人因讼对簿公庭，惶悚之下，言词每多失措，故用律师代理一切质问、对诘、复问各事宜。各国具以法律学堂毕业者，给予文凭，充补是职。若遇重大案件，即由国家拨予律师，贫民或由救助会派律师代伸权利，不取报酬补助，于公私之交，实非浅鲜。具体办法：凡各省法律学堂，俱培养律师人才，择其节操端严，法学渊深，额定律师若干员，卒业后考验合格，给予文凭。然后分拨各省，以备辩案之用。如各学堂骤难造就，即遴选各该省刑幕之合格者，拨入学堂，专精斯业。俟考取后，酌量录用，并给予官阶，以资鼓励。总之，国家多一公正之律师，即异日多一习练之承审官也。

草案拟定后，清朝廷发交部院督抚大臣签注。以湖广总督张之洞为首的督抚大臣，以草案违背中国立法之本原加以反对。清廷询督抚之议，该草案遂寝。

三　《法院编制法》

光绪三十二年(1906年)九月，清王朝改革官制。刑部改为法部，专掌司法；大理寺改为大理院，专掌审判。沈家本由刑部左侍郎改任大理院正卿。十月，沈家本上《审判权限厘定办法折》，同时进呈《大理院审判编制法》。仿照日本裁判制度，将全国审判机构分为四级：乡谳局(按：京师为城谳局)、地方审判厅、高等审判厅、大理院。初步确定全国审判实行四级三审制。《大理院审判编制法》共分5节45条。次第为：总纲、大理院、京师高等审判厅、城内外地方审判厅、城谳局。该法实际是大理院和京师审判厅、局的组织法，因第二条规定京师各级审判厅、局由大理院直辖，故名《大理院审判编制法》，具体规定大理院和京师各级审判厅、局的设置和权限。

光绪三十三年八月，沈家本向清廷上《酌拟法院编制法缮单呈览折》，将《法院编制法》草案呈上。该草案分15章140条，"凡机体之设备，审级之制度，官吏之职掌，监督之权限，一一赅载"。这是我国最早的一部全国性的法院组织草案，经宪政编查馆核议修正，改为16章163条(另有附则1条)，于宣统元年十二月颁行。16章次第为：审判衙门通则、初级审判厅、地方审判厅、高等审判厅、大理院、司法年度及分配事务、法庭之开闭及秩序、审判衙门之用语、判断之评议及决议、庭丁、检察厅、推事及检察官之任用、书记官及翻译官、承发吏、法律上之辅助、司法行政之职务及监督权、附则。

四《违警律》

《违警律》由民政部主稿,会同修订法律馆共同制定。光绪三十三年八月,草案告成,由民政部堂官会同沈家本连衔上奏。立法之旨在于防患于细微,导民于科禁,息祸患于未萌,期秩序之共守。本历代之律意,参各国之成法,合现在之情形,拟定总则1章,罚则7章,共44条,另附则2条。总则为施行《违警律》之本,凡所犯之应坐罪与否,及拘留、罚金之等差,并审判之法皆隶之。罚则以保持国家政务公共危害为先,而关于往来通信、秩序、风俗、卫生、财产等皆著之,期于行政者有所依据,奉法者有所遵循,杜奸宄祸乱之萌,防水火疾役之渐,纳之轨物,进于良善。[①] 第二年四月,经宪政编查馆核定,改为10章45条,次第为:总则,国家政务、公共危害、交通、邮电、秩序、风俗、身体、卫生、财产。经清廷允准,颁布施行。

五《大清新刑律》

重刑轻民是中国法律的历史传统。晚清修律虽然引进西方法律,但仍未脱传统的窠臼。《大清新刑律》制订时间之长,争论之大,在某种程度上正是传统影响之结果。

据参加起草该法案之日本法学博士冈田朝太郎称,《大清新刑律》由预备案起算,共历七案。最先之草案,由修订法律

① 《光绪朝东华录》光绪三十三年八月。

馆起草，光绪三十二年春脱稿。是年秋，加派冈田等外国委员，遂全废弃之。此案为预备案，草案虽废，但第一案第二案，均予参照。第一案于光绪三十三年八月脱稿，由修订法律馆上奏。第二案于宣统元年(1909 年)十二月由法部、修订法律馆奏进。此案系部院督抚大臣对第一案进行签注后，法部、修订法律馆依据签注对第一案增损而成，上奏时定名《修正刑律草案》。第三案，宣统二年宪政编查馆核订第二案时，以第一案为基础加以修正而成。第四案，宣统二年冬，宪政编查馆将第三案提交资政院会议，资政院法典股对第三案修改而成。第五案，资政院三读会通过第四案总则，分则未及议毕而资政院闭会，故分则暂从第四案之分则而成者。第六案，宣统二年十二月，清朝廷以上谕裁定第五案之分歧而予颁布者，是为《大清新刑律》钦定本。[①] 前后时间达 6 年之久。

此法案除体例上摒弃传统诸法合体，采用西方各法分立而专注于刑事之一部，并明标总则为全编之纲领，分则为各项之事例外，沈家本等在综核中西之同异，比较新旧之短长后，对旧律做了五个方面的重大改革：

一曰更定刑名。将旧律笞、杖、徒、流、死之名改为死刑、徒刑、拘留、罚金四种，其中徒刑分为无期、有期。无期徒刑惩役终身，以当旧律遣军，有期徒刑三等以上者，以当旧律三流，四等及五等以当旧律五徒。拘留专科轻微之犯，以当旧律笞、杖。罚金性质之重轻，介在有期徒刑与拘留之间，实亦仍用赎金旧律也。

一曰酌减死刑。中国死刑条目较繁，然以实际论之，历年

① 参见《日本冈田博士论刑律草案》。

实决人犯以命盗为最多，况秋审制度详核实缓，倍形慎重，每年实予勾决者，十不逮一，有死罪之名，而无死罪之实，特较东西各国，亦累黍之差尔。兹拟准唐律及国初并各国通例，酌减死罪，其有因囿于中国之风俗，一时难予骤减者，如强盗抢夺、发冢之类，别辑暂行章程，以存其旧。视人民程途进步，一体改从新律。顾或有谓罪重法轻，适足召乱者，不知刑罚与教育互为消长，格免之判，基于道齐，有虞画象，亦足致垂拱之治。况举行警察为之防范，并设监狱为之教养，此弊可无顾虑也。

一曰死刑惟一。旧律死刑以斩、绞分重轻，斩则有断脰之惨故重，绞则身首相属故轻，然二者俱属绝人生命之极刑，谓有重轻者，乃据炯戒之意义言之尔。兹拟死刑仅用绞刑一种，仍于特定之行刑场所密行之。如谋反大逆及谋杀祖父母、父母等等，俱属罪大恶极，仍用斩刑，则别辑专例通行。至开战之地颁布戒严之命令，亦可听临时处分，但此均属例外也。

一曰删除比附。立宪之国，立法、司法、行政三权鼎峙，若许司法者以类似之文致人于罚，是司法而兼立法矣。其弊一。人之严酷慈祥，各随禀赋而异，因律无正条而任其比附，轻重偏畸，转使审判不能统一。其弊又一。兹拟删除此律，于各刑酌定上下之限，凭审判官临时审定，并别设酌量减轻，宥恕减轻各例，以补其缺。虽无比附之条，而援引之时亦不致为定例所缚束。论者谓人情万变，断非科条数百所能赅载者。不知法律之用，简可驭繁，例如谋杀应处死刑，不必问其因奸因盗，如一事一例，恐非立法家逆臆能尽之也。

一曰惩治教育。犯罪之有无责任，俱以年龄为衡。夫刑罚为最后之制裁，丁年以内乃教育之主体，非刑罚之主体。如因犯罪而拘置于监狱，薰染囚人恶习，将来矫正匪易，如责付家族，恐生性桀骜，有非父兄所能教育。且有沈家本贫窭无力教育者，则惩治教育为不可缓也。按惩治教育始行之于德国，管理之法略同监狱，实参以公同学校之名义，一名强迫教育，各国仿之，而英尤励行不懈，颇著成绩。兹拟采用其法，通饬各直省设立惩治场，凡幼年犯罪改用惩治处分拘置场中，视情节之重轻，定年限之长短，以冀渐收感化之效，明刑弼教，盖不外是矣。

第一案分二编 53 章 387 条，后附《律目考》。经历次争论修正，清朝廷钦定颁发之第七案计二编 53 章 411 条，次第为：

总则：法例、不论罪、未遂罪、累犯罪、俱发罪、共犯罪、刑名、宥减、自首、酌减、加减例、缓刑、假释、恩赦、时效、时期计算、文例。共 17 章，88 条。

分则：侵犯皇室罪、内乱罪、外患罪、妨害国交罪、漏泄机务罪、渎职罪、妨害公务罪、妨害选举罪、骚扰罪、逮捕监禁者脱逃罪、藏匿罪人湮没证据罪、伪证及诬告罪、放火决水及防害水利罪、危险物罪、妨害交通罪、妨害秩序罪、伪造货币罪、伪造文书及印文罪、伪造度量衡量罪、亵渎祀典及发掘坟墓罪、鸦片烟罪、赌博罪、奸非及重婚罪、妨害饮料水罪、妨害卫生罪、杀伤罪、堕胎罪、遗弃罪、私滥逮捕监禁罪、略诱及和诱罪、妨害安全信用名誉及秘密罪、盗窃及强盗罪、诈欺取财罪、侵占罪、赃物罪、毁弃损坏罪。共 36 章 323 条，后附《暂行章程》5 条。

六《国籍法》

晚清修律是否制定国籍法，对此学界颇有争议。

《清史稿·刑法志》有："民律、商律、刑事诉讼律、民事诉讼律、国籍法俱编纂告竣，未经核议。"1957 年国务院法制局法制史研究室所注《清史稿刑法志注解》认为：晚清修律并未制定国籍法，仅有《国籍条例》。笔者认为，两说均有所误。

查宣统元年正月二十六日修订法律馆筹备宪政清单，内中开列宣统元年应办事宜，有"拟订国籍条例会同外务部办理"一条。[①] 再查同年十一月二十五日该馆清单，内有："拟订国籍条例，系会同外务部办理，业经宪政编查馆核奏，奉旨颁行。"所开列已办事宜亦明标"拟订国籍条例"[②]。据此颁行者为《国籍条例》。

事实上，法律馆同会外务部编纂尚未上奏前，其名为《国籍法》，上奏时改为《国籍条例》，宪政馆核议和最后颁发亦为《国籍条例》。

光绪三十四年八月一日宪政编查馆九年筹备宪法清单中，均无编纂《国籍法》或《国籍条例》之文。为何在几个月后，急忙要求制定国籍法泥？原来，在光绪三十四年冬，爪哇华侨被荷兰殖民者逼迫入籍。爪哇泗水埠商会会议抵制，全岛华侨商学会电禀清政府农工商部，请求阻止。上海商务总会亦连续电禀农工商部和外务部。因之有是之举。

农工商部收接电禀，即上书清朝廷，请求速定国籍法。法律馆当然明悉此情，故于清单中列入编纂《国籍条例》之文。而清朝廷在农工商部疏请后，亦于二月八日下谕，令修订法律大臣会同外务部迅速编纂国籍法，妥拟具奏。

---

① 《东方杂志》1909 年第 3 期。

② 《大清宣统新法令》第 11 册。

修订法律馆编定尚未上奏之时，其名为《中国国籍法草案》，不分章节，全文共 28 条，另有颁行法 4 条。大概经与外务部会商，定名《国籍条例》。全文分 4 章，颁行法改为施行细则。以固有籍、入籍、出籍、变籍为纲，而独采折衷主义中注重血脉系之办法，定稿上奏。[①] 二月十八日，清朝廷下谕："外务部会同修订法律大臣奏拟国籍条例缮单呈览一折，著宪政编查馆迅速核议具奏。"闰二月初七日，宪政馆核议告竣，上疏陈请颁行。

经宪政馆的增损修改，颁行之《大清国籍条例》，共分 5 章 24 条，次第为：固有籍、入籍、出籍、复籍、附条。《施行细则》10 条。后附（入复）籍呈式、（入复）籍保结式、入籍甘结式、入籍执照式、出籍呈式、出籍甘结式。

七 《大清刑事诉讼律草案》

光绪三十二年编纂之《刑事民事诉讼法》草案，因部院督抚大臣议其窒碍而罢。三十四年后，仿行立宪之需要，诉讼法分刑事、民事重新单独修订。宣统二年十二月，沈家本、俞廉三将草案进呈，采用各国通例，以补中法之未备者厥有八端，其大旨为：

> 一曰诉讼用告劾程式。查诉讼程式有纠问、告劾之别。纠问式者，以审判官为诉讼主体，凡案件不必待人告诉，即由审判官亲自诉追，亲自审判，所谓

① 《东方杂志》1910 年第 2 期。

不告亦理是也。告劾式者,以当事人为诉讼主体,凡诉追由当事人行之,所谓不告不理是也。在昔各国多用纠问式,今则概用告劾式。使审判官超然屹立于原告、被告之外,权衡两至,以听其成,最为得情法之平。

二曰检察提起公诉。犯罪行为与私法上之不法行为有别。不法行为不过害及私人之利益,而犯罪行为无不害及国家之公安,公诉即实行刑罚权以维护国家之公安者也,非如私诉之权仅为私人而设,故提起之权,应专属于代表国家之检察官。

三曰摘发真实。其义有三:一为自由心证。证据之法,中国旧用口供,各国通例,则用众证,众证之优于口供,无待缕述。然证据而以法律豫定,则事实皆凭推测,真实反为所蔽,宜悉凭审判官自由取舍。一为直接审理。凡该案关系之人与物必行直接讯问、调查,不凭他人申报之言辞及文书,辄与断定。一为言辞辩论。于原被两造之言辞辩论而折衷听断,自经辩论之后,于被告之一造,亦可察言观色,以验其情之真伪。

四曰原、被告待遇同等。同等云者非地位相同,指诉讼中关于攻击防御俾以同等便利而言。盖原告之起诉,既为谙习法律之检察官,若被告系无学识经验之人,何能与之对待,故特许被告人用辩护人及辅佐人,并为搜集有利证据,与以最终辩论之权,庶两造势力不至有所盈朒。

五曰审判公开。此本为宪政国之第一要件。盖

> 公开法庭，许无关系之人傍听，具瞻所在，直道自彰，并可杜吏员营私玩法诸弊。
>
> 六曰当事人无处分权。
>
> 七曰用干涉主义。民事诉讼当事人有处分权，审判官不得干涉。至刑事诉讼当事人无处分权，审判官因断定其罪之有无应干涉调查一切必要事宜，而不为当事人之辩论所拘束。
>
> 八曰三审制度。

草案凡六编 14 章 515 条。次第为：总则：审判衙门，当事人，诉讼行为；第一审：公诉、公判；上诉：通则、控告、上告、抗告；再理：再诉、再审、非常上告；特别诉讼程序：大理院特别权限之诉讼程序、感化教育及监禁处分程序；裁判之执行。

按宣统二年十二月宪政编查馆修正逐年筹备事宜清单，刑事诉讼律应当在宣统三年颁布。因辛亥革命爆发，清朝灭亡，故未核议颁布。

八 《大清民事诉讼律草案》

《大清民事诉讼律草案》亦于宣统二年十二月编纂告竣进呈清朝廷。沈家本、俞廉三将其纲要归纳为四端：

> 官署审判民事，首重权限，称之为审判权。其官署组织属诸内部者，谓之编制；属诸外部者，厥有管辖。其职员资格，亦有二种：一任用资格，如考选录

用等事是也；一奉职资格，如回避拒却等事是也。审判权及内部组织任用资格，及制度之事，法院编制法定之。至外部组织及奉职资格，及职务之事，民事诉讼律定之。依类相从，区划明析，而权限轇轕之弊一清，此关于审判衙门之宜规定者一也。

民事诉讼非俟人民起诉不能成立。既有起诉人，则必有相对人。起诉人一曰原告。相对人一曰被告，其受委任而从事诉讼者有诉讼代理人，其偕同而就审判者则有诉讼辅佐人。命名既殊，地位各异，惟讼廷责无旁贷，案牍绝少牵连。庶两造有平等之观，而局外免波及之虑。至诉讼费用，必有所归，或预为征收，或事后交纳，亦关系于当事人权利义务者也。此关于当事人之宜规定者二也。

诉讼既与程序迭进，以主义言之，则有言词审理、书状审理、直接审理、间接审理诸名目；以阶级言之，则有第一审、上诉审、再审之区别。学说既更仆难终，层析亦繁复易紊。折衷取舍，允贵周祥。又若各审有公用之法，则自书状、送达、以迄诉讼记录，理属一贯，义主兼赅，必有共同之规，乃无浩翰之虑。又若各审之进行方法，自起诉以迄裁判，必须有法定之准绳，乃能杜民情之诡辨。此关于通常程序之宜规定者三也。

通常诉讼，确当为先，简速次之。然遇有一种诉讼，最贵敏速，一或濡滞，受损实多。若必尽依通常办法，于保护人民之道既偏而不全，则于国家法令之尊或疑而不信。各国民事诉讼律于督促程序、证书诉讼、保全诉讼，皆另定办法，务求简捷，俾免贻误。此外如权利状态不能确定，则有公示催告程序，婚姻亲子，事关公益，不能不予法官以干涉之权，则有人事诉讼。凡此之属，皆必设特别办法乃能推行尽利。此关于特别程序之宜规定者四也。

草案共四编21章800条，次第为：审判衙门：事物管辖、土地管辖、指定管辖、合意管辖、审判衙门职员之回避拒却及引避；当事人：能力、多数当事人、诉讼代理人、诉讼辅佐人、诉讼费用、诉讼担保、诉讼救助；通常诉讼程序：总则、地方审判厅之第一审诉讼程序、初级审判厅之诉讼程序、上诉程序、再审程序；特别诉讼程序：督促程序、证书程序、保全程序、公示催告程序、人事诉讼。

此法案与刑诉草案命运相同。

九 《大清民律草案》

民法典之起草，早在光绪三十三年即已着手进行。光绪三十四年宪政编查馆九年筹备宪政事宜清单规定，从第一年（光绪三十四年）起，由修订法律馆编订民、商、刑诉、民诉诸法典，第四年宪政编查馆加以核订，第六年颁布，第八年实行。宣统继位后，筹备年限缩短，民法等规定应在宣统三年颁布，宣统四年实行。本此精神，沈家本、俞廉三督饬馆员加快起草，特聘日本大审院判事法学士松冈义正协助，选派馆员分赴各省采访民俗习惯。依据调查所得之资料，参照德国、瑞士、日本等国民法，斟酌各省报告之表册，于宣统二年冬，将全部草案编纂成书。宣统三年九月，由俞廉三等奏呈（时沈家本已辞去修订法律大臣之职）。俞氏等奏呈时，将编辑大旨列为四端：

一、注重世界最普通之法则。

二、原本后出最精之法理。

三、求最适于中国民情之法则。

四、期于改进上最有利益之法则。

全书分总则、债权、物权、亲属、继承五编，37 章。因亲属、继承二编需会商礼学馆，故当时俞氏等仅将总则、债权、物权三编，计 1316 条，定名《大清民律草案》，奏呈清朝廷。[①] 上奏之日，武昌辛亥起义枪声已响，清王朝旋即灭亡。因之，该草案既未经宪政馆核订，亦未颁布。

十 《大清现行刑律》之编定

清光绪三十四年，《大清新刑律》草案已拟订完毕，上奏交各省签注。但是新刑律乃实行宪政之法，正式立宪又规定在九年以后。在新律未行，旧律不适于用，实行宪政前又须有章可循之时，沈家本认为，"旧律之删定，万难再缓"。建议踵续因官制改革人员调动而停止之《大清律例》的改造，完成修改、修并、移并、续纂等项工作，以竟前功，并拟定四条办法：

一、删除总目。

二、厘正刑名。

---

① 《清末筹备立宪档案史料 · 法律和司法》下册，中华书局 1979 年版，第 912—913 页。

三、节取新章。

四、简易例文。

经过一年多的工件，宣统元年八月《现行刑律》初稿编订告竣。沈家本、俞廉三联衔上疏，呈进清单，共计编定律文414条，例文1066条(按：同治九年修订后的《大清律例》，计律文436条，例文1892条)。经宪政编查馆核议，又勘正260条。勘正后的《现行刑律》，在缮写黄册定本过程中，因《法院编制法》颁布、秋审制度亦变通，又按照这两个新章程更正原有条文，修改57条，删除10条。经过几次反复修正，最后定本：律文389条，例文1327条，附《禁烟条例》12条，《秋审条例》165条。卷首除奏疏外有律目、服制图、服制。定名为《大清现行刑律》。主文删除六目之后，分为三十门，次第为：名例、职制、公式、户役、田宅、婚姻、仓库、课程、钱债、市廛、祭祀、礼制、宫卫、军政、关津、邮驿、盗贼、人命、斗殴、骂詈、诉讼、受赃、诈伪、犯奸、杂犯、捕亡、断狱、营造、河防。其中户役内之承继、分产，以及婚姻、田宅、钱债等条中，纯属民事者，不再科刑。①

《大清现行刑律》集晚清旧律改革之大成，被一些学者视为封建法律中最进步的一部法典。

晚清修律，为数甚巨，以上仅就主要法律法典而述其崖略。其余诸法，非本处所可括，故不赘述。

① 《大清现行刑律》(钦定)卷前奏疏。

尾声　退出政坛，斗室蠖居

清末修律是中国法由古代到近代的分水岭。它是在沈家本等人的主持下，以收回领事裁判权为契机，以救亡图存为目的，在农业经济仍占主导地位的状态下，移植模范工商社会的西方法，来完成中国法由传统到现代的转化。移植的新法与传统社会断裂而产生的思想冲突，不能不反映到立法的过程中。晚清立法中的各种争论正是这种思想冲突的表现。而在所有这些争论中，围绕《刑事民事诉讼法》和《大清新刑律》而名之为"礼法之争"的论争最为激烈。

《大清新刑律》颁布后，礼法矛盾并未解决。礼法冲突甚至超越观念上的门户之分，而进行政治上的攻击。沈家本作为法派领袖，首当其冲，遭到礼派的弹劾。险恶的政局，终于使疾病缠身的老翁决定退出是非漩涡，提出辞呈。宣统三年(1911 年)二月二十二日，清廷下谕，免去他的资政院副总裁和修订法律大臣的职务，从而结束了他的法律改革生涯。

同年四月十日，奕劻内阁成立。沈家本法部右侍郎一职亦随内阁的成立而自行去职。八月十日武昌起义爆发，九月十一日，清廷解散奕劻的“皇族内阁”，十九日任命袁世凯组阁。二十六日袁记“责任内阁”成立，闲处几个月的沈家本入阁充任司法大臣。十二月二十五日，南北和议告成后，清廷隆裕太后协同清幼帝溥仪，在紫禁城乾清宫颁布退位诏书。沈家本以司法大臣身份，参加了末代王朝同时也是两千多年封建王朝的最后一次典礼。他一生向皇家跪地磕头，最后以三鞠躬告别这末代王朝。

清帝退位，他脱下清朝大臣的袍服，但仍是袁世凯政府的法部龙头。而早在南京临时政府成立之时，南方政府就有请他出任司法总长之议。

南北统一后，依据临时约法，袁世凯电南京，以唐绍仪为国务总理，提交参议院同意后任命。二月十一日、十七日，分别任命王宠惠、徐谦任司法总、次长。三月二十一、二十二两日，他将法部事务交代；三月二十四日，王宠惠、徐谦到金井胡同枕碧楼拜会沈氏。他终于在 73 岁高龄退出政界。四月五日最后将京师法律学堂事务交代。①

不久，唐绍仪辞职，经参议院公举，陆征祥出任总理。陆征祥组阁过程中，沈氏出山复长司法之议重起，而他托言赴西山养病，最后荐许世英自代，他只接受了“总统法律顾问状”，挂一个法律顾问的虚衔。陆内阁采纳他的意见，任命许世英

---

① 京师法律学堂是适应法律改革需要而创立的新式法律教育机构，在中国近代法律教育史上占有重要地位。沈氏是其发起者和主持者。

为司法总长。

他避开尘世，在枕碧楼小园中，与春桃秋菊、夏荷冬梅为伴，以楼中千卷书籍为乐。衰病老翁能够离开官场，但是不能离开他心爱的典籍："自正月无事以来，纂《汉律摭遗》二十二卷，今日方毕事。然其中尚未备，著述不易言也。"①

写完《汉律摭遗》，老翁并未停笔。八月，《法学会杂志》复刊，他又欣然命笔为之作序。② 十月，颈项疼痛，项后发现筋疙瘩。但是，他仍不辍笔，取出珍藏的《刑统赋疏》，一页页，一字字地校对。以后，又是《说文引经异同》、《河南集》、《河汾旅话》、《文选书目》，一册又一册，一函又一函。垂暮老翁，有如春蚕吐丝，力图将它们最后一根细丝留给这个世界。

春天将过，《枕碧楼丛书》终于整理完毕。他想继续写下去，整理下去，把平生所积献给后人，为异日中国法学的昌明再尽心力。可是天不假年，在传统的端阳之节（1913 年 6 月 9 日），他在枕碧楼溘然长逝。

噩耗传出，法界同悲。根据临时大总统袁世凯的命令，国务院拨给抚恤费一千元。此外，袁世凯还派遣自己的侍卫武官到沈家本灵前致祭。

7 月 13 日，北京法学界发起召开追悼会，约 200 人云集湖广会馆。适在北京，亦往致唁。追悼会由江庸主持，司法总长许世英、大理院长章宗祥讲话。章宗祥追述了沈氏的一生，特别是其就任修订法律大臣以后的业绩。

---

① 《日记》壬子六月二十九日记。

② 《法学会杂志》为北京法学会所办，北京法学会是中国近代第一个全国性的法学学术团体，它于宣统二年十一月成立，沈氏被公推为首任会长。

是年秋冬，袁世凯下令，在司法部衙门为沈家本立碑，以示纪念。

1914 年，沈家本子孙将其灵柩运回浙江，葬于吴兴县[1]之渡善桥。袁世凯为其墓题词：

法学匡时为国重
高名垂后以书传

① 民国后，归安、乌程两县合并为吴兴县。

下编　沈家本法律思想评述

第八章　沈家本“会通中西”的法律观

1913年7月13日，积雨初晴，京师湖广会馆，一代法学名家沈寄簃先生的追悼大会就在此时此地召开。花圈、诔词上写着：“先生精研法学，沟通中外，著述之富，髦期不倦，培植后进，成就尤多，觥觥巨行，举世所仰。”“纂修法典，熔铸东西。”“不为古囿，不畏俗嗤。”“法家泰斗，非公而谁。”①

挽联之一：

任支那法系于一身合周汉唐元明以迄清朝酌古准今岂徒考据词章融通国粹。

识世界大同之主义参英美法德日而成新律治内安外宜乎环瀛裨海洋溢声名。

① 《沈家本志哀》

沟通中外法学，融会中西法律，在中国法律发展史上承先启后，将古老的中华法系推向近代。这是几乎所有祭文、诔词和挽联的着墨之点。也可以说，这是当时京师乃至全国司法界和法学界对这位“法家泰斗”一生业绩的盖棺定论。这不是溢美之词，稍后的杨鸿烈先生，对这个定论体会尤深。他在撰写《中国法律思想史》和《中国法律发达史》时，反复肯定沈家本沟通中西法律的功绩。[①] 纵观沈氏逝后法学界对他的诸般议论，杨先生之论，可以说代表了清末以来法学界的普遍见解。

一 沈家本法律思想研究的出发点

向西方国家寻求真理，这是自 1840 年鸦片战争以后一切先进的中国人所走过的共同道路。这条道路，梁任公先生曾经用“器物——制度——文化”来描述。甲午战前、或者说戊戌变法前，因感西方的器物比中国先进，故学习的重点在器物。甲午以后，因感制度的学习远比器物重要，故而学习的重点转入引进西方的社会政治法律制度。“五四”前后，因感文化落后才是造成中国落后的根本原因，因之学习的重点转入引进西方文化。沈家本辗转清朝封建官场近半个世纪，虽然早年即“以律鸣于时”[②]，但是他一生最大的业绩、最为世人所

① 杨先生在他的著作中反复说：“沈氏是深了解中国法系且明白欧美日本法律的一个近代大法学家，中国法系全在他手里承先启后，并且又是媒介东西方几大法系成为眷属的一个冰人。”又云：“有清一代最伟大的法律专家不能不推沈家本了。他是集中国法系大成的一人，且深懂大陆英美法系，能取人之长补我之短。”

② 王式通：《吴兴沈公子惇墓志铭》。

称道者，实为晚年担任清王朝的修订法律大臣、主持清王朝法律改革的最后10年。而这个时期，正是中国学习西方社会制度的极盛时期。“百熙管学务，沈家本修法律，并邀时誉”①，在中西学说互为水火的20世纪初年，法律能与学务并列而独邀时誉，显然与主持修律者个人的识见，能较好地处理中西制度的矛盾和冲突，使新旧双方都能大体上接受新制度有着密切的关系。

研究一位思想家的思想，搞清楚他的思想的出发点，是十分重要的，对沈家本的研究同样如此。我们知道，沈氏在主持晚清的法律改革中，对旧律进行了大刀阔斧的改造，同时又引进大量的西方法律，是融会中西法学的“冰人”、中国法制现代化的先行者。那么，形成这种思想的原因是什么呢？换句话说，沈氏思想的出发点是什么呢？是以爱国、治国为目的的“法律救国”论！

近代中国，是民族矛盾、阶级矛盾极为尖锐的时代。而就民族矛盾而言，它已不是历史上诸如魏晋南北朝、宋辽金元、明清之际等时代汉族与少数民族的矛盾，而是统一的华夏各民族与西方列强之间的矛盾，是保国保种与亡国亡种之间的矛盾。这一矛盾，困扰着除少数汉奸卖国贼之外的所有中国人。抵御、反抗外来侵略，保国保种，救亡图存，成了所有中国人的共同目标。这是近代中国社会悲壮激越的救国旋律，它激动了所有的阶级和阶层，形成一股波涛汹涌的近代思潮。

在这爱国救国的大合唱中，中国社会各阶级、阶层以至每个人，根据社会和自身的条件，选择不同的救国方法：或者武

① 《清史稿·列传》卷230，百熙指张百熙，时为学务大臣。

力抗击侵略，杀敌疆场，慷慨悲歌，以死报国；或者伏阙上书，指陈时弊，奔走呼号，宣传维新，试图变革专制制度，使中国由弱而强，抵御外敌；或者联络同志，唤起民众，揭竿而起，推倒专制统治，建设民主共和国家，与列强相抗；或者兴建实业，钻研科学，推广教育，培植国基，与列强对峙。这种种方法，条条道路，沈家本均未选取。社会历史以及自身条件所赋予他的是通过对旧法制的改造，使之适应变化了的新的世局，进而使新的世局、新的社会得到治理，国家由此从弱变强，消除国耻，与世界先进国家齐头并进。换句话说，他走的是法律救国，或法律治国的道路。

这种选择，显然没有沙场英雄那样的慷慨悲壮，也没有维新志士和封建叛逆者们那种叱咤风云的气魄。但是，它与封建顽固派们的空喊救国，盲目排外，把排外视为爱国，却有天渊之别。沈家本痛恨外来侵略者。他是近代史上侵略军两次践踏北京的目击者、见证人和受害者。对侵略军的野蛮残暴，他有亲身的体验，有着切肤之痛。特别是在保定任上，作为一个主权国家的地方重要官员，在自己的管辖地被侵略军押拘，生死系于一线。[①] 按照他的这种经历，完全可能因国耻家仇而成为狂热的排外主义者。然而，事实上他并未如此。"痛定还思痛，须寻国手医"[②]，刚刚脱离侵略军虎口，他就清醒意识到，在"强邻尽虎狼"的年代，单纯的复仇，单纯的排外，不能达

① 关于保定教案与沈家本在义和团起义之后在保定的经历，详见李贵连《保定教案与沈家本被拘考》，见拙著《近代中国法制与法学》，北京大学出版社2002年版，第451—477页。

② 沈家本：《枕碧楼偶存稿·稿十一》。

到驱逐侵略者的目的。要救国，首要的是医治这个已经千疮百孔的国家。只有治理好国家，使国家摆脱贫穷落后，一步步富强起来，才能与西方列强相抗衡。而要治理中国，就不能不学习西方列强的强国经验。

选择法律作为自己的救国武器，是社会和他个人的经历的必然结果，是近代中国社会这一特殊时代对他的选择。

我们知道沈家本生于第一次鸦片战争爆发的 1840 年。这是民族危机极为严重的年代。近代史上的几次重大的丧权辱国的战争，诸如第二次鸦片战争、中法战争、中日战争、八国联军战争等等，都为他的耳目所及。围绕这些战争，他不但在日记中详予记录，而且写了很多记事诗。这些诗和记录，或者鞭挞侵略者的野蛮残暴，或者谴责清朝将帅的无能、军队的腐败，或者抒发自己投身救国治国的愿望。淋漓尽致地表达了他的忧国忧民之心。不宁惟是，在《岳忠武恢复论》和《曲端论》等考论文章中，他还力驳“瞀儒”们对岳飞恢复山河的攻击，痛斥赵构的偏安，秦桧的卖国，痛惜南宋将领的相互猜忌而坐失良机。这些考论，显然不是为古而古，空发议论；而是中国士大夫所共有的那种“忠君爱国”、“先天下之忧而忧”、“天下兴亡，匹夫有责”等传统思想，在近代这一特定环境和沈家本这一特定人物身上的具体反映。也就是说，沈家本身上具备中国传统知识分子所具有的爱国救国思想。

我曾经在《清季法律改革与领事裁判权》一文中，对两次北京沦陷给沈家本思想所造成的影响做过这样的叙述：“沈家本是一个忧国忧民，具有民族自尊心和爱国心的封建开明官僚。他生活在中华民族遭受列强侵略欺凌的年代。神州的陆沉，民族的灾难，经常使他寝食不安。1860 年，他刚二十岁，就在北京目睹英法联军火烧圆明园的暴行”，亲笔记录了侵略者的罪恶，并激起投笔从戎，请缨杀敌之念。“四十年后北京再次遭受侵略军的洗劫。其时他任咫尺之近的保定知府，对北京的陷落痛彻心骨。”在侵略军占领保定以后，“不但府署被抄，府库被劫，最后自身也未能幸免，被侵略者拘押，身陷囹圄数月并险遭不测。国家破亡的惨景、囚徒的耻辱，使他悲愤欲绝”。国耻家仇，铭心刻骨。[①] 这种刺激，对他的爱国思想的形成有着重大影响。

民族自尊心和爱国心，是传统士大夫思想的共同特点。前面的保定被拘所形成的思想也不能作为沈家本所独有的思想特点，还不能形成沈家本这种独特的法律救国思想。因为近代史上有着这类似经历者，不乏其人。促成沈家本做出这种选择的还有第三个方面的原因，那就是他一生的治律经历和司法实践，以及在这种经历和实践中，比时人更宽阔的视野。三个方面结合，最终使他走上法律救国的道路。

沈家本从青年时期即入清朝刑部学律，并“以律鸣于时”，这是尽人皆知的事实，无须多赘。同光间的刑部由法律专家主政当家。[②] 特别是薛允升、赵舒翘这样的法律学家，旧律功底与沈家本一样深厚，他们交谊亦非一般朋友可比。但是，考查他们的著述和行状，即可发现，沈家本早在任职刑部司员期间即注意、留心对外交涉，而薛、赵在这个方面则似乎全是空白。现存的沈家本未刊著作《刑案汇览三编》，最后部分《中外

---

① 见《中外法学》1990 年第 4 期。

② 参见拙文《专家与当家》，《政法丛刊》1988 年第 5 期。

交涉刑案》,是迄今所见19世纪绝无仅有的中外交涉案件的汇编。这说明,他比同时期的法学家都更重视对中外交涉案件进行总结。这样做的目的很明显,就是为以后的司法、立法积累资料,提供经验。也正是因为他有这种资料和经验积累,所以,在办理保定北关外法国教堂案时,他才敢于和法国教士杜保禄当面辩论,使“杜保禄无言而退”,挫败了侵略者的阴谋。[①]

总之,沈家本在治律中,比同时代法学家的视野要宽,考虑的问题要深。在研读旧律的同时,早就究心对外的法律问题。他的“法律救国”思想种根于此。

奉命修律以后,这种思想就更明显了。沈家本非常称誉春秋时期郑国子产铸刑书“救世”之苦心,“国小邻强交有道,此人端为救时来”[②]。效法子产,在“国弱邻强”的时代,负起修律救时的重任。由于他的“法律救国”,以采用西法改造旧法为归指,所以,这个时期他的大量奏疏、论说、序跋等等,处处强调取人之长,补己之短,采西法之善,去中法之弊,[③]不厌其烦地反复阐述治理国家,必须使法律随乎世运递迁而损益变化的道理。西方通过革新法典,得以改革其政治,保安其人民而日益强盛;中国介于列强之间,迫于交通之势,更是万难守旧,不能不改。直至老病侵寻,键户静养,卧床不起的弥留

① 沈家本:戊戌年《日记》。

② 《枕碧楼偶存稿·稿十一》

③ 沈家本这方面的论述很多,如《裁判访问录序》:“我法之不善者当去之,当去而不去,是之为悖;彼法之善者当取之,当取而不取,是之为愚”。《政法类典序》:“方今中国,屡经变故,百事艰难,有志之士,当讨究治道之原,旁考各国制度,观其会通,庶几采撷精华,稍有补于当世。”如此等等,不一而足。

之际，仍念念不忘毕生之志，撰文祝愿“中国法学昌明，政治之改革，人民之治安，胥赖于是，必不让东西各国竞诩文明”①。字字句句，都渗透了这位法学先驱的报效祖国之情和以法治国，以法强国的理想。

在《沈家本年谱初编》中，笔者曾经说过：“沈家本一生不以利禄为念，为了中国的兴盛而致力于法律之学。他有较深的法律救国观念。这种观念，显然不切实际，不能挽救中国的危亡，更不能使中国真正兴盛起来。”在《清季法律改革与领事裁判权》中，笔者进一步认为：“近代中国，‘科学救国’、‘教育救国’、‘实业救国’等等企图超越现实政治斗争的救国论，在各个不同历史时期，都曾喧腾过一时。沈家本的‘法律救国’属于这个范畴。历史早已证明，不扫除国内政治上的腐朽势力，各式各样的救国论都无法挽救中国的危亡。但是，这些救国论及其实行者的活动，促进了中国社会的进步，这是应该肯定的。沈家本的‘法律救国’论的命运同样如此。尽管他在修律中，鲜谈政治，避开政治斗争，但是，政治却找上了他。”“离开政治变革，法律不可能救国，也不可能治国、强国。”“但是，与其他救国论者一样，他所主持的法律改革促进了中国社会的进步，同样也是不容置疑的事实。”为了救国治国，沈家本把一生精力，全部才智倾注在融合中西法律之中。“研经治律几能兼，硕果秋官见此髯。”②他的法律救国之举，可以说是一幕历史的悲喜剧。

---

① 《法学会杂志序》，《历代刑法考》（四），第 2245 页。

② 陈宝琛题沈家本道像诗。

二　沈家本的中西法律观

（一）究其真是，何旧何新①

在晚清的立法活动中，修律大臣屡有变易。诸大臣中，惟沈家本基本上始终其事。对晚清立法影响之深，作用之大，莫有能过之者。因此，他的识见，特别是他对中西法律的识见，左右着晚清新法的优劣。

不管从官僚家庭出身还是从幼年便已接受传统文化的熏陶去分析，作为清王朝的修订法律大臣，沈家本都不可能，也不会完全离开清王朝根据三纲五常的原则制定法律的指导思想。② 但是，他受命修订法律之日，时代毕竟进入了20世纪。对于一个痛惜山河破碎，期望民族兴盛，国家富强，开明爱国而以精通西方法律的封建官僚来说，他虽然必须执行清朝廷

① 在中国近代，新指学习西方而产生的新思想，旧指固有的传统思想。新与旧的矛盾，实质就是西学与中学的矛盾。

② 清朝廷修订法律的指导思想前后有所变化。光绪二十八年简派沈家本、伍廷芳修订法律时，因庚子国变，故要求“将一切现行律例，按照交涉情形，参酌各国法律，悉心考订，妥为拟议，务期中外通行，有裨治理”。所谓交涉情形，指当时正在与各国谈判签订通商行船条约。经交涉，清政府与美、英、日、葡等国商定，清朝的法律改革后，他们即放弃在华领事裁判权（当时又称治外法权）。因此，这时清朝廷向世人所宣告的法律改革，乃是与各西国改同一律。光绪二十三年重新任命修订法律大臣的谕旨，这一宗旨已有所变化，在参考各国成法之前，加上了必须“体察中国礼教民情”一句。宣统元年的修律谕旨则明确规定三纲五常为修律宗旨。

的立法修律宗旨,但是又不可能不把自己的治国救国强国的识见注入新律,并以自己的识见去理解、执行朝廷的修律宗旨。

对新学旧学(或西学中学),沈家本有一个总体认识,即新旧各有其是,学者不应以新旧之名而立门户。他反对新旧互相倾轧,并认定在挽救国家危亡的总目标下,新旧界线必将自行融化。“方今学之大势,分为二派,守旧图新,各执其是,分驰并骛,时相倾轧。世方以为患,而非患也。旧有旧之是,新有新之是,究其真是,何旧何新?守旧者思以学济天下之变,非得真是,变安能济也?图新者思以学定天下之局,非得真是,局可定也。世运推演,真是必出,倾轧者方将融化矣,故曰非患也。”[①]在法学领域里,他赞誉西方法律法治,但是反对无视中华法系全部抛弃传统的主张。“今者法治之说,洋溢乎四表,方兴未艾。朝廷设馆,编纂法学诸书,将改弦而更张之矣,乃世之学者,新旧纷挐,各分门户,何哉?夫吾国旧学,自成法系,精微之处,仁至义尽,新学要旨,已在包涵之内,乌可弁髦等视,不复研求。新学往往从旧学推演而出,事变愈多,法理愈密,然大要总不外情理二字。无论旧学新学,不能舍情理而别为法也。所贵融会而贯通之,保守经常,革除弊俗,旧不俱废,新亦当参,但期推行尽利,正未可持门户之见也。”[②]

“但期推行尽利”道出了他研求新旧学说的目的。这种态度,最终构成他“折衷各国大同之良规,兼采近世最新之

① 《浙江留京同学录序》。
② 《法学名著序》,《历代刑法考》(四),第 2240 页。

学说，而仍不戾乎我国历世相沿之礼教民情”[1]的修律宗旨。这一宗旨，集中体现了他融会中西法理，贯通古今学说，以制定最新最善之法，治理中国，挽救危亡的思想。可以说，这种思想，是他直至垂暮之年仍孜孜不倦地探究中西法律的精神支柱。

大同良规、最新学说和礼教民情，这三者在沈家本的思想中，是一个完整的统一体。即要救国治国强国，中国法律就必须世界化，就必须与先进国家“齐一法制”，因而就必须采用世界各国的法制和最新学说。但是，“人之情伪，五洲攸殊”[2]，中国的礼教风俗不但不同欧美，即日本为同洲之国亦不能尽同。因此，西法西学学理虽新，并不能完全反映中国的民情物理。换句话说，西方的良法新理不一定都能符合中国的国情。所以，他在修律中，既反对盲目崇尚西法，又反对墨守成规；既反对借西法以炫世，又反对鄙薄西人；既反对亦步亦趋全盘西化，又反对事事不取、一概排斥西法。“我法之不善者当去之，当去而不去，是之为悖。彼法之善者当取之，当取而不取，是之为愚。”[3]他反对做狂悖之人，也反对做愚蠢之人。这就是他对中西法学的根本态度，或者说对传统法文化和外来法文化的根本态度。

怎样区别中西法律中何者为“善”，何者为“不善”，因而决定自己的“去”“取”呢？或者简单地说，怎样才能辨别中西法律中的“善”与“不善”呢？为此，他向法学界发出“深究其源，

---

① 沈家本：《进呈刑律分则草案折》，《大清光绪新法令》。

② 《刑案汇览三编序》，《历代刑法考》(四)，第 2225 页。

③ 《裁判访问录序》，《历代刑法考》(四)，第 2236 页。

精心其理”的倡议。[①] 希望学者认真讨究古今中外法律之本源，明其法理，寻出“真是”：

> 夫古法之不同于今而不行于今，非必古不若今，或且古胜于今。而今之人习乎今之法，一言古而反以为泥古，并古胜于今者而亦议之。谓古法之皆可行于今，诚未为然。谓古法皆不可行于今，又岂其然。西之于中，亦犹是耳。值事穷则变之时，而仍有积重难返之势，不究其法之宗旨何如，经验何如，崇尚者或拘乎其墟，而鄙薄者终狃于其故。然则欲究其宗旨何如，经验何如，舍考察亦奚由哉。[②]

总之，古今中外之法，皆有其“是”，关键在明其宗旨和经验。而要明其宗旨经验，惟一的一条路就是下苦功认真考察研究。这样就能知道孰者为“善”，孰者为“不善”，最后决定其去取。

沈家本这样倡导，自己也这样身体力行。而就清末的修律活动而言，他确实贯彻了这一主张。如民法典的制定，当时法国民法典和德国民法典都是世界上公认的最著名的法典。但是，德国民法典晚法国民法典近一个世纪。由于德国民法典吸收了法国民法典的立法经验，随时损益，又增加了不少适应新时局的条文，因此德国民法典被公认优于法国民法典。法律馆翻译了这两部法典，通过比较对照，最后大清民律草案

---

① 《重刻唐律疏议序》，《历代刑法考》（四），第 2207 页。

② 《裁判访问录序》，《历代刑法考》（四），第 2236 页。

主要采用德国民法典。虽然这是采良规取新说思想指导的结果。同时也说明，他们对中外法律的研求，确实下过一番功夫。对世界法律发展的趋势颇有识见。然而，他们也不是对所有的新学说都采取。例如废止死刑之说，当时喧腾于欧美各洲，一些国家并付诸立法，取消死刑。对这种新说，他并不盲目采用。他论之道：“欲废死刑，先谋教养，教养普而人民之道德日进，则犯法者自日见其少。而死刑可以不用。”小国教养易行，可以废止。“若疆域稍广之国，教养之事安能尽美尽善。犯死罪而概宽贷之，适长厥奸心，而日习于为恶，其所患滋大。”①中国幅员辽阔，人口众多，显然不合国情，故不能采用。但是，该取的良法，哪怕国内有很大的阻力，他也要想方设法取过来。废除“比附援引”，采用“罪刑法定”，即为其例。比附援引在中国相沿既久，当时“议欲废之，难者蜂起”。但是，他认定比附援引使“法令不一，冤滥滋多”，特别痛感文字狱因文字之故，律无正条而援引大逆律“与真正大逆同科”。致使“儒林蹙额，乡里寒心，赴市者惨及贤才，遣戍者祸连妇孺”②。西方“罪刑法定”与此相反，因律有明文，既可使民知何者应为，何者不应为，而不蹈法网；又可使审判官因此而不易上下其手，恣意出入人罪。较其得失，他因此而力排众议，坚持主张采用西方的“罪刑法定”，废除这种野蛮落后的制度。

总之，求本原，探法理，消门户，究真是，取其善，去不善，是沈家本对待古今中外法律的根本态度。理论上这样提倡，实践中这样贯彻。他主持修律能邀时誉，其原因皆在于此。

---

① 《死刑之数》，《历代刑法考》(三)，第 1249—1250 页。

② 《明律目笺一》，《历代刑法考》(四)，第 1817 页。

（二）中西法律，同异参半

沈家本一生治律，其对旧律之精深，自薛氏允升逝后，可以说无有能过之者。正是由于有极其精深的旧律基底，才使他能得心应手、大刀阔斧地革除旧律中的落后部分。这些革除，包括对枭首、凌迟、戮尸、缘坐、刺字以及刑讯等的废除，也包括对刑名以及对民族异法、男女异法、贵贱异法等的改革，包含一定民主成分。这些在今天看来似乎并不怎么样，有些还很不彻底。而在当时，不仅十分困难，而且颇为危险。例如奴婢律例的删除，即遭王公贵族们的极力反对，最后他虽未被加罪，改革方案短期搁浅在所难免。新刑律的制定更是充满危险。他因与守旧官僚意见相忤，险进大狱。可想困难和阻力之大。他在主持修律采用西法改造中法的过程中，一再强调："方今五洲交通，大非闭关自守之时"，中国既不能与世界相抗，改革也不能行之过速。否则，骤欲将新法"施行遍国中，先多沮滞，惟以渐进为主义，庶众论不至纷拏，而新法可以决定，亦事之次序本当如是，非依违也"[①]。这反映了他对官僚们的思想十分清晰，也道出了他主持改革法律的酸甜苦辣。

旧律应删应废者虽然如是之多，但是，中华法系毕竟是古老的东方文明。而就他本人而论，服膺旧律近 40 年，[②]并以精熟旧律鸣于时。因此，他不会也不可能全盘否定传统，否定

① 《死刑惟一说》，《历代刑法考》(四)，第 2101 页。

② 沈家本 1864 年进刑部，1893 年出任天津知府，1902 年出任修订法律大臣，前后近 40 年。

固有的法律。相反他是最早提出中国法律在世界上自成法系者之一，强调立法要研究旧律，要求学者深求古今异同之源，讲明世轻世重之故。指出中国法系中虽有糟粕，但精微之处，仁至义尽，西学要旨俱包涵其内。只不过因势要寡识的立法者定法骫法，①法立而不守，以致古义无人推究而湮没罢了。更由于名公臣卿，将法律典籍视为无足轻重之书，轻以摒弃，致使后人无法考查。②

为探讨中律本原，沈家本对中国法律旧籍的搜求几乎到了如醉如狂的地步。早在任职刑部司员期间，他即与友人一起重刻《唐律疏议》。主持修律以后，更以搜求考订刊刻旧籍为职志。官府之藏，民间之秘，国内之本，国外之版，梨枣所刊，手抄所传，苟闻其下落之所，必千方百计到手一睹为快，并克服经费困难将其刊印。《沈寄簃先生遗书》中的不少“序”和“跋”，即为搜求考订刊刻的古籍而作。与此同时，他自己长年累月，爬罗剔抉，伏案挥毫，写出《历代刑法考》、《汉律摭遗》等鸿篇巨著。他对我国古代法律所做的这些工作，在中国法律史上称得上前无古人。他的工作既为以后中国法律史的研究开拓了道路，也为后人留下了宝贵的精神财富。

通过考订研求，比较对照中西法律，沈家本得出结论说：中西法律，“同异参半”③，西方法律的大要大旨，中律尽已包

① 骫，古“委”字，“曲”也。“骫法”即“曲法”。

② 沈家本的《书四库全书提要政书类后》一文，对清代纪昀主持编纂四库全书时摒弃法律书籍的论点和做法，提出严厉批评。

③ 《大清律例讲义序》，《历代刑法考》(四)，第 2233 页。

涵。并列举大量事例，以证中律的博大精深。

他考察远古唐虞之法，指出：

> 《舜典》所记刑制，颇称完备。《国语》："展禽曰：尧能单均刑法以仪民"。疑舜之刑制当日亦曾承尧命者也。后来刑法，其宗旨悉出于舜。罚弗及嗣，即文王"罪人不孥"之法也。宥过无大，刑故无小，即《康诰》"非眚惟终，非终惟眚"之意也。罪疑惟轻，即《吕刑》"刑疑有赦，罚疑有赦"之制也。"与其杀不辜，宁失不经"二语，尤为用刑者之所当寻绎。推求太密，每涉于苛。会得此旨，庶归平恕。近来泰西之法，颇与此旨暗合，知圣人之言包蕴宏矣①。

他考察三代夏台、羑里、囹圄，比照西方监狱囚犯"衣食洁而居处安"，即痛里"言不害人，若于闾里"（应劭《风俗通》）；西方监狱有教诲室以渐启囚犯之悔悟，更设假出狱之律，许其自新，即囹圄"幽闭思衍，改善得原之意"。三代之狱，"以感化为宗旨，尤与近世新学说相合"②。只不过中国"无人推阐其说，遂至湮没不彰"而已。西方"狱之调查，即周之岁终计狱，弊讼登中于天府；宋之类次大辟，奏上朝廷也"③。

审判上，"唐法有宣告，见《唐六典》，实即汉之读鞫也。今东西各国并行之，而中国则废而不用矣"。"乞鞫限以期日，今

---

① 《刑制总考一》，《历代刑法考》（一），第 8 页。
② 《狱考》，《历代刑法考》（三），第 1160 页。
③ 《裁判访问录序》，《历代刑法考》（四），第 2236 页。

东西各国皆用此法。而其法则原于周，亦云古矣"[①]。

沈家本青年时期即推崇《周官》，并著《周官书名考古》成开手之作。晚年推誉《周官》有增无减。他认为，"成周官制，政刑权分。教官之属，如乡师、乡大夫、州长、党正，各掌其所属之政教禁令，此持政权者也。刑官之属，如乡士、遂士、县士、方士，各掌其所属之讼狱，此持刑权者也。其职守不相侵越，故能各尽所长，政平讼理"。"近日欧洲制度，政刑分离，颇与周官相合。"[②]

他援引《晋书·刑法志》中的"法律断罪，皆当以法律令正文，若无正文，依附名例断之，其正文、名例所不及，皆勿论"。"守法之官，惟当奉用律令。"[③]然后，分析指出，东西各国的罪刑法定，正与此同。

在先秦法家中，沈家本特别推崇《管子》。他的著述也经常援引《管子》。他认为，《管子》中的"立法以典民则祥，离法而治则不祥"。"以法治国，则举措而已"，以及"先王之治国也，使法择人，不自举也。使法量功，不自度也"。"其言与今日西人之学说流派颇相近。是法治主义，古人早有持此说者，特宗旨不同耳。"[④]他经常批评法家中的商鞅，但商鞅的"二男分异"之制他并不否定："至二男分异，将使人人有自立之才力，庶不惰而后不贫，此实强民之本计。今时泰西父子异居实具此意，勿谓彼法之异于中国也，特中国此时则不能行耳。"[⑤]

---

① 《汉律摭遗》卷六，《历代刑法考》(三)，第 1493 页。

② 《历代刑官考上》，《历代刑法考》(四)，第 1962 页。

③ 《明律目笺一》，《历代刑法考》(四)，第 1812 页。

④ 《新译法规大全序》，《历代刑法考》(四)，第 2242 页。

⑤ 《律令二》，《历代刑法考》(二)，第 847 页。

如此等等，不一而足。总而言之，在他看来，中律精意所包涵的西律之旨，只要认真考察，几乎是俯拾皆是。因此，中国制定新法，若“不深究夫中律之本原而考其得失，而遽以西法杂糅之，正如枘凿之不相入，安望其会通哉”①。中国法学，“当此法治时代，若但征之今而不考之古，但推崇西法而不探讨中法，则法学不全，又安能会而通之以推行于世”②。

在我国古代法律中，沈家本与薛允升一样，最称誉《唐律》，并以《唐律》为衡，度量古今法律的优劣得失。其论《唐律》曰：

> 历代之律存于今者唯《唐律》，而古今律之得其中者亦唯《唐律》，谓其尚得三代先王之遗意也。③

又曰：

> 《唐律》本诸开皇，世咸以为得中，后之治律者咸宗之。溯自魏晋以下，流派递衍，至是而集其成。④

总之，《唐律》好就好在得三代先王之遗意，仁至义尽，情法两备，集历代律学之大成，为后世立法之圭臬。因此，不能等闲视之，不复研求。

---

① 《大清律例讲义序》，《历代刑法考》(四)，第 2233 页。

② 《薛大司寇遗稿序》，《历代刑法考》(四)，第 2223 页。

③ 《汉律摭遗自序》，《历代刑法考》(四)，第 2230 页。

④ 《法学盛衰说》，《历代刑法考》(四)，第 2142—2143 页。沈家本推誉《唐律》之处尚多。又见《历代刑法考·刑制总考四》。

《唐律》是中华法系的代表，东方法文化的结晶。沈家本对《唐律》的上述称誉，与薛允升毫无差别。薛氏称誉《唐律》，意在以《唐律》为范，改造清律。沈家本之意，与薛氏同中有异。改造清律之志同。不同之处在于，薛氏意中之改造仍然不越传统之藩篱，沈家本则意在将代表中华法系之《唐律》与西方法律互校而发明之，制定超越传统、适于时用的新法律。今日法理之学，“理固有日新之机，然新理者，学士之论说也。若人之情伪，五洲攸殊，有非学士之所能尽发其覆者。故就前人之成说而推阐之，就旧日之案情而比附之。大可与新学说互相发明”①。明确道出了他为修律而寻求旧义的目的。

（三）取长补短，齐一法制

新律必须考虑传统，必须体察国情，沈家本前之所论已极为详备。但是，旧律毕竟适应不了新的时局。为了挽救民族的危亡，为了使国家强盛，在强调继承传统的同时，他把目光转向西方。“方今中国，屡经变故，百事艰难，有志之士，当讨究治道之原，旁考各国制度，观其会通，庶几采撷精华，稍有补于当世。”②

对旧律之不适于新时局，在清朝决定变革法律之前，他便已有所认识，光绪二十四年（1898 年），他任直隶保定知府。董福祥甘军过境，烧毁保定府属之法国教堂，因而引起交涉。沈家本参与处理这起交涉案，持保定府志和韩菼所写碑文与

---

① 《刑案汇览三编序》，《历代刑法考》（四），第 2225 页。

② 《政法类典序》，《历代刑法考》（四），第 2242 页。

教士辩论。为此,在八国联军进入保定后而遭教士诬害,被侵略军扣压拘留并险遭不测。至少在身经此事以后,他对旧法之不能适应新的时局便有认识。① 迨后主持修订法律,研读西方法律和法学著作,深明西法优于中法之处,更力主博采西法以补中法,使新法适应时局发展之需要。

光绪三十三年(1907 年),沈家本在向清廷进呈刑律总则时,详细阐述了这种不适。

(1) 与世界法律的进步不适:考泰西 19 世纪,学者称为法典革新时代,创之者为法兰西,继之者为希腊、奥地利。近如比利时、德意志、荷兰、瑞士,尤声价之卓著者。各国君相协谋于上,国民讨论于下,学列专科,人耽撰述。统计法系约分法、德、英三派。若日本则又折衷法国与唐明律暨我朝刑律,一进而为模范德意志者也。风气所趋,几视为国际之竞争事业。而我中国介于列强之间,迫于交通之势,盖有万难守旧者。②

(2) 与国家法权的独立不适:国家既有独立体统,即有独立法权。法权向随领地以为范围。各国通例,惟君主、大统领、公使之家属从官,有经承认之军队、军舰有治外法权,其余

① 参见拙作《保定教案与沈家本被拘考》。

② 沈家本经常向国人阐述这种不适,如《法学会杂志序》:“近世纪欧洲学者孟德斯鸠之伦,发明法理,立说著书,风行于世,一时学者递衍,流派各持其是。遂相与设立协会,讨论推导,新理日出,得以改革其政治,保安其人民。”以此唤起国人,重视法律,重视法学。《删除律例内重法折》:以刑罚之轻重而论,“中重而西轻者为多”,“故中国之重法,西人每訾为不仁。其旅居中国者,皆借口于此,不受中国约束”。以此劝告统治者,如不速行改革,赶上先进国家,后患将难于想见。

侨居本国人民，悉尊本国法律之管辖，所谓属地主义是也。独对于我国借口司法制度未能完备，予领事以裁判之权，英规于前，德踵于后，日本更大开法院于祖宗发祥之地，主权日削，后患方长。此毖于时局不能不改也。①

（3）与中国在国际上的地位不适：方今各国政治日跻于大同，如平和会、赤十字会、监狱协会等，俱以万国之名组织成之。近年我国亦有遣使入会之举。传闻此次海牙之会，以我法律不同之故，抑居三等，敦槃减色。堂堂中华大国，因法律不同而被列为三等国，国体攸关，此鉴于国际不能不改者也。

（4）与教案的公平审理不适：景教流行，始于唐代，有大秦、摩尼、祆神之别，言西教者喜为依托。自前明以至国初，利玛窦、熊三拔、汤若望、南怀仁之流，藉其数学传教中国，虽信从者众，而与现在情形迥异。教案为祸之烈，至今而极，神甫、牧师势等督抚，入教愚贱气凌长官，凡遇民教讼案，地方暗于交涉，绌于因应。审判既失其平，民教之相仇益亟。盖自开海禁以来，因闹教而上贻君父之忧者，言之滋痛。推原其故，无非因内外国刑律之轻重失宜有以酿之。此惩于教案而不能不改者也。②

---

① 沈家本在光绪三十一年所上的《删除律例内重法折》中，即已阐述这种不适。其文云：“夫西国首重权，随一国之疆域为界限，甲国之人侨寓乙男，即受乙国之制裁，乃独于中国不受制裁，转予我以不仁之名，此亟当幡然变计者也。”

② 在保定教案处理中，沈家本据理与教士争论。但意见未被清政府采纳。他对这种不公平的处理愤愤不平，事后赋诗尤痛心不已。今录其诗之一：“景教东来孰厉阶，枉申高议众相排。和宫远仿唐祆寺，邸第弘开汉稿街。鼍吼但闻长夜鼓，虎头空忆旧时牌。荒祠寂寞英灵护，留得清阴覆古槐。”痛感法权的丧失。

这些不适，其理由之充足与否，虽然尚待论定，但他引西法以救时之苦心，引西法以救亡之爱国心，于此已洞若观火。

明确旧律之不适时用、不利救亡之后，沈家本进一步论述采用西法之必要。

他向国人陈述道："泰西各国，当中土周秦之世，学术称盛，而希腊、罗马亦师儒相望，已为后世诸家专门之祖。十九世纪以来，科学大明，而研精政法者复朋兴辈作，乃能有今日之强盛，岂偶然哉。"①中西有同样的过去。西方国家后来能以法学昌明、法律进步而致国家强盛，中国难道不应以之为师，迎头赶上，使自己的法律法学走出国界，与世界同步发展吗？

为使国人相信中国采用西法能导致国强民富，他并举日本之例为证：

> 日本旧时制度，唐法为多。明治以后，采用欧法，不数十年，遂为强国。是岂徒慕欧法之形式而能若是哉？其君臣上下，同心同德，发愤为雄，不惜财力以编译西人之书，以研究西人之学，弃其糟粕而撷其英华，举全国之精神，胥贯注于法律之内，故国势日张，非偶然也。②

日本采用西法能富能强，中国采用西法难道就不能富强吗？他就是抱着这样一个良好的愿望，开始清朝廷交给他的

① 《政法类典序》，《历代刑法考》(四)，第 2241 页。
② 《新译法规大全序》，《历代刑法考》(四)，第 2242 页。

立法工作的。前途如何?起初他甚为乐观,相信中国能步日本之后尘,强盛于世界东方,与列强并驾齐驱。只是到了后来,因屡遭守旧派的阻挠攻击,才有所消沉。①

沈家本称誉西法西学,经常溢于言表:

> 近今泰西政事,纯以法治,三权分立,互相维持。其学说之嬗衍,推明法理,专而能精。流风余韵,东渐三岛,何其盛也。②

论西法刑民诉讼之优则曰:

> 泰西各国诉讼之法,均系另辑专书,复析为民事、刑事二项。凡关于钱债、房屋、地亩、契约及索取赔偿者,隶诸民事裁判。关于叛逆、伪造货币官印、谋杀、故杀、强劫、窃盗、诈欺、恐吓取财及他项应遵刑律拟定者,隶诸刑事裁判。以故断弊之制,秩序井然;平理之功,如执符契。③

如此等等,一句话,西方国家强盛,与其法制先进息息相关。

---

① 光绪三十三年,他赋诗一首《书高丽破扇》:“招凉赖尔廿余年,纸断丝残忍弃捐。破碎山河都不管,茫茫对此感无边。”诗意十分消沉。这一年,在司法权限之争中,他受清廷申斥,并有辞修律大臣之奏。

② 《法学名著序》,《历代刑法考》(四),第2239页。

③ 《进呈诉讼法拟请先行试办折》,李贵连:《沈家本年谱长编》,台北成文出版社1992年版,第157页。

由于对西法西学如此推誉，所以他十分热心向国人推荐西方译作，并为不少译作撰写序言，冀期广为流传。另一方面，为使新修法律能真正采用西方的良规新说，他对西法西学的翻译极为重视。他认定“欲明西法之宗旨，必研究西人之学，尤必编译西人之书”①。因此，修订法律馆一成立，即多方延揽东西洋留学生担任编纂，首先督饬他们翻译西法，每译成一种法律，他都要与“原译之员，逐字逐句，反复研求，务得其解”②。而且由于当时译才难得，因此他对法律馆中的东西洋留学生特别器重，给予极高的待遇。江庸后来回忆他的事迹时说：

> 前清修订法律大臣沈公沈家本，实清季达官中最为爱士之人。凡当时东西洋学生之习政治法律归国稍有声誉者，几无不入其彀中。法律馆于两大臣下，虽没有提调、总纂、纂修、协修等名目，然薪俸之厚薄，则不以位置高下为标准。总纂薪金倍于提调，纂、协修之专任者其薪金又倍于总纂。盖以初筮仕之学生，其资格不足以充提调、总纂。使之专致力于编纂事业，非厚俸不能维絷之也。

这种态度和器量，正是沈家本深厚西学知识的来源。正由于他对西法西学有极深的识见，因之他对西法的评价，往往一语而中的。如论先秦法治与西方法治的异同云：

---

① 《新译法规大全序》，《历代刑法考》(四)，第 2242 页。

② 《沈家本奏修订法律情形并请归并法部大理院办理折》。

> 申韩之学，以刻核为宗旨，持威相劫，实专制之尤。泰西之学，以保护治安为宗旨，人人有自由之便利，仍人人不得稍越法律之范围。二者相衡，判然各别。①

其见解之精到，显非那些步亦步、趋亦趋，借谈西法以炫世取禄者所可企及。

但是，沈家本毕竟是传统官僚和清王朝的修订法律大臣，而不是资产阶级的宣传政治家。他采取西法的目的是为了寻求新的“治道”，以求富国强国，而不是启发人民提高人民的民主法制意识。② 再加上自身的旧学根底，使他无法完全摆脱传统法文化对他的影响和束缚（所以，他处处称誉旧律）。精博的中西法律知识（能极为熟练地用中律比附西律），以及守旧官僚的阻挠、封建朝廷的压力，种种内外因素，决定了他在修律中要经常采用近代思想家，特别是以康有为为代表的维新思想家们曾经使用过的“托古改制”的方法。而在实践中，则只能采撷西法，以彼之长补我之短，而不能用西法取代中法。简言之，他不会也不可能使中国法律全部西化，只能是新旧兼收，中西并蓄，为我所用。用他的话说，就是会而通之。

会通中西，是旧法不适用西法又不能全部取代旧法的必然结果。通过会通中西，使中国法律走出封建窠臼，这是沈家本主持修律的思想，也是他主持修律的功绩。

---

① 《法学名著序》，《历代刑法考》（四），第2240页。

② 相对于寻找“治道”而言，并不是说他没有一点启发人民的民主法制意识的思想。他曾经说过，希望中国人人有法律之思想。

三 “仁政”的内涵

沈家本一生治律，同时“从事经史考证之书”，兼治经史，融经史于律。法律学识之渊博，中国法律史上鲜有能与匹敌者。翻开他的著述，举凡法律所及的方方面面，无不为其所考论。对这样的融合中西的法学大家，如果不把握他的思想基点（或思想核心），就很难对他的整体思想和历史作用做出正确的评估。

沈家本思想的核心是什么呢？通观他的全部理论和实践，他的思想核心就是儒家仁政和西方资产阶级人道主义。

在中国历史上，儒家学派的创始人孔子是“仁”的首创者，“仁”是孔子思想的核心。一部《论语》不过1万多字，谈“仁”58处之多，“仁”字105见。在孔子的思想体系中，“仁”属于伦理道德范畴，是各种美德的综合。一个人如果不是各方面都完满无缺，就不能称之为“仁者”。因此，孔子十分重视“仁”，既不轻易以“仁者”许人，也不以“仁者”自许。从“仁”这一思想出发，孔子反对人殉，诅咒“始作俑者其无后乎”[①]；反对苛政，提出“苛政猛于虎”[②]这一著名论断；主张“敛从其薄”[③]、“使民以时”、“使民如承大祭”、“博施于民”[④]等等，对当时统治者的不人道颇为反感。“仁政”是“仁”的滥觞，由孔子

---

① 《孟子·梁惠王上》。

② 《礼记·檀弓》。

③ 《左传》哀公11年。

④ 《论语》：《学而》、《颜渊》、《雍也》。

的继承者孟子创立并系统化。“仁政”、“仁学”是儒家所代表的中国传统文化。由于孔子纳“仁”入“礼”，秦汉以后，历代统治者又一步步“纳礼入律”。因此，中国传统法律包容了孔子以来的儒家“仁政”学说。传统法中的一系列宽刑、轻刑、省刑措施和古代思想家中的“德化”、“教化”等等，就是这种“仁政”学说的具体表现。国外一些学者，甚至用儒家人道主义来概括中国传统法律中这些措施。

沈家本幼读经史，受儒家思想熏陶，身上打下极深的儒家“仁政”烙印。《历代刑法考·刑制总考》，是他对上自唐虞，下至明代法制的总考论。他对历代法制和封建统治的裁定，莫不从“仁”字着墨，以“仁”为衡。法之善恶，人之仁暴，皆以“仁”为准。合符“仁”者，法为善法、良法，人为贤君；违背“仁”者，法为恶法、坏法，人为暴主。如论唐代法制云：

> 史称自高祖、太宗除隋虐乱，治以宽平，民乐其安，重于犯法，致治之美，几乎三代之盛时。考其推心恻物，其可谓仁矣，斯言非溢美也。后代治律之士，莫不以唐为法，世轻世重，皆不能越其范围，然则今之议刑者，其亦可定厥宗旨乎？

又论辽之法制曰：

> 辽起朔方，以用武立国。太祖之世，刑多酷惨，穆宗性尤好杀，天祚荒暴，遂至于亡。论者咎其贻谋之不善，与唐代相考镜，其仁与暴何适相反也？……后之监古者，当如唐之仁，毋若辽之暴，斯可矣。

其论明制则云：

> 综论有明一代刑政，太祖用重典以惩一时，而酌中制以垂后世，猛烈之治，宽仁之诏，相辅而行，未尝偏废也。惠帝专欲以仁义化民，……其后仁宗、宣宗、孝宗，政治清明，刑法最称平恕。穆宗优恤死亡，世亦称之。用刑之惨毒，莫甚于成祖。其后英宗时，王振乱政，刑章大紊，然帝心颇宽平。霜降审录重囚，实自天顺始。情可矜疑者，得沾法外之恩，实仁政也。

沈家本认为，中国法律，自唐虞时代起，便“以钦恤为风，以明允为用”，形成德化的传统。这一传统至商鞅变法修刑而绝。因此，他特别推誉汉初。“汉初除秦苛法，秦人喜悦，其后参用秦法，亦尚因乎时之宜。而孝惠除挟书律，除三族辠、妖言令，孝文除收孥相坐律，除诽谤妖言法，除秘祝，而除肉刑一事，尤为古今刑法之一大关键。”[①]“汉文除肉刑，千古之仁政也。”

对法制和君主的评定如此，对执法官的评定也是如此。在他的著述中，对“仁人”执法的赞美，几乎到了不厌其烦的地步。他反复强调，“法之善者，仍在有用法之人，苟非其人，徒法而已”。“用法者得其人，法即严厉亦能施其仁于法之中；用法者失其人，法即宽平亦能逞其暴于法之外。”“为仁为暴，朕

① 《汉律摭遗卷一》，《历代刑法考》(三)，第1369页。

兆甚微，若空言立法，则方策具在，徒虚器耳。”[①]这种见解，既是他阅读经史的心得，也是他生平治狱的经验总结。

用儒家“仁政”评判历代法制、君主和执法者，并不是他的目的，而是一种手段。他的目的是通过这种评判，论证必须以“仁”为标准，对旧律进行全面的审查，把“仁”作为改造旧律、制定新律的标准。脍炙人口的《删除律例内重法折》，就是这样的一篇代表作。

在这篇奏折中，他以极为明确、肯定、果断的词句，提出了这一标准：“窃维治国之道，以仁政为先。自来议刑者，亦莫不裁之以义而推之以仁。然则刑法之当改重为轻，固今日仁政之要务，而即修订之宗旨。”这种语言，正是沈家本儒家思想本色的表现。以此为纲，在论证凌迟、枭首、戮尸之必须废除时，他以极为浓重的笔墨指出：“第刑至于斩，身首分离，已为至惨。若命在顷忽，菹醢必令备尝，气久消亡，刀锯尤难幸免，揆诸仁人之心，当必惨然不乐。谓将以惩本犯，而被刑者魂魄何知？谓将以警戒众人，而习见习闻，转感召其残忍之性。”刺字之法同样如此，“未能收弼教之益，而徒留此不德之名，岂仁政所宜出此”。淋漓尽致地揭示这些不仁之法给社会造成的恶劣后果，并坚决主张予以废除。

值得注意的是，他在继承儒家“仁政”思想以评判历代法制和指导修律同时，已在一定程度上接受西方资产阶级的“人道主义”思想，并同样以之评判历代法制和指导修律。在表达这种思想时，他没有直接运用“人道主义”一词，而是用西人批评中法之“不仁”这种曲折的方法，间接表达他的这种思想。

---

① 《刑制总考四》，《历代刑法考》(一)，第51页。

《删除律例内重法折》：

以中国法律与各国参互考证，各国法律之精意，固不能出中律之范围。……综而论之，中重而西轻者为多。盖西国从前刑法，较中国尤为残酷，近百数十年来，经律学家几经讨论，逐渐改而从轻，政治日臻美善。故中国之重法，西人每訾为不仁。

今世各国，咸主持刑罚止及一身之义，与古人罪人不孥之古训实相符合。洵仁政之所当先也。

《实行改良监狱宜注意四事折》：

中国监狱责之典吏司狱等官，品秩卑下，……悍吏蠹胥，从而横据，持较泰西，仁暴悬如霄壤。

《监狱访问录序》：

泰西监狱初亦未得感化之宗旨，而惟以苦人辱人为事。迨后有仁慈者出，目睹夫惨毒之方，残刻之状，同为人类，何独受此？于是倡为感化之说，播于欧洲。

《刑制总考四》论死刑惟一：

以斩与绞相较，则斩殊身首又不如绞之身首尚全。故近来东西各国有单用绞刑者，亦仁术之一端也。

这种出自外人之口的“仁”、“不仁”、“仁政”、“仁术”，显然已非纯粹的儒家之“仁”。其实质乃是资产阶级的“人道主义”。使用的是儒家之词，阐述的却是资产阶级之道，穿的是古装，演的是新戏。

如果说上面所列尚存以儒家之“仁”偷贩资产阶级人道主义之嫌，那么在废除奴婢制度问题上，他便公开打出了资产阶级人道主义的旗号：“本大臣奉命纂修新律，参酌中外，择善而从。现在欧美各国，均无买卖人口之事，系用尊重人格之主义，其法实可采取。”[①]短短几句话，极为鲜明地表述了他的立场。

从这种立场出发，他痛恨把人当非人看待，反对把人比作畜产或禽兽。“官员打死奴婢，仅予罚俸；旗人故杀奴婢，仅予枷号。较之宰杀牛马，拟罪反轻，亦殊非重视人命之义。”[②]愤怒指出，“奴亦人也，岂容任意残害？生命固应重，人格尤宜尊。正未可因仍故习，等人类于畜产也”[③]。在历代帝王中，沈家本十分推誉东汉光武帝刘秀。其原因就在于刘秀深明天地之性人为贵，对奴婢一事极为注意，既除奴婢射伤人弃市之律，其杀奴婢者不得减罪，炙灼奴婢者论如律，略为奴婢者免为庶人。刘秀此举即为“尊重人格之权舆”[④]。而在中国历史

① 《禁革买卖人口变通旧例议》，《历代刑法考》（四），第2039页。
② 《禁革买卖人口变通旧例议》，《历代刑法考》（四），第2039页。
③ 《删除奴婢律例议》，《历代刑法考》（四），第2046页。
④ 《汉律摭遗卷五》，《历代刑法考》（三），第1468页。

上，能体会此意者，亦仅刘秀一人而已。东汉时，曾有三男共娶一妇之案，当时的司法官以禽兽喻三男，而将三人同戮于市。他考论此案，愤怒斥责："三男并无死法，乃遽骈首就戮，且以禽兽处之，何其轻视人格哉？"[①]人就是人，把人当做禽兽，正是西方资产阶级人道主义所极力反对的兽道主义。沈家本通过正反对比，反对把人当禽兽，极为鲜明地表达了他的西方资产阶级人道主义立场。

"民本"思想是儒家"仁政"的滥觞。儒家纳仁入礼，礼又以宗法等级身份为内核而竭力维护封建常名教。故儒家虽然"重民"，主张以民为本，反对暴君苛政，反对残刑酷法，但对个人权利却置而不问。因此，以礼为指导的中国封建法律，虽然有"民本"、"重民"、"仁政"的成分，个人权利却完全被漠视，没有任何保护个人权利的条款。与此相反，西方资产阶级人道主义以资产阶级的民主和法治为归宿，因而处处强调个人在法律上的权利和义务。因此，儒家仁政、民本等思想，虽然与资产阶级人道主义有某些相似之处，根本精神却格格不入。中西文化的这种差异，正是清末立法修律过程中屡次争吵不休的根本原因。

沈家本继承儒家"民本"、"重民"思想，同时又不囿于儒家思想，不反对采用西方资产阶级人道主义的这一法律内涵。而且愈到后来，接受采用这一内涵的态度就愈坚决，范围愈广，内容愈多。

沈家本是封建王朝的修律大臣，他主持制定的法律，不可能也不会反映劳动人民的意志。但是，从儒家"民本"思

① 《汉律摭遗卷八》，《历代刑法考》（三），第1523页。

想出发，从法律是治国之具的思想出发，他希望法律能在一定程度上考虑劳动人民的利益，对劳动人民的利益给予适当保护，使之能活下去，不致流离失所，走投无路而揭竿造反。因此，“为政之道，自在立法以典民”①；“立法以典民，必视乎民以为法而后可以保民”，“因民以为治，无古今中外，一也”②等等词句，在他的著述中反复出现。他十分强调法律与人民财产的关系，“律者，民命之所系也，其用甚重而其义至精也。根极于天理民彝，称量于人情世故，非穷理无以察情伪之端，非清心无以祛意见之妄。使手操三尺，不知深切究明，而但取办于临时之检按，一案之误，动累数人，一例之差，贻害数世，岂不大可惧哉”③。对残民以逞，贻害民生之法大张挞伐，痛予抨击。如对盗贼的治理，他首先肯定的是“盗贼之多，由于政令之烦苛而民生贫困”④，反对置民生不问而用重法治盗，滥杀无辜，“盗多之区，势岂能尽人而诛之，操纵之方，其机万变，一不慎即贻祸无穷”⑤。他主张立法应便利民生，凡有碍民生的条款都必须废除。适用法律上，反对因身份之异而“急黎庶而缓权贵”⑥，“以人之品类强为轩轾，殊乖协中之意，而于立宪国保护权利之说，尤属背驰”⑦。从“民本”出发，终于走入资产阶级的人权窠臼。

① 《旗人犯军流徒各罪照民人实行发配折》，《历代刑法考》（四），第 2032 页。
② 《裁判访问录序》，《历代刑法考》（四），第 2236 页。
③ 《重刻唐律疏议序》，《历代刑法考》（四），第 2207 页。
④ 《汉律摭遗卷七》，《历代刑法考》（三），第 1504 页。
⑤ 《书李慕皋郡尊蜀中公牍后》。
⑥ 《刑制总考三》，《历代刑法考》（一），第 34 页。
⑦ 《秋审条款按语·奏疏》。

在沈家本的著述中。阐述资产阶级权利观念的文字并不多,而且还没有专门的文章。但是,只要对他主持制定的新律稍做分析,即可发现里面到处充斥这种观念。在他看来,新律,特别是民商各律,其意即在"区别凡人之权利义务而尽纳于轨物之中"①。因此,他从制定《刑事民事诉讼法》采用"律师制"、"陪审制"、"公开审判制",到制定《大清民事诉讼律草案》以"保护私权",作为司法要义,举凡西方资产阶级法律中有关保护个人权利的内容,大都被他所引进。权利观念,是资产阶级人道主义的法律用语。儒家"仁政"与资产阶级"人道主义",虽然有着某些内在联系,但是存在质的区别。特别在个人权利方面。儒家"仁政"是自上而下的一种恩赐、恩惠。封建法律只要求被统治者个人尽义务,权利则只能等待统治者的赐予,不存在运用法律维护自己的权利问题。资产阶级法律依据人道主义原则,社会所有成员的权利义务均由法律规定,依据法律尽义务,依据法律享受权利,维护自己的权利。因此,由儒家"仁政"过渡到资产阶级"人道主义"有一个质的飞跃。沈家本在新律制定的过程中,如此大量的吸收权利观念,说明他的思想已表现了从儒家"仁政"、"民本"到资产阶级人道主义的质的飞跃。在表现这个飞跃的过程中,尽管他经常穿着古式的服装,说着古代的语言,把新酒装在旧瓶中,也丝毫掩盖不了他的这种思想实质。

① 《派员分赴各地调查考察民商事习惯折》。

四 “法理”的意义

熔铸东西，或融会中西，或贯穿中西，是沈家本生前的职志，也是他死后的盖棺定论。中西文化是两种异质文化，法文化同样如此。那么，沈家本把中西两种异质法文化的融会点选在什么地方呢？换句话说，近代中西法文化的融会点是什么呢？在前面的论述中，笔者曾经指出：“对新学旧学（或西学中学），沈家本有一个总体认识，即新旧各有其是。”我认为这个“是”，即为中西法学的融会点。

“是”与“非”相对，没有确定的含意。那么，沈家本的“是”是什么呢？通观他的论著，这个“是”应该是“法理”。

“法理”一词，大约在我国古代东汉即已出现，基本上与“法律”同义。

近代意义上的“法理”随西学东渐进入中国。“近世纪欧洲学者孟德斯鸠之论，发明法理，立说著书，风行于世。”“流风所被，渐及东海。”[①]这种由西方孟德斯鸠所发明而传入东方的“法理”，其义显然不同于我国古代的“法理”。

早在刑部司员任内，沈家本即提出适用法律必须精思其“理”的论断。光绪十六年（1890 年），他在为重刻《唐律疏议》而作的序中，开篇就提出，法律“根极于天理民彝，称量于人情世故，非穷理无以察情伪之端，非清心无以祛意见之妄”。“是今之君子，所当深求其源，而精思其理矣。”这里所说的“理”，虽然还不是西方资产阶级的“法理”，但显然也

① 《法学会杂志序》，《历代刑法考》（四），第 2244 页。

不是与法律同义的古代“法理”。这个“理”，当指中国古代法律所含的原理，包括天理民彝，也包括人情世故。可见，早在出任修订法律大臣主持法律改革之前，他就留意对法律中“理”的研究和探讨。

“法理”一词，第一次见诸沈家本的著述，是在保定知府任内为《刑案汇览三编》所作的序中。当时，他针对戊戌变法前后出现的新旧学说之争，发出如下议论：

> 顾或者曰：今日法理之学，日有新发明，穷变通久，气运将至，此编虽详备，陈迹耳，故纸耳。余谓：理固有日新之机，然新理者，学士之论说也。若人之情伪，五洲攸殊，有非学士之所能尽发其覆者。故就前人之成说而推阐之，就旧日之案情而比附之，大可与新学说互相发明。

在这里，他不但使用了“法理”概念，而且还对新旧（或中西）学说的相互关系、各自的长短做了初步的论说。

对“法理”的解释，西方自孟德斯鸠之后，各种流派即各持其是，意见纷纭；传入东方后，同样各执所见，莫衷一是。沈家本奉命修律之后，专研法律之学。通过对中西法学的比较研究，将“法理”定义为“法律之原理”，并把它作为融会中西法学的融会点，以此决定旧律的存废和西律的取舍，后来还成了他反击守旧礼教派的武器。

沈家本认为，中西法律法学都有各自的法理。双方法理尽管不完全相同，但总逃不出“情理”二字。在《法学名著序》中，沈家本详细阐述了他的这种观点：

> 夫吾国旧学，自成法系，精微之处，仁至义尽，新学要旨，已在包涵之内，乌可弁髦等视，不复研求。新学往往从旧学推演而出，事变愈多，法理愈密，然大要不外情理二字。无论旧学新学，不能舍情理而别为法也，所贵融汇而贯通之。

旧学已将新学要旨包涵在内的论断，显然是他士大夫固有的对旧学的眷恋溢美之词，不足为训。但是，他用“情理”概括法理大要，并由此入手，贯通中西法学，则是他的独到之处。

《论杀死奸夫》是沈家本在修律过程中与礼教派相互辩难之作，也是清末礼法之争中，整个法理派反击礼教派的代表作。在这篇文章中，他运用“法理”，就本夫有无权利在奸所杀死奸夫奸妇问题，进行系统的论证。

西方法律，禁止本夫擅自杀死与人通奸的妻子和奸夫。比照西法，中国法律允许本夫在奸所杀死与人通奸的妻子和奸夫的规定应不应该删除呢？换句话说，应不应该用西律取代中律呢？他的回答是肯定的。因为这一规定不仅存在中西法律相异的问题，最根本的是这一规定本身不合“法理”。(1) 凡人和奸，从《唐律》起，其罪名即仅为徒、杖，并不当杀。律不当杀而本夫擅杀之，实为法之所不许。“法”既不许，“乌得无罪。有罪而予之以罪，义也。明明有罪而许为无罪，则悖乎义矣。悖乎义者，不合法理”。(2) 律载，死罪犯人拒捕而捕人擅杀者杖一百。可见，“罪犯应死之人，常人亦不得任意杀之，而况非罪犯应死之人乎。和奸，律止拟杖，与罪犯应死者大相悬殊。在官司差人擅杀应死罪犯，尚应拟杖，而谓常人可以任意杀人，所杀者又罪止拟杖之人，轻重相衔，失其序矣。失其序者，不合法理”。(3) 妇人淫佚，于礼当出，并无死法。其犯七出有三不去而出之者，杖六十。是有三不出者，出亦不许矣。“出且不许，况于杀乎。不许其出而许其杀，两律显相矛盾。夫君子绝交尚不出恶声，况于妻乎？当出者礼也，其不可杀亦礼也。不可杀而杀，违乎礼矣。违乎礼者，不合乎法理。”(4) 好生恶杀，人之常情，“乃以骨肉之亲，床第之爱，惨相屠戮，其忍而为此，于情岂终能安乎？情不能安，即乖乎情矣。乖乎情者，不合乎法理”。总之，义、序、礼、情，“皆与法律之原理有未能尽合者”。不合乎法理之法，即不能为法。因此，法律不能赋予本夫擅杀与人通奸妻子和奸夫的权利，旧律此条必废。

从以上可以看出，沈家本的“法理”或“法律之原理”，主旨贯透于法律中的“义、序、礼、情”。义者，谊也。“有罪而予之以罪”便是谊，体现的正是法律的公正性；有罪变为无罪，有罪不罚，就是不谊，当然也就不合法理。“序”指罪行的大小与刑罚的轻重相谊，也就是现代的罪刑相当。体现的是法律的公平性。重罪轻罚，或轻罪重罚，均失其“序”，也就是失去公平，因之不合法理。“礼”指人伦之理，“君子绝交尚不出恶声，况于妻乎”。人与人之间应遵循这种人伦之理。法律有违这种人伦之理，即为违礼，也就不合法理。“情”在这里指“人性”，“惨相屠戮”即非人性之所应有，故亦不合法理。

在沈家本的著述中，“情理”二字连篇累牍，其大要皆不能越此四端。如论述官司入人死罪：“夫人命至重，以罪不至死之人而妄罹死罪，岂寻常疏忽可比？而原问官司或仅问杖笞，或竟无一人问罪，揆诸情理，岂得为平？”[①]又论寡妇再嫁：“窃

---

① 《官司出入人罪唐明律比较说》，《历代刑法考》(四)，第 2127 页。

谓空闺孤守，其事甚难，古人制礼必本人情，万无拂人情而强以所难者。”“财礼云者，……乃聘女之物，非以贸女也。”“若夫亡改嫁而必给还财礼，是直以财礼为贸女之物，殊与礼意不合。故论习俗则此层万不可删，论学理则此层万不可存。”[①]再如批驳西方法律以自杀为重罪说：“乐生恶死，人之常情也。”“自杀之事，根因种种不同。其为豪恶欺凌，凶徒讹诈，则必有捆缚、吊拷、关禁、勒索等项暴虐情形，死者撄难堪之侮辱，及多般之困苦，冤忿填胸，生不如死。究其致死之故，全系乎胁迫之人，而尚欲责死者以不应自杀而罪之，冤上加冤，情理何在。”“夫以有罪之人而自杀尚无罪之可加，乃以无罪之人而自死反有罪之难免，岂情也能？岂理也哉？”[②]如此等等，举不胜举。总之，“情理”内涵皆不越此四个范围。

从以上的分析中可以看出，在沈家本的思想中，中外法律虽然各有自己的法理。但是，法理之大要“情理”则是相通的。融会贯通中外法学，就是要取中外法律中合于“情理”者，而舍其悖于“情理”者。合于“情理’者为善法、良法，侈于“情理”者为恶法、非法之法。

在修律实践中，沈家本可以说尽力贯彻了这种取舍原则。改重为轻、化死为生是他在修律活动中最为世人所称誉的功绩。然而，在改重为轻的同时，他还有世人所忽略的改轻为重之举。盗窃罪和妇女犯罪，就由他亲自修改，将原来较轻的刑罚改为较重的刑罚。改重为轻与改轻为重，是两种绝然相反的做法。沈家本既主改重为轻，同时又主改轻为重。从表面

---

① 《再醮妇主婚人说》，《历代刑法考》（四），第 2116、2118 页。

② 《论威逼人致死》，《历代刑法考》（四），第 2087、2090、2092 页。

看，不是十分矛盾吗？其实，他的思想和行动完全不矛盾。在他看来，旧律中的各种野蛮刑罚，完全不合人性，不合情理。因此，重法必须删除，才合乎法理。而妇女犯罪和盗窃罪，旧律规定的刑罚太轻，以致轻重失序，也不合法理。所以，我在《沈家本与中国法律现代化》中才说："沈家本在对旧律的改造中，并不绝对执着于改重为轻，而是严格从实际出发，依照法理，权衡斟酌，以定取舍"①。

不但改造旧律是这样，制定新律也是如此。对西方法律中有违法理的制度，他是不予采用的。如制定《大清刑事诉讼律草案》，在确定预审制度时，他就指出，外国的预审制度，"论其性质，本与侦查处分无异。而法国治罪强分为二，以侦查处分属检察，以预审处分属审判。……以一侦查处分而强分为二，法理既不可通，事实亦多不便"。因此，舍外国成法，合二而一，将预审处分属检察厅。又如制定《大清民事诉讼律草案》，在诉讼关系和执行关系上，"各国民事诉讼律，有于规定诉讼关系外，兼规定执行关系者。日本、德国即用斯例"。而他却认为，"诉讼关系其主旨在确定私权，执行关系其主旨在实行私权。二者之旨趣程序均各不同，如强合为一，揆诸法理，实所未安"。因此，尽管日本、德国有此制，他却不予采用。

在沈家本看来，世界各国，人情尽管各异，但由于都是人，因此异中仍然有相通之处。法理因人情而异，同样异中有同。他比较对照中西法律，经常说某某制度中西"暗合"，某某规定，中西"相合"②，即根因于此。这种西方制度和思想，中国

---

① 参见拙作《沈家本与中国法律现代化》，第103页。

② 对他的这种"暗合"、"相合"，前面已有较为详细的列举，这里不再重复。

古已有之的托古改制论证方法，是戊戌维新以来，新学家们的惯用方法。这种方法，在学术上难免牵强附会之嫌，但是，在反驳守旧，开启人们的思想方面，它曾经起过重要的作用，立下过汗马功劳。可见，在理论思维方法上，沈家本与维新思想家们走的是同一条路。

托古改制，托古不过是手段，改制才是目的。托古既然是手段，那么，不管沈家本如何反复证明中西法律“暗合”“相合”，旧学法系如何包涵新学要旨，中西法律的“情理”如何相似，都不过是手段而已。其相合、相似，只能是形式上的相合相似。事实上，他所模范的大同良规、最新学说，本质上与旧律原理很难有共同之处。例如，他与守旧派做了激烈争论后所采的罪刑法定制度就是如此、在反驳守旧派时，他引录西晋刘颂之论，“律法断罪，皆当以法律令正文，若无正文，依附名例断之，其正文名例所不及，皆勿论”。然后指出，“今东西国之学说正与之同”[①]。而在事实上，新律的罪刑法定，与古代的罪刑法定存在质的区别。这一点，蔡枢衡先生说得很透彻：“这个罪刑法定原则实是近代民主和法治思想在刑法上的表现。过去的罪刑法定主义，都是对官吏强调君权；这次的罪刑法定主义，却是破天荒第一次对君和官强调民权。”[②]沈家本知道中外法律的这种不同的内涵吗？以他的学识而论，肯定是知道的。为什么明知如此还要说其相同呢？说到底，他是要用中外法律都有审判官必须严格按照法律规定给罪犯处刑，这一刑罪法定的外在之“理”，去反驳守旧派。以此为手

---

① 《明律目笺一》，《历代刑法考》(四)，第 1812、1813 页。

② 蔡枢衡：《中国刑法史》，第 131—132 页。

段，最后达到采用内涵不同的西方资产阶级罪刑法定制度的目的。由此可见，沈家本虽然选定“法理”为中西法律的融会点，并大讲中西法理大要不外“情理”二字，中西法律“情理”相似相通。实质上，他所论证的只是外在的相似相同，而非内涵的一致。这是研究他的融会中西法律的思想所应注意的问题。

第九章 礼法论争

晚清立法是中国法的转折点。沈家本主持立法,以收回领事裁判权为契机,以救亡图存为目的,在农业经济仍占主导地位的状态下,移植规范工商社会的西方法,来完成中国法由传统到现代的转化。移植的新法与传统社会断裂而产生的思想冲突,不能不反映到立法的过程中。晚清立法中的各种争论,正是这种思想冲突的表现。而在所有这些争论中,围绕《刑事民事诉讼法》和《大清新刑律》而名之为"礼法之争"的论争最为激烈。这次论争,从文化上说,是外来法文化与传统法文化之争(或者说,是工商文化与农业文化之争);从制度上说,是旧法与新法之争;从思想上说,是家族伦理与个人自由权利之争(或者说,是国家主义与家族主义之争)。

论者常将"礼法之争"说成是"礼治"与"法治"之争。而就当时的争论而言,此说并不尽然。依笔者之见,礼法之争的礼,是指礼教,法即法理。当时直接参加这场争论的陈宝琛说："《新刑律草案》于无夫奸罪之宜规定与否，或主礼教，或张法理，互相非难，未有定说。"[①]法理，按照沈家本的解释，就是"法律之原理"[②]。

礼教和法理是两种不同的法律思想，前者以维护宗法家族制度，进而达到维护整个封建制度为目的。后者以维护"人权"，进而达到维护资产阶级所主张的个人所有权、维护资本主义制度为目的。在整个争论中，礼法双方都不绝对地主张礼教或法理。尤其是法理派，虽然要求以西方法律的原理和原则为价值判断，制定新律，但由他们草拟的新律中却保留了大量的礼教条文。参加起草《大清新刑律》的日本法学博士冈田朝太郎自己也承认，《大清新刑律》是重视礼教的。争论的核心问题是：用资产阶级的法理判断《大清律例》中的有关礼教规范，诸如干名犯义、犯罪存留养亲、亲属相奸、亲属相盗、亲属相殴、故杀子孙、杀有服卑幼、妻殴夫夫殴妻、发冢、犯奸、子孙违犯教令等等条文，要不要全部列入新刑律？要列入的，又如何列入？而争论到最后，焦点则仅限于"无夫奸"和"子孙违反教令"两条。

礼教派代表人物有张之洞、劳乃宣。

张之洞（1837—1909 年），字孝达，号香涛，河北南皮人。同治二年（1863 年）进士。历任湖北、四川学政，内阁学士兼礼部侍郎。光绪初年出为山西巡抚，自后长期担任两广、湖广总督，两度署理两江总督。清末，他以湖广总督参预清廷政务处事宜，并任督办商务大臣、体仁阁大学士。调北京后，以军机大臣

① 《新刑律修正案汇录·陈阁学新刑律无夫奸罪说》。

② 《论杀死奸夫》，《历代刑法考》（四），第 2086 页。

兼管学部，又兼督办粤汉、川汉铁路大臣。是慈禧太后最为信任的汉族大臣之一。慈禧和光绪帝死后，他以顾命大臣晋太子太保，死后被清廷谥为“文襄”，是礼教派的重要首领。

劳乃宣(1843—1920)，字季瑄，号玉初，自号矩斋，又号韧叟，浙江桐乡人。同治十年(1871 年)进士，为直隶省知县。光绪三十四年(1908 年)奉召进京，充宪政编查馆参议、政务处提调，钦选资政院硕学通儒议员。后授江宁提学使，故又称劳提学。宣统三年(1911 年)任京师大学堂总监督。他也是礼教派的首领，当时有劳党之称。

此外，刘廷琛(江西德化人，光绪三十四年至宣统三年担任京师大学堂总监督)、陈宝琛(福建闽县人，时为宪政编查馆一等咨议官，资政院议员)，也是礼教派中的重要人物。

法理派的代表人物，自然是沈家本。修订法律馆和宪政编查馆大部分人员均站在法理派一边。其中，杨度，字皙子，湖南湘潭人，举人，留日学生。资政院议决新刑律时，以宪政编查馆特派员的身份，代表政府向议员解说新刑律。宣统三年以四品京堂担任奕劻内阁统计局局长。袁世凯称帝时，是“筹安会”六君子之一。

法理派还有一个需要提及的汪荣宝。汪字衮甫，江苏吴县人。光绪三十三年(1907 年)拔贡，留日学生。光绪三十三年担任清廷民政部参议，后被委协同编纂宪法。资政院议决新刑事时，他是资政院专任法典股副股长，负责审查宪政编查馆交议之法律，在议场与礼派进行激烈的辩论。

此外参加争论的，还有个别封建士大夫和在华外国人(如日本人冈田朝太郎、德国人赫善心等)。

清末修律所引发的这次争论，是迄今为止中国立法史上的一次特殊大争论。双方提出的问题，就其影响、就其对中西法文化冲突的研究而言，都有其独特的意义。为使读者能够比较全面准确地了解这次争论，本章以叙述为主，把双方最基本、最主要的论点原文录出。而把评论放在最后一章。

一 张之洞：法律本原实与经术相表里

编定《刑事民事诉讼法》之议，始于光绪三十一年（1905年）沈家本、伍廷芳批驳御史刘彭年的奏折。刘彭年要求恢复当时已被明令废除的刑讯制度，同时建议制定诉讼法。沈家本等在批驳了刘彭年恢复刑讯的建议后，对他主张编定诉讼法的建议颇表赞同。但他们认为，民法和民、刑诉讼法都必须在刑法编定后，才能制订。而在“改革伊始”，又“必得诉讼法相辅而行，方能推行无阻”。因此建议以经过删削的《大清律例》为实体法，先行“编辑简明诉讼法章程”，与西方、日本“齐一法制，取彼之长补我之短”[①]。这就是《刑事民事诉讼法》编定的起因。

《刑事民事诉讼法》草案上奏后，清廷发交大臣讨论。“各督抚多议其窒疑”[②]，予以批驳，这些批驳，以张之洞光绪三十三年（1907年）七月的《遵旨复议新编刑事民事诉讼法折》最具代表性。[③] 为使读者能够全面完整地理解礼派的观点，我

---

① 沈家本等：《复议御史刘彭年恢复刑讯折》，中国第一历史档案馆藏，标题为笔者所加。

② 《清史稿·刑法志一》。

③ 刘锦藻所撰《皇朝续文献通考》在录入这个奏折后称：“此奏通篇议论通达，宗旨纯正，可为千古变法圭臬。”见该书卷242。

将这一奏折的全文抄录如下：

《书》曰："士制百姓于刑之中，以教祗德"。汉臣班固有言："名家者流，原于礼官"。盖法律之设，所以纳民于轨物之中，而法律本原，实与经术相表里，其最著者为亲亲之义，男女之别，天经地义，万古不刊。乃阅本法所纂，父子必异财，兄弟必析产，夫妇必分资；甚至妇人女子，责令到堂作证。袭西俗财产之制，坏中国名教之防，启男女平等之风，悖圣贤修齐之教，纲论法斁，隐患实深。至于家室婚姻，为人伦之始；子孙嗣续，为宗法所关。古经今律，皆甚重之。中国旧日律例中，如果审讯之案为条例所未及，往往援三礼以证之，本法皆阙焉不及无论。勉强骤行，人情惶惑，且非圣朝明刑弼教之至意。此臣所谓于中法本原似有乖违者也。

恭绎谕旨，殷殷以现在民情风俗为念。仰见圣虑周详，曷胜钦服。夫立法固贵因时、而经国必先正本。值此环球交通之世，从前旧法自不能不量加变易。东西各国政法，可采者亦多。取其所长，补我所短，揆时度势，诚不可缓。然必须将中国民情风俗，法令源流，通筹熟计，然后量为变通，庶免官民惶惑，无所适从。外国法学家讲法律关系，亦必就政治、宗教、风俗、习惯、历史、地理，一一考证，正为此也。在法律大臣之意，变通诉讼制度，以冀撤去治外法权，其意固亦甚善。惟是各国侨民，所以不守中国法律者，半由于中国裁判之不足以服其心，半由于中国制度之不能保其身家财产。外国商民冒险远至，其本国欲尽保护之职分，不得不计其身家性命之安危。乃因各省伏莽充斥，盗贼横行，官吏虽多而不能保民；警察虽设而不能遍及，致为外人窃笑。而谓变通诉讼之法，即可就我范围，彼族能听命乎？纵使所定诉讼法条理完密，体例精详，亦必指瑕索瘢，藉端责难，又安能尽餍其欲耶！矧所纂各条，按之西律，不无疏漏混淆之处。近年与英、美、日本订立商约，彼国虽允他日弃其治外法权，然皆声明，“俟查悉中国律例情形、审断办法及一切相关事宜皆臻妥善”等语。是已失之法权，不能仅恃本法为挽救，其理甚明。所谓“一切相关事宜皆臻妥善”十字，包括甚广。其外貌则似指警察完备，盗风敛戢，税捐平允，民教相安等事。其实则专视国家兵力之强弱，战守之成效以为从违。观于日本实行管束外国商民，实在光绪二十年以后可以晓然。若果不察情势，贸然举行，而自承审官、陪审员以至律师证人等，无专门学问，无公共道德，骤欲行此规模外人貌合神离之法，势必良懦冤抑，强暴纵恣，盗已起而莫惩，案久悬而不结。此臣所谓难挽法权而转滋狱讼者也。

且西洋各国，皆先有刑法、民法，然后有刑事、民事诉讼法。即日本维新之初，亟亟于编纂法典，亦未闻诉讼法首先颁行。如刑法及治罪法俱施行于明治十五年，旧民法及民事诉讼法俱公布于明治二十三年是也。有诉讼之法，尤须有执法之官。故必裁判官权限分明，而后诉讼法推行尽利。如德国之旧诉讼法与裁判所编制法同时实行是也。中国律例，详刑事而略民事，即以刑事而论，亦与西律悬殊。综观本法所编各条，除“中外交涉”外，大抵多编纂刑法、民法以后之事，或与厘定裁判官制相辅之文。此时骤议通行，非特大碍民情风俗，且于法律原理枘凿不合。

臣惟编纂法律，有体有用，先体后用，其势乃行。现行律例以吏、户、礼、兵、刑、工分类，本沿明律之旧，官制改后，名实已乖。近年新政新法，渐次增行，国际交涉日益繁重，实非旧例所能赅括，即如轮船、铁路、电报、邮政、印花、钞票，在外国莫不严妨碍交通之罪，设侵害信用之防。又如杀伤外国使臣，勾通外国军队，伪造外国通行货币，违背战时中立条规，有一于此，足碍邦交，在外国莫不特设专条，预为防范。至于商务各条之别有商法，军政各项之别有海陆军刑法，各国已为通例，未有与刑法相混者，而民法一项，尤为法律主要，与刑法并行。盖东西诸国法律，皆分类编定。中国合各项法律为一编，是以参伍错综，委曲繁重。今日修改法律，自应博采东西诸国律法，详加参酌，从速厘订，而仍求合于国家政教大纲，方为妥善办法。律条订定以后，再将刑事民事诉讼法妥为议定，则由本及支，次第秩然矣。至目前审判之法，祇可暂订诉讼法试办章程，亦期于民情风俗一无阻碍而后可。[①]

① 《张文襄公全集》卷69。

该法草案共260条,张之洞对其中59条作了批驳,今录其中两条之驳词(条文为诉讼法原款,按为驳词):

第一百三十条,凡左列各项不在查封备抵之列:一本人妻所有之物;二本人父母兄弟姐妹及各戚属家人之物;三本人子孙所自得之物。

按:西俗父子兄弟别籍而居,姐妹戚属皆许承产。法律因之,故财产之权各有界限。中国立教首重亲亲。定律:祖父母父母在,子孙别立户籍分异财产者有罚。且列诸十恶内不孝一项之小注。而卑幼私擅用财,又复定为专律。今以查封备抵之故,而强为分析财产,则必父子异宅,兄弟分炊,骨肉乖离,悖理甚矣。西国自罗马法以来,即以分析财产权为法律要义。近来各国编纂法典,一部民法辄千余条,财产之事居其大半,故遇查封产物之案,何产归何人所有,可以按册稽考。然夫妻财产,苟不于结婚时订明分析者,妻之私财即作为与夫共有。是夫妻财产已不能分析矣。且财产有动产不动产之别。西律不动产以注册为凭。若动产则凡持于他人之手者,其权利即为他人所有。中国田房税契祇载花户姓名,其一家之内,何人名下应分若干,在所不问。是不动产之为何人所有,尚无册籍可考,何论动产乎?即使本人财产确然可指,亦尽有不能查封备抵者。日本之法,公服祭器等概不没为官物。按之贫不鬻祭器,寒不衣祭服之例,中外同符。国家明法,敕罚原以厚风俗而正人心。中西政教各异,此法万不可行。

第二百四十二条，凡职官命妇均可由公堂知会到堂供证。

按：职官供证，本非失礼，惟需视案情如何。若职守攸关，则泄漏公事，例禁綦严，岂容在堂供证。东西各国凡官吏就其职分之事，得拒绝证言。其有不得已者，必俟上司允准。中国服官之义，亦岂有殊。此必须于本条声明者也。至命妇到堂则必不可。《春秋》之义，保母不在宵不下堂，《周礼》凡命妇不躬坐狱讼。郑康成注：以为不身坐者，必使其属若子弟：于例。妇人小事牵连，提弟兄子侄代审；如遇亏空赔累，追赃搜查家产杂犯等案，将妇女提审，永行禁止，所以养廉耻全名节也。以言经义则如彼，以言国法又如此。然则妇女到堂供证为万不可行之事，初不必问其为命妇与否，如实系案内紧要人证，尽可令其子侄兄弟到堂。此为名教所关，断不宜借口于男女平权之说。中西风俗各殊，此亦其一端也。

二　学部：因伦制礼，准礼制刑

《大清新刑律》是清末编定新法中最重要的法律之一，也是礼派和法派争论最激烈的法律。

新刑律虽然打破了有两千多年传统的诸法合体体系，广泛采纳了西方资产阶级的刑法原则，和旧律相比有很大的变化，但是仍然保留不少礼教条款。沈家本自己也说，这个草案，虽然折衷各国大同之良规，兼采近世最新之学说，但是"仍然不戾乎我国历世相沿之礼教民情"。例如"关于帝室之罪"，仍然本"《春秋》之义"列为《分则》第一章，只不过"修正文词及处分之阶级"①而已；旧律"谋反"罪，新律变为"内乱"罪；旧律中卑幼杀害、伤害、加暴行于尊亲属的规定，新律都有比一般人加重处理的特别条文；杀死尊亲属者并处以惟一死刑。所有这些都说明，礼教条款在新律中仍然占有很大比重。

继诉讼法之后，张之洞以军机大臣兼管学部的身份，对《大清新刑律草案》再次发难。此次诘难，远甚于诉讼法。据参与当时修律之董康诸人记述，当时文字之争几成大狱："学部大臣张之洞，以刑法内乱罪，不处惟一死刑，指为袒庇革党，欲兴大狱，为侍郎宝熙所阻。复以奸非罪章，无和奸无夫妇女治罪明文，指为败坏礼教。"②江庸亦云："维时张之洞，以军机大臣兼长学部，因刑律草案无奸通无夫妇女治罪条文，以为蔑弃礼教。"③当时的学部奏折，虽不能断定为张之洞手草，然依清朝惯例，他既以军机大臣兼管学部，那么，他就是学部的当家堂官，这样的奏折，没有他的签署，就无法上奏。

学部批驳新刑律草案，经宝熙劝说，虽删去庇护革党之词，然而，在维护封建纲常伦纪上，则是守旧派的一份杰作：

> 窃维古昔圣王，因伦制礼，准礼制刑。《书》曰："明于五刑以弼五教"。《王制》曰："凡听五刑之讼，

---

① 沈家本：《奏呈刑律分则草案折》，见《大清光绪新法令》。

② 董康：《前清法制概要》，见1924年《法学季刊》第2卷第2期。

③ 江庸：《五十年来中国之法制》，见1922年史量才编《最近之五十年》。

必原父子之亲，立君臣之义以权之”。我国以立纲为教，故无礼于君父者，罪罚至重。西国以平等为教，故父子可以同罪，叛逆可以不死。此各因其政教习俗而异，万难强合。今将新定刑律草案与见行律例大相刺谬者，条举于左：

一、中国制刑以明君臣之伦，旧律于谋反大逆者，不问首从，凌迟处死。新律草案则于颠覆政府僭窃土地者，虽为首魁，或不处于死刑；凡侵入太庙宫殿等处射箭放弹者，或科以一百元以上之罚金。此皆罪重法轻，与君为臣纲之义大相刺谬者也。

一、中国制刑以明父子之伦，旧律凡殴祖父母父母者死，殴杀子孙者杖。新律草案则伤害尊亲属，因而致死或笃疾者，或不科以死刑。是视祖父母与路人无异，与父为子纲之义大相刺谬者也。

一、中国制刑以明夫妇之伦，旧律妻殴夫者杖，夫殴妻者非折伤勿论。妻殴杀夫者斩，夫殴杀妻者绞。而条例中妇人有犯罪坐夫男者独多，法意极为精微。新律草案则并无妻妾殴夫之条，等之于凡人之例。是与夫为妻纲大相刺谬者也。

一、中国制刑以明男女之别，旧律犯奸者杖，行强者死。新律草案则亲属相奸，与平民无别。对于未满十二岁以下之男女为猥亵之行为者，或处以三十元以上之罚金；行强者或处以二等以下有期徒刑。且曰犯奸之罪，与泥饮惰眠同例，非刑罚所能为力。即无刑罚制裁，此种非行，亦未必因是增加。是足以破坏男女之别而有余地也。

> 一、中国制刑以明尊卑长幼之序，旧律凡殴尊长者，加凡人一等或数等。干名犯义诸条，立法尤为严重。新律草案则并无卑幼殴杀尊长之条，等之于凡人之例。是足以破坏尊卑长幼之序而有余也。
>
> ……
>
> 窃意今日改律之要，当删繁减轻。减轻一节，已经明谕罢除凌迟枭首等刑，而且停止刑讯，整顿监狱，已为各国所同钦。至于删繁一节，前此修律大臣奏请删定见行法律，实为扼要办法。拟请饬下该大臣将中国旧律旧例，逐条详审，何者应存，何者应删。再将此项新律草案与旧有律例逐条比较。其无伤礼教祇关罪名轻重者，斟酌至当，择善而从。其有关伦纪之处，应全行改正。总以按切时势而仍不背于礼教为主，限期修改成书，庶几收变法之益，而不贻变法之害。①

清廷将学部及部院督抚大臣的签驳，连同《大清新刑律草案》发交沈家本和法部修改。沈家本和修订法律馆在修改中，“于有关伦纪各条，恪遵谕旨，加重一等”，然后送交法部。法部尚书廷杰以“中国名教必须永远奉行勿替者，不宜因此致令纲纪荡然”②，在正文后面又加上《附则》5 条，明确规定：“大清律中，十恶、亲属容隐、干名犯义、存留养亲以及亲属相奸相

① 刘锦藻：《清朝续文献通考·刑考六》。刘氏收录此奏折后，按语云：“此折虽稍有拘泥处，然词严义正，大纲懔然，与前张之洞一折，同为千古不磨之文。”

② 《钦定大清刑律》卷前奏疏。

盗相殴并发冢犯奸各条，均有关于伦纪礼教，未便蔑弃”。中国人犯以上各罪仍照旧律办法惩处。“危害乘舆、内乱、外患及对于尊亲属有犯”应处死刑者，仍用斩刑（第 3 条）。卑幼对尊亲属不能使用正当防卫之法（第 5 条）。这次修改案，定名为《修正刑律草案》，宣统元年（1909 年）由廷杰、沈家本联名上奏。①

三　旧义与新理：劳沈之辩

《修正刑律草案》上奏，不但没有消除争论，反而引发更大的冲突。其时，张之洞已经作古，因而使沈家本他们敢于正面反击。据当时参加修律的江庸后来回忆说：当刑法草案告成提交资政院议决之顷，朝野之守旧者，将法制与礼教观念混而为一，多不慊于新法，群起而讥议之。其中反对最力者，为劳乃宣。青岛特别高等学堂教员德国人赫善心也从而附和。在守旧者之攻击下，新律几有根本推翻之势。沈家本愤慨异常，独当其冲，著论痛驳。冈田朝太郎、松冈义正、董康及宪政编查馆法律馆诸人，亦助沈氏辞而辟之。其中以杨度之《论国家主义与家族主义之区别》、吴廷燮之《用旧说议律辩》二篇，最为透辟。② 宣统年间之报刊，亦对修律诸人之论说详之报端。兹录《国闻报》之一则记事，以见当时之大略：

> 第一次新刑律草案，为京内外大员驳议后，法律

① 《修正刑律案语》。

② 见江庸《五十年来中国之法制》，史量才编《最近之五十年》。

馆又加修订。目前在宪政馆会议此事时，劳乃宣与沈家本意见大忤。劳力主将大清律中，种种破碎条文，加入于新刑律中，于干犯礼教一条，夫妻相殴一条，特别从严处罚。至于何物确为名教，何事乃为干犯礼教，劳亦不能指出。其所谓妻殴夫之罪，加等处罚，法律馆草案原是如此。劳犹欲加重，故沈大作驳议，洋洋数千言。非徒侈谈东西法理，且语语根据经典，足以折服新旧两学之心理。劳所争辩者，无非托言礼教问题，以钳人口。沈林一又随声附和以助其滔。闻辩驳最力者，为编制局局长吴廷燮。首先提出法权问题，谓中国是否欲收回领事裁判权？收回领事裁判权，是否宜改良法律，以期中外人皆可适用。若劳所持异论，为极不人道，外人岂能承认此种刑律。因此中国领事裁判权，亦永无收回之一日。而劳已闻言气沮。最后有谓礼教根源于道德，若劳所持为不道德，便可谓之非礼教。而杨度则谓礼教有国家主义与家族主义之别。中国今日究竟宜采用何等礼教，若采用家族主义，则编纂新刑律可谓多此一事；采用国家主义，则沈子敦侍郎以数十年之旧律研究，数年之新律讨论，彼反对者所持一二肤浅之议，意可以根本以取消其谬说也。至与之逐条辩驳者，尚枝叶争持云。

（一）劳乃宣：本旧律之义，用新律之体

宣统二年（1910 年），劳乃宣以《修正刑律草案》正文有违

礼教,《附则》规定旧律礼教条文另辑单行法适用中国人是“本末倒置”,向宪政编查馆上《修正刑律草案说帖》,要求直接把“旧律有关伦纪礼教各条”“逐一修入新刑律正文”[1]。这篇《说帖》以宣统二年正月二十七日谕旨开头,论证说:

> 今查法律大臣会同法部奏进修正刑律草案,于义关伦常诸条,并未按照旧律修入正文。但于《附则》第二条声称:“中国宗教尊孔,向以纲常礼教为重,况奉上谕再三告诫,自应恪为遵守。如大清律中十恶、亲属容隐、干名犯义、存留养亲、以及亲属相奸、相盗、相殴、并发冢、犯奸各条,均有关于伦纪礼教、未便蔑弃。如中国人有犯以上各罪,应仍照旧律办法,另辑单行法以昭惩创”等语。窃维修订新刑律,本为筹备立宪,统一法权之计。凡中国人及在中国居住之外国人,皆应服从同一法律。是此法律本当以治中国人为主,特外国人亦在其内,不能异视耳,非专为外国人设也。今乃按照旧律另辑中国人单行法,是视此新刑律专为外国人设矣。本末倒置,莫此为甚。谓宜将旧律中义关伦常诸条,逐一修入新刑律正文之内,方为不悖上谕修改宗旨。足以维伦纪而保治安。

针对草案按语:“修订刑律所以为收回领事裁判权地步,刑律中有一、二条为外国人所不遵奉,即无收回裁判权之实”

---

① 劳乃宣:《韧叟自订年谱》。

的目的论，他反驳说："此论实不尽然。泰西各国凡外国人居其国中者，无不服从其国法律。而各国法律互有异同，有一事而甲国法律有罪，乙国法律无罪者，乙国之人居于甲国有犯，即应治罪。不能因其本国法律无罪而不遵也；甲国法律罪轻，乙国法律罪重者，甲国之人居于乙国有犯，即应治以重罪，不能因其本国法律罪轻而不遵也。"然后列举法国、日本、荷兰、瑞士、俄国、德国的法律条款，认为各国法律于"弑逆"、""忤逆"、"犯奸"均有相应的处罪条款。各国并未因规定各有差异而行领事裁判权。因此外国人遵奉所居国法律，不必与其本国法律相同，确有明证。今我中国修订刑律，乃谓为收回领事裁判权地步，必尽舍其固有之礼教风俗，而一一摹仿外国，然后能行。"不知各国法律彼此互异，合乎甲即悖乎乙，从乎丙即违乎丁，无论为何迁就，断不能纤悉相符。""若外国人在中国犯罪，必中国律内罪名与其本国律内罪名毫发无异，然后能遵。则同乎此国者，彼国必有违言，同乎彼国者，此国必相反对，是必穷之道也。""总之，一国之律必与各国之律处处相同，然后乃能令在国内居住之外国人遵奉，万万无此理，亦万万无此事。"中国修订刑律，欲为收回领事裁判权，但当力求妥善，不必悉求相同。

在反驳修律的目的论以后，他接着反驳了"法律道德分立"说：

> 国之有刑所以弼教，一国之民有不遵礼教者，以刑齐之，然后民不敢越。所谓礼防未然，刑禁已然，两者相辅而行，不可缺一者也。故各省签驳草案，每以维持风化立论，而按语乃指为"浑道德法律为一"。

其论无夫奸也，有云：“国家立法期于令行禁止，有法而不能行，转使民玩法而肆无忌惮。和奸之事，几于禁之无可禁，诛之不胜诛，即刑章具在，亦只为具文，必教育普及，家庭严正，舆论之力盛，廉耻之心生，然后淫靡之风可以少衰”。又云：“防遏此等丑行，尤不在法律而在教化，即列为专条亦毫无实际”。其立论在离法律与道德教化而二之，视法律为全无关于道德教化之事。惟其视法律为全无关于道德教化之事，故一味摹仿外国，而于旧律义关伦常诸条弃之如遗。外国之律有数国尊卑长幼皆平等者，有数国卑幼犯尊长有加重之条者，至尊长之于卑幼则全与凡同，毫无分别矣。今草案内卑幼犯尊长列有加重之条，非重伦常也，摹外国也。若尊长之于卑幼则无只字异于凡人，是虽祖父而杀子孙，亦将处于死刑；祖父而致子孙轻微伤害，亦将处于三等至五等有期徒刑矣。以中国人心风俗衡之，窃恐未能允当也。今使有人于此，其在室未婚之女与人通奸，而父杀其女，以旧律论，当以奸夫抵命，而其父无罪；若按今刑律草案论之，则奸夫无罪，其父当以杀人处死刑。设使果有此事，吾恐将万众哗然，激为暴动也。非特不能维伦纪，且将无以保治安。又焉用此法律为乎！夫法律与道德教化诚非一事，然实相为表里。必谓法律与道德教化毫不相关，实谬妄之论也。其言曰：“和奸之事，几于禁之无可禁，诛之不胜诛，即刑章具在，亦只为具文”。又曰：“防遏此种丑行，尤不在法律而在教化”。推其意，盖谓法律具在，而犯者依然，是乃道德之教化未至，非法律所能禁，法律即为无用之具文，不如去之。然则有杀人之律，而仍有犯杀者，乃仁之教化未至也，将并杀人之律而去之乎？有盗贼之律而仍有犯盗者，乃义之教化未至也，将并盗贼之律而去之乎？鸦片烟之罪、赌博之罪，亦与奸罪同一教化未至，何以不去之乎？无夫和奸之罪，因禁之无可禁，诛之不胜诛，遂以专待于教化为词而去之矣；有夫和奸之罪，同一禁之无可禁，诛之不胜诛也，何以不纯任教化而仍科以罪乎？以子之矛陷子之盾，法律与道德教化无关之说，不攻自破矣。

他认为，收回领事裁判权之说，道德法律不当浑而为一之说，是立法者赖以抵制纲常名教之说之坚垒，现在，这两个坚垒已被他摧毁廓清，“则旧律有关伦纪礼教各条，万无另辑中国人单行法之理，必应逐一修入刑律正文无疑矣”。因此应本旧律之义，用新律之体，将下列内容写进新刑律：

一、干名犯义。干名犯义之律，与亲属容隐之条相为表里，证父攘羊，有乖大义，父子相隐，本乎性真，天理人情之至也。前条已具，而此条未备，殊为阙典。今拟其文曰：

告尊亲属者得实处四等有期徒刑，尊亲属同自首免罪，诬告者处死刑，无期徒刑。亲属相告者得实，被告同自首免罪，卑幼处拘役。诬告者，卑幼处一等至三等有期徒刑，尊长处拘役。

一、犯罪存留养亲。旧律犯罪而有祖父母父母老疾应侍者，苟非常赦所不原，死罪以下皆许留养，所以教孝也；新刑律有宥恕减轻、酌量减轻、缓刑、暂释诸条，用意至为仁厚，而无存留养亲之条，实属漏义，今拟其文曰：

犯罪人祖父母、父母老疾应侍家无次丁者，死刑以下，皆得存留养亲。

一、亲属相奸。亲属相奸古称内乱禽兽行。在中国习俗，为大犯礼教之事。故旧律定罪极重。在德国法律，亦有加重之条。若我刑律不特立专条，非所以维伦纪而防渎乱也。今拟其文曰：

奸父祖妾、伯叔母、姑姐妹、子孙之妇、兄弟之女者，处死刑，无期徒刑。其余亲属相奸者，处一等至三等有期徒刑。

一、亲属相殴。旧律亲属相殴，卑幼殴尊长则加等，尊长殴卑幼则减等，所以重伦常、正名分，维持乎世道人心者至为深远。今草案于伤害尊亲属之身体及对尊亲属加暴行者，均有加重于凡人专条，特于旁支尊长尚无加重明文；而尊长之于单幼，则无论直系旁支，皆无减轻之典。是虽祖父而殴伤于孙，亦将与凡人同论也，按诸中国礼教，殊为未协。今为补拟数条以弥其阙。其文曰：

凡伤害期功以下有服尊长之身体者，依左列分别处断：

一　因而致死笃疾者，死刑或无期徒刑及一等有期徒刑；

二　因而致废笃疾者，无期徒刑或一等至二等有期徒刑；

三　因而致轻微伤害者，二等至四等有期徒刑。

凡对期功以下有服尊长加暴行未至伤害者，处四等至五等有期徒刑及拘役。

凡故杀子孙处五等有期徒刑；若违犯教令，依法决罚，邂逅致死者不为罪。

凡杀期功以下有服卑幼者，处死刑、无期徒刑或一等至四等有期徒刑。

凡伤害期功以下有服卑幼身体者，依左列分别处断：

一　因而致死笃疾者，无期徒刑或五等以上有期徒刑；

二　因而致废疾者，二等至五等有期徒刑；

三　因而致轻微伤害者不为罪。

旧律妻殴夫者加等，夫殴妻者减等，与尊长卑幼同科，本乎夫为妻纲之义也。然夫妻有敌体之礼，与尊长卑幼略有不同。西国夫妻皆平等，日本本与中国同，今已改为平等。今草案无夫妻相犯专条，是亦视为平等也。但于中国礼俗尚不甚协。《传》曰："妻者齐也"；又曰："妇人伏于人也"。是于平等之中又有服从之义，考旧律，妻之子殴父妾者加等，妾殴妻之子者以凡人论。此尊于彼而彼不卑于此，与夫尊于妻，而妻不卑于夫，情形最为相近，可以比拟规定。今拟条文曰：

凡妻伤害夫之身体及加暴行未致伤害者，与卑幼对尊长同；致死者处死刑。夫伤害妻者，照凡人处断。

一、犯奸。旧律和奸杖八十，有夫者杖九十，有夫本重于无夫。今草案专列有夫奸罪，其无夫犯奸者不为罪，则失之太过矣。中国风俗视奸情之事于处女孀妇尤重，若竟不以为罪，殊不当于人心。惟有仍按旧律，分别有夫、无夫为两等，最为平允。但旧律止科杖罪，新律原草案加至四等以下有期徒刑，已为较重；迨各省签驳，又于修正草案加至三等有期徒刑，则未免太重矣。今拟有夫者仍定为四等以下有期徒刑，而无夫者定为五等有期徒刑，以昭平允。拟其文曰：

凡和奸处五等有期徒刑，有夫者处四等以下有期徒刑。

一、子孙违犯教令。旧律子孙违犯教令者杖，屡次触犯呈请发遣者发遣，祖父母、父母呈请释回者，亦有释放成案。子孙治罪之权全在祖父母、父母，实为教孝之盛轨。草案未列此条，殊非孝治天下之道。考俄国之律与中国相仿，可见为人心之所同然。今补其文曰：

凡子孙违犯祖父母、父母教令及奉养有缺者，处拘役；屡次触犯者，处一等有期徒刑。皆祖父母、父母亲告乃坐。如祖父母、父母代为求请减少期限、或宽免者，听。

以上为劳乃宣改革旧律之动议，以及“本旧律之义，用新律之体”之具体措施，终其一生，迄未有变。

（二）沈家本：劳说不合旧义，亦悖新理

理论上的争论，目的在辩明新刑律有关条款之应存应废。对劳乃宣提出的上列修正意见，沈家本则逐一予以批驳，认定修正意见既不合旧义，亦有悖新理：

干名犯义

此告诉之事，应于编纂《判决录》时，于诬告罪中详叙办法，不必另立专条。

犯罪存留养亲

古无罪人留养之法，北魏太和中，始著之令格。《金史·世宗纪》：大定十三年，尚书省奏邓州民范三，殴杀人当死，而亲老无侍。上曰："在丑不争谓之孝，孝然后能养。斯人以一朝之忿忘其身，而有事亲之心乎？可论如法。其亲官与养济"。是此法未尽合理，前人有议之者矣。又嘉庆六年，上谕论承祀，留养两条，有云："凶恶之徒，稔知律有明条，自恃身系单丁，有犯不死，竟至逞凶肆恶。是承祀留养，非以施仁，实以长奸，转似诱人犯法"等语。是我朝祖训亦尝申言其弊，此所当敬谨寻绎者也。此法不编入草案，似尚无悖于礼教。

亲属相奸

新草案和奸有夫之妇，处三等至五等有期徒刑。较原案又加一等者，原包亲属相奸在内，但未明言耳。此等行同禽兽，固大乖礼教，然究为个人之过

恶,未害及于社会,旧律重至立决,未免过严。究之,此等事何处无之,而从无人举发,法太重也。间有因他事牵连而发觉者,办案者亦多曲为声叙,由立决改监候。使非见为过重,何若是之不惮烦哉?大抵法太重,则势难行,定律转同虚设;法稍轻,则人可受,遇事尚可示惩。如有此等案件,处以三等有期徒刑,与旧法之流罪,约略相等,似亦不为过宽。应于《判决录》详定等差,毋庸另立专条。

亲属相盗　亲属相殴

此两条并在酌量减轻之列,应于《判决录》内详定等差,毋庸另立专条。其关乎殴尊亲属者,修正草案内已定有明义矣。

故杀子孙

《公羊传》僖公五年:"晋侯杀其世子申生,曷为直称晋侯以杀?杀世子母弟,直称君者,甚之也。"何休注:"甚之者,甚恶杀亲亲也。"又疏引《春秋》说:"僖五年,晋侯杀其世子申生。襄二十六年,宋公杀其世子痤。残虐枉杀其子,是为父之道缺也。"此可见故杀子孙,实悖《春秋》之义。《康诰》称:"于父不能字厥子,乃疾厥子",在"刑兹无赦"之列。古圣人于此等之人,未尝稍恕之也。《唐律》:"子孙违犯教令,而祖父母、父母殴杀者,徒一年半。以刃杀者,徒二年,故杀者,各加一等(二年、二年半)。即嫡、继、慈、养杀者,又加一等。"《明律》改一年半者为满杖,改二年及二年半者为一年,既失之太轻;其嫡、继、慈、养之致失绝嗣者,复加至绞,又失之过重。此本当损益者也。今试以新草案而论,凡杀人者处死刑、无期徒刑,或一等有期徒刑(此专指谋故言)。如系故杀子、孙,可以处一等有期徒刑,再以酌量减轻条,犯罪之事实情轻,减二等之法减之,可减为三等有期徒刑;而三等之中,又可处以最轻之三年未满,则与《唐律》之轻重亦差相等矣。此条可以明定于《判决录》内,毋庸另立专条。

杀有服卑幼

宋李纲言:"风俗之薄,无甚于骨肉相残。"是同宗自相杀伤,即尊长于卑幼,亦非风俗之善者。若必明定于律文之中,亦徒见其风俗之不良耳。且谋故杀卑幼,旧律之应拟死罪者,于新草案"同凡人论",尚无甚出入。其殴死及殴伤者,照新草案,虽与凡人同论,而按之旧法,亦无大出入。此等但当于《判决录》规定等差,不必多立专条。

妻殴夫夫殴妻

《唐律》:"殴伤妻,减凡人二等;死者,以凡人论。以刃及故杀者,亦同凡人论斩。妻殴夫,徒一年;伤重者,加凡人三等;死者,斩。"故杀亦止于斩也,与凡人罪名相去不远。《明律》:"殴妻非折伤,勿论;折伤以上,加凡斗二等。死者,绞;故杀亦绞。殴夫,满杖;折伤以上加凡人三等;笃疾,绞决;死者,斩;故杀者,凌迟处死。"夫则改轻,妻则改重,遂大相径庭矣。夫妻者,齐也,有敌体之义。乃罪名之轻重,悬绝如此,实非妻齐之本旨。今酌拟办法;凡罪之至死者,无论矣。其殴伤及殴死者,即照伤害人身体条。夫从轻比，妻从重比，与几人稍示区别，似不致大乖乎礼教。亦于《判决录》内详细规定，不必另立专条。

犯奸

无夫之妇女犯奸，欧洲法律并无治罪之文。俄律“污人名节门”，有十四岁以上，尚未及岁之女，为师保人等及仆役诱奸一条；“违禁嫁娶门”，有奸占无夫妇女一条；前条指师保人等言，后条指奸占言，非通常之和奸罪名也。近日学说家多主张不编入律内，此最为外人着眼之处。如必欲增入此层，恐此律必多指摘也。此事有关风化，当于教育上别筹办法，不必编入刑律之中。孔子曰：“齐之以刑”，又曰：“齐之以礼”，自是两事。“齐礼”中有许多设施，非空颁文告遂能收效也。后世教育之不讲，而惟刑是务，岂圣人之意哉！

子孙违犯教令

违犯教令出乎家庭，此全是教育上事。应别设感化院之类，以宏教育之方。此无关于刑事，不必规定于刑律之中。①

这是立法过程中，沈家本指名道姓，反驳对方观点的惟一一篇文字。在沈家本的全面驳斥后，劳乃宣撰《管见声明说帖》，放弃自己对前述几个问题的看法，赞同沈氏意见，但对

① 沈家本：《书劳提学新刑律草案说帖后》，《寄簃文存卷八》，《历代刑法考》(四)，第 2283—2286 页。

"无夫奸"和"子孙违犯教令"二条，坚持己见，并反驳沈氏。

（三）编制局：法律保护人之权利，尊长不能倚法专横

沈氏此文文字极简，列举事实而不做阐述，态度极明。为进一步阐明上述礼教纲目之入律为非，宪政编查馆编制局亦著文辩驳。略谓：

> 干名犯义
>
> 谨按：《唐律》斗讼，立告祖父母、父母及告期亲尊长，缌麻卑幼治罪方法。明律删略卑幼一层，并为一条。正其名曰干名犯义，国朝因之。唐律尊卑并举，俱以得兼容隐为限，犹不失平恕之意。改定之律，反就尊长一面之言，已涉偏重。然细绎律义，所谓干犯者，实指祖父母等对于他人有犯而言，故律注有祖父母等自首者免罪一语。其子孙之为被害之人，不在此例，可以类推。现在设立审判，并附设检察官，职掌提起公诉，如尊长对于他人有犯，除亲告罪外，悉由检察起诉，本无待子孙卑幼干犯。若子孙为被害之人，则立宪之国，应以保护人之权利为主，不能听尊长之倚法专横，略宽呼吁之途，揆诸礼教，未为背驰。本草案之不设干犯之例，并非遗漏。至有犯伪证或诬告之罪，固不妨因系子孙卑幼之故，酌处以本条最重之刑也。
>
> 存留养亲
>
> 谨案：亲老丁单、留养之例，本我国教孝之特

典，第应否查办，限制綦严。例如死罪之案，斗殴必共殴，须理直伤轻，死者并非独子。若谋故杀拒捕，即不在查办之列。窃赃逾贯，必须并非游荡忘亲徒流之案，仍以情节轻重为衡。军流之案，虽无不准留养明文，然历年查办者，百不一见。是留养旷例，初非尽人可得而邀。现在改良监狱，采用教诲主义，除死罪暨流遣罪，常赦所不原外，俱收本地习艺工作，则为之子者，正可藉工作所入，以供养赡之需；为之亲者，亦可得狱官之许可，随时探视。以事实而论，留养本在可删之列。至新刑律所定刑罚，一以核实为主，其应拟死刑，及无期徒刑，在旧律本不准其留养，其一等以下徒刑，既不移乡远戍，更无待于留养。且假释之例，过刑期四分之三，可由狱官酌予释放，与从前之长年幽系不同。草案未经采入，似非漏义。（又按：新定刑事诉讼律草案，第四百八十七条，受徒刑拘役之囚，现有事故，致发生于处刑之目的外重大不利益时，得因其请求，于预定期间内，停止推行。是徒刑之囚，如遇有父母疾病危殆，无人侍奉，亦可援刑诉于一定之期限内，暂时回家奉养。特不能径作为无罪之人，较旧律限制稍严耳。）

亲属相奸

谨案：此条草案无文，盖欲赅于奸罪之内。议者增立条文，并定其文为死刑，殊于法理未协。查亲属相奸，惟德意志刑法有之。（第一百七十三条：血族之间，尊长与卑幼相奸者，尊长处五年以下惩役，卑幼处二年以下禁锢。姻族之间，尊长与卑幼，及兄弟与姐妹相奸者，处二年以下禁锢。）其刑仅止惩役禁锢。窃谓此罪之不宜处死刑，其理由有三：一、私生子列入户籍，各国皆同。即现行律亦有责付奸夫收养之例。私生子虽未能等于齐民，而对于奸夫奸妇，父母之义固在也。假令亲属之间，因奸而孕，则奸妇必援例待产后百日行刑可知。既产之后，私生之子不能因亲属相奸之故，扑杀之，殄灭之，必援例责付奸夫之家属收养又可知。乃留其子，而戮其父若母，将来此子成立，终于浑浑噩噩，獉獉狉狉，无人类之知识则已，若稍有人类之知识，回省己之身体成立之由，即伊父母被诛之日，试问何地自容。在朝廷尚有生成之德，而法律必欲使其局天蹐地，长为哀哀无告之民，忍乎否乎？二、奸罪亲告乃坐，此中外通例，刑事诉讼律亲告罪，许其随时撤销，以其异于非亲告罪也。从一方面观之，既许其撤销；另一方面观之，又须处于极典，其中宽严相距，不可以道里计。揆之各国，实无如此自相矛盾之立法例。三、旧律沿自隋唐，与现今之风俗人情，不尽吻合，条目虽多，半属徒法，亲属相奸，亦其一也。立宪以后，一切法律，应以实行为主，如仍蹈故辙，多立死罪条文，故令不能实行，非唯法律之威信扫地，将何以焕发立宪之精神？以上三端，亲属相奸之不应处以死刑有断然者。昔汉高祖入关，与民约法三章，杀人者死，伤人及盗抵罪。此数语最为简要。同光间，长安薛大司寇，官秋曹，治狱有声，海内奉为圭臬。居恒与人言，奸罪究与谋故杀不同，不宜科以死刑。持论多与泰西学者合。此可见法律乃专门科目，只与知者道也。

亲属相殴 妻殴夫夫殴妻

谨案：以上条，详沈大臣说帖，兹不赘及。

犯奸

谨案：旧律犯奸一门，由杖而至斩决，以一事竟备全部之刑名，用心良苦。然历年成案，犯奸大率因他事牵连发见，其纯粹之奸案，由父母本夫亲告者，罕见其事。在国家之形式一面言，出礼入刑，未始不推法律纠正之力。自社会之实际方面言，溱洧之行，何地蔑有？特羞恶之心，人所同具，孰肯论诉公庭，自曝其闺门之丑德。此可见礼之与法，分为二事。风俗改良，端在教育，圣人耻格之说，诚千古不磨定论也。修订法律，肇于商约，为收回治外法权起见，实非采大同之制不为功。议者谓收回与否，尚有种种方面，非止刑律。继复云：近今奉天审判厅，有外国人愿来控诉，愿遵断惩罚，是时中国旧律，固未尝变更只字也。由前之论，未免视之大难；由后之论，又无乃过易。夫收回治外法权一语，乃外国人之为被告人，从我审判衙门，依法律判断之谓。若外国人之为原告，则所在地方官厅，均可申诉。天津条约俱在，可以复按，固不得执此即为收回治外法权之明证也。

违犯教令

谨案：钦定宪法大纲，臣民权利义务，非按法律所定，不加以逮捕监禁处罚，是人民之应处罚与否，以法律之有明文为断。本草案凡子之对于尊亲属，俱用特例，较旧律加详。即第三百十六条，对尊亲属加暴行未至伤害之规定，凡旧律触忤不孝各项行为，亦赅括靡遗。今于各项规定之外，复括其词曰违犯教令，语涉含混，并不明指其事项，与旧律之比附援引，及不应为等条，弊害相等，其为不按法律可知。夫人之禀赋不齐，以普通言之，中人以下，居其多数。如教令而是也，则可从而故违，犹可曲为之解；设教令而非也，而用法律翼助尊属强迫人子以行乱命，有是理乎？又宪法大纲，君上大权，总揽司法权，委任审判衙门，遵钦定法律行之。是审判衙门之审判权，乃司法官假君上之命以行者。何等郑重。旧律子孙触犯，呈送发遣，仅凭父母之一言，直以君上之大权，畀诸个人之手矣。凡此均与立宪之宗旨不符。夫家庭之间，宜以道德涵养其慈孝之风，不宜毛举细微，动绳国宪，致令天性日漓，趋于浇薄。此孟子所谓父子之间不责善，汉桓宽所谓闻礼义行而刑罚中，未闻刑罚行而孝悌兴是也。各国民法，亲权最重；遇有必要情形，本可酌施惩戒。我国现在编辑民律，自应仿照增入。总之，教令一事，属之亲权则可，属之刑律则不可。如谓游荡不务正业，迹近违犯，则违警律固有治罪专条也。至奉养有缺，已定于草案第三百三十九条，原定为三等以上有期徒刑（原案第三百三十八条第二项），嗣因湖南签注，增无期徒刑。议者所补之文，仅予拘役，反觉轻重悬殊，此殆摭拾耳闻，未暇就原案以研索之欤。①

① 《编制局劳提学新刑律说帖驳议》，载《法政浅说报》第21期。

综合沈家本与编制局两说，可见当日法律馆和宪政馆中诸人，上至修律大臣，下迄编纂者，对此等礼教条目，态度均极为鲜明。[①]

四　规范各异，道德与法律应否分离——“无夫奸”与“子孙违反教令”

经沈家本与宪政馆、法律馆诸人的辩驳，劳乃宣亦感所拟修正纲目欠妥，因而收回大部分修正意见。惟无夫奸与子孙违犯教令两项，终认法派诸人法律道德分离，必致危害社会治安，而断断以辩。

（一）“无夫奸”应否入律定罪

1. 劳乃宣：“无夫奸”是天然的犯罪

针对沈家本和编制局的论点，劳乃宣反驳说：

天下刑律无不本于礼教，事之合乎礼教者，彼此自相安无事，其不合乎礼教者，必生争端。一生争端，必妨治安，故以刑治之以泯争端，即以保治安，谓法律与礼义两不相涉，教育与用刑全不相关，皆伪言也。外国礼俗，夫妇终身相处，子女年长即应自主，不归父母管束。故夫妇之关系重于父子。有夫之妇与人通奸，其夫必不能容，必生争端。既生争端，即

① 董康诸人亦有论说，从略。

妨治安，故国家定以为罪。若未婚之女与人私通，他人绝不讪笑其父母，其父母亦不引为耻辱。舅姑之于寡妇，更属不能过问。故无夫妇女与人通奸，不致有生争端，即不致有妨治安，其国家之不定为罪，宜也。

中国则不然。在室之女犯奸，为家门之辱，贻笑于人，其父母视为大耻，其忿怒尤甚于夫之于妻；寡妇犯奸，其舅姑亲属之耻与怒亦等于父母之于女，断无不生争端不妨治安之理。若不明定罪名，民心必不能服，地方必不能安，今使有处女、寡妇与人通奸，为其父母舅姑所捉获，事发到官，官判以无罪而两释之，吾恐其父母舅姑之羞忿无以自容，强者将剸刃，弱者将自裁，合境之民亦将哗然不服矣。果能无害于治安乎！凡有害于治安之事，即应治以刑法之事，故中国法律无夫之妇女犯奸一端，万不可不编入也。

总之，出礼入刑，中外一理。无夫妇女犯奸，在外国礼教不以为非，故不必治罪，而在中国礼教，则为大犯不韪之事。故不能不治罪，此理至明，无待巧辩。[①]

助乃宣而著文论说者，当时尚有内阁学士陈宝琛、山东青岛特别高等专门学堂德国教习赫善心等人。所论大旨与劳说约略相似。

2. 杨度："无夫奸"入律定罪有四不便

① 劳乃宣：《声明管见说帖》，载《新刑律修正案汇录》。

无夫奸之不应入律定罪，资政院议场为此而爆发激烈之辩论，杨度阐发新刑律宗旨，认无夫奸定罪入律有四不便：

第一，于立法上不便。国家对于国内女子犯奸之事，采取三种办法：为维持社会风化起见，有夫之妇无论和奸、强奸都在禁止之列。此为第一种办法。然欲全国妇女都坚贞节操，即国家亦有所不能。例如娼妓，各国都无禁止之法。非不知与风化有关，因事实上不能断绝，故不仅不禁止，且为法律所允许。此为第二种办法。至于无夫妇女与人和奸，国家对此既不禁止，亦不允许，全采放任。是为第三种办法。国家对奸罪若不采此三法，必不公平。而国家立法又必得其平，故不能不作如此区别。

第二，于司法上不便。和奸必须搜求证据，而搜求证据非常费力，于审判上实有不便。

第三，于外交上不便。刑律改良，原为撤去领事裁判权之预备，新律若与各国法律原理原则不同，不能得各国之赞成，则生交涉，必多阻力。因为各国刑法没有此条，如将此条加入正文，将来如中国男子女子与外国人和奸，中国要按法律办理，外国人势必不受裁判，则于撤去领事裁判权有所藉口。

第四，于礼教上不便。《管子》云：礼义廉耻，国之四维，四维不张，国乃灭亡。礼义廉耻是礼教的条目，但就“耻”、“慈”二字而论，无夫妇女与人和奸是最可耻的事。因为可耻，所以一家人对于社会都有名誉之关系，恐为社会所诟病。女子如有此事，其父母必深以为耻。父母既以为耻，必于平日教育上格外加意，使其子女无与人和奸之事。即因教育不善，发生此种丑事，其父母引以为耻，必不肯送至审判厅判决，以致口说流传、报纸登载。假使某些父母不以为耻，必欲宣布于外，使众人耳而目之，此种父母与无耻之女子，其贤不肖相去其间。如真以为耻，必秘而不宣，决不欲以国家之刑法审判之。因此，无夫奸不列正条入罪，正所以养社会之廉耻，欲以维持礼教也。对于家庭父慈子孝之间，也是一种维持的方法。父母对于子女决不欲蒙以耻辱之名，使其终身无婚嫁之望。另外，刑律即有此条，亦形同虚设。所以国家对此种事并不是不理，因为在教育之范围，而非在法律之范围。[①]

反对将无夫奸入罪的议员，在议场辩论中特别强调道德与法律原是两件事。主张礼教，重视道德，就必须另想办法维持礼教和道德。不能把礼教道德放在新刑律里头维持就算了事。要是放在刑律里头去维持，这个礼教就算亡了。孔子说：道之以政，齐之以刑，民免而无耻，道之以德，齐之于礼，有耻且格。可见要维持道德，就要有维持的方法，不能把道德与法律规定在一起就说是维持道德。道德的范围宽，法律的道德范围窄，法律是国家制裁，道德是生于人心的。因此关系道德的事，法律并包括不住。再以社会上存在的无夫奸的事实而论，地方向来放荡不道的人想要奸人妇女，但是他有所忌惮不敢公然去实行的缘故何在？他不是怕法律上有杖八十的刑罚，而是怕社会舆论，怕自己名誉扫地；再则怕所奸妇女家里男人忿恨，以致被杀伤，因此，法律不载明此条，社会风俗也不致一败不可收拾；法律载了此条，社会上奸无夫妇女之事也是阻止不住仍然有的。总之，属于道德上的事情，法律并不能全予解决。[②]

---

① 《资政院议场速记录》第 23 号，杨度演讲。

② 《资政院议场速记录》第 39 号，议员胡礽泰、雷奋等发言。

3. 冈田朝太郎："无夫奸"定罪不合法理

日人冈田朝太郎就法律与道德之关系著论阐述无夫奸应否入罪。他论证说：

国法中处罚奸非等罪，其最宜慎重者，须划清个人道德与社会道德之界限。盖恐教育与法律混淆而为一也。然此观念，尚未完全发达之时代，往往刑律适用过广，致使政教区别不明。即以欧洲之例证之，昔耶稣教势力渐盛时代，除正当婚姻外，凡男女之间，或男子与男子，女子与女子，又或人畜之间，有为淫行者，一律科以重刑。其奸非罪名中，有单纯和奸、纳妾、乱伦、密婚、略婚、强奸、有夫奸、亲族相婚、重婚、兽婚等细目，犯者多处死刑。惟此种关系，日耳曼法与拉丁法之主义，不无少异。日耳曼法，则保护奖励正当之婚姻，其余概行处罚。而拉丁法则不若日耳曼法之严密。虽当耶稣教势力最盛时代，亦不至于正婚以外之行为，一律处罚。两者虽有宽严之别，然于违反宗教规则之行为，一律认为犯罪，其结果遂至有夫奸以外，如寻常私通和奸等，亦以之为犯罪行为。洎乎十八世纪之末，道德宗教法律之混淆，达于极点，其反动力，遂有划清界限之说。于是法德两国，渐就旧法中删去各种奸非罪名。虽法国法系与德国法系，其删订之程度，相去甚远。然在十九世纪，所有一般法律思想，无不以属于道德范围之恶事，与属于宗教范围之罪恶，概置诸法律以外。而其现象，尤以刑律中奸非罪之变更，最为显著者也。

自兹以后，奸非罪之应属于家庭教育，个人心术所支配者，概从删减。刑法中所处罚之奸非罪，(第一)因公然实施，致污善良风俗者。(第二)以强暴实施之者(第三)对于无完全承诺能力之人而实施者。(第四)破坏正当婚姻之效力者。(第五)足以诱引奸淫之恶习者。其余如单纯和奸、纳妾、调奸等罪，东西各国，刑律中殆至绝踪。由是观之，昔之东西诸外国，何尝不以和奸为罪。今以之置诸刑律以外者，诚以道德教育之所系，非刑律所能禁制，安用此无益之规定哉?

自刑律发达之程度观之，凡法典之进步者，概无和奸罪规定。其沿革姑置不论，试就法理与实际，两面研究之，亦有不立规定于刑律以内者。

以法理言，凡害及社会之行为，有刑罚之效力所能及者，亦有不能及者。刑罚效力所不能及，而属教育之范围者，自不得不舍刑罚而注重教育。如对于幼者所设之感化场是。亦有刑罚效力，不如疗治效力之大者，又不得不舍刑罚而施以疗治，如对于疯癫者所设之监置场是。又有暂不执行所宣告之刑罚，使犯人反省，而其效更著者，则亦不得不犹预其执行，如对于初犯者所施缓刑之制度是。以上三者，要不外刑期无刑之政策，各施以适宜之预防而已。夫寻常和奸行为，不过违反道德已耳。其害并未及于社会也。即使谓其害及于社会，然不得即据此以为必列于刑章之内，而加于刑罚之之理由也。何则？刑罚者必就其性质，与其分量，及其他社会一切之状态，而以其效力之能及与否为断者也。故如游荡饮食之徒，荒淫之辈，未闻刑律中定以罪名者，实以刑罚之效力，不如伦理教育宗教之为效易且大也。世无无父兄之子女，苟新民法中，严订监护制度，以补其不足，养成家庭严正之风，初等以上学堂之智育德育，日渐进步，奖励个人自制之能力，且有新闻杂志舆论，以涵养公众廉耻之心，则道德日盛，习俗自移。至是而谓无刑罚之故，致寻常和奸犯罪，日见增加，无是理也。

更以实际言其不便之处，约有四端：一曰立法，二曰检举，三曰审判，四曰外交。试先就立法论之。（一）今姑韪众议，增人寻常和奸一条，其刑罚宽严之问题，不应如旧日之处于死刑，或长期自由刑者，自不待论。然轻微处分，终不足禁制男女之私情，则仍属无益之规定耳。（二）娼妓娼妇，其初亦处女也。寻常和奸处罚，而许娼妓营业，殊不得谓为贯彻理论之法律。而禁绝娼妓，又属能言而不能行之空论。此二者立法上之不便也。

更就检举上之不便言之：（一）刑律中苟设此种罪名，必至贫贱者不能免缧绁之累，而富贵者，则搜索无从，往往倖逃法外。与刑律四民平等之原则，恰相背驰。（二）若不分贵贱老弱，凡有秽行风闻者，一律逮捕处罚，使人丧失终身之名誉幸福，实与社会上死刑无异。甚或以处刑罚故，而一家一族，为社会所不齿。此又实施检举上之不便也。

且也此种犯罪，往往于秘密之秘密中行之，其留有证迹者极甚少。故不惟检举上异常困难，且审判上亦必至流于擅断之弊。

矧以国交关系言，中国将来改正条约，收回领事裁判权之际，如刑律中定有寻常和奸之条，必有倡议反对者，即幸而不至反对，而实施以后，若遇有外国人和奸案件，一律处于刑罚。在外国虽不能据法律论提出抗议，然感情既恶，恐亦不免引起外交上纷杂之问题。所得不偿所失，孰有过于此者哉。

不合法理，及实地上之不便如此，其故人亦非不知之也。而何以主张增入和奸罪者之多也。无他，中国重视伦常风化，复惑于处罚和奸，即可以维持伦常风化之空论。于是，明知为无益具文，仍哓哓置辩不已。推原其故，亦不明礼教法律之界限，且欲藉此博旧社会之虚名耳。况违反伦常，侵害社会之行为，苟为刑罚效力所不及，其适用必至困难。人民若知法律为有名无实之具，则刑律之威信扫地。必至因此无益之条项，而蔑视全体之法则。故增入和奸一条之具文，其弊犹小；失刑律全体之威信，其弊何可胜言耶。东西各国，亦认和奸为宗教上道德上之罪恶。且进而认为妨害社会之罪恶，原与中国无异，然其刑律中，概无和奸罪之规定者，岂偶然哉？泥于礼教，不明法理，其法决非完全之法。①

① 《冈田博士论刑律不宜增入和奸罪之罚则》，载《法政浅说报》第15期。

（二）“子孙违犯教令”如何制裁

劳乃宣坚持“子孙违犯教令”必须列入刑律，指出：

> 《周官》八刑，一曰不孝之刑。俄国刑法亦有逞送忤逆之条。谓违犯教令全是教育之事，无关刑民事件，殆不其然。感化院之类，天下千余州县，一时何能编设。若子孙触忤祖父母、父母，官府无惩治之法，祖若父无逞送之所，实为大拂民情之事。且律中即有此条，于收回裁判权决无干碍。何也？逞送出于其祖其父，若外国人不以子孙违犯为罪，尽可不来逞送。此条存于律中，于彼固毫无妨损也。此条甚有关系，仍应照增，万不可删。[1]

资政院因会期已满，对此条未作辩论。舌战虽免，笔战难消。法派反驳说：“违反教令之事项，应属于民律，不应置诸刑律。此各国大同之原则。”即将上奏之民律，亲权内之惩罚权，仿照各国，父母在必要之范围内，将其子女呈送初级审判厅，处六月以下惩戒处分。民律中既定有惩戒之权，遇有违犯教令之事，即可由父母临时行使此权。立宪各国法律，无不分析刑事民事。民事之条款，断不宜牵入刑事之内。且教令之义过涉广漠。若教令系事之大者，例如教令不许杀人放火、强奸抢夺，而其子故犯，则自有杀人放火强奸抢夺等条，可科违

① 劳乃宣：《声明管见说帖》，载《新刑律修正案汇录》。

犯罪,已在吸收之列。如教令系事之小者,例如父母教令其入甲之学校,而其子违犯入乙之学校,遇此情形,并无受刑事追诉之理由。若谓违犯教令,专以矫正子之游荡不务正业者而议,则违警律固有治罪之专条。①

日本冈田博士著论专辩此条不入刑律之理由:(1) 律文所用"教令"字样范围过广,不能辨识入于罪之行为与出于罪之行为。(2) 祖父母父母教令权限未经明定,若其所命彼此不一致时,不能判断子孙行为之有无犯罪。(3) 若将一切违犯教令之行为科以刑罚,是逾越法刑范围而侵入伦常范围者。若斟酌取舍,或罚或不罚,殆将刑律视为具文。理论与实地两不合宜。(4) 祖父母父母在民法上分别享有亲权以及惩戒权,于其权内本可督责子孙之行为,无须用刑事之制裁。总之,祖父母父母之于子女,于伦常有教令之力,于人道有慈爱之情,于法律有惩戒之权,不宜藉刑律之威力也。②

松冈义正著文则专论此条应入民律,而不应规定于刑律。理由略谓:子有恶习,得据惩戒而矫正之。故各国民律,概准亲权人(即父母)在养育及教育之必要范围内,自行惩戒其子。或经审判衙门之许可,送入惩戒场(日本民法 882,法民法 375—382,意民法 222,西班牙民法 154—157,荷兰民法 357—359,德民法 1631 等)。送入惩戒场办法及惩戒制度,各国不同。若以日本言之,审判衙门据亲权人之申请,准以六个月以下之范围内,将服亲权之子(独立营生计之成年人不服亲权),送入惩戒场。亲权人如欲缩短在场期间,可以随时申请。

① 《董科员青岛赫教习说帖驳议》,载《法政浅说报》第 18 期。

② 《论大清新刑律重视礼教》,载《法学杂志》第 3 期。

惩戒场以各府县之感化院充之。民律中所以设此项规定者，因此非国家刑罚权之发动，乃亲权之作用故耳。①

五 杀死奸夫：旧律不合法理，无益政治、风俗和民生

“无夫奸”的争论，较“子孙违反教令”的争论，尤为激烈。这个争论，牵涉清律的两条律文。清律第336条“犯奸”规定，和奸有罪，无夫奸杖八十，有夫奸杖九十。这是事发到官，由官府依律处断，刑罚不算太重。但是，对这种犯罪，清律第285条“杀死奸夫”又允许本夫及亲属在奸所杀死奸夫奸妇。民间更有“杀奸杀双”之说。新刑律不认“无夫奸”有罪，那么，“杀奸”行为便为法律所禁。这是“无夫奸”争论的症结。针对这一症结，沈家本撰《论杀死奸夫》，指出这种行为的不合理性。这是礼法论争中的一篇重要论说。抄录如下：

> 唐《捕亡律》：“诸被人殴击折伤以上，若盗及强奸，虽旁人皆得捕系以送官司。注：‘即奸同籍内，虽和，听从捕格法。’”《疏议》曰：“言同籍之内，明是不限良贱亲疏，虽和奸，亦听从上条捕格之法。问曰：‘亲戚共外人和奸，若捕送官司，即于亲有罪。律许捕格，未知捕者得告亲罪以否？’答曰：‘若男女俱是本亲，合相容隐。既两俱有罪，不合捕格告言。若所亲共他人奸，他人即合有罪，于亲虽合容隐，非

① 《松冈判事书劳提学新刑律说帖后》，载《法政浅学报》第17期。

是故相告言，因捕罪人，事相连及，其于捕者，不合有罪。和奸之人，两依律断。'"按《唐律》别无杀奸之条，即该于《捕亡律》内。所谓捕格法者，视罪人之拒捍、不拒捍为分别。拒捍者持仗，则格杀勿论。空手而杀，则徒二年。不拒悍及已就拘执而杀及折伤者，各以斗杀伤论。是《唐律》于奸人非持仗拒捍者，不得辄杀之也。《元律》诸妻妾与人奸，夫于奸所杀其奸夫及其妻妾，及为人妻杀其强奸之夫，并不坐。若于奸所杀其奸夫而妻妾获免，其杀妻妾而奸夫获免者，杖一百七。始有同时杀死奸夫奸妇不坐之律。《明律》盖因于元，特设杀死奸夫律一条，并增入止杀奸夫一层，视元为更宽矣。

窃谓后人立法，必胜于前人，方可行之无弊。若设一律，而未能尽合乎法理，又未能有益于政治、风俗、民生，则何贵乎有此法也。如此律之可议者，约有数端：

凡人和奸罪名，《唐律》徒一年半，元改为杖，《明律》则分杖八十、九十二等，并不当杀也。不当杀而杀，实为法之所不许。法既不许，乌得无罪？有罪而予之以罪，义也。明明有罪而许为无罪，则悖乎义矣。悖乎义者，不合乎法理。此可议者一。

罪人拒捕，律载罪人本犯应死之罪而擅杀者，杖一百。注："以捕亡一时忿激，言若有私谋另议。"《辑注》云："按擅杀止杖一百之法，本为捕亡者而言，然必罪人有逃走之情，捕人别无私意之事，方拟此律，在常人不得引用也。观狱卒陵虐罪囚至死者绞，罪囚之中固有应死者矣，何以概曰绞乎？又死囚令人自杀者，下手之人以斗杀论。既曰死罪囚矣，何以又曰斗杀论乎？以此推之，常人擅杀死罪之囚人，自当另议也。”观于此说，即罪犯应死之人，常人亦不得任意杀之，而况非罪犯应死之人乎。和奸，律止拟杖，与罪犯应死者大相悬殊。在官司差人擅杀应死罪犯，尚应拟杖，而谓常人可以任意杀人，所杀者又罪止拟杖之人，轻重相衡，失其序矣。失其序者，不合乎法理。此可议者二。

妇人淫佚，于礼当出，载在《户律》出妻条内，无死法也。其犯七出有三不去而出之者，杖六十。《唐律》此层，有恶疾及奸不用。此律之文，而《明律》删之。是有三不去者，出亦不许矣。出且不许，况于杀乎。不许其出而许其杀，两律显相矛盾。夫君子绝交尚不出恶声，况于妻乎。当出者出，礼也，其不可杀，亦礼也。不可杀而杀，违乎礼矣。违乎礼者，不合乎法理。此可议者三。

好生恶杀，人之常情，况事关门内，断无立置诸死之理。律所以有亲属相为容隐之文也（《唐律》本亲合相容隐）。乃以骨肉之亲，床第之爱，惨相屠戮，其忍而为此，于情岂终能安乎？情不能安，即乖乎情矣。乖乎情者，不合乎法理。此可议者四。

以上四端，皆于法律之原理有未能尽合者也。又如杀人之权操自国家，故凶暴之徒尚不敢肆其残忍。若杀人而可勿论，将报复相寻，罔知顾忌，无论奸情暧昧，难保无虚捏之事，就令情真事实，而私相戕贼，男女并命，甚则剖腹断头，情凶状惨，乡愚无识，方以自豪，是人人有杀人之权矣。此有关乎政治。可议者五。

世风浇薄，为政者闲之以义，尤贵导之以仁。杀人者不仁之事，国家禁戢之尚虑其难靖也。今有杀人者不以为非，而以为是，是非惟不禁戢之，不几于奖励之乎。恐残杀之习，中于人心，势将日甚。此有关乎风俗。可议者六。

奸淫有伤风化，从重惩创，固属扶持世教之心。第人之不善，千汇万状，奸罪其一端耳。其重于奸罪者何限，乃他罪皆无许人擅杀之文。即如窃盗一项，必持仗拒捕，格杀者方可勿论，其登时追捕殴打至死者，尚问满徒。独此例则杀人不必科罪，世俗更有杀奸杀双之说，于是既杀奸夫者，必杀奸妇。往往初意捉奸，不过殴打泄忿，迨奸夫毙命，即不得不并奸妇而杀之。奸妇即跪地哀求，矢誓悔过，在本夫初未尝有杀之之心，而竟有不得不杀之势。更有因他事杀人，并杀妻以求免罪者。自此例行，而世之死于非命者，不知凡几，其冤死者亦比比也。此有关于民生。可议者七。

解之者曰："夜无故入人家，主家登时杀死者勿论，奸、盗罪人均已包括在内。此条奸所获奸，登时杀死，尚与主家登时杀死勿论之律意相符，第未将拘执而杀拟徒一层纂入，故不免稍有参差耳。"按：夜无故入人家律《辑注》云："时在昏夜，又无事故，主家惊觉，不知其何人，不知为何事，登时在家内格杀身死者勿论。盖无故而来，其意莫测，安知非刺客奸人？主家惧为所伤，情急势迫，仓猝防御而杀之，故得原宥耳。”据此说，则凡非情急势迫者，即不得用此律矣。捉奸之事，皆先知之而后前往，有何情急势迫之可言？按之此律，意难吻合。《元律》但杀奸夫或但杀奸妇者，皆不能勿论。可见定律初意，并非参取此律之意也。

或又曰：“《唐律》夜无故入人家条，若知非侵犯而杀伤者，减斗杀伤二等。《疏议》问曰：‘外人来奸，主人旧已知委，夜入而杀，亦得勿论以否？’答曰：‘律开听杀之文，本防侵犯之辈，设令旧知奸秽，终是法所不容。但夜入人家，理或难辩，纵令知犯，亦为罪人。若其杀即加罪，便恐长其侵暴。登时许杀。理用无疑。况文称知非侵犯而杀伤者减斗杀伤二等，即明知是侵犯而杀，自然依律勿论。’据《疏议》答问，与捉奸之事，足相印证，此条律文，非无根据也。”按：《唐律》“知非侵犯”，《疏议》谓知其迷误，或因醉乱，及老小疾患并及妇人不能侵犯。此得减斗杀伤二等者，以其无故夜入也。《疏议》于旧知奸秽一层，亦有夜入理或难辩之语，是所重实在夜入、无故四字。若捉奸者，不必皆于夜，且奸妇乃主家人，非外人也，与夜入之义相径庭矣。请更以《唐律》推之。男女俱是本亲，不许捕格告言，即旧例卑幼不得杀尊长之意。其杀伤从捕格法，与他律亦不至歧异，则无乖乎法理。非持仗拒捍不得辄杀，则政权不旁移。余犯应死而杀者，且科以加役流，则悍夫不敢逞。此

> 前人之法胜于后人者也。
>
> 明代深于律学者，盖亦心知其非而不敢轻议，于是有或调戏未成奸，或虽成奸已就拘执，或非奸所捕获，皆不得拘此律之解释。诸读律家并宗其说。本朝修律，遂纂入《律注》，正所以救正其失也。而终于因仍不改者，沿习既久，莫之敢议耳。后来条例日益增多，樛葛纷纭，抵捂不免，证诸《唐律》，有不能尽符者矣。①

在这篇文章中，沈家本溯本探源，通过解说法理、政治、风俗、民生，否定杀奸旧律，为法派否定“无夫奸”有罪奠定了理论基础。

六　国家主义与家族主义
——新旧法律的原理原则

宣统二年（1910 年）九月一日，资政院召集议员正式开会。十一月，议员议决新刑律，宪政编查馆派员代表政府，到议场说明新刑律的立法宗旨，争论由民间转入议场。而且因特派员的演讲，在法律原理原则上首起冲突，争辩不休。

（一）杨度的国家主义理论

杨度作为宪政编查馆特派员，到资政院议场代表政府阐

① 《寄簃文存卷二》，《历代刑法考》（四），第 2083—2087 页。

明新刑律的宗旨。他在演说中指出：旧律的原理原则与现在预备立宪的宗旨不符，按照“立宪的原则，立法司法是分开独立的”，司法审判的依据是法律。但是旧律的比附援引原则正好与这一立宪原则相反，“是使司法之时而有立法之意”，“司法包含立法”。其次立宪国“既许人民之自由，即不可不有一种正当的法律以防范之。其所以防范者，使其自由于法律之中，不得自由于法律之外，而正当的法律必须有正当条文。因此国内宪政进行之时，必须使一切法律都与宪政相符合。所以，旧律既不适用，不能不改用新刑律”。

从国际方面看，世界各国的法典，如果原理原则相同，审判上就“彼此互相尊重国权”，服从所在国的审判。“如那一国法律与各国原理原则相违背，则外国人在其国中不能遵守本国(按：即所在国)法律。”中国领事裁判权的产生，原因正在于此，“我国数十年来教案层见叠出，此理由全在自己的法律与世界共同法律原理原则不相符合以致如此”。现在，各国既然承认中国改良法律便撤去领事裁判权，我们就要趁此机会，先用各国共同的法律原理原则，改良自己的法律与审判制度，“然后可以根据条约，使他撤去领事裁判权”。

要立宪，要撤去领事裁判权，就必须制定适于立宪，适于撤去领事裁判权的新法律。按照这种需要而制定的新法律，就不能不与旧律产生“精神上主义上之分别”。分别在什么地方呢？他认为：两者的区别主要在于旧律依据家族主义，新律依据国家主义。

他论证说：所谓家族主义，就是以家族为本位的国家制度。国家“以家族为本位，对于家族的犯罪，就是对于国家的犯罪；国家须维持家族的制度，才能有所凭借，以维持社会”。

家族制度的特点是严定家族内部的尊卑等级。据此精神法律规定，家族内一人犯罪，诛及父母，连坐族长。“国家为维持家族制度，即不能不使家长对于朝廷负责任。其诛九族夷三族就是使他对于朝廷负责任的意思。”家长既然要对朝廷负其责任，朝廷“在法律上就不能不与之特别之权，并将立法权司法权均付其家族，以使其责任益为完全，所以有家法之说。所谓家法者，即家长所立之法，此即国家与家长以立法之权”。形成这种制度的原因是什么呢？因为国家“要恃家族制度，以保护国家与治安，故并立（法）司法之权以付与（予）家长。故家长对于一家之中，可以行其专制之手段，有无上之权柄”。这种制度通行的结果，造成家庭成员没有独立的人格，“无论四五十岁之儿子，对于七八十岁之父母，丝毫不敢违犯”。

所谓国家主义，则正好与家族主义相反。它是以个人为本位的国家制度，“国家对于人民有教之之法，有养之之法。即人民对于国家亦不能不负责任。其对于外，则当举国皆兵以御外侮，对于内则保全安宁之秩序。必使人人生计发达，能力发达，然后国家日臻发达，而社会也相安于无事”。人民对国家负担义务，国家给人民自由的权利。所以，“各国法律对于人民有成年不成年之别”。在没有成年以前，他对国家的一切权利义务，交给家长代替行使；成年后，家长就把这些权利义务还给他本人，由他本人行使，不能代替。

根据进化论，杨度认为，一切国家都有家族制度的阶段。历史上所有国家的政治法律都经历过家族主义支配的时代。区别仅在于，有的国家制度发达较早，很快由家族主义进至国家主义；有的发达很迟，到现在还是家族主义。中国就是国家主义发达很迟的国家。

他阐述中国国家主义所以发达很迟的原因说：中国古代“无所谓国际”的概念，国家就是天下，天下就是国家，国家与国际的概念混而为一。各代封建帝王“只要维持社会，即足以保国家之治安，并无世界竞争之必要”。所以家族制度在那个时代，是适于统治的制度。正因为这样，所以“二千多年之法律，均本于秦”。这种家族制度的封建法律，完全能够达到维护社会治安的目的，所以国家主义在中国迟迟不能发达。

历史发展到现在，国家与国际的概念大明。列强的侵入，严重威胁中国的存亡。家族主义已不适于国家的治理。国家主义不发达，造成了中国的贫穷落后。变家族主义而为国家主义，是中国由弱转强的迫切需要。

他具体分析说：号称四亿人口的中国，为什么不能和外国相抗？原因就在于这四亿人口“只能算四万万人，不能算四万万国民”。他们“都是对于家族负责任，并非对于国家负责任”。四亿人分两种：家长和家人。家长对家人负有特别的权利义务，家人又分两类：男子和女子，女子附属于男子，她们“不仅对于国家不负责任，即对于家庭亦不负责任”。家庭义务全由家长一人负担。所以，人口虽有四亿，但是“自国家观之，所与国家直接者亦不过是少数之家长而已。其余家人概与国家无关系也”。

这少数家长，不管是做工还是经商，都有家庭负累。他们更多的是尽家庭的义务，负养活妻和子的责任，而不是尽国家的义务，负国家兴亡的责任。他特别论述家长中做官吏的部分，指出：这些人为官作吏，按道理他们对国家负有义不容辞的责任；但是，其实不然，他们“与其说对国家负责任，无宁说对家族负责任”。他论证说：人们所痛恨责备的贪官污吏，他们为什么会贪污呢?“无非是有妻、子之累,内顾之忧”。他们做官的宗旨是尽家族的义务,取得养活妻、子的资财。因此“只要得几文钱以之养家足矣,与国家本无关系也”。但是,如果按照家族主义的观点,这种贪官还不能十分责备,“因为他对于国家虽是贪官污吏,而对于家族都是个慈父孝子、贤兄悌弟”。

总之,由于中国大多数人对于国家没有直接的权利义务关系,对国家兴亡不负责任,少数家长虽有责任,但又力所不及,为官作吏的家长,虽为贪官污吏,但又是慈父孝子贤兄悌弟,所以中国虽号称四亿人口,也不能与外国相抗而屡战屡败,“中国之坏,就由于慈父孝子贤兄悌弟之太多,而忠臣之太少”。

家族主义的弊病如此之大,所以从国家的前途出发,必须将国家主义作为改定法制的宗旨,以便使家长由慈父孝子贤兄悌弟变为国之忠臣,使家人有独立生计,独立能力。国家给他们“营业居处言论等等自由,使其对国家负责任”。这样,他们就由“人”进到了“国民”。新刑律正是本此宗旨,减少了家族制度的条文,使之向国家主义转变。①

(二)劳乃宣的三种生计法律说

杨度的议场演说,引来礼教派的大哗。劳乃宣除当场质问辩难外,同时撰文痛批,并由此而提出三种生计产生三种法律的理论。他论证说:

① 《资政院议场速记录》第 23 号,杨度演讲。

法律何自生乎？生于政体；政体何自生乎？生于礼教；礼教何自生乎？生于风俗。风俗何自生乎？生于生计。宇内人民生计，其大类有三：曰农桑，曰猎牧，曰工商。农桑之国，田有定地，居有定所，死徙不出其乡，一家之人，男耕女织，主伯亚旅，同操一业，而听命于父兄。故父兄为家督而家法以立。是家法者农桑之国风俗之大本也。其礼教政体皆自家法而生。君之于臣，如父之于子，其分严而其情亲，一切法律皆以维持家法为重。家家之家治，而一国之国治矣。所谓人人亲其亲长其长而天下平是也。猎牧之国，结队野处，逐水草而徙居，非以兵法部勒不能胥匡以生，故人人服从于兵法之下，是兵法者，猎牧之国风俗之大本也。其礼教政体，皆自兵法而生。君之于臣如将帅之于士卒，其分严而情不甚亲，一切法律皆与兵法相表里。所谓约束径易行君臣简可久，皆用兵之道也。工商之国，人不家食，群居于市，非有市政不能相安。故人人服从于商法之下。是商法者工商之国风俗之大本也。其礼教政体皆自商法而生，君之于臣如肆主之于佣侩，其情亲而分不甚严。君主之国如一家之商业，民主之国如合资之公司，一切法律皆与商法相览表。凡所为尚平等重契约，权利义务相为报酬，皆商家性质也。

《记》曰："中国戎夷五方之民，皆有性也，不可推移"。又曰："广谷大川异制，民生其间者异俗"。修其教不易其俗，齐其政不易其宜。是故风俗者法律之母也，立法而不因其俗，其凿枘也必矣。中国农桑之国也，故政治从家法；朔方猎牧之国也，故政治从兵法；欧美工商之国也，故政治从商法。若以中国家法政治治朔方，以朔方兵法政治治欧美，不待智者而知其不可行也。今欲以欧美之商法政治治中国，抑独可行之无弊乎？汉唐之臣服朔方也，从其猎牧兵法之旧，不以中国家法之治治之，元魏辽金元之入主中国也，自以猎牧兵法之旧治其种人，而以中国家法之治治华夏之民，凡此因其俗焉尔。我朝龙兴东土，兼耕猎以立国，故八旗之制兼家法兵法而有之。定鼎之后，以兵法御朔漠，而以家法治中原，正圣人之善于因也。法律之不能与风俗相违，非数千年来实地试验，确有成绩，不容以空言理想凭空臆断者哉。

今中国诚贫弱矣，说者乃归咎于家法政治之不善，谓一国之民，但知其家不知其国。欲破坏依古以来家法之治，而以欧美尚平等重权利之道易之，未始不出于救时之苦心。然而误矣。夫中国之民但知有家不知有国，果由于家法政治而然哉？试思春秋之世，正家法政治极盛之时也，而列国之民无不知爱其国者。晋侯之获于秦也，卫侯之将背晋也，皆朝国人而问之，国人莫不忘身以殉其上。弦高之犒师也，越民之事吴也，国人莫不毁家以卫其国。家法政治之下，民何尝不爱其国哉。然则今日民之不知爱国也何故？则秦以来专制政体之所造成也。秦并天下，焚诗书以愚其民，销锋镝以弱其民，一国政权悉操诸官吏之手，而人民不得预闻：田野小氓，任耰锄供租税之外，不复知有国家之事；其爱情之所施，一家之外无所用也。则其但知有家不知有国也，不亦宜乎。今乃谓民之不爱国由于专爱家，必先禁其爱家，乃能令其爱国，亦非揣其本之论矣。且欧美之民，何尝不爱其家哉。近人之论有云：东亚之民，以一家为单位，故与国为间接而爱国之情疏；西欧之民以个人为单位，故与国为直接而爱国之情切。则亦不然。彼以西人子壮则出分，为个人独立之证，而忘其尚有夫妇同居，不得目之为个人也。今使有一夫一妇而生二子，则四人为一家，中西所同也。而二子者各娶妇。在中国则子妇皆从父母，以六人为一家，西国则子妇分居而为三家矣。二子者又生四孙，又可娶妇。在中国则十四人，仍为一家，而西国则分七家矣。盖中国之家以父子为范围，西国之家以夫妇为范围，西国之一家，犹中国之所谓一房。而其有家则一也。今西人诚人人知爱国矣，而其爱国之所由来，则由于深明家国一体之理，知非保国无以保家，其爱国也正其所以爱家也。乃推广爱家之心以爱国，非破坏爱家之心以爱国也。而其所以人人深明家国一体之理，则由于立宪政体，人人得预闻国事，是以人人与国家休戚相关，而爱国之心自有不能已者。今中国已预备立宪矣，地方自治之规，国民代表之制，次第发生矣。假以岁月，加以提撕，家国一体之理渐明于天下，天下之人皆知保国正所以保家，则推知其爱家之心，而爱国之心将有油然而生，不期然而然者。是上之人惟恐其不爱家也。今乃谓必破坏家族主义乃能成就国民主义,不亦慎乎?

且夫三代以上之法,正家族主义国民主义并重者也。封建世禄固为家族主义矣,井田学校非国民主义乎?寓兵于农非今日宇内所最崇拜、最推重、人人皆兵之军国民主义乎?是今之所谓新法,其法理之原,固我国之所固有也。修其废坠,进以变通,不待外求而道在是矣。何必震于他人之赫赫,而皇皇焉弃其所学而学之哉。

至于一家之范,此限于父子,彼限于夫妇,则沿乎风俗,本乎生计,有未可强同者。然人子爱亲之心则根于天性,中外所同。西国以孝亲著称之人亦所恒有,有依恋其亲而终身不娶妻者,有寻亲于万里之外者,近且有家制复兴论,极端主张家族制度之学说出焉,亦可见人心之同。然不以方隅习俗限矣。人方欲复兴家族制度,我乃欲举我国固有之家族制度而破坏之,亦可谓不善变矣。然则居今日而谈变法,将何适之从哉?曰:本乎我国固有之家族主义,修而明之,扩而充之,以期渐进于国民主义,事半功倍,莫逾乎是。

劳乃宣以生计生风俗、生礼教、生政体、生法律立论,以农桑、猎牧、工商三种生计,而分环球法律为家法、军法、商法三类。坚持按照中国的农桑国情,制定符合这种国情的法律。这种理想在思维逻辑上显得很严密,但是,当时的中国还是海禁大开前的农桑之国吗?农桑之国能不能变为工商之国?在这个问题上,劳乃宣便无法回答掌握了进化论的法理派。孟森便曾著论指出，劳氏此论毫无进化之思想。若照劳氏所论，则猎牧终不可进于农桑，农桑终不可进于工商。是无异谓野蛮终不可进于文明，贫弱终不可进于富强。亦无异谓吴越古为蛮夷，前人之开拓文化为有罪，满洲近改行省，今日之变更旧制为非宜。他并针对劳乃宣对杨度破除家族制度之曲解，论证破除家族并非破家，乃在由开放家族主义之法律，生趋重国民主义之政体；由国民主义之政体，生独立自由之礼教；由独立自由之礼教，生勇往进取之风俗；由勇往进取之风俗，生分歧发达之生计。最后，导致人人自立，国家富强。否则，家族之制不破，亲属仍以名义相累，有财力者为百口之所嘬，其不材者耗亲属之资力；胁亲属之名分，惧亲属以连带之耻辱；以旧礼教之名，桎梏人之手足，禁锢人之耳目，戕贼人之心思。国家无有不危之理。①

（三）董康的新律本旧典参新事

守旧者动曰新刑律偏重外国，蔑视中国古有之伦常，或谓抄袭日本成法。果真如此吗？董康列举条文，逐条辩析说：

> 总则：
> 第一条第二项，原本唐律，今之东西各国皆无。
> 第二条，世界之通例，并非模范一国。
> 第三条至第八条，于交通繁盛之时代，必不可少，俱根本于法理上，及实际而定，并非拘泥一国

① 孟森：《新刑律修正案汇录书后》，载《法政杂志》第3期(1911年)。

之例。

第十条，采用立宪国之通例。

第十一条，采先教后刑之义。

第十二条，各国古来之定法。

第十三条，律贵诛心，中国有之，外国有之。

第十五条及第十六条，《尚书》眚灾肆赦之意。又第十五条，与现行律“夜无故入人家，主人登时杀者勿论”之意同。

第十七条及第十八条，与现行律未行未成各条用意同，特现行律逐条规定，草案则设为总例，以简驭繁耳。

第十九条至第二十二条，《尚书》怙终贼刑之意。

第二十三条至第二十八条，采取各国最新之制，并非模范一国。至第二十三条第三款至第五款，乃本草案所创设，以备世界之模范者。

第二十九条至第三十六条，中外大同小异。

第三十七条，于自由刑纯取中国徒刑制度，于死刑用绞之一种，系采死刑惟一之学说。

第三十九条及第四十条，与现行律同。

第五十条，于耄年特加宥恤，乃保存周官以来旧制。

第五十一条至第五十三条，自首减轻，乃中国固有之法，为各国所模范者。

第五十四条及第五十五条，采取各国通例，并非模范一国。

第六十三条至第六十七条，采取各国通例，并非模范一国。

第六十八条，恩赦亦各国通例，唯中国数赦，应以临时条款，分别查办。

第六十九条至第七十六条之规定，揭在刑律内者，德国有之，法及日本均无。第八十一条及第八十二条，本现行律。

第八十七条，以医者之检定为凭，并不拘泥立法例。

分则：

第八十九条、第九十一条、第九十四条、第九十六条，皆为尊视皇室起见，中国特有之规定，外国不尽从同，草案之用意实在此。

第一百三十六条，本草案所创设，为各国所无。

其余关于御物罪，对尊亲属罪，发掘坟墓罪，略诱和诱罪等，均较各国为重，若详审比挈，即知诸条，仍根据旧律，并非模范一国。此外系中国之创设。而足以模范他国者。如度量衡罪、选举罪之类，亦复不少。而漫谓为舍本国之良法，求之外国，或谓钞袭日本刑法者，是殆未就本草案全体寻绎之也。[①]

总之，新刑律草案 400 余条，俱根据《大清律例》，参以各国刑法，权衡其重轻，用意在先教后刑，皆以忠孝为本，亦即古先哲王之刑期无刑也。无背吾国之良法美意，合于现时之

① 《董科员辩刑律草案不必模范外国》，载《法政浅说报》第 15 期。

国情。①

（四）吴廷燮的旧法律不合中国今日国情

董康之立论，在以新律不违礼教而替新律辩解。至吴廷燮则直斥旧法律礼教不足以存中国，亦即旧法律礼教不合今日之国情，转而批驳守旧者用旧说议新律之顽冥不化。

他论旧律不足以存中国说：

> 今之所谓法律礼教，实不足以存中国也，且以速亡也。何以言其然？曰：宋亡于金元，明亡于我朝，高丽亡于日本，越南、缅甸及类今所谓法律礼教之诸回部，皆亡于欧族是也。故曰：旧律者，亡唐宋明者也，不可再亡也。闻之者曰：安得是异论？曰：是不足异也。旧律者，沿于唐明，其本则秦律也。秦以一人之私制天下，而又恐天下之不利于己也，则制为重家族之律，以系凡民之心，而可以惟所欲为。其弊也，家族之义盛，国民之义亡，知有家而不知有国，知有己而不知有人（唐宋明诸臣，争门户而不忠于国，今议还国债，筹军费而不集者，皆坐此）。富者私其财，贫者私其力，视易姓改朔也，若逆旅之送过客。苟有守旧法而来者，无害我之自私自利者，则君之而已。步改社屋，殷之肤敏，裸将于京，举所谓名教纲常，无不扫地。而犹曰我之礼教固在，且以之讥刺

① 《董科员青岛赫教习说帖驳议》，载《法政浅说报》第18期。

人，此纯皇帝所以责钱谦益有“一生谈节义，两姓事君王”之诮也。此非苛论，庚子顺民是也。所幸兵事仅及京城东三省，设遍各省将如何？故凡自外域而入中土者，其初未受今法律之束缚，则上下联合，君臣豁达，通一国之人，集一国之事，故有所向无敌之概。及已习于今之法律，则聚者散，公者私、千百万户，如千百万国，虽无敌国外患之来，而已有不可终日之势。

今人谓中国人情不能合于公者，要皆其法律为之也。岂惟法律，即宋明以来，所谓之礼教，亦如是也。今不改律则已，已议改正，不深体东西各邦之律，而墨守唐宋明亡国之律，此大不可者也。且非独此也，日本之变法也，朝鲜绝之曰：此禽兽夷狄也，不可与通。今日本存乎？高丽存乎？不甚究强弱之本，而空谈今之所谓礼教，曰：我有伦常。是谓人无伦常也，是又一高丽也。鲁论曰：道之以德，齐之以礼，有耻且格。不闻尚刑也。否则汉唐宋之重内竖，固曰厚男女之别也，然适以取亡。南朝亦亡于受鲜卑之姓者，是皆可证也。故曰：守今之所谓法律，不足以存中国，且以速亡则。①

守旧者断断于礼教，其用意在拥礼教以求虚名，而置国家安危于不顾。职是之故，吴氏更进而痛论之曰：

① 《吴参议守今之法律不足存中国说》，载《法政浅说报》第18、19期。

忠于谋国者，争实而不争名。善乎郭侍郎之言曰：亡宋明者，然争名者也。法律者，政治之本也。法律不变，政治未有能变者也，议新律而用旧说，犹之楚而北其辕也。旧说之背商约，戾宪政，夫人而知之矣。而不敢抗议者，避碍礼教之虚名也。吾今而断之曰：用旧说议新律，不止背商约、碍宪政，且阻进步而危大局也。宋明远矣，以近六十年事征之：道光中英约事定，祁埙诸臣，请变军器，新武备，而议者挠之。同治中，总理各国事务衙门疏令京员肄业同文馆，讲各国政治法律各学，而议者又挠之。光绪初，李文忠、刘壮肃，创开铁路，练海陆军诸议，而议者仍挠之，假令道光末造，已变军器、新武备，则必无粤匪之乱，倭文端诸公，不阻总署之议，则清流不以习西学为耻，其功效必先于日本。文忠诸人铁路之议早行，则今者交通便利，军备完整，何图不成？倭文端以理学名臣，大阻新学，其言中国名教礼俗之重，亦略与今争新律者相仿。由今言之，文端与阻铁路诸人，不可谓非误国也。是数说者，皆阻国家之进步者也。自甲午以前，各国即右日而左我，谓日用各国法律也。今日俄协约，大势日孤，设我又背弃商约曰：我不能用各国同一之律例，以坏我之风俗礼教。遵己卑人如此，谁复与我联者。晚近士大夫，好高谈名义，不顾国家之急。曾文正天津之案曰：敢得罪于清议，不敢贻忧于君父。今燮敢曰：愿得罪空谈名教之人，不敢阻国家之进步，成大局之孤立。宋明诸臣，既已亡其国矣。诚不欲郭侍郎诸人，复抱痛于

> 九泉也。且议者所学诸条，皆不常见之案，其常见者，则又不能尽究。而愿视如昔时之拒开同文馆，拒开铁路，如临大敌者何也？好名也，好名而不究其实也。宋明诸臣，执郝经，杀袁崇焕，陈新甲阻南迁，皆坐此好名之念也，真可为痛哭者矣。①

此即为江庸追忆吴氏最为透辟之文。全文综论鸦片战后守旧者之误国，认定劳乃宣等所论为道咸以来守旧思想之滥觞，确为当时之力作。

（五）崔云松的新律法理源于近世科学说

吴氏力排旧说，从政治上阐明旧说与新律之矛盾。然则，法理上二者如何枘凿不入？新旧法律之法理又如何界定？旧律为何不适于用？对此，崔云松著论略谓：

> 吾国自尧舜时有书契以来，无论国家政治，个人事业，皆以伦理道德为惟一之标准。凡典章所规定，人文所讴歌，千条万绪，归于伦理。而实行伦理之方法，则为二大形式：一曰礼，二曰刑。礼示民以行伦理之矩镬，刑则加民以反伦理之制裁。二者相辅而行，一则于积极处行之，一则于消极处行之。非礼不可以治国，无刑亦不可以治国，二者同为国家之大典。旧律滥觞于李悝，大成于有唐，至国朝而益臻完

① 《吴参议用旧说议律辩》，载《法政浅说报》第 19 期。

密。一部《大清律例》,条文虽至数千百条,其所以孕育而发生之者,抽象的伦理道德而已,礼之反面而已。如何谓之犯罪?如何始加以刑罚?皆以伦理道德为标准,以定问刑定罪之观念。新律仿自世界各文明国之法律,所据之原理原则,多源于近出科学应用之法理,而非出于各国遗传之事物。公例发明,推之人类社会而皆准。故为世界立法家所采用,吾国新刑律不过其中之一而已。以犯罪观念与刑罚对象可以见其同异优劣:

一、犯罪观念。旧律为辅伦理礼制之进行,犯罪不过一伦理礼制之反影而已。人有行为不善,其实害虽有如何之大,危险虽有如何之重,意思苟不反乎伦理礼制,国家即不得而罪之;脱于伦理礼制稍一相忤,此其罪放之四海无能逃者。故他罪皆可减赦,而十恶大罪其中无论如何情节,皆死之而后已。且刑罚适用时,不论如何性质,而以其人之身份伦理为断,夫妇之别,官民之等,良贱之分,主仆之位,族制师承等,杀人虽同,而刑罚有大相悬殊者。律首载服制赎罪之图,与法理绝不相涉。在各国刑法家观之,诚有百思而不得其解者。而吾国以伦理为根据,结果必至于此,无足怪者。新律之观念以生物学为根据,人类社会乃复复细胞的动物,保护共同生活,为人生之第一义。个人之生活竞争,超出于范围以外,社会受其侵害者,始谓之犯罪。德法派谓之反社会性,又曰危险性;伊法派谓之恶性,苟其人之性质危险耶,未遂亦为罪,过失亦为罪。徒罪一科,旧律定为三年者，新律则延长十五年焉。苟其人之性质不反乎社会耶，虽杀人祇罚以五百元以下之罚金，甚至刑罚不即执行，期满而刑即消除焉。且旧律注重于伦理如何，无论民刑事件官吏惩戒，皆规定于一编之中。新律既以危险为标准，关于危险者则有刑，关于赔偿者则归于民法。民事以实害为主，故以财产恢复之。刑事基本在危险，财产乌能使复耶，故不能不另编民法者。犯罪观念之不同，有不得不然者也。

一、刑罚对象。以理由而加入以刑罚，则曰犯罪。犯罪以何见之，则曰行为。就行为而加以刑罚，此新旧律所同然。所不同者，问此行为自何发生之一问题而已。旧律谓之偶然，新律谓之因果。来源既异，故处分不能不殊也。盖吾国推重儒家哲理，以人性为善，数千年如一日，故曰：天降下民皆有恒性；又曰三代之民直道而行。以此原理推演，谓人类无不善者，一时教化未孚，不幸犯罪不过一时之失，非其人性之不善也。刑罚所加，恶其罪非恶其人，故只就其行为对象而已足，刑罚之轻重，视犯罪之大小而应报之。死本一也，曰斩曰绞；辱本一也，曰笞曰杖；赃本一也，曰钱曰两。无不量其行而应之以刑罚。甚有出人意表外者，如情罪重时，行刑则加刀数，杀人子使人绝嗣者，则亦阉加害者之子，使伊绝嗣，应报如此，置令人不禁捧腹。且行为犯罪乃一时之不幸，故有赎罪之刑，脱以其人之性质为根据，区区数金，乌可赎者。新律据生物学之法则，谓人类之性质无不由二大因果律所造成，一曰遗传，二曰社

> 会。犯人或因祖先所遗传之恶件,及社会四围之驯染,使之有不得不然者,故于恶性可矫正者。行为之犯罪虽大,不可以刑罚加之,如犹豫行刑不论罪等章之规定是。恶性有不可矫正者,必用社会之排除方法,如累犯科重刑、长期徒刑等章之规定是。且刑量规定,皆设以最上限与最下限,任判官临时之酌量。与旧律绝对之规定者原多相反。此根本不同之所致也。①

总之,新旧二律各有系统之组织,稍有参杂,法理即不能通。古之社会若无殊于今之社会,则古之制度学理,可推行于今日也无疑。今之社会日趋复杂,旧律大部分久已不适社会之所用。不知改图、国安不危?

(六)编制局的国家主义保护人权论

中国旧律,以义务为本位,国人在旧律之下,无所谓权利。杨度破家族主义之旨,即在将旧律之义务本位,改造为权利本位。编制局就此进一步指出,国家主义,就是保护人权,乃立宪之始基:

> 历观各国进化之理,均由家族主义而至于国家主义。国家主义者,即保护人权是也。诚以人生于世,与国家有直接之关系,故亦称曰国民,对

① 崔云松:《新刑律争论之感言》,载《国风报》第30期。

于国家有应尽之义务。国家对于国民，有应予之权利。然人权之说，并非始自泰西。按《康诰》称："于父不能字厥子，乃疾厥子"，在"刑兹无赦"之列。《白虎通》亦云："父杀其子当诛"。何以为？天地之性人为贵，人皆天所生也，托父母之气而生耳。王者以养长而教之，故父不得专也。凡此均天赋人权之权舆，特后人罔知诵言，遂令古义湮晦耳。极国家主义之利，国步纵底于艰危，而群策群力，可渐图恢复，不致受灭亡之实祸。充家族主义之弊，急公奉上，不敌其自私自利之心。且有执"抚我则后，虐我则仇"之说，视易服改朔为故常。民气消阻，振起无由，未始非宋元以来空谈名教之流有以中之也。今（新刑律）草案，除对于尊亲有犯特别规定外，凡旧律故杀子孙、干名犯义、违犯教令，及亲属相殴等条，概从删节，其隐寓保护人权之意，维持家族主义，而使渐进于国家主义者，用心良苦。夫保护人权，乃立宪之始基。议者不察，痛事诋諆，其反刑律乎？抑藉反对刑律以反对立宪乎？德宗景皇帝谆谆以立宪诰诫中外，薄海同钦。逮我皇上入承大统，叠次儆戒廷臣，克成先志。凡与宪政有关系者，在廷百僚，应如何兢兢业业，集合众志，俾底于成。乃坚持旧说，以为排击之资，试问何以慰先帝在天之灵也。①

① 《编制局校订新刑律意见书》，载《国风报》第32期（1910年）。

七 劳乃宣的《新刑律修正案》与资政院议员的辩论

宣统二年十一月，资政院即将开议新刑律。是时，《修正刑律草案》已由宪政编查馆核定，改名《大清新刑律》后（正文后面的《附则》改名《暂行章程》）送交资政院。

（一）劳乃宣的《新刑律修正案》

针对宪政编查馆核定的《大清新刑律》，劳乃宣以资政院硕学通儒议员、第三股股长身份，邀集 105 名亲贵议员，向资政院提交《新刑律修正案》，倡议修改、移改、复修、增纂有关礼教条款 13 条又 2 项。在新刑律已有的礼教条款的基础上，增加和加重卑幼对尊长、妻对夫杀害伤害等罪的刑罚，减轻尊长对卑幼、夫对妻杀害伤害等罪的刑罚，更全面地维护亲亲尊尊的封建纲常名教。这些条款是：

增纂八条又一项：

凡故杀子孙者处四等以下有期徒刑，若违犯教令依法决罚，邂逅致死者，不为罪。

凡杀期功以下有服尊长者处死刑、无期徒刑。

凡伤害期功以下有服尊长者，依左列分别处断：

一、因而致死笃疾者，死刑、无期徒刑或一等有期徒刑。

二、因而致废疾者，无期徒刑或一等至二等有期徒刑。

三、因而致轻微伤害者，二等至四等有期徒刑。

凡杀期功以下有服卑幼者，处死刑、无期徒刑，或一等至二等有期徒刑。

凡伤害期功以下有服卑幼者,依左列分别处断:

一、因而致死笃疾者,无期徒刑或一等以下有期徒刑。

二、因而致废疾者,二等以下有期徒刑。

三、因而致轻微伤害者不为罪。

凡妻伤害夫及加强暴未至伤害者,与卑幼对尊长同,至死者处死刑;夫伤害妻者,照凡人科断。

凡对期功以下尊长加强暴未至伤害者,处四等以下有期徒刑拘役。

凡直系尊亲属正当之教令而故违犯者处拘役。

本律内有关服制诸条,应按服制轻重分别等差,皆于另辑判决例内详之。

修改两条又一项:

将第 311 条修改为:

凡对尊亲属加强暴未致伤害者处二等至四等有期徒刑。(按:修改前的刑罚为:"处三等至五等有期徒刑,或五百元以下五十元以上罚金")

将第 319 条修改为:

凡因过失致尊亲属死伤者依左列分别处断:

一、因而致死笃疾者,三等至五等有期徒刑。

二、因而致废疾者,四等以下有期徒刑拘役。

三、因而致轻微伤害者,五等有期徒刑拘役。

(按:删去了原一、二、三款后面的:"或一千元以下一百元以上罚金","或五百元以下罚金","或二百元以下罚金"字样)

将第 288 条第二项改为:

第 283 条之罪，待其本夫告诉，如其夫外出，待其夫之直系尊亲属告诉，始论其罪。若本夫及其夫之尊亲属事前纵容，或事后得利，私行和解者，虽告诉不为审理。

（按：第 283 条为："凡和奸有夫之妇者处四等以下有期徒刑或拘役；其相奸者同"。第 288 条第二项修改前没有"如其夫外出，待其夫之直系尊亲属告诉"和"及其夫之尊亲属"字样）

移改两条：

将《暂行章程》第 5 条"凡对尊亲属有犯不得适用正当防卫之例"。移入正文第二章正当防卫之后。第二章第 15 条正当防卫的原文为："凡对于现在不正之侵害，出于防卫自己或他人权利之行为不为罪"。

将《暂行章程》第 4 条修改后移入正文第三十三章和奸有夫妇女条后。修改后的条款为"凡和奸无夫妇女者（原文为：凡犯第 283 条之罪为无夫妇女者）处五等有期徒刑或（原文无'或'）拘役（原文此处有：或一百元以下罚金），其相奸者同；前项之犯罪须待直系尊亲属之告诉乃论（删原文'其罪'两字）若尊亲属事前纵容或事后得利，私行和解者，虽告诉不为审理"。

修复一条：

这一条原为《修正刑律草案》中《附则》之第一条，宪政编查馆核订时删除，修复后列在《暂行章程》中。这一条内容是："本律因犯罪之情节轻重不同，故每条仿照各国兼举数刑，以求适合之审判。但实行之前，仍酌照旧律，略分详细等差，另辑判决例以资援引而免歧误。"①

① 《新刑律修正案汇录》。

宪政馆案《大清新刑律》交资政院后，资政院法典股收集议员们的评议说帖，对原案审查修改。不但劳氏修正案未被采纳，连原案中的《暂行章程》也被删除。然后将此修改案交资政院议场由议员议决。其时，沈家本为资政院副总裁，议场副议长。他以古稀之年，每天出席会议，多次主持辩论，“力谋通过，煞费经营”，“力排众议，始终维持”①。最后，由于资政院会期届满，议场仅议决了新刑律总则，分则未及开议。因此，礼法双方亦仅争论了修正案中的子孙对尊长的侵害是否适用正当防卫，以及无夫奸是否定罪科刑两条。

（二）子孙对尊长能否适用正当防卫的辩论

在新刑律草案的按语中，沈家本等解释说：正当防卫在中国古代法律中即已有之。唐律明律的“夜无故入人家”条，即“含有正当防卫之意”。正当防卫是指“对于不正之加害，防卫自己或他人之权利所必要之行为”。这种行为是正当行为，所以“刑律不得而罚之”。这种正当防卫的行为，“不以何等行为为限，凡系防卫所必要之行为，于审判上一切皆不论罪”，“他人”是指防卫者以外受“加害”的其他任何人。只要防卫者发现“他人”正在被加害，就可以代“他人”“执行防卫之劳”。但是，不论是为自身或为他人防卫，防卫者“所用方法，不得逾越防卫所必要的程度，变为以暴易暴”②。

由于对加害人的身份没有作出规定，部院督抚大臣在签

① 《吴兴沈子惇先生追悼会记事》，见《法学会杂志》第1卷第6期（1913年）。
② 《新刑律草案》按语，载《大清光绪新法令》。

驳中提出很多意见。法部尚书廷杰在《修正刑律草案》《附则》中加入"凡对尊亲属有犯，不得适用正当防卫之例"，以此限制第 15 条正当防卫加害人的范围，宪政编查馆核订，将它列入《暂行章程》第五条，原文未动。

杨度在解释这一条时说："因为刑律本有正当防卫之例，今既对尊亲属不得适用，是谓防卫为不正当。而尊亲属无论何种行为皆为正当"。但天下情形复杂，既有为父而不慈者，也有为子而不孝者。父子之间的行为"坐定父之一面为正当，子之一面必不正当"，就是宋儒"天下无不是的父母"的说教。但从国家的观点看，宋儒的学说不完全。"国家刑法，是君主对于全国人民一种之限制。父杀其子，君主治以不慈之罪，子杀其父，君主治以不孝之罪。"由法律而断，既不偏为人之子者，也不偏为人之父者。只有这样，"始为公平"。所以不列入刑律正文。但中国的风俗习惯，现在不能完全如此而行，因此，在《暂行章程》中仍按旧律，加入卑幼不得使用正当防卫之条。①

资政院法典股审查，认为《暂行章程》没有存在的理由，全部予以删除。这一条不但没有按礼教派之意加入正文，连过渡性使用也被取消。

议场议决这条时，劳乃宣首先提出要按他们的修正案，将这条加入刑律正文。他们认为：一般人正当防卫应当不加罪。可是，对于尊亲属，小杖则受，大杖则走，子孙不可有正当之防卫以防卫其尊亲属。

法派反驳说："子弟在幼稚时代，尊亲得干涉其行为。"这

---

① 《资政院议场速记录》第 23 号。

是尊长对卑幼的管束，而不是侵害。侵害是指平常人对平常人，两者有区别。至于尊亲对子弟“或是打或是骂”，可以说是一种侵害行为，但不能说是不正当之侵害。所以不能写入刑律中。他们质问礼教派：你们认为子弟“对于尊亲属不应当用正当防卫”，那么你们能否举出尊亲属杀伤子弟的不正当侵害行为的例子呢？

礼教派回答说，怎么没有例子，瞽瞍杀舜就是不正之侵害。如果舜因为防卫自己，把瞽瞍杀了或伤了，那就是不孝。

法派反问：那么“舜用正当防卫没有”呢？既然瞽瞍没有杀舜，舜也没有使用正当防卫，那么就“不能援以为事实上之法例”。“法律订定之后，子弟有不法行为，国家有法律代为管束，用不着尊亲属杀之。”总之，家庭父子之间的行为，应该纳入国家法律的范围，而不容许超越国家的范围另行立法。因此，子孙对尊长不得使用正当防卫不应另立专条，写入刑律。

双方在议场各执所见，争论不休，互不让步，最后表决。结果，赞成劳乃宣意见的仅少数人，甚至“倡议的赞成人有三十人以上，表决赞成人倒只二十人”①。礼教派失败，法派胜利。

（三）“无夫奸”应否定罪科刑的辩论

和奸无夫妇女，是礼法斗争的整个过程中双方争论最激烈的问题。议场议决时，引来一场更激烈的斗争。

(1) 礼教派认为：“无夫奸，中国社会普通的心理，都以

① 《资政院议场速记录》第 37 号。

为应当有罪”。因此,国家法律必须规定无夫奸为有罪,以制止无夫妇女与人和奸,防止社会风气的败坏。

法派认为“这一条万不能加入正文”。理由是:

现在民法未定,家庭中的关系还没有确定。例如妾的问题,按立宪通则,不允许纳妾。但我国事实上很多人有妾。如果以后民法按照立宪原则修订,“不认纳妾”,这样妾便“等于无夫妇女,而非正式婚姻,即等于和奸,若刑律定入无夫奸有罪一条”,那么将来纳妾的人也就有罪了。

其次,怕无夫奸不定罪会使社会风气败坏,事实上是不可能的。地方上放荡不道诚然有,但他们必须偷偷摸摸,为什么要这样呢?他们不是怕旧律中杖八十的刑罚,而是怕自己的名誉,怕妇女家中男人的杀伤。因此,法律纵然不写这一条,“也不至风俗一败不可收拾。就是法律定了这条,而奸无夫妇女之事也是仍然有的”。旧律规定无夫奸有罪,但各地很少发案,正说明法律有这一条也是具文。

再从司法看,这种罪既然是和奸,男女双方就一定都同意。在审判时,双方口供相同,纵然口供不同,也找不到证人。而且和奸要加罪,审清楚后,加谁的罪呢?不管加男方还是加女方,都“未免不均不平”。因此,规定了这条,审判上反生出种种扰乱。

(2) 法派从家庭教育与法律的关系出发,指出:无夫奸虽然可以亲告罪而写入刑法,用国家法律来维持社会风化,但是“实不如他的父兄以教训子弟之方法禁止他之为愈”。何况,就是法律没有这种条文,他们的父兄也要尽这个责任,保全风化,责任全在家庭和社会教育,并不在国家有无这条法律。所以没有必要将无夫奸写入刑律。

礼教派反驳说，你们认为无夫奸只“关乎教育，不关乎刑法”，如果这样，“男女都可以和奸，和奸以后生下子女，又可以和奸。要是以此为家庭教育，无论什么事，杀人放火都可以教育了”。

法派说，认为“私生子多秉戾气，将来必不是好人”，这是“迂谬”之论。“古来私生子为贤哲者亦属不少，未必非私生子即尽是好人。”《周礼》载：仲春之月，男女私会，奔者不禁。可见古时不认无夫奸为有罪，“若谓不定无夫奸之罪便悖于礼教”，请问，你们以后怎样去解释《周礼》？

礼派接着提出：中国女子知识程度不足，不知道什么是“平等”“自由”，对无夫奸，“若法律不加维持”，不但不能保全社会治安，也不能保全女子“自由”。甚至认为，即便以后女子知识程度到了，无夫奸仍然要定罪，“政体无论专制立宪，教育无论发达与否，断不能使全国人民皆圣贤。尚全国皆圣贤。则自无犯罪之人，不必定此法律矣”。

法派反驳说，无夫奸在法律上之有罪与否，由各国的“历史国情上产生出来，并不是因为程度不程度平权不平权”。中国旧律无夫奸有罪，但犯者不知有多少，外国程度比我们高，奸无夫之妇者也不知有多少。可见程度之说，与无夫奸之应否定罪毫无关系，女子知识程度足与不足，都不应定罪。

(3) 礼派认为：伦理道德是刑法上的根本，舍伦理教育而讲刑法，还算什么刑法呢？

法派说，我们极主张礼教，但是“不能把礼教放在刑律里头维持就算了事”，礼教靠“放在刑律里头维持，这个礼教就算亡了”。因此，“不能把道德与法律规定在一起，就说是维持道德”。“道德的范围宽，法律的范围窄。法律是国家的制裁，道德是生于人心的。所以关系道德的事,法律并包括不住。”

他们还认为,中国“自有法家以来,这个礼教就算亡了”。因为自三代以后刑名之学兴,“刑法参杂于道德之内。刑法既参杂于道德之内,则所谓道德者不过姑息而已。所以后来中国只有法律,并没有礼教”。现在,你们要提倡礼教,办法就是不要把礼教规定在法律之内。

总之,他们认为,无夫奸在道德上是天然的罪名,但由于事情暧昧很难提起公诉,“所以法律上不问。若是定了有罪,国家立法上就不得其平”①。

争论持续五个钟头,双方意见始终无法统一,最后只得付诸表决。结果,多数人赞成无夫和奸为有罪,礼教派胜利。

(四)新刑律的颁布与刘廷琛的弹劾

资政院闭会以后,军机大臣奕劻、毓朗、那桐、徐世昌,会同资政院总裁溥伦、副总裁沈家本,将新刑律总则奏交清廷。他们以议员“当场表决,多数从同”为由,请求将总则颁发。②但是,奕劻等与沈家本等对第 11 条和第 50 条存在争议。第 11 条原文“凡未满十五岁者之行为不为罪,但因其情节得命以感化教育”。奕劻等主张将“十五岁”改为“十二岁”,资政院则坚持“十五岁”。第 50 条奕劻等要求改为“喑哑人或未满十六岁人或满八十岁人犯罪者,得减本刑一等或二等”,增加了“或未满十六岁人”字样。资政院则不同意增加。

① 《资政院议场速记录》第 39 号。

② 《资政院会奏议决新刑律总则缮单请旨裁夺折》,《大清宣统新法令》第28 册。

与此同时，宪政编查馆将新刑律分则奏上，请求不再等待资政院第二次会议议决，先将分则颁布。

宣统二年十二月二十五日，清廷下谕，将新刑律总则、分则及暂行章程全行颁布。总则之第 11 条“十五岁”改为“十二岁”；第 50 条加上“或未满十六岁人”字样。①

但是礼法两派的争论仍在继续进行。宣统三年二月，京师大学堂总监督刘廷琛上书清朝廷，略言：政治与时变通，纲常万古不易，法律可随世局推移而改，因修改法律而毁灭纲常则大不可。政治坏其祸在亡国，有神州陆沉之惧；纲常坏其祸在亡天下，有人道灭绝之忧。法律馆所修新律，不但刑律不合吾国礼俗，即将上奏之民律稿本，亦显违父子之名分，溃男女之大防。新律既导人不孝，亦导人败节，如若颁布施行，将使天理民彝澌灭寝尽，乱臣贼子接踵而起。指斥法律大臣离经叛道，置本国之风俗于不问，专取欧美平等之法。并请清朝廷再定国是。不问新律可行不可行，先论礼教可废不可废。断不容法律馆阳奉朝廷尊崇礼教之旨，而阴破纲常自行其是；天命未改，岂容抗命之臣。该大臣倘再行拒改，即重治以违旨之罪。② 霍然欲藉专制皇权之威，置修律诸人于死地，以成其挽救天下人道之志。

在强大的压力下，沈家本再也无法安于其位，终于辞去修订法律大臣和资政院副总裁之职，回到法部侍郎本任。

以上是清末修律中礼法双方的主要争论点。就“礼法之

---

① 《钦定大清刑律》卷前谕旨。

② 《清末筹备立宪档案史料 · 法律与司法》下册，中华书局 1979 年版，第 887 页。

争”而言，自20世纪80年代以来，一些研究者，往往爱将这次争论，与我国先秦的儒法(礼法)之争，以及日本19世纪90年代公布民法典时的争论相比较。其实，三者是无法比较的。用儒家所主张的“别亲疏，殊贵贱”的“礼”来治理国家，还是用法家所主张的“不别亲疏，不殊贵贱”的“法”来治理国家，这是先秦的礼法(儒法)之争。“礼”和“法”用今天的时髦话来说都是本土的，绝对没有“洋味”。而这次争论就不同了，它是立法中法律原理的争论，是按传统的原理，还是用外来的洋原理来指导立法的争论。“礼”和“法”的内涵也与先秦“礼”“法”不同。这个时候的“礼”，是结合了先秦礼法的“礼”。《唐律》一准乎礼，是先秦儒家所主张的礼，到了唐代，已经成了法律条文。本章礼教派主张增入的，就是这样的古代法律化的礼教条款。至于“法”，很明显是舶来品。因此，我有时候不称其为“礼法之争”，而称其为“(旧)法(新)法之争”。日本的民法典之争，更不能比。那是日本当时的法学界就日本制定民法典，究竟是采法国民法典的模式，还是采西方其他国家民法典模式的争论。可能正是这个原因，所以参加这次争论的日本专家的文字，从未出现有关日本民法典争论的描述。

第十章　近代法学与法学教育的奠基

建立近代式的中国法学和法律教育，是20世纪初年，沈家本对中国法学和法律教育所做的重大贡献之一。

法学，又称法律学或法律科学。我国古代有“刑名法术之学”（或称“刑名之学”），后来又有“律学”。“法学”一词，最早见之于南齐孔稚珪《请置律学助教表》，内云：“寻古之名流，多有法学。”①其含义不同于近代之“法学”。

在沈家本的著述中，“法学”与“律学”通用，没有区分。在他看来，中国古代不但有法学，而且法学的发源远在虞舜时代。“虞廷尚有皋陶，周室尚有苏公，此古之法家并是专门之学，故法学重焉。”②

---

① 转引自《法学名著序》，《历代刑法考》（四），第2239页。

② 《法学盛衰说》，《历代刑法考》（四），第2141页。

沈家本非常重视法学和法律教育。他认为,一个国家,政治和学术相辅相成,关系密切,不可分割。政治的好坏与学术的兴衰,影响国家的盛与衰。二帝(尧舜)三王(禹、汤、文武),“政与学为一途”,促成国家的强盛。任何一个国家、一个朝代,都应“本一代之治以为学”,同时又要“本一代之学以为治”。如果“政与学分”,所学非所用,所用非所学,治理不好国家,国家当然不会强盛。[①] 法学与政治的关系更是如此,“律学明而刑罚中,于政治关系甚大”[②]。古今中外,都以法学的兴盛,而达法律的昌明,以法律的昌明而达国家的最终治理。《管子》曰:“不法法则事毋常,法不法则令不行。”治国不可无法,有法而不善,等于无法。既然“法”对国家的治理是如此重要,那么“议法者欲明乎事理之当然,而究其精意之所在,法学之讲求,乌可缓乎”[③]! 这种认识,正是他在垂暮之年仍然为中国近代法学和法律教育的兴起而努力不懈的动力。

一 法学盛衰说

“法学”一词虽然古已有之,沈家本的语话中,“法学”与“律学”虽然未加区分,但是,就像古代“法治”不同于近现代“法治”一样,古代法学(律学)也无法与近现代“法学”划上等号。在构建中国近现代法学的过程中,首先必须从理论上沟通二者的关系。为此,沈家本从总结古代法学入手,解决这个

① 《政法类典序》,《历代刑法考》(四),第 2241 页。

② 《沈寄簃先生遗书·日南随军》卷六,《熙宁律学》。

③ 《法学名著序》,《历代刑法考》(四),第 2239 页。

问题。

《法学盛衰说》是沈家本总结我国古代法学(律学)的兴衰,以及古代法学与古代政治关系的一篇重要论作。目的在于引起国人,特别是当权者重视法学对国家治理的作用,进而重视法学的研究。该文收入《寄簃文存》卷三,现予录出:

> 孔子言,道政齐刑而必进之以德、礼,是制治之原,不偏重乎法,然亦不能废法而不用。虞廷尚有皋陶,周室尚有苏公,此古之法家,并是专门之学,故法学重焉。自商鞅以刻薄之资行其法,寡恩积怨而人心以离,李斯行督责之令而二世以亡,人或薄法学为不足尚。然此用法之过,而岂法之过哉。汉改秦苛法,萧何修律,虽以李悝之法为本,而秦法亦采之。然惠帝除夷族之法,文帝除诽谤妖言之法,除肉刑,景帝减笞法,其时人民安乐,几致刑措。用法而行之以仁恕之心,法何尝有弊。尝考法学之盛衰,而推求其故矣。
>
> 按法家者流,出于理官。自李悝著法经,其后则有商鞅、申不害、处子、慎到、韩非、游棣子诸人,并有著作,列在《汉志》法家。是战国之时,此学最盛。迨李斯相秦,议请史官非《秦记》皆烧之,非博士官所职,天下敢有藏《诗》、《书》、百家语者,悉诣守尉杂烧之,若欲学法令者,以吏为师。自是,法令之书藏于官府,天下之士,厄于闻见。斯时,朝廷之上,方以法为尚,而四海之内,必有不屑以吏为师者,而此学亦遂衰。

汉兴，虽弛秦厉禁，而积习已久，未能遂改，外郡之学律令者，必诣京师，又必于丞相府。《文翁传》："乃选郡县小吏开敏有材者张叔等十余人，亲自饬厉，遣诣京师，受业博士，或学律令。"《严延年传》："延年少学法律丞相府，归为郡吏。"此其证也。叔孙通秦时以文学征为博士，而在汉时益律所不及《傍章》十八篇。于定国学法于父。可以见汉人不皆以吏为师。《郑崇传》："为高密大族。父宾，明法令，为御史。"亦必非师于吏者。丙吉治律令，黄霸少学律令，莫能详其所从学。然当时此学之未尽歇绝，犹有李悝之流风余韵也。其后叔孙宣、郭令卿、马融、郑玄诸儒章句十有余家，家数十万言，合二万六千二百七十二条，七百七十三万二千二百余言。郑氏括囊大典，网罗众家，犹为此学，尤可见此学为当时所重。故弟子之传此学者，亦实繁有徒。法学之兴，于斯为盛。

其后晋之杜预与贾充等定律令，预为之注解，其奏语谓所注皆网罗法意。是其参取汉代诸家章句，而又不专主一家，故能撷其精要。同时张斐亦为之注，其表之所列，胥律义之要旨。自是，杜、张二家律注，遂行于世。下逮宋、梁、陈，南朝言法律者王植、蔡法度之徒，咸遵守之。北朝法学源流莫考，观于北齐新令采用魏、晋故事，则亦源于魏、晋。北齐河清中，法令明审，科条简要，又敕仕门之子弟常讲习之，故齐人多晓法律。隋《开皇律》不承用周而参取齐。《唐律》本诸《开皇》，世咸以为得中，后之治律者咸宗之。溯自魏、晋以下，流派递衍，至是而集其成。此法学之所以盛也。

宋承《唐律》，通法学者代有其人。盖自魏置律博士一官，下及唐、宋，或隶大理，或隶国学，虽员额多寡不同，而国家既设此一途，士之讲求法律者亦视为当学之务，传授不绝于世。迨元废此官，而法学自此衰矣。明设讲读律令之律，研究法学之书，世所知者约数十家，或传或不传，盖无人重视之故也。本朝讲究此学而为世所推重者不过数人。国无专科，群相鄙弃。纪文达编纂《四库全书》，政书类法令之属仅收二部，存目仅收五部。其按语谓刑为盛世所不能废，而亦盛世所不尚，所录略存梗概，不求备也。夫《四库目录》乃奉命撰述之书，天下趋向之所属，今创此论于上，下之人从风而靡，此法学之所以日衰也。

夫盛衰之故，非偶然矣。清明之世，其法多平。陵夷之世，其法多颇。则法学之盛衰，与政之治忽，实息息相通。然当学之盛也，不能必政之皆盛，而当学之衰也，可决其政之必衰。试观七国之时，法学初盛之时也，乃约纵连横，兵连祸结，而并于秦。汉末之时，法学再盛之时也，桓、灵不德，奄寺肆虐，而篡于魏。北齐之时，法学亦盛，而齐祚不永。几疑法学之无裨于世。然而秦尚督责，法敝秦亡；隋逞淫威，法坏隋灭。世之自丧其法者，其成效又如是。然则有极善之法，仍在乎学之行、不行而已。学之行也，萧何造律而有文、景之刑措；武德修律，而有贞观之治。及其不行也，马、郑之学盛于下，而党锢之祸作于上；泰始之制颁于上，而八王之难作于下。有法而不守，有学而不用，则法为虚器，而学亦等于卮言。此固旷观百世，默验治乱之原，有足令人太息痛哭者矣。

吾独不解，骫法之人，往往即为定法之人。梁武诏定律令，缓权贵而急黎庶。隋文诏除惨刑，而猜忌任智，至于殿庭杀人。稽诸史册，不胜枚举。法立而不守，而辄曰法之不足尚，此固古今之大病也。自来势要寡识之人，大抵不知法学为何事，欲其守法，或反破坏之，此法之所以难行，而学之所以衰也。是在提唱宗风，俾法学由衰而盛，庶几天下之士，群知讨论，将人人有法学之思想，一法立而天下共守之，而世局亦随法学为转移。法学之盛，馨香祝之矣。

这是沈氏著述中一篇十分重要的论说。套用时下的说法，是奠定中国近现代法学的担纲之作。这篇论说(还有这个时期发表的《法学会杂志序》、《法学名著序》、《设律博士议》、《裁判访问录序》、《监狱访问录序》、《大清律例讲义序》、《法学通论讲义序》等)，通过系统总结中国古代法学(律学)，通过法学(律学)与政治的分析研究，得出三个重要结论：

第一，"法学之盛衰，与政之治忽，实息息相通。"法学与政之治如何相通呢？根据他对中国历史的考察，两者的逻辑关系不是法学盛政必治，而是"当学之盛也，不能必政之皆盛，而当学之衰也，可决其政之必衰"。这个结论的用词十分谨慎。一个"皆"字，表明法学盛政可能盛，也可能不盛；一个"决"字，表明法学衰政必衰。这是他考察学术与政治的微妙关系，同时也是他置身学术与政治几十年所悟的结论。古代法学与政的关系如此，自他以后的现代法学与政的关系又何尝不是这样呢？

第二，法学与政为什么会有这种奇特的内在逻辑关系呢？他的结论是，“有法而不守，有学而不用”。国之强，政之治，需要善法；善法需要法学。法学不盛，何来善法？没有善法，又何来政治国强？这就是学衰政必衰的原因。但是，法学盛而不行，有学而不用，同样没有善法，同样不能达到政治国强的目的。学盛政不能皆盛的原因在此。法为虚器，学为卮言，一语道破了历史上的治乱兴衰。

第三，造成有学不行而至学衰，有法不守而至法坏的原因何在呢？在对历史和现实做了深刻的反思后，他结论说：“自来势要寡识之人，大抵不知法学为何事，欲其守法，或反破坏之，此法之所以难行，而学之所以衰也。”时至今日，这个结论仍然是至理名言。如果说，由他开创的中国近现代法学，在近百年的时间里，仍然有多次起落兴衰的话，其责任仍在“势要寡识”者身上。他开近代法学研究之风，希望天下之人群知讨论，希望中国人人有法学思想，使中国法学由衰转盛，世局也随法学的这种变迁而转移。但是，他又不能不把他的希望和期待寄托在“势要”者身上，希望“势要”之人不是“寡识”之人。这是中国社会的悲哀，也是中国法治的悲哀。

二 兴学明法，政平讼理

沈氏认为，中国古代法学（律学）自元代废除律博士，造成

“国无专科，群相鄙弃”①，到晚清末造，几成绝学。

沈家本认为，有清二百多年，讲求法律之学者只有两个人，一为乾隆时期的吴坛(字紫峰)，他续修《通考》时，“于例文之增删修改，甄核精详”，熟悉法律；一为薛允升，他“自官西曹，即研精律学”，对历代法律的沿革。“穷源竟委，观其令通”，对今律、今例中相互矛盾、先后歧异者，“逐条为之考论”，汇集而成《汉律辑存》、《唐明律合刻》、《读例存疑》、《服制备考》等鸿篇巨帙，“洵律学之大成，而读律者之圭臬也”。至于学派，因“世之从事斯学者实鲜”，社会上更不存在法学的分支流派，惟“官西曹者，职守所关，尚多相与讨论”。光绪初年，刑部职司所关，有陕、豫两派。豫派中陈稚依、田雨田名声最著；陕派中薛允升自成一大家，赵舒翘、张成勋、吉同钧亦其中之佼佼者。光绪末年，豫派渐衰，陕派亦寥落无人，执法者也不研究法学了。

沈家本痛惜中国法学的衰落，“法律之学，世皆懵暗，自古已非，积习相仍，于今为甚”。势要寡识者不重视，定法骫法，弃之如履；学者不但如纪昀等，视之为可有可无，轻于摈弃；即如魏源这样具史才、史识之人，“亦以刑法为不足纪”，在编纂《元史新编》时，将《刑法志》全部删除，甚至连本传中有关刑法者亦“轻予摈斥，不复讨论”。风气所趋，法学不仅无人研究，而且，由于资料散失，“有志者无书可考，欲求其是非之真而不可得”；浅见者“一切摒弃而不知讲求”。发展下去，“将举世无一明法之人”②。治理国家，“政平讼理”，将成为一句空话。

① 《法学盛衰说》，《历代刑法考》(四)，第 2143 页。

② 《书四库全书提要政书类后》，《历代刑法考》(四)，第 2276 页。

沈家本呼吁复兴中国法学，并为中国近现代法学的创立做了初步理论上的论证。

首先，古先圣哲无不重视法律法学。他论证说："虞廷命官，士与司徒并重，恤刑施刑，反复丁宁。"文王"明德慎罚，罔敢知于庶狱。周公《立政》一书，与《无逸》相表里，尤倦倦于苏公之敬狱。孔子言道政齐刑，又言道德齐礼，乃谓政刑之当进之以德礼，方臻郅治耳。非谓政刑之竟可置为后图也。故又言礼乐不兴则刑罚不中，刑罚不中则民无所措手足。是刑罚之中不中，关于民者若斯之重要"①。唐虞三代，治化如此之隆，尚须法律相辅，可见法学在圣王之世，并非可有可无。

三代及孔子之外，沈家本特别推重《管子》。"《管子》曰'不法法则事毋常，法不法则令不行'，此言国不可无法，有法而不善与无法等。然则议法者欲明乎事理之当然，而究其精意之所在，法学之讲求乌可缓乎！"②正因为法学如此重要，所以，汉代马融、郑玄这样的儒家大师，也为律作注。

其次，法学促进了西方国家的强盛，中国欲效法西方，不能不重视法学。

沈家本认为，西方资本主义国家的强盛，与法学的发达密切相关。"泰西各国当中土周秦之世，学术称盛，而希腊、罗马亦师儒相望，已为后世诸家专门之祖。十九世纪以来科学大明，而研精政法者，复朋兴辈作，乃能有今日之强盛。"③西方国家如此，东邻日本也是如此。日本旧时制度"唐法为多"，明

① 《书四库全书提要政书类后》，《历代刑法考》（四），第 2275 页。

② 《法学名著序》，《历代刑法考》（四），第 2239 页。

③ 《政法类典序》，《历代刑法考》（四），第 2241 页。

治以后，采用欧法。君臣上下，同心同德，发愤为雄，不惜财力，“编译西人之书”，“研究西人之学”，“举全国之精神，胥贯注于法律之内”，弃其糟粕，取其精华。几十年间，便成为世界强国。[①]

效法日本，采用西法，从而使中国富强起来，这是沈家本的理想。“今者五洲悬绝，梯航毕通，译寄象鞮，交错若织，列国政教之殊途，质文之异尚，使节所至，亦既见之，且往往能言之。此固天地气运日开，为前古未见之变局，人不得而诋为虚妄矣。惟是智力日出，方有进无已。天演物竞，强胜乎？弱胜乎？不待明者而决之。然则处今日之变，通列国之郮，规时势，度本末，幡然改计，发愤为雄，将必取人之长以补吾之短。”[②]改革政治，改革法律，与西方国家并驾齐驱。

他赞美西方法学，推崇西方的政治，指出自从孟德斯鸠等发明法理，立说著书，风行于世之后，西方学者递衍，流派繁多，经过反复讨论推寻，从而使“新理日出，得以改革其政治，保安其人民”[③]。在法治学说的推动下，西方国家的政事，“纯以法治，三权分立，互相维持”[④]，国家治理得井井有条。

他希望中国走西方国家走过的老路，也实行法治。为此，他批驳当时流行的实行法治其流弊“必入于申韩”的论调。指出：西方资本主义国家的法治，与申韩之学根本不同，“申韩之学以刻核为宗旨，恃威相劫，实专制之尤；泰西之学，以保护

① 《新译法规大全序》，《历代刑法考》（四），第2242页。

② 《政法类典序》，《历代刑法考》（四），第2241页。

③ 《法学会杂志序》，《历代刑法考》（四），第2244页。

④ 《法学名著序》，《历代刑法考》（四），第2239页。

治安为宗旨，人人有自由之便利，仍人人不得稍越法律之范围。二者相衡，判然各别”①。因此，把西方法学法治，比作申韩之学，说明他们完全不懂二者宗旨之区别。此外，即使是申韩之学，也不能一概摒弃。“法令为政治得失之所系”，申韩刑名法术之学，固然“刻薄寡恩，非帝王之道”，为“圣世所不取”，但是“即其言以考其行”，可为后代借鉴。② 不仅如此，其中某些东西今天仍然有其价值，如商鞅变法，使“二男分异，将使人人有自立之才力，庶不惰而后不贫，此实强民之本计”③。怎么能将申韩之学全部加于否定呢？

总之，西方国家，以重视法学而致国家富强。中国既然欲步西方后尘，就必须重视法学。

第三，法律乃民命之所系，其用甚重，其义至精，法学不兴，则法律不明。法律不明，则民不堪命。

如果说前面两个方面，沈家本是从整体上从宏观上来论证兴学明法的重要性的话，那么，在这里，他是从法律本身的作用，从微观上说明法学在治理国家中的重要性。

几十年的司法实践，沈家本深深体会到，法律之学是一门既重要又深奥的学问。早在 19 世纪 80 年代《重刻唐律疏议序》中，他就极为深刻地指出：“律者，民命之所系也，其用甚重而其义至精也。根极于天理民彝，称量于人情事故，非穷理无以察情伪之端，非清心无以袪意见之妄。设使手操三尺，不知深切究明，而但取办于临时之检按，一案之

① 《法学名著序》，《历代刑法考》(四)，第 2240 页。

② 《书四库全书提要政书类后》，《历代刑法考》(四)，第 2276 页。

③ 《律令二》，《历代刑法考》(二)，第 847 页。

误，动累数人，一例之差，贻害数世，岂不大可惧哉。”正因为法律之义如此之精，法律之用如此之重，所以，他才不厌其烦地提醒清朝统治者，同时呼吁国人，重视法学，研究法律，“深求其源”，“精思其理”，不要草率从事，以免贻害国家和人民。

以法理而论，“吾国旧学，自成法系，精微之处，仁至义尽，新学要旨，已在包涵之内，乌可弁髦等视，不复研求。新学往往从旧学推演而出，事变愈多，法理愈密。然大要总不外情理二字。无论旧学新学，不能舍情理而别为法也。所贵融会而贯通之，保守经常，革除弊俗，旧不俱废，新亦当参，但期推行尽利，正未可持门户之见也”[①]，又以立法而言，“法之修也，不可不审，不可不明。而欲法之审，法之明，不可不穷其理。而欲穷其理，舍讲学又奚由哉”[②]。以大清律为例：“《律例》一书，将欲考其沿革，穷其义例，辨其同异，权其轻重，是非讲不为功。今试进司牧之自负能名、幕府之素称老手者，举《律例》而周谘焉；其阅历非不深也，其办案非不精核也。若夫历代之沿革，亦尝考订之乎？法经之义例，亦尝推阐之乎？律与律之同异，例与例之同异，律与例之同异，亦尝参稽而明辨之乎？律轻例重之故，律重例轻之故，古律与今律重轻之故，此律与彼律重轻之故，亦尝博综而审定之乎？将皆逊谢不遑曰：未也。夫不明沿革，必至修一例而贻害无穷；不明义例，必至断一案而情法失当；不明同异，必至援引不衷。于是，甲罪用乙例，乙罪用甲例；不明重轻，必至权衡不得其平，重者失之轻，

① 《法学名著序》，《历代刑法考》(四)，第 2240 页。

② 《法学通论讲义序》，《历代刑法考》(四)，第 2234 页。

轻者失之重。"①一句话,不明其中奥秘,就不能科学地对它进行增删移并,也不能据以正确断狱。而他自己,则正因为对法学有极深的造诣,对《大清律例》下过极大的功夫,所以,《大清律例》在他的主持下改造为《现行刑律》后,才能被时人称誉为当时最进步的法律。

再以刑法而论,"刑名关系重要,其事之蕃变,每千头万绪,其理之细密,如茧丝牛毛",律文稍作改动,便关系人的生死,执法者如果"不寻绎前人之成说,参考旧日之案情,但凭一己之心思,一时之见解,心矜则愎,气燥则浮,必至差以毫厘,谬以千里。往往一案之误,一例之差,而贻害无穷"②。法学关系百姓之身家性命如此之重,国家不能不予重视。

总之,法学是一门极其深奥的专门学,"非博观约取,其论说必不能详,非极深研几,其精蕴必不能罄。此固非积数十寒暑之功候,不能有所成就。若第浅尝而猎取之,遂欲折衷群言,推行一世,难矣"③。它关系国家的安危,人民的死生;不明法,国无以为治;不审法,民无以为存;政平讼理,赖法之明。因此,讲求法学,兴明法学,刻不容缓。

三 沟通新旧,融会中西

近代西学东渐,学术界同时出现新旧,或中西之争。法学

① 《大清律例讲义序》,《历代刑法考》(四),第2232页。
② 《刑案汇览三编序》,《历代刑法考》(四),第2225页。
③ 《法学名著序》,《历代刑法考》(四),第2240页。

界也是如此，新旧、中西门户甚深。针对这种门户之见，沈家本在《浙江留京同学录序》中，阐明他的见解：

方今学之大势分为二派。守旧图新，各执其是，分驰并骛，时相倾轧。世方以为患，而非患也。旧有旧之是，新有新之是。究其真是，何旧何新？守旧者思以学济天下之变，非得真是，变安能济也？图新者思以学定天下之局，非得真是，局莫可定也。世运推演，真是必出，倾轧者方将融化矣，故曰非患也。浮嚣之习，中于人心，汪洋恣肆，其议论时轶乎名教纲常之外。狂澜横溢，堤防将溃。然成括小才，适以贾祸，士之稍明事势者，必不蹈此习。世方以此为患，而非患也。士之大患则利禄之心胜，而学问之心诎也。夫士之学将为世用，何必以利禄为疚！且国家方悬利禄以相招，又何必为士讳。抑知心不可两涉，两涉其途，将并一途亦不能达其所至。此患之分其功修者也，其患犹小。若充其利禄之心，将所以保其利禄之方，必无所不至；所以穷其利禄之事，必无所不为。败坏风气，贻祸生民。此患之丧其德性者也，其患实大。昔者科举之所以为世诟病者，其大患即在于以利禄诱天下之人，天下之人亦群相驰骛，于利禄之中而迁流不知所届。今废科举而兴学堂，乌可不除此患哉。子张学干禄，夫子告之以寡尤寡悔。然则君子之学以谋道也，其出而用世以行道也。

因此，他的结论是，学不分新旧中西。新学旧学，中学西学本身无可厚非，关键是为什么去学。"有利禄之心者流俗之学也，无利禄之心者君子之学也"①。君子之学以"谋道"、"行道"为目的。为此目的而学，就会发现，旧有旧之是，新有新之是。认真探究，都能从中悟出救国救民的"真是"。这种反对门户之见，对待中西学说的态度，最终形成他沟通新旧、融会中西的思想：

> 今者法治之说，洋溢乎四表，方兴未艾。朝廷设馆，编纂法学诸书，将改弦而更张之矣。乃世之学者，新旧纷拏，各分门户，何哉？夫吾国旧学，自成法系，精微之处，仁至义尽，新学要旨，已在包涵之内，乌可弃髦等视，不复研求。新学往往从旧学推演而出，事变愈多，法理愈密，然大要总不外情理二字。无论旧学新学，不能舍情理而别为法也，所贵融会而贯通之。保守经常，革除弊俗，旧不俱废，新亦当参，但期推行尽利，正未可持门户之见也。②

这是他对中西学说的根本态度，也是他对当时法学界的期望。"法之修也，不可不审，不可不明。而欲法之审，法之明，不可不穷其理。而欲穷其理，舍讲学又奚由哉。"③

① 《枕碧楼偶存稿》卷 5。
② 《法学名著序》，《历代刑法考》(四)，第 2240 页。
③ 《法学通论讲义序》，《历代刑法考》(四)，第 2234 页。

四 创建、主持京师法律学堂

京师法律学堂是适应法律改革的需要而创立的新式法律教育机构，在中国近代法律教育史上占有重要地位，沈家本是京师法律学堂的发起者和主持者。在《法学通论讲义序》中，沈氏曾简略叙述过学堂的创办经过：

> 余恭膺简命，偕新会伍秩庸侍郎修订法律，并参用欧美科条，开馆编纂。伍侍郎曰："法律成而无讲求法律之人，施行必多阻阂，非专设学堂培养人才不可。"余与馆中同人，佥韪其议，于是奏请拨款，设立法律学堂。

这是一个大概情况。其过程大体如下：

由伍廷芳的提议，光绪三十一年（1905年）三月十三日，沈、伍向清廷上《删除律例内重法折》。折后附片一提出："新律修订，亟应储备裁判人才。宜在京师设一法律学堂，考取各部属员入堂肄业，毕业后派往各省，为佐理新政、分治地方之用。"向朝廷提出在京师开办法律学堂的意向。附片二提出："在各省已办之课吏馆内，添造讲堂，专设仕学速成科目。自候补道府以至佐杂，年在四十以内者，均令入堂肄业；本地绅士亦准附学听讲。课程参照大学堂法律学门所列科目，及日本现设之政法速成科。"选派明习法律人员及外国游学毕业者，充当教员，分门讲授，以六个月为一学期，三学期毕业，经过考试，造册咨送中央，以备察核。①

在取得朝廷的认可后，三月二十日，正式上章请设法律学堂：

窃臣等奉命现行律例按照交涉情形、参酌各国法律、悉心考订。开馆以来，与编译各员旦夕讨论。深虑新律既定，各省未豫储用律之才，则徒法不能自行，终属无补。当此各国交通，情事万变，外人足迹遍于行省，民教龃龉。方其起衅之始，多因地方官不谙外国法律，以致办理失宜，酿成要案，将来铁轨四达，虽腹地奥区，无异通商口岸。一切新政，如路矿、商标、税务等事，办法稍歧，诘难立至，无一不赖有法律以维持之。然则弭无形之患，伸自主之权，利害所关，匪细故也。至于查照通商条约议收治外法权，尤现在修律本意。亟应广储裁判人才，以备应用。查学务大臣《奏定学堂章程》内，列有政法科大学，然须豫备科及各省高等学堂毕业学生升入。现在豫科甫设，计专科之成，为期尚远；进士仕学等馆，其取义在明澈中外大局，于各项政事皆能知其大要，法律仅属普通科学之一，断难深造；出洋游学毕业法科者虽不乏人，而未谙中国情形，亦多扞格。伏思为学之道，贵具本原。各国法律之得失，既当研厥精微互相比较，而于本国法制沿革以及风俗习惯，尤当融会贯

① 《学务大臣复议专设法律学堂并各省课吏馆添设仕学速成科折》，《大清光绪新法令》第13册。

通，心知其意。两汉经师多娴律令，唐宋取士皆有明法一科。在古人为援经饰治之征符，在今日为内政外交之枢纽。将欲强国利民，推行无阻，非专设学堂，多储人材不可。日本变法之初，设速成司法学校，令官绅每日入校数时，专习欧美司法行政之学。昔年在校学员，现居显秩者颇不乏人。宜略仿其意，在京师设一法律学堂，考取各部属员在堂肄习，毕业后派往各省，为佐理新政，分治地方之用。开办之始，暂由臣等经理，俟新律告竣，再行请旨派员专司其事。不揣固陋，谨拟办法三端，为我皇太后皇上陈之：一曰定课程。查大学堂章程内，法律学门所列科目，其主课为：法律原理学、大清律例要义、中国历代刑律、中国古今历代法制考、东西各国法制比较、各国宪法、各国民法及民事诉讼法、各国刑法及刑事诉讼法、各国商法、交涉法、泰西各国法。其补助课为：各国行政机关学、全国人民财用学、国家财政学。颇为赅备。即照所定学科，酌量损益，分延中外教习，逐日讲授。惟大学堂章程系四年毕业。拟多加授课钟点，改为三年毕业。另立速成科，习刑律、诉讼、裁判等法，限一年半毕业。一曰筹经费。常年经费，如堂舍租金、教习薪水、暨购买书籍、器具、饮食、杂用等项，力求撙节，每年约需银四万两。值此库储支绌，不敢请拨部款。应由各省督抚分筹拨济，大省约解三千两，中小省约解二千两，便可集事。分之见少，在各省尚不甚难。此项毕业学员，日后专为各省办事。现在育才之费，仰给群力，于义亦合。至开办经费约需银三万两，请归户部筹拨。一曰广任用。近日仕途猥杂，各省候补人员，文理未通者指不胜屈，虽有课吏馆之设，而督抚事繁，未能躬亲督察，几至有名无实，遇有要政，本省无可用之人，不得不调诸他省。在平日已有乏才之患，将来新律颁行，需才更亟，非多得晓律意者不能行之无弊。应将学律各员，于毕业后，请简派大臣详加考验，分别等差。其列优等者交部带领引见，按照原官品级，以道府直隶州知州知县等官请旨录用，庶几学适于用，用其所学，于时政殊有裨益。①

同年七月，经学部核议，京师法律学堂开始筹建。经过一年多的筹备，光绪三十二年（1906 年）九月，中国近代第一所中央官办法律专门学校——京师法律学堂正式开学。法律学堂章程设学总义章规定：

本学堂以造就已仕人员，研精中外法律，各具政治智识，足资应用为宗旨。并养成裁判人才，期收速效。本此目的，三年课程如下：

第一年：大清律例及唐明律、现行法制及历代法制沿革、法学通论、经济通论、国法学、罗马法、民法、刑法、外国文、体操。

第二年：宪法、刑法、民法、商法、民事诉讼法、刑事诉讼法、裁判所编制法、国际公法、行政法、监狱学、诉讼实习、外国文、体操。

① 《东方杂志》1905 年第 8 期。

第三年：民法、商法、大清公司律、大清破产律、民事诉讼法、刑事诉讼法、国际私法、行政法、财政通论、诉讼实习、外国文、体操。

速成科一年半的课程则有：大清律例及唐明律。现行法制及历代法制沿革、法学通论、宪法大意、刑法、民法要论、商法要论、大清公司律、大清破产律、民刑诉讼法、裁判所编制法、国际法、监狱学、诉讼实习。①

根据农工商部印刷科刊印的《京师法律学堂第一次同学录》，法律学堂职员有：

管理大臣：沈家本

提　调：董康（教务提调）、曹汝霖（前教务提调）、王仪通（文案提调）、许受衡（前文案提调）、周绍昌（庶务提调）。

监　学：吴尚廉、熙桢、张元节。

管理员：章震福（藏书楼管理员）。

教　员：冈田朝太郎、松冈义正、吉同钧、姚大荣、汪有龄、钱承鋕、江庸、张孝栘。

这本名录，内列学生 246 人，年龄最大的瑞麟，当时已 53 岁，最小的仅 18 岁。

现在所能见到的京师法律学堂授课内容的记录有两种，一为熊元翰所编《京师法律学堂笔记》，一为汪庚年所编《京师法律学堂讲义》。据这两种资料，当时授课人主要是日本教习。如《京师法律学堂讲义》（1911 年 5 月京师法学汇编社发行，22 册）载明授课人和课程有：冈田朝太郎讲授法学通论、宪法、行政法、大清刑法总则、大清刑法分则、大清法院编制

① 《东方杂志》1906 年第 10 期。

法、刑事诉讼法。松冈义正讲授民法总则、物权法总论、债权法各论、亲族法、相续法(继承法)、民事诉讼法、破产法。志田钾太郎讲授商行为法、会社法(公司法)、手形法(有价证券法)、船舶法(海商法)、国际私法。岩井尊文讲授国法学、国际法。小河滋次郎讲授监狱学、大清监狱律。只有理财学、经济学未注明讲授人。上述记述与熊元翰的《京师法律学堂笔记》大体相同。从这两种资料看,当时京师法律学堂的授课人,日本教习起了主导作用。

从光绪三十二年(1906 年)起到宣统三年(1911 年)止,京师法律学堂创办仅几年时间,"毕业者近千人,一时称盛"①。

五　北京法学会、《法学会杂志》

中国最早的法学学术团体出现在戊戌变法期间。在维新思潮的推动下,梁启超、谭嗣同、唐才常等,在长沙组建"法律学会"和"公法学会"。两个学会当时都开展一些活动,但是时间很短。政变发生后,随即消失。

北京法学会是中国近代第一个全国性的法学学术团体,它与修订法律馆、京师法律学堂都有着密不可分的关系。宣统二年(1910 年)冬,法律馆员和法律学堂汪有龄(子健),江庸(翊云)、汪宋园、陈鲤庭、王璞川、熊飏咨等,筹议法学会,就商沈家本。沈氏极为赞成,并捐款相助。同年十一月,法学会成立,沈家本被当时的法学界推为首任会长,汪有龄总理会务。第二年春,又在法学会下设法学研究所,五月,《法学会杂

① 《清史稿・沈家本》卷 443。

志》创刊。

学会以法学界同人为主体，研究所以法为研究对象，杂志以对中外法律的研究为内容，从而形成一个比较完整的法律人团体。开办之初，研究所举办讲演会，杂志按月连出五期，到武昌起义暂停。沈家本、杨荫杭、许世英、徐谦、冈田朝太郎、志田钾太郎、小河滋次郎等的许多重要论说，都在这几期刊发出来。

中华民国成立后，北京法学会恢复活动，《法学会杂志》复刊。在复刊第一卷第一号上，沈家本撰《法学会杂志序》一文，古稀老翁对中国近现代法学寄托无限的希望：

> 自李悝著《法经》而法学兴。秦时以吏为师，天下之习法学者，群集于丞相之府。西汉因之，东汉不用秦法，士之习法学者聚徒讲授。如郭弘习小杜律，郭躬传其父业，讲授徒众常数百人；吴雄三世为法名家；陈咸以律令传为家业，其后宠、忠皆典刑法。至为律章句者凡十余家，郑康成以大儒犹为此学。是时虽无法学会之名，而其传授不替，徒众颇广，固甚盛也。
>
> 近世纪欧洲学者孟德斯鸠之伦，发明法理，立说著书，风行于世。一时学者递衍，流派各持其是。遂相与设立协会推寻，新理日出，得以改革其政治。流风所披，渐及东海，法学会称极盛焉。吾国近十年来，亦渐知采用东西法律。余从事斯役，延访名流，分司编辑；聘东方博士相与讨论讲求；复创设法律学堂以造就人才；中国法学于焉萌芽。庚戌之冬，汪君

子健、江君翊云、汪君乐园、陈君鲤庭、王君璞川、熊君飏咨诸君，勾合同志，筹设法学会，来质于余。余喜法学之甫有萌芽者，渐见滋生也，亟赞成之，并捐资为之助，而属江君子健总其成。子健热心毅力，订章程筹经费，规模略具，力图进行，乃议设法政研究所及编辑杂志以导其先。辛亥春，研究所既成立，而杂志亦于是年五月出版。乃八月以后，国事扰攘，事遂中辍，良可惜也。今同人等重行组织，斯会乃复成立，而杂志亦获赓续刊行。

余虽老病侵寻，不获于法学界有所贡献，而窃喜斯会之已废而复举也，因述其缘起如此。异日法学昌明，钜子辈出，得与东西各先进国媲美者，斯会实为之先河矣。①

法学昌明，巨子辈出，最后使中国法学与东西各国相媲美，暮年老翁的胸怀跃然纸上。

1912年岁末，沈钧儒先生等发起创刊的《法政杂志》，曾就民国成立后的北京法学会活动加以叙述：

前年北京司法、立法及法学各界沈家本君辈，于京中设立法学会，促法制与法学之进步。已发杂志五期，因去秋武汉起义，事业暂行中止。现值民国成立，该会会员云集京师，大图发展。特假座化石桥专门学校，开成立大会。前司法总长王宠

① 《法学会杂志》1913年第1卷第1号。

> 惠，及现总长许世英，大理院长章宗祥，法制局长施愚，及北京法界重要人物，多数出席，讨论进行方法。分为三项：一发行法学杂志，由深通中西法学之会员担任纂述。每期择最重要之问题，求学理上实例上之解决，引起国民法学研究之兴味。一设立法政学校，分设法制经济各科，设立专门大学，各级延聘中外教员，养成专门人才。一设立法学讲演会，联系法界有关系之人，分门担任，以图法律思想之进步。其规模办法，非徒继续前业，其精神上实质上均大有发展。①

三项措施，第一项复刊《法学会杂志》，1913 年付诸实施。第二项设立法政学校，亦付实施，朝阳大学即在汪有龄等人的组织下成立，延至 1949 年，改为中国政法大学，后并入现在的中国人民大学。第三项讲演会，因资料阙如，无法决其是否进行。但据第一、二项推理，初期曾经举行当属可信。不仅如此，据《法学会杂志》复刊第一卷第六号《法学会福建支部会员姓氏录》，各省（最少福建省）尚有支部。

六　翻译、整理中外法律和法学著作

沈家本自奉命修订法律起，就重视对西方法律和法学著作的翻译和研究工作。“将欲明西法之宗旨，必研究西人之

---

① 《北京法学会的发展》，见《法政杂志》第 2 卷第 4 号。

学，尤必编译西人之书”[①]。“欲究各国之政治，必先考各国政治之书。非亲见之不能得其详，非亲见而精译之不能举其要。”称誉明治维新时期的日本学者博观约取，翻译西方著作的严谨作风，要求翻译人员不仅要精通外文，而且必须有政治法律的专门知识：“政治之要，非深于政治者不能知，译政治之书，非深于政治者不能通其义。”[②]只有具备政治法律专门知识，又深通外文之人，才能搜讨众作，鉴别去取，翻译出上乘之作。京师法律学堂的课程表中，三年都规定外文课程，原因便在于此。

在翻译的具体方法上，沈家本主张先从日本的著作着手。主要原因是日本与中国相邻，著作易得；文字相近，易于翻译。“各国法学各自为书，浩若烟海，译才难得，吾国中不多见”[③]；“日本则我同洲、同种、同文之国，译和文又非若西文之难也”[④]，所以翻译日著和翻译西著相比，往往事半功倍。

在这种思想的指导下，当时的翻译工作成效很大，几年时间，就将世界主要资本主义国家的主要法律翻译出来，同时，还翻译出一批法学著作（详见前），为西方法律和法学在中国的传播作出了重大贡献。

除广译东西各国法律之书外，沈家本对甄别“我国旧文”[⑤]，整理我国法律文化遗产，也作出了巨大的贡献。

沈氏十分重视对我国法律经典的整理，早在担任修订法

---

① 《新译法规大全序》，《历代刑法考》（四），第2242页。

② 《政法类典序》，《历代刑法考》（四），第2241页。

③ 《法学名著序》，《历代刑法考》（四），第2239页。

④ 《新译法规大全序》，《历代刑法考》（四），第2242页。

⑤ 《日本享保本明律跋》，《历代刑法考》（四），第2264页。

律大臣之前即已开始这一工作。主持法律改革以后，更是孜孜以求。收集在《寄簃文存》中的“序”和“跋”以及“书后”，绝大部分都是为搜求整理的法律古籍而作，粗略统计，即有《重刻唐律疏议序》、《重刻明律序》、《宋刑统赋序》、《无冤录序》、《王穆伯新注无冤录序》、《通行章程序》、《读例存疑序》、《薛大司寇遗稿序》、《钞本唐律疏议跋》、《唐律释文跋》、《常熟瞿氏宋本律文附音义跋》、《刑统赋解跋》、《粗解刑统赋跋》、《刑统赋疏跋》、《钞本元典章跋》、《元史新编跋》、《大诰跋》、《范永銮重刊大明律跋》、《万历大明律跋》、《日本享保本明律跋》、《律疏附例跋》、《顺治律跋》、《雍正律刻本跋》、《雍正三年修律黄册跋》、《雍正七年续纂条例黄册跋》、《广汇全书跋》、《律例根源跋》、《书钞本律文十二卷音义一卷后》等等。

这些“序”、“跋”和“书后”，处处流露出他对我国传统典籍的眷念，以及他为整理这些典籍所付出的心血。下面，我把他的一篇“跋”和一封信录出，以见他的良苦用心。

在《日本享保本明律跋》中，沈氏指出：

国朝律例承于前明，而《明律》传本世不多觏。余所见者，仅有嘉靖本、隆庆本、万历十三年本、三十八年本、笺释本，单行《问刑条例》则有崇祯本外，此又有日本本。其书刊于享保七年，故称为“享保本”。《问刑条例》别自为卷，不分隶于各律之后，每条间有旁注，语亦简略。不知为何人所之辑。其条例无万历新例，疑出于嘉靖本也。彼国学者颇珍贵此书，归国库发售，近东游者往往携一编归，亦遂有流入中国者。吾友董绶金奉使东渡，曾观其国库所藏书，《明律》有六十余种之多，可为巨观。考《明史·艺文志》，所收讲律之书不过十余种，即范氏天一阁所藏之本有为《志》所未录者，知其遗落者多矣。

窃尝怪自来好古之士，搜讨前人遗籍，每于风云月露之词，游戏应酬之作，什袭而珍藏之，或且登诸梨枣，而有关掌故者多不关心，法家之书尤所屏弃。抑知历代之因革损益，以及法系之源流，非取其遗籍参稽而会通之，不能深明其故。好学之士，考求往事而图籍散亡，多以为恨。海外之人乃能刊布流传，其所见为何如哉！孙渊如复元本《唐律疏议》，风行于世，洵为独具深心者矣。光绪戊申，法律馆复桐乡沈氏所藏《明律》，将以为学者参稽会通之助，非徒作商彝、周鼎观也。此本为许君溯伊所藏，昨出相示，与余所藏本同，爰书数语而归之。

“抑知历代之因革损益，以及法系之源流，非取其遗籍参稽而会通之，不能深明其故。”这短短的一句话，表露了他的深沉的历史责任感。正是这种责任感的驱动，所以才能使他搜求不舍。他给缪荃孙的信就是一个佐证：

小山仁兄同年大人执事：

凉风天末，辄忆故人，惟揪敛吉羊，纂著宏博为祝。比来喜有弓旌之贲，想不久当可命驾。闲云复出，旧雨重逢，把袂有期，深慰饥渴。恳者，尊处《庆元条法事类》一书，弟欲得之，以资考证，敢请分神代觅书手照缮一部寄下，佣值若干？函便示知，再当如数奉缴。琐读不安，容俟晤谢。专肃，敬候道履。年愚弟沈家本顿首。[①]

这是一封专门索求《庆元条法事类》之函。董康也屡次提及他对本书的索求：“《庆元条法》已刻数册，……沈敦老属转借长者原本另缮，以踵其功，务祈检出，径寄王书衡处。是叩。”“《庆元条法事类》已函知沈敦翁矣。”[②]可见，为得《庆元条法》这一典籍，他不仅亲商缪荃孙，还与董康、王式通（书衡）往返商讨。笔者阅读这些信函，每次都对这位老翁肃然起敬。

修订法律时期，也是沈家本著述极为丰富的时期。这个时期的著述，无论是考证还是论说，大都围绕修订法律而发。这些著作纵横中外，贯通古今，是研究我国古代法制和近代法学的重要资料。

这个时期的著述主要有：

《寄簃文存》八卷。光绪三十三年（1907 年）由沈家本手订，是他在修订法律时期的论文汇集。该书的《小引》说：“癸卯岁（按：1903 年），奉命修订律例，不得不研究法律之编。乃年齿日颓，不能深求学理，偶有论说，不过一隅之见。出示同人，尚不相非薄，群来索观。儿子辈怂恿排印，以代钞胥。因取近日论说，及向日参考之所及者，益以自治奏牍数篇，都为八卷，付诸印工。”此书由修订法律馆印刷刊行。

《寄簃文存二编》上、下卷。宣统三年（1911 年）由沈家本手订出版。《自志》说：“余承乏修订法律馆，与同人讨论之

① 《艺风堂友朋书札》（上），上海古籍出版社 1980 年版，第 220 页。
② 《艺风堂友朋书札》（上），第 443 页。

际，陈议遂多，索者踵武，钞胥不给。儿辈怂恿排印，于丁未(1907年)冬编为八卷，颜曰《寄簃文存》，'存'之云者，尚待论定也。戊申(1908年)以后，又得文若干编，益以旧稿，汇为二编。"此书亦由修订法律馆印刷刊行。

《寄簃文存三编》。沈家本去世后，于1914年由《法学会杂志》刊出，共有文章七编。《墓志铭》说，沈家本生前已刊有"《寄簃文存》八卷又二编二卷"，三编未列。但是，沈家本逝世于1913年夏天，距刊出时间不远。因此，从时间上说，《三编》当为他生前编定。

以上《寄簃文存》及二编、三编(以下简称自订《八卷》、《二编》、《三编》)，约在民国十八年(1929年)刊印《沈寄簃先生遗书》时，重新编定，经过增删，统一订为《寄簃文存八卷》。其变化情况如下：

卷一(《沈寄簃先生遗书·寄簃文存八卷》，下同)：将自订《八卷》之卷一、《二编》卷上之"奏议"汇集，删去其中之《殴毙杀死伊父义不当仇人议》一文。全卷共十二篇，定名为"奏议"。

卷二：自订《八卷》卷二为《律目考》，整理时删除。汇集自订《八卷》中之卷五、卷六"论"。全卷为"论"七篇。

卷三：自订《八卷》之卷三为《充军考》上、中、下，整理时删除，将自订《八卷》卷一和《二编》卷上及《三编》中之"说"汇集，全卷共集"说"八篇。

卷四为"考"、"释"、"学断"三类九篇。"考"一编，原为《三编》中之《比部考》，"释"四篇，由《二编》卷下和《三编》中的"释"汇集而成。"学断"为《墓志铭》中所云"未刊"之"学断录"，共四篇。

卷五为“笺”、“补”、“书”、“答问”四类，共六篇。“笺”一篇，为自订《八卷》之卷八（仅一篇）；“补”为《二编》卷上之《补洗冤录四则》；“书”为《二编》卷下之《与戴尚书论监狱书》；“答问”汇集《二编》卷下和自订《八卷》之卷六，以及《法学会杂志》第三期文章各一篇。

卷六为“序”，共二十一篇。其中：有自订《八卷》卷四中的十三篇，《二编》卷下有六篇，《三编》有一篇，以及复刊《法学会杂志》第一卷第一号所刊之《法学会杂志序》一文。

卷七为“跋”，共十三篇。来自自订《八卷》卷七和《二编》卷下。

卷八为“跋”和“书后”，共十四篇。“跋”八篇，来自自订《八卷》中之卷七和《二编》中之卷下。“书后”六篇，由自订《八卷》卷六和《二编》卷下有关篇汇集而成。

据《墓志铭》云：沈家本逝世前，已刊著作仅《刺字集》二卷，《历代刑官考》二卷，《寄簃文存》八卷，又《二编》二卷。未刊有《历代刑法考》三十八卷，《汉律摭遗》二十二卷，《明大诰峻令考》一卷，《明律目笺》三卷，《律例偶笺》三卷，《驳稿汇存》一卷，《雪堂公牍》一卷，《奏谳汇存》一卷，《压线编》一卷，《学断录》一卷，《文字狱》一卷，《刑案汇览三编》一百卷，《读律校勘记》五卷，《秋谳须知》十卷，《日南读书记》十八卷，《说文引经异同》二十五卷又《附录》一卷，《史记琐言》三卷，《汉书琐言》六卷，《后汉书琐言》三卷，《续汉书志琐言》三卷，《三国志琐言》四卷，《三国志校勘记》七卷，《汉书侯国郡县表》一卷，《李善文选注引书目》六卷，《古今官名异同考》一卷，《枕碧楼偶存稿》八卷，《日南随笔》八卷，《枕碧楼诗稿》六卷，《古书目三编》八卷。此外，还有《周官书名考古》一卷，《借书记》一卷，

《奇姓汇编》一卷,《金井杂志》一卷,《寄簃文存三编》一卷。

这些著作,他死后重新进行整理,经过整理刊印的《沈寄簃先生遗书》分甲、乙两编。甲编为法学著作,分《历代刑法考》和《寄簃文存》两大类。《历代刑法考》下分:《总考》四卷,《分考》十七卷,《赦考》十二卷,《律令》九卷,《狱考》八卷,《刑具考》一卷,《行刑之制》一卷,《死刑之数》一卷,《唐死罪种类》一卷,《充军考》一卷,《盐法私矾私茶酒禁同居丁年考》合一卷,《律目考》一卷,《汉律摭遗》二十二卷,《》二卷,《明大诰峻令考》一卷,《历代刑官考》二卷。甲编目录之后,注明未刊书稿尚有:《秋谳须知》十卷,《律例偶笺》三卷,《律例杂说》二卷,《读律校勘记》五卷,《奏谳汇存》一卷,《驳稿汇存》一卷。《雪堂公犊》一卷,《压线编》一卷,《刺字集》二卷(按:此书生前已刊,薛允升并为之作序),《文字狱》一卷,《刑案汇览三编》一百卷(按:现藏稿本为一百二十六卷),《借书记》一卷,《周官书名考》一卷,《奇姓汇编》一卷,《吴兴琐语》一卷,《金井杂志》一卷。这些著作,绝大部分为法学著作。

乙编不属法学著作,计为:《诸史琐言》(包括:《史记琐言》三卷,《汉书琐言》五卷,《后汉书琐言》三卷,《续汉书志琐言》一卷,《三国志琐言》四卷),《古书目四种》(包括:《三国志注书目》二卷,《世说注书目》三卷,《续汉书志注书目》三卷,《文选李善注书目》六卷),《日南随笔》八卷,《枕碧楼偶存稿》十二卷。除《文选李善注书目》六卷注明为“嗣出”者外,乙编中注明“嗣出”的尚有《说文引经异同》二十六卷《附录》二卷,《日南读书记》十八卷,《三国志校勘记》六卷,《汉书侯国郡县表》一卷,《古今官名异同考》一卷。

除此之外,宣统元年,沈家本整理他的祖父、父亲和两个弟弟的遗作，成《沈氏家集》，刊刻印行。《家集》对研究沈家本的家世颇有参考价值。《家集》中的沈丙莹著述，对研究咸、同时期贵州苗民起义，亦有史料价值。

1912 年，沈家本还编辑刊刻了《枕碧楼丛书》。这套丛书，是他搜集整理的古籍，共分十二种：《南轩易说》、《内外服制通释》、《刑统赋解》、《粗解刑统赋》、《别本刑统赋解》、《刑统赋疏》、《无冤录》、《河汾旅话》、《河南集》、《花溪集》、《来鹤亭诗集》、《玉斗山人集》。这些古籍，有一大部分是法学古籍。

第十一章 沈家本的人格平等观

人格平等是现代法的应有之义，现代民、刑等部门法无不贯彻人格平等原则。沈家本奉旨“参酌中西”以修律，人格平等原则是他无论如何无法迈过的。考察沈家本的人格平等观是一个饶有兴味的问题。

一 平等：一个让沈家本回避的问题

《寄簃文存》收录的文章，最后一篇为《书劳提学新刑律草案说帖后》（以下简称《书后》）。此文成于 1910 年，用意在于回应劳乃宣的《修正刑律草案说帖》，是“礼法之争”中，沈家本用自己的名义回复“礼派”的惟一一篇文章，也是沈家本晚年最后一篇论说文章，其地位在《寄簃文存》，以至于在所有沈家本的论文中，均可想而知。然而，以前的沈家本研究，往往对该文一笔带过。究其缘由,恐怕与该文本身采取低调的态度,有较大的关系。不过,对该文的认识,必须结合劳乃宣的批评,以及当时的历史背景。当我们将这些因素都加以考虑时,一些有趣的问题出现了。

"礼法之争"中的"礼"派核心人物劳乃宣,后来将该派人物的文章汇集出版,号为《新刑律修正案汇录》,[①]其中,劳乃宣一人的文章有两篇。分别是《修正刑律草案说帖》,和为了回应沈家本《书后》的《声明管见说帖》。劳的文章,特别是《修正刑律草案说贴》,长达 15 页,行文论证,不厌其详,气势逼人,颇壮"礼"派声势。沈文也被收入该书,却寥寥 3 纸,字简语约,不温不火。从表面上看,沈文对劳乃宣所质疑的《新刑律》中各条文,均作了解释,可算是攻守有据。但除了条文以外,劳乃宣还有自己的一套理由。那些对条文的质疑,正是基于这些理由。但沈文对劳乃宣的理由,却没有正面予以回应。这就像两人相殴,一人猛打猛冲,大声呼喝;另一人却随手拆解,不冷不热。让旁观众人看了,很不过瘾。

劳乃宣批评的要点和理由究竟如何,沈家本究竟在哪些方面语焉不详,都需要细细审视。

通观劳文,有两个主要论点。

一是法律不能与道德风俗相背离。所谓"法律与道德,诚非一事。然实相表里。必谓法律与道德教化毫不相关,实谬妄之论也"[②]。按照劳乃宣的说法,清末有两种主要的反对用道德立法的理由。一种认为,违反道德的行为,多不胜数,以

① 劳乃宣编辑:《新刑律修正案汇录》,京师京华印书局,清末刻本。
② 劳乃宣:《修正刑律草案说帖》,载《新刑律修正案汇录》,第 10 页。

至于“禁之无可禁，诛之不胜诛”，即使法律对其加以规定，也只能使法律成为“具文”，徒伤法律的权威。另一种认为，要防止那些违反道德的行为，只能依靠教化，而不需要处处以刑法规定。对这两种说法，劳乃宣大不以为然。他说，有禁止杀人的法律，却仍然有杀人犯，这是“仁之教化未至也”，难道因此也要废除禁止杀人的法律条文么？有禁止盗窃的法律，却仍然有盗贼，这是“义之教化未至也”，难道因此也要废除禁止盗窃的法律么？因此，那些主张法律与道德无关的说法，是没有依据的。由此，劳乃宣推出他的第二个论点。

第二个论点是，中外道德各有特色，法律应针对不同国家社会的道德而斟酌。他说：“外国之俗重平等，而中国之俗重伦常。周孔之教，深入人心者，已数千年。所谓久则难变也。骤以外国平等之道施之，其凿枘也必矣。夫修订新刑律为立宪之预备也，立宪以顺民心为主，则刑律之修，可不合乎中国人情风俗为先务哉？”①因此，凡是那些旧律中与平等原则不符合，但却是中国伦常所重的，都应仍规定于新刑律中。②

即使今天的法学教科书，也仍然承认，道德与法律具有某

---

① 劳乃宣：《修正刑律草案说帖》，载《新刑律修正案汇录》，第 19 页。

② 除了这两个论点，劳乃宣还有两个强有力的现实依据。一是宣统元年（1909 年）的圣谕中说：“凡我旧律义关伦常诸条，不可率行变革，庶以维天理民彝于不敝。该大臣（指修律大臣）等务本此意，以为修改宗旨，是为至要”。一是修律并不是收回领事裁判权的惟一途径。劳乃宣说：“要知裁判权之能收回与否，尚有种种方面，非止刑律一端，更非止无夫奸罪一端也。如种种方面皆足收回，断不能因此一端而生阻。种种方面皆不足收回，亦不能因此一端而收效，何必先自弃其礼教以媚之，而反先自扰其治安哉？夫收回裁判权之机括，其首要莫重乎审判之文明，而律文之同否，实在其次。”详见劳乃宣《声明管见说帖》，《新刑律修正案汇录》，第 26 页。

种“一致性和相互作用”①。劳乃宣认识到道德与法律不可截然分割,法律不能凭空制订,而应体现对本土社会的关怀,这是具有一定合理性的。然而,怎样分辨这些“一致性和相互作用”,却是较为复杂的问题。法律,往往在伦理道德、立法目的、社会秩序和个人利益等价值冲突中,寻找折衷之处。价值之间的冲突,不是一种非此即彼的判断。劳乃宣的合理性在于,他指出了在新刑律草案中,存在着价值冲突的现象。但却没能进一步深入地理解和协调这种价值冲突,而是认为两种价值是截然相反的,性质上是水火不相容的。这就未免把复杂的问题简单化了。而在此基础上得出的结论,也不能令人信服。

为了清晰起见,我们将劳乃宣的论述还原成三段论公式:

大前提一　法律应尊重道德。

大前提二　重伦常是中国人的道德,重平等是外国人的道德。

小前提　重伦常与重平等是对立不相容的。

结论　中国的法律只能重伦常,不能重平等。

可见,劳乃宣的两个大前提都没大的问题,但那个隐藏在他的文章中没有明言的小前提,却是导致他的结论出现问题的关键。

这里的目的,并不是要来指摘劳乃宣。然而,必须指出,就

① 例见沈宗灵主编《法理学》(21世纪法学系列教材),北京大学出版社2001年版,第212—213页。

法律与道德而言，沈家本应该有许多可以回击的地方。实际上，作为一个律学大师，沈家本一生都在关注法律与道德的关系。在《寄簃文存》和《历代刑法考》等著述中，关于法律与道德关系的论述，随处可见。举例来说，刑律中规定"七出"，在道学家看来是当然之事，也是后世视为法律与道德相结合的代表。但沈家本却早有质疑。他在《明律目笺》一书中说："淫佚、不事舅姑、口舌、盗窃、妬忌，此五者，当出者也。若无子、恶疾，乃妇人之不幸也，方矜之不暇，而遽出之，不太甚乎！"[①]这是明确指出"七出"的不合理。再来看关于"存留养亲"制度。"存留养亲"是要求议刑者对老人应保持怜恤之心，如果年老且只有一个儿子，这个儿子犯罪时，可以经赎罪后，留在老人身边奉养老人。这显然是因循道德而制订的法律条文。沈家本却不以为然。一方面，他认为，留养制度是为了怜悯老人，而不是犯罪本身可以宽恕，所以，至少在为老人送终后，罪犯仍应依照原罪处罚。当时的"一释不问"的做法，是"太宽矣"[②]。以此可见，沈家本对道德入律的问题，更多地是从律学专家的角度去看待；另一方面，沈家本的本意，甚至根本就不赞成这个"存留养亲"制度。他同意金世宗的看法，认为一个人既然因一时气愤而可以犯法，是已经没有了"事亲之心"，也就是说，罪犯根本没有将老人放在心上，这样的人，又怎么可能期望他去侍奉老人呢？"老有子而不能侍，与无子无异。"所以，还不如对罪犯"论如法"，而老人由官府接济奉养就行了。[③]

---

① 《明律目笺二》，《历代刑法考》(四)，第 1839 页。

② 《律令三》，《历代刑法考》(二)，第 912 页。

③ 《明律目笺一》，《历代刑法考》(四)，第 1798 页。

这些论述，出现在不同时期，可以看出，沈家本以法律家的立场，对旧律中的伦常问题，有过长期的思考。这些思考，远比劳乃宣泛泛而论道德与法律的关系问题深入得多。一旦要和劳乃宣对峙，应当有很多话要说。然而，正如后来所看到的，沈家本选择了回避的方式。

但是，还是让我们来看看沈家本是怎样回应劳乃宣的吧。与劳乃宣的激扬文字相反，《书后》一文，惜墨如金。这篇文章，全是在讲新刑律中罪刑设置是否得当的问题。凡是劳乃宣指摘的罪名，都一一列出，作出解释。但绝不提道德与法律，也似乎根本就不知道"平等"一说。对于大部分劳乃宣所指摘的罪名，沈家本都解释为属于用"判决录"规定的范畴。如，劳乃宣说，《新刑律》应该规定"干名犯义"。沈家本说："此告诉之事，应于编纂判决录时，于诬告罪中详叙办法，不必另立专条。"属于这种情况的，还有"亲属相奸"、"亲属相盗"、"亲属相殴"、"故杀子孙"、"杀有服卑幼"、"妻殴夫、夫殴妻"等。沈家本所说的"判决录"，其实是指由最高司法机关发布的有指导意义的案例。这样，就把"礼"、"法"双方的价值之争，转换成了一个法律技术问题。这其中，还隐隐带有指责劳乃宣不懂律例，不可与言专门之学的味道。对此，劳乃宣自然不好再多置喙。因此，劳乃宣在《声明管见说帖》中，开首就不得不承认："'干名犯义'与'亲属相为容隐'，相为表里，为中国旧律精义，阙一不可。容隐之条，刑律草案已具，今以此条叙于判决录中，俾与刑律相辅而行，亦无不可。"不过，他还是惟恐有失，随即提出："二者当同时颁行，方免偏重。"[①]但总的

① 劳乃宣：《声明管见说帖》，《新刑律修正案汇录》，第 24 页。

来说，大多数争议，算是被沈家本的这一方法给轻轻带过了。

然而，有的条文仍然是需要解释的。如“故杀子孙”、“杀有服卑幼”、“妻殴夫、夫殴妻”等的量刑轻重问题。对此，沈家本抓住一点，即新刑律的量刑，既遵守了经义和礼教，又于史有据。还好，沈家本熟读经史，且精研历代刑法，对刑制变迁，婉转道来，无不若合符节。直到《新刑律》未规定“犯奸”这一层，确实找不到历史和经义中的依据时，沈家本又将孔子的“齐之以礼”搬出来，说“犯奸”是风化之事，与需要“齐之以刑”的事情不同，因此，也可以不规定在刑律里面。

总之，无论说不说得过去，沈家本都向人们表明，新刑律是按照礼教的精神在制订。但是，只要结合劳乃宣的指摘，就会发现，沈家本毕竟是用的“避重就轻”的方法。

劳乃宣的指摘，一方面，是说新刑律中的一些条文有悖礼教。另一方面，是说从这些有悖礼教的条文可以看出，新刑律是按照西方的平等原则在立法。沈家本在《书后》中，将劳乃宣指摘的条文，逐条列出，加以论证。论证什么呢？论证的是这些条文均没有背离礼教的精神！不但没有违背礼教，反而是大大维护礼教，甚至是恢复了在远古已经失落的真正的礼教精神。

但这仍算是“就轻”。因为沈家本回避了劳乃宣所质问的：新刑律是不是按照平等原则来立法的呢？对这一点，沈家本只字不提。为什么不提？从后人的角度来看，沈家本的回避，可能有两种考虑。一是，沈家本身处朝廷，妄言平等自由，会树敌太多，修律大业，必将前功尽弃。这种考虑，应该是最符合当时的历史背景的。另一种可能是，沈家本以专家的身份，不屑与劳乃宣纠缠。这种可能性较小，但也不是完全没有。

不过，指出这些可能性，都不是重点。沈家本虽然回避了正面回答劳乃宣，隐藏了自己的真实想法，但他显然是知道西方法律中的“平等”观念的。《新刑律》的条文，正如劳乃宣所指责的，充斥着“平等”原则。沈家本能够在一时的言辞辩论中回避这个问题，却不能在长期的刑律起草工作中也回避这个问题。因此，应该询问的是，对于“平等”原则，沈家本究竟如何理解呢?

对于这个问题，很容易出现的解释，也有两种：

一种解释是，沈家本认为，“平等”与“伦常”就是对立的两端。这样，沈家本之所以不提“平等”二字，就是因为律文已经符合了“伦常”的要求。这样，《新刑律》自然也就和“平等”二字扯不上边。考虑到当时的观念背景，这或许是沈家本希望给人们留下的一种印象。而如果是这样，沈家本尽管和劳乃宣在新刑律上争执很大，但却都是用是否符合“礼教”的标准，来评价修律的得当与否。这样，条文的争执，不过是表面的理解。在对“平等”的理解上，在内在的精神上，双方不但没有差异，相反，倒是相通得很呢。

另一种解释是，沈家本的确完完全全地接受了西方的“平等”观念。只不过当时的情势凶险，为了保住《新刑律》，不得不隐藏自己的真实想法，用“礼教”的知识和语言，与劳乃宣周旋。如果真相是这样，那么，沈家本对平等的理解，就与维新志士，甚至和孙中山等人都差不多了。那样的话，沈家本几乎成了一个打入清朝廷内部的革命党人，干的是从内部攻破堡垒的工作。

以上两种解释，都是很容易在研究沈家本的法律思想中得出的结论。但是，还有没有可能出现第三种解释呢？我们认为，对人物思想的理解，应该尊重人物自己的言论，避免用现成的意识形态框架去规范人物。沈家本对于平等的理解，是中国近代法律史中极为有趣的问题。这是因为，首先，沈家本是一个从事法律职业达40余年的专家，一个律例时代中公认的律学大师。换言之，作为一个旧式的法学家，将怎样从专业的角度，去理解不同的法律体系中的精神呢？其次，沈家本也是一个典型的旧式读书人。他出生于一个中级文官的家庭，从小奉读诗书，为考取功名，穷经皓首。对于沈家本来说，儒家思想和传统道德就是一种内在的生活习惯。要说沈家本因为参与修律，就从精神深处摆脱从小的教育，恐怕还需要更多的证据。那么，这样一个儒生，时时刻刻在专业工作中面对着与生活中不同的知识时，会是如何处理的呢？他的精神上是否矛盾过？甚至，是否痛苦过呢？这些，是我们在关心他的法律思想时，也不得不同时面对的。

总之，在沈家本那个年代，很多人都在寻找中西会通的路径。在那个时候，没有人想到以后的中国，会爆发如此多且深刻的革命，从而巨大地改变了中国人的生活习惯和思维方式。那时的人们不知道这些。他们代表着中国人"本来的"面貌。因此，对他们来说，最重要的工作就是，在"本来的"基础上，怎样"理解"那个"外来的"。

然而，曾几何时，"本来的"被认为一无是处，于是，用"本来"去"理解""外来"的工作，变成了用"外来的"革"本来"的命。到了今天，"外来的"越来越多，而"本来的"已经变得难求索解。当我们茫然无措时，理解一下沈家本的"理解"，或许不是全无裨益的。

而首先需要避免的，就是像前文提出的那两种对沈家本的平等观进行臆测的做法。就沈家本的解释，还是应该根据他自己的著述。其中涉及法律思想的，主要是《历代刑法考》和《寄簃文存》。因此，本章在资料上是采用《历代刑法考》与《寄簃文存》二书互训的方法。

另外，沈家本对平等的理解，有其自己的方式，其中的曲折，又不是用非此即彼的框架能够说明。但至少应当强调的是，沈家本的理解应该基于他的所处地位、经历和教育背景，特别是身兼律学专门家和传统士人的身份。正是因为这一身份带来的见识，使得沈家本对平等的述说，既有代表性，又有独特性，并至今令人寻味。

二　形式平等：善恶与贫富之议

（一）以“善恶”论刑

要理解沈家本的平等观，或许应该先了解中国“本来的”平等思想。

在中国古代法律思想中，以法家为代表的一支，一直坚持着一种形式上的法律平等观。所谓形式平等，是要求司法不能因规范对象的差异，而使规范的标准有所区别。如，韩非主张：“法不阿贵，绳不挠曲”；“刑过不避大夫，赏善不遗匹夫”①。韩非的意思是，法律的适用应注意公平，无论亲疏贵贱，都应该一律按法施行赏罚。就此而言，将韩非的言论划入

① 《韩非子·有度篇》。

形式平等的范畴，应无大错。这种主张，本身具有一定的合理性。但遗憾的是，形式平等并不关心立法本身的正当性。因此，尽管这种主张在中、西方都曾发挥过重要的历史意义，但受到的非议也不少。如，形式平等的理论，曾在19世纪的德国法律界占有主流学说的地位。但20世纪30年代以后，随着纳粹帝国的崩溃，实质意义上的、能够拘束立法的平等权，越来越受到学界的重视。以前那种注重形式平等的理论，被认为是“不能清晰了解法律本身应该如何实践此平等权利之内容。倘若一个法律本身即不公正（例如采行宗族歧视、男女不平等政策），那么，透过毫不打折扣的法适用平等原则，适足以加重本恶法造成之弊害”[①]。简单地说就是，当法律本身是不正当、不合理或者不平等时，要求严格执法的形式平等主张，反而成了不平等的帮凶。当然，需要界定的是，形式平等本身没有价值判断，也不主张“恶法”，但在实践上的极端运用，的确会得出“恶法亦法”的结论，韩非的形式平等观也不例外。同时，韩非对这种形式平等的解释，是从“禁奸”、“尊主”和“强国”等角度来论证的。这样，为了“尊主”等目的，一般人的利益被排除在法律的考虑范围之外。正是从这一意义上说，法家的形式平等观，从来不排斥实质不平等的法律制度，甚至可以说，这种形式平等观，正是为不平等的法律张目的武器。

然而，中国古代律学，几乎没有主动地从学说内部去检讨这种形式意义的平等观。这是因为，中国古代法律的价值问题，已经交付于“礼”去做判断。“礼”，起于宗法。宗法讲“亲

① 陈新民：《德国公法学基础理论》，山东人民出版社2001年版，第673页。

亲”、“尊尊”，也就是讲亲疏尊卑。因此，要求因于礼的立法去讲求平等，无疑于缘木求鱼。又由于礼教的推行，甚至这种形式意义上的平等，也往往不能维持。其中，梁武帝用法，就是一个典型的例子。

梁武帝用法，史称“急黎庶而缓权贵”。但杜佑的《通典》还对其曲为解释，说什么“衣冠之与黎烝，如草木之有秀茂”。因此，杀一士族，就像摧毁茂林翘秀一样，并且会使国人“离心”。而杀一匹庶，纵然其中有冤屈，但就像除杂草和平整荒芜的土地一样，不会导致社会的分离。这说明，在古代中国，无视形式平等的主张，大有人在。

对此，沈家本极为反感，直斥杜佑之说曰：“此说非也!”并认为：

> 杜氏盖未究治乱之根，因而徇其一偏之见也。世或惩梁氏疏简之失，而谓法不可轻。此又非探本之论。梁之弊在法废，不在刑轻。法立而不行，与无法等。世未有无法之国，而能长安久治者也。[1]

那么，以沈家本的意思，法律应该怎样对待“士族”和“黎庶”呢？曰：

> 凡人皆同类，其人而善也者，茂林翘秀也；其人而恶也者，丛拨荒芜也。法之及不及，但分善恶而已，乌得有士族匹庶之分？士族之恶者，戮之，苟当

① 《刑制总考三》，《历代刑法考》(一)，第34页。

其罪，何至使人离心？匹庶之善者，戮之，苟不当其罪，其嗟叹岂少也哉？若谓士族之恶者，亦茂林翘秀，匹庶之善者，亦从拨荒芜，是使人但知士族匹庶之分，而不复知善恶之分矣，此大乱之道也。至八议收赎之法，皆必其情之可原者，亦非尽人而宥之。①

可见，沈家本认为，人都是一样的。人在法律面前，只有为善为恶，没有“士族”与“匹庶”之分。无论什么人为恶，都应刑之当其罪。不当其罪而处以刑罚，才会真正使得人们离心离德。杜佑的错误，就在于只知道“士族”和“匹庶”之分，而不知道区分善恶。这样论法律，可谓“大乱之道”。

沈家本用“善恶”来解释形式平等的正当性，令人耳目一新。并且，由于用法不是为了“尊主”，而是以“善恶”为标准，实际上已经突破了形式平等的范畴。这是因为，既然用法不分人的等级，而以善恶，那么，立法岂不是也应该以善恶，而不应区分等级么？

通过提出以“善恶”为立法和司法的评价标准，沈家本突破了形式平等的范畴，直接质疑那些没能贯彻“善恶”标准的制度。其中，“八议”这种区分等级差别的制度，立刻失去了合理性。

“八议”之法，虽然唐律以来均保留其条文，但至少在清代，已经没有认真地执行了。为说明“八议”的不合理，沈家本专门抄录了雍正帝的谕旨作为佐证。谕旨中说：“夫刑法之设，所以奉天罚罪，乃天下之至公至平，无容意为轻重也。若

① 《刑制总考三》，《历代刑法考》(一)，第 34 页。

于亲、故、功、贤人等之有罪者，故为屈法以示优容，则是可意为低昂，而律非一定者矣，尚可谓之公平乎！”对此，沈家本深以为然，并下按语支持雍正：“伏读世宗圣训，言之尤为详明，实在可删之列。存之律中，徒滋疑惑而已。”[①]这说明，因为“善恶”标准的提出，沈家本已存有删除“八议”条文之心。

形式平等的法律观，一方面是中国“本来的”；另一方面，维护这种最低限度上的平等，在中国古代社会，仍有不可低估的进步意义。并且，这一思想，也为治旧律的学者所认同，沈家本就是一个代表。难能可贵的是，沈家本还为形式平等提供了新的解释，即以“善恶”的标准，来评价法律适用上的平等。这一解释，又具有理论上的突破意义，将形式的法律平等观导入了立法层面。这种理论范畴上的突破，应值得后世的肯定。

（二）“赎法”之于贫富

对那种区分社会等级的做法，沈家本采取了否定的态度，这使他的法律学说接触到了实质意义上的平等问题。但更深入的思考，还要得益于他对“赎法”的考订工作。

用金钱赎罪的习惯或制度，在中国颇有渊源。《尚书·吕刑》序：“吕命穆王训夏赎刑。”这似乎说明，赎法的历史可上推至夏代。但夏代的赎法，周代时已不可考，只能“训”而已。《吕刑》记载有周代的赎法，曰：“墨辟疑赦，其罚百锾，阅实其罪；劓辟疑赦，其罚惟倍，阅实其罪；剕辟疑赦，其罚倍差，阅实

① 《明律目笺一》，《历代刑法考》（四），第1791页。

其罪；宫辟疑赦，其罚六百锾，阅实其罪；大辟疑赦，其罚千锾，阅实其罪。”可见，赎法实际上是对“罪疑惟轻”原则的贯彻。议刑有疑方可赎。如果“阅实”，则只能当其刑，不能适用赎法。

即使如此，历代仍出现了许多批判“赎法”的言论。其中，主要的观点认为：赎法的施行，是使“有财者皆可以杀人伤人，而无辜者被害者何其大不幸也。且杀人者安然居乎乡里，彼孝子顺孙之欲报其亲者，岂肯安于此乎？”又曰：“有金者虽杀人，可以无死，而刑者相半于道，必皆无金者也。中正安在哉？”[①]沈家本将这些言论，尽收入了《刑法分考》中。显然，“赎法”的合理性，涉及到了贫者与富者能否在法律面前享受平等待遇的问题。持否定意见的人认为，表面上，赎法的适用对每个人都是相同的，但因为赎金的限制，现实生活中，只有富人才能缴得起赎金，穷人则因缴不起赎金而只能受刑。这是一种实质意义上的不平等，故赎法不可谓“中正”。那么，沈家本是怎样看待呢？关于这个问题，沈家本分了两个层面加以解释。

首先，沈家本论证了“赎法”是否具有内在的合理性。他拿“赎法”比较了管仲以“甲兵赎罪”的做法。《管子·中匡》里记载，因“甲兵未足”，管子遂提议：“请薄刑罚，以厚甲兵。”于是，“死罪不杀，刑罪不罚，使以甲兵赎”。沈家本认为，管仲的这种做法，“真利之矣，此霸者之政，与王者异也”[②]。而赎法，则“但见哀矜恻怛之意”，是“王者”之政无疑。又：

---

① 《刑法分考十六》，《历代刑法考》（一），第 433 页。

② 《刑法分考十六》，《历代刑法考》（一），第 436 页。

罪而可赦，赦之而已。有疑于赦，故使从罚。《书》中于疑赦反复言之，可谓详尽。当刑者决无赎理，何患失之轻？疑于赦，不可遽赦，而使得赎，何患失之重？若不可遽赦而遽赦之，则反失其平矣。[①]

这里所谓的"平"，应指公平。沈家本的意思是，犯罪而查实的，已经无所谓赦与不赦，应该直接适用法律规定的刑罚。犯罪查实而依法可赦的，也不存在赎金的问题，应该直接赦放。赎法的应用，是属犯罪事实有疑问的情况。在此情况下，如果径自议罪，那么，"有疑"与"阅实"就没有区别，这不能算是公平。如果是罪而"有疑"的情况，不经赎而直接赦放，那么，又与"罪而可赦"之间没有差别，对于"罪而可赦"者来说，也不能算是公平。因此，真正的公平，是在差别中加以体现。赎法正是要在"阅实"与"可赦"之间体现差别。正是这种差别对待，才是真正公平的体现。据此，沈家本认为，赎法是合理的。

其次，既然赎法是合理的，那么，适用"赎法"时，在富人和穷人之间可能导致的不平等的结果，应该如何面对呢？沈家本认为：

富者得生，贫者坐死，自汉以来，议赎法者，皆以次为言。第国家立法，但问其当于理否耳。苟当于理，则法一而已，只论罪之当赎不当赎，不能论其人之富与贫。富者之得生，法如是，非幸也；贫者之不

① 《刑法分考十六》，《历代刑法考》(一)，第435页。

> 能自赎，贫者之不幸，非法使之也。且果为疑赦者，法亦必有以济其穷，何至忍视其受刑哉？[①]

也就是说，立法者应该问的是，所立之法“当于理否”？法律是合理的，则不同的人都应同样的适用这个法，即所谓“法一而已”。一种法律只能肩负自己的功能，不可能做到万事周全。赎法只要是合理的，司法者就只能依法去考究“罪之当赎不当赎”，而不应去考虑犯罪人是富还是贫。换言之，富人固不应在法律面前享有特别的待遇，而穷人也不应因为穷的原因，就可以受到法律的偏袒。这里，不是沈家本无视穷人的弱势地位，相反，他从来强调立法与司法应哀矜恻怛。但他的意思是，对穷人的救济是属于其他类型的法律的任务，不应该与赎法混淆讨论。

实际上，“赎法”的性质，与今天英美法中的保释金极为类似。当然，二者不能做更深入的比较，因为在具体的操作程序上，赎法已经不详。不过，从该制度的渊源来看，甚为久远，应该与远古部落内的习惯有关。因此，该制度在产生的时代中，除了具有某种内在合理性以外，还在于，在当时的社会中已经获得了普遍的认同，换言之，在当时，该制度具有习惯上的约束力。然而，由于年深日远，该制度形成时的原因已不可得知。于是，后人站在自己的时代环境中，从制度的内在合理性方面提出质疑，这是很正常的现象。也就是说，后人对于该制度，无论批判的理由，还是支持的理由，都是一种对自己所处的时代和社会中的制度合理性的理解。正因此，沈家本对“赎

① 《刑法分考十六》，《历代刑法考》(一)，第435页。

法”的解释，应该看作他对这样一个问题的综合表达，即，法律应该如何处理其与实质平等之间的关系。

总之，通过对“赎法”的讨论，沈家本已经涉及到现代法学理论中的法治与实质公正的关系问题。在现代国家，由于平等原则已经贯彻到各种部门法中，明显的等级差别已经取消，或者至少在意识形态上失去了正当性。然而，在法律地位得以平等保障的现象之下，因为经济地位、信息占有、社会地位等种种原因引起的实质意义上的不平等，使得弱势者的利益，往往因法律在形式上的平等对待而受到损害。鉴于这种情况，现代法学无不关注对弱势方的保护，相关理论更是日新月异。然而，相应的问题也不断显现。对弱势方的保护，是通过改变近代以来的法律系统，甚至取消平等自由的原则来加以体现呢？还是在维持近代法的同时，通过其他的立法来加以救济呢？这是现代法理学面临的难题之一。沈家本在“赎法”方面的清晰论述，为我们思考该问题时，提供了一种极为有益的意见。

三 人格：西方的？抑或中国的？

（一）人格的基础涵义

“人格”，是西方法上的核心概念之一。“法律面前人人平等”这句话，至少有三种基本的涵义。一是人格的平等；二是在法律适用上，人人平等；三是立法应贯彻平等的精神。后二者是司法和立法上的平等。而“平等”思想的根源，则首先在于对人的资格的认同。当一个社会，在价值观念方面，尚未将所有的人视为人时，具体的说就是，一方面，将一部分人视为财产或“物”，而区别于其他人的时候，是难以想象在法律上平等对待社会中所有的人的。另一方面，将社会划分出不同的等级，用财产、身份等外在标准，将不同的人归入不同等级中，并用法律确认和保障这种等级的时候，司法上的“平等”也将流于空谈。因此，从价值上对人之为人的资格加以确认，是平等原则得以在现代法中得以贯彻的基础。

将人在法律上赋予人的资格的这一观念，在渊源上，可以一直追溯到古希腊斯多葛学派。为了论证人应该遵循自然的生活，芝诺(Zeno，公元前 350—260 年)及其追随者认为，“自然”是一种“统治原则”，这种统治原则在本质上具有理性，它遍及宇宙，是法律和正义的基础。人应该依照这种理性而生活，而不应受情感或主观愿望的影响。法律和正义，也不应该因不同的城邦而不同。由此，斯多葛学派“创立了一种以人人平等原则与自然法的普遍性为基础的世界主义的哲学。他们的最终理想是建立一个在神圣的理性指引下，所有人和谐共处的世界国家”①。从自然和理性的角度，古希腊哲学家导出了人与人可以也应该平等而和谐的生活。因此，将人视为财产或“物”的奴隶制是邪恶的。这种思想，直接影响了西方近代法律制度和法律思想。

到了古罗马时期，产生了真正的“人格”概念，即拉丁文中的 Caput。Caput 的原义指人的“头颅”或“书籍的一章”。Ca-

① 〔美〕E·博登海默：《法理学——法哲学及其方法》，华夏出版社 1987 年版，第 14 页。

put 被转借为"人格"概念的原因,有两种说法:一是认为 Caput 是"书籍的一章",因为古罗马最初在户籍登记时,只有家长才在登记册中占有一章,家属则名列其下。换言之,古罗马早期只有家长才有人格,对于无人格的家属和奴隶,家长可以任意出卖或杀戮。至于外国人,共和国中期以前,在市民法上也不具有任何人格。由此,Caput 转借出了人格的意义。[①] 另一说认为,由于 Caput 本作"头颅"解,在法律用语上,则解释为"人格"和权利的总和。表示权利对于人的身份的重要性,有如头颅之于人之生命。[②]无论依据何说,Caput 的产生都是为了说明部分人享受法律保护的资格。在古罗马,一直到共和国中期以前,由于没有区分市民身份与自由人身份,人格变更只有两种,一种是人格重大变更(capitis deminutio major),一种是人格轻微变更(capitis deminutio minor),后者主要指从受一个家长权的支配,转变为受另一个家长权的支配。[③]而人格重大变更即失去自由人身份(status libertatis),其后果是导致人格的消灭或法律上的死亡,则从此沦为奴隶。失去人格,在法律上不再具有人的资格,不享有利益,只负担义务。

由此可见,"人格"概念在它的形成之初,并不是为了赋予人人平等的资格。恰恰相反,法律上的人格概念的产生,是为了使一部分人在法律上享有不同于其他人的能力。如,将自由人区别于奴隶,或将罗马市民区别于外邦人。但是,"人格"

---

① 周枏:《罗马法原论》,商务印书馆 1994 年第 1 版,第 97、109 页。

② 陈朝璧:《罗马法原理》,台湾商务印书馆 1965 年 3 月第 1 版,1979 年 12 月第 3 版,第 37 页。

③ 周枏:《罗马法原论》,第 108—114 页。

概念的另一种意义，却对以后产生了重要的影响，那就是，凡是在法律上取得了完整人格的人，就可以同等地享受法定权利，同时承担相同的法律义务。当近代文明的曙光来临时，后一种观念终于得到了发扬光大。在西方法制史上，经历了一场争取人人平等的痛苦而光辉的历程。最终，下列思想得以确立为西方社会的主流观念：一切人都应该在法律上获得“人格”，并且，无论个人的自然条件具有如何的差别，每个人的人格是平等的。“人格平等”，成为近代以来西方法的基本含义。

然而，始终不应忘记的是：“人格”的最基础的意义，还是“人的资格”。没有在法律上承认人之为人的资格，何来平等？平等，是人与人之间的平等，而不是奴隶与奴隶之间的平等。因此，严格的说，西方法谈论平等时，首先是谈每个人都具有人格。然后才是人格平等。再次，则是立法和司法上如何贯彻这一平等的思想。

（二）沈家本所理解的“人格”

正是在沈家本那个时代，西方的“人格”概念传入了中国。较早使用“人格”概念的，见于严复翻译的《群己权界论》（即密尔的《论自由》）。[①]《群己权界论》出版于 1903 年，但其翻译工作完成于 1900 年左右。严复把“人格”理解为

① 《群己权界论》中有这样一段译文：“自由之义，为及格之成人设也。若未成丁（成丁年格各国不同，经法二十五岁），举不得以自繇论。”在这段文字上，严复作了一个眉批，曰：“人格不备，不得自繇。”详见〔英〕穆勒著、严复译《群己权界论》，商务印书馆 1933 年初版，第 10 页。

"及格"和成丁,和"人格"的原义稍有区别。但包含了"人的资格"这层意思。

不久,在沈家本的文章中,出现了"人格"一词。如:

《禁革买卖人口变通旧例议》:"现在欧美各国,均无买卖人口之事,系用尊重人格之主义,其法实可采取。"

《删除奴婢律例议》:"不知奴亦人也,岂容任意残害?生命固应重,人格尤宜尊。正未可因仍故习,等人类于畜产也。"

这两篇论说,成文于1908—1910年之间。可见,"人格"概念甫到中国,已经受到沈家本的注意。删除奴婢律和禁革买卖人口,由于沈家本的推动,终于在修律中得以实现。这是"人格尊严"和"人格平等"原则,第一次在中国立法上得以体现,是中国法制史上一个翻天覆地的变化,并长期以来为法史家所乐道。但奇怪的是,就逻辑而言,从"人格"推导出"人格平等",再从"人格平等"即可自然而然地推导出"删除奴婢"与"禁革买卖人口"。然而,翻遍《寄簃文存》,却只见"人格",不见"平等"二字。这就难免使人产生疑问,缺少了"平等"这一环节,沈家本究竟是如何理解人格呢?

关于这一点,不得不对照沈家本的其他著述。从《历代刑法考》一书来看,沈家本早就系统地关注过奴婢律的沿革。通过考证,他得出这样的结论:"古之奴婢,皆罪人也。"[①]这里所说的"古"时,大约指秦代以前。这时候的奴婢,"但畜之,而非买卖之。不与后世之奴婢同耳"[②]。根据《汉书·王莽传》的

---

① 《汉律摭遗卷十》,《历代刑法考》(三),第1569页。

② 《刑法分考十五》,《历代刑法考》(一),第393页。

记载,“买卖奴婢,实始于秦”[1]。但这时候,奴婢还主要是指“官奴婢”。此后,因为汉文帝废除收孥连坐法,官奴婢的数量日渐减少,但名称还保留。[2] 而此时,民间已大兴畜奴之风。由于作为私人财产的奴婢越来越多,相应的,买卖奴婢、区分良贱的法律也出现了。

在对这些历史进行考证时,沈家本已经表现出对良贱相分这种不合理的制度的强烈的憎恶感。他在评论畜奴之风时说:“西汉承秦敝俗,吏民多畜奴婢,习为故常,遂使无辜良民为罪隶。”[3]在他看来,将罪犯贬为奴婢,尚还情有可原。但畜奴之风一开,良民因贫而卖作奴婢,其身份与“罪隶”等同,这是不能接受的。有了良贱之分,良人杀死奴婢得减罪。“而奴婢伤人,罪至弃市,良贱之分,相去悬远。甚至炙灼,任意惨虐成习,不以为怪。”[4]对这些现象,沈家本都斥为“敝俗”。

同时,对于历史上批判奴婢的言论,或废除奴婢制的举动,沈家本都表示赞同。他对王莽的评价不高。但王莽说:“略卖人妻子,逆天心,悖人伦,谬于‘天地之性,人为贵’之义”,并禁止买卖奴婢。沈家本评价说:“王莽禁之,不得谓其非也。”[5]而晋朝董辛曾说:“天地之于人、物,一也。咸欲不失其性,奈何制服人,以为奴婢乎?”对此,沈家本毫不掩饰他的赞赏:“董辛之论,皆至言。”[6]

---

① 《刑法分考十五》,《历代刑法考》(一),第 393 页。
② 《汉律摭遗卷十》,《历代刑法考》(三),第 1569 页。
③ 《刑法分考十五》,《历代刑法考》(一),第 396 页。
④ 《刑法分考十五》,《历代刑法考》(一),第 396 页。
⑤ 《刑法分考十五》,《历代刑法考》(一),第 393 页。
⑥ 《刑法分考十五》,《历代刑法考》(一),第 396 页。

从这些言论中可见，这时的沈家本，虽然还没有接受“人格”概念，但早已对奴婢制度不满。那么，沈家本这时用以批判奴婢制的思想资源是什么呢？他反对奴婢制度的理由是什么呢？从沈家本所引用的王莽和董辛的评论中，可以发现，中国传统文化中的某种对“人”的理解，影响了沈家本。

王莽说，买卖奴婢，是对“天地之性，人为贵”这一原理的背离。这种尊重人的思想，在中国传统文化中有极深的渊源。何以人是值得尊重的呢？历史上有过很多解释。荀子的解释是：“水火有气而无生，草木有生而无知，禽兽有知而无义。人，有气、有生、有知，亦且有义，故最为天下贵也。”①而《泰誓》则认为：天地是万物之母，人是万物之灵。② 到了《说文解字》，有了比较公认的、系统的表达：“人，天地之性最贵者也。”段注：“礼运曰：人者，其天地之德，阴阴之交，鬼神之会，五行之秀气也。”又曰：“人者，天地之心也，五行之端也，食味别声被色而生者也。按：禽兽草木皆天地所生，而不得为天地之心。惟人为天地之心，故天地之生此为极贵。天地之心谓之人，能与天地合德。果实之心亦谓之人，能复生草木而成果实。皆至微而具全体也。”③总之，人是集天地之精华，又是天地的具体而微的体现。古人正是从这一角度，去说明人是值得尊重的。

当然，古代中国对于人还有另外一种理解，如《淮南子·精神训》中的 ：“夫牧民者，犹蓄禽兽也。”不过，很明显，视

---

① 《荀子·王制》。

② 《古文尚书·泰誓上》：“惟天地，万物父母；惟人，万物之灵。”

③ 《说文解字·人部》。

“民”如“禽兽”的比喻，正是沈家本批判的对象。沈家本熟悉荀子的言论，在《历代刑法考》中，处处都有《荀子》及杨倞的注。在他的许多论述中，对荀子的观点也是较为推重的，对“人”的理解，也不例外。

显然，在沈家本的价值体系中，在“人格”概念传来之前，对人的理解已经较为成熟了。奴婢制要求在人类社会中区分良与贱，与“天地之性，人为贵”的古训相反。因此，在沈家本看来，即使没有“人格”概念，没有“人格平等”原则，奴婢制也逃不脱“敝俗”之议。这个态度，在沈家本那里非常鲜明。

反之，对于东汉光武帝下诏：“其杀奴婢，不得减罪”，及“敢炙灼奴婢，论如律。免所炙灼者为庶人”等，沈家本毫不吝啬地褒扬其为“盛德也”[①]！并盛赞道：“以‘天地之性，人为贵’相诏，知此义者，光武一人而已。”[②]当然，知此义者，不止光武一人，王莽也说过这话。沈家本的用意，明显是要通过用褒光武而表达自己的意思。

但是，中国的“人为贵”的思想，和西方近代法中“人格”概念，尚有一段距离。“人格”不仅仅是从哲学上去讲，还是一种制度。人格制度是一个底线，越过底线往上，一切人都站在了同一个位置上了。越过底线往下，则不承认其有法律上的资格。因此，一旦证明哲学上的人格平等，就必须让所有的人在制度上处于同一底线之上。否则，“平等”和“人格”都不能贯彻。换言之，“人格”概念，不仅仅是一种观念，而且是一种真实的制度保障。从“人格”的角度理解，一个人，可能因经济

---

① 《刑法分考十五》，《历代刑法考》(一)，第396页。

② 《汉律摭遗卷十》，《历代刑法考》(三)，第1569页。

的、身份的、智力的等等原因，在地位上弱于他人，也可能在道德上被人所排斥。但从理论上说，他并不因此失去与他人平等地享受法律权利和机会的资格。

但是，“人为贵”的思想，是一种哲学上的推论。这种思想并没有必然地体现在制度上，也不必然地与“平等”挂上关系。相反，这种思想却紧密地与道德评价相联系。人既然为贵，则禽兽自然是为贱的。人固然是天地间“最贵者”，但如果一个人道德上不求上进，也可能沦为禽兽。这是所谓的“自甘堕落”。正是在这一逻辑下，沈家本同情因贫而卖为奴婢者，但对于因犯罪以及被牵连的罪犯亲属，却并不同情。他说：

> 古之奴婢，并缘坐之罪人，故可斥之为贱。若今之奴婢，出于买卖者为多，其初本良人，因贫苦而卖为人役，其情堪悯，实与古之奴婢不同，乃亦以贱目之，揆之于义，有未安者，此当研究者也。唐之部曲，宋以后即无其名。明加入雇工人，而其法不尽与部曲同。此项雇工人，以贫苦而为人服役，是良是贱？与平人相犯，是否以凡论？律内皆无明文。此又义例之未详备者。①

很明显，沈家本所同情的奴婢，是“初本良人，因贫苦而卖为人役”的情况。“部曲”或“雇工人”的地位，与此相类似，故也“堪悯”。但罪人，以及“缘坐之罪人”，“斥之为贱”则是理所当然了。

---

① 《明律目笺三》，《历代刑法考》(四)，第1874页。

可见，“人为贵”的思想，曾经左右着沈家本对奴婢制的理解。只是当沈家本使用“人格”概念的时候，对奴婢制的理解，才发生了转换。这其中，转换的枢机如何，已难以考证清楚。但很显然，当沈家本使用“人格”概念时，已隐隐脱离了“人为贵”的理解。最明显的是，他说：“生命固应重，人格尤宜尊。正未可因仍故习，等人类于畜产也。”这后一句，不得“等人类于畜产也”，是与“人为贵”的思想，划清了界限。

另外，“人格”一词，《历代刑法考》中也可见到。此处虽不是论奴婢，却更能说明其中的区别。在这里，沈家本用到“人格”，是因为一个案例。该案例发生在东汉，情节是三男共娶一妻，生有四子。后因分妻、子不均而涉讼。廷尉范延寿断之曰：“此非人类，当以禽兽从母不从父也。请戮三男，以儿还母。”沈家本评说道：这种情况，最多算是奸罪，岂能以死罪论处。并指出：“且曰以禽兽处之，何其轻视人格哉？”又曰：“况此等事，乃风俗之敝者，不思革其敝俗，而但以刑从事，尚谓当于理而厌人心，此真大惑不解者。汉人断狱，好自作聪明，而准诸法理，实未必尽当。而美其名者，辄曰依经造狱，但不知此等于经义，果属何条也。此事于汉律并无科罪之文，而既成此狱，特附于此，以备法家之讨论焉。”[①]言语之中，是大不以为然。

按照所谓的“礼教”，三男共娶一妻，是真可斥为“禽兽”也。然而，沈家本这次却坚定地认为，只要是人，就不可斥为“禽兽”。并且直接将那种把人比为“禽兽”的说法，斥为“轻视人格”。人就是人，不能以“禽兽”相待，这与轻

① 《汉律摭遗卷八》，《历代刑法考》(三)，第1523页。

视“罪隶”的态度，已大有区别。正是从这一意义上，我们发现，从使用“人格”概念起，沈家本的法律思想，发生了某种转变。

总之，当沈家本明确地使用“人格”概念时，在对人的认识方面，已经明显不同于“人为贵”的思想。但值得一提的是，在沈家本那里，“人格”概念与“人为贵”的思想并不抵触。从论述上看，沈家本对这两种思想并不作严格的区别。同一篇《禁革买卖人口变通旧例议》中，驳斥良贱之间同罪异罚时，他说：“且官员打死奴婢，仅予罚俸；旗人故杀奴婢，仅予枷号。较之宰杀牛马，拟罪反轻，亦殊非重视人命之义。”这是说，“人为贵”，故不可以“牛马”视之。在论证禁革买卖人口，则要求“尊重人格之主义”。这是说，同样是人，岂可将人视为财产来买卖。而到了论证删除“良贱为婚姻之律”时，则明确指出：“同是齐氓，似不应再分上下之品。……庶与重视人类之意有合，人格乃日见增高矣。”这是要泯灭人与人之间的身份等级了。

从“人为贵”的思想到接受“人格”概念，沈家本经历过一次曲折的转变。这种转变，并非“头脑风暴”式的革命，而是潜在地融通。在融通中，两种可沟通又有差异的观念，同时存在于沈家本对“人”的理解中。就沈家本而言，并不一定自觉地辨别出两种不同思想之间的差异或矛盾。因此，这种转变，与其说是一种自觉，毋宁说是一种自然而然的过程。但重要的是，由于接受了“人格”概念，沈家本的法律思想，已经不能再用儒家或法家的思想框架去认识了。同时，将他简单地划入某种西方近代思想流派，也是不妥当的。

四　结语：曲折的解释

就像那个时代一样，沈家本的法律思想，正处在一种转变的状态中。这并不是说，他的思想尚欠成熟。恰恰相反，正是因为很多思想已经根深蒂固，所以，才露出转变的痕迹。这正如一个小孩，对万事尚未有成见，一旦灌输一套理论，不由得就成了他将来认识社会的基本框架。但当他历经世事之后，要他改变已有的观念，却不是一件容易的事情。

在《历代刑法考》中，随处可见沈家本对历朝历代的法律的按语。这些按语，或讥或评，或赞或贬，无不透露着一种成熟的法律思想。比如，对人在法律中的作用，他坚定地认为，"夫法之善者，仍在有用法之人，苟非其人，徒法而已"①。这种对司法的重视，是贯穿他的整个法律观的一条主线，从未动摇。

又如，一部法律好与不好，以何为标准。沈家本似乎没有明言。但又处处在讨论法。可以明确的是，他认为法是有"真精神"的。他说："夫法者，天下之程式，万事之仪表也。程式具矣，仪表立矣，而无真精神以运用之，则程式为虚文，而仪表亦外观也。……世之读是书者，当思其精神之所在，无徒于程式、仪表求之。"②那么，这个法的"真精神"究为何物？沈家本有很多说法，其中，"仁政"是随处可见的。而"情理"，也是他

---

① 《刑制总考四》，《历代刑法考》(一)，第51页。

② 《新译法规大全序》，《寄簃文存》卷六。

极为重视的，曰："无论旧学、新学，不能舍情理而别为法也。"[①]

但何谓"仁"，何谓"情理"，就不好说了。实际上，沈家本抽象地谈"仁"或"情理"的情况很少。一般来说，总是在评价一个朝代的法制，或评价某案例时，才有"仁"与否、合乎"情理"与否之分。

因此，很难说某一种思想观念是在沈家本的法律思想中占有最高的地位。沈家本本人，既瞧不起那种"步亦步，趋亦趋"的趋时，也不同意"墨守先型者"[②]的守旧。事实上，沈家本的法律思想，更像是中医的思想。中医的用药，随人随地而不同，法也如此。立法和司法，均应就具体的场景而论。这就是"凡此不同之故，亦仍视乎其国之政教风俗，有不能强之使同者。因民以为治，无古今中外一也"[③]。

明白这一点，才能进一步了解"平等"在沈家本的法律思想中的地位。"平等"不是一个泛泛而论的物什。不合"情理"的"平等"，无须讲求。合乎"情理"的不平等，不"平等"也有善者。这一点，是理解沈家本的平等观的前提。

另一个不容忽视的历史背景是，自始至终清王朝都没有放弃君主制的意图。在这样的体制下进行法律改革，最忌讳的也是"平等"二字。就沈家本而言，没有证据表明他居然有与君上平等的想法。相反，在清廷覆亡后，沈家本拒不出仕，除了年老重病的原因之外，是否还有其他原因呢？

---

① 《法学名著序》，《寄簃文存》卷六。
② 《裁判访问录序》，《寄簃文存》卷六。
③ 《裁判访问录序》，《寄簃文存》卷六。

因此，就“平等”二字而言，不但对于后人在研究沈家本的法律思想时，会感到些微的尴尬，就连沈家本本人，又何尝不在这二字面前显得尴尬呢？

我一直在想，沈家本是在什么样的心情下使用“人格”概念的。有一个现象是值得注意的，“人格”一词在《禁革买卖人口变通旧例议》中凡三见，在《删除奴婢律例议》中凡一见。总的来说，1906 年沈家本使用“人格”概念的频率最高。以后，他不再轻易使用“人格”了。一些问题，虽然涉及“人格”，但他却宁愿采用曲折的解释。无疑，当沈家本开始使用“人格”概念时，是带着一种兴奋和彻悟的心情的。然而，这种兴奋和彻悟，在以后的日子里慢慢地消散。这一现象，其背后的原因，似隐似显。

有一点是清楚的，使用“人格”而不使用“人格平等”，很难将修律中的某些问题论证清楚。但“平等”二字在当时的朝廷中，却并不具有任何正当性。只有想搞臭政敌时，大臣们才说对方主张“平等”。如劳乃宣在攻击《新刑律》时，可以毫无顾忌地攻击“平等”，而沈家本的回应里，却根本不能与“平等”这两个字沾边。

这使得凡是涉及到平等问题的争论时，都给后人一种雾里看花的感觉。一个有趣的例子是夫妻是否同罪异罚的问题。由沈家本主持的《新刑律》规定，夫妻相犯的时候，议刑并无区别。劳乃宣却认为，这与中国礼俗甚不相协：“《传》曰：妻者，齐也。又曰：妇人，伏于人也。是于平等之中，又有服从之义。”[1]其实，中国古代经义，多有矛盾之处。妻者，齐也，夫妻

---

① 劳乃宣：《修正刑律草案说帖》，载《新刑律修正案汇录》，第 18 页。

有敌体之义。这是古训,也是劳乃宣不得不承认的。但又有妇者,服也。这也是古训。劳乃宣要强调的,则是后者。

用西方近代法来理解,夫妻是否平等,本来也是人格问题。如果承认男女是人格平等的法律主体,夫妻之间相犯,就不可能区别对待。但有经义在前,却不能从“人格”方面讲,也讲不通。因为,如果要从“人格”上去讲,必须要往前推一步,道出“平等”二字。《说贴》在解释“妻”字时说:“妇与夫齐也。”这给沈家本提供了“证据”;“夫妻者,齐也,有敌体之义。乃罪名之轻重,悬绝如此,实非妻齐之本旨。”[①]这仍是从经义上讲,“妻齐”之义,是你劳乃宣承认的。至于“妇者,服也”,那是讲“妇”,和妻有区别,不取就是了。

这是一个很奇怪的逻辑。按照“人格”概念的逻辑是:

人格 → 人格平等 → 男女平等 → 夫妻平等

但到了中国却不得不改一下。由于经义上正好讲到了夫妻是“敌体”的关系,也只讲了这一关系,因此,可以在某种程度上承认夫妻是对等的。但这个涵义却不能扩大。也就是说,夫妻关系对等了,并不意味着男女平等。这是否说明,沈家本的意思,只是要对方承认夫妻平等,至于更多的,则是他无法顾及的了。换言之,在那样的语境下,如果说有逻辑的话,逻辑是这样的,“经义说多少,就有多少”。权利,似乎正在中国碰运气。如果能在经义中靠上只言片语,这种权利可能就被认可。如果经义中没有,那么,也就无所谓什么权利。

总之,经义的内容是固定的,解释者只能在这个有限的范围内转圜。这样,同样的一句话在不同地方的运用,或者几句

---

① 《书劳提学新刑律草案说帖后》,《寄簃文存》卷八。

话中选取某一句作为依据，都已不再是简单的经义解释，而是不同的意识形态的争论。而那些关于经义的解释和运用方面的争论，对于旁观者而言，简直就是一种语言的游戏，或者是一场诡辩的盛筵。但是，回味清末的争论，由于直接关涉着刑罚生杀，那场诡辩或游戏，却丝毫没有轻松的感觉。

那场修律运动，有一大帮留日学生参加，这些血气方刚的年轻人，恨不得把刚学到的西方自由、平等的知识，全都写到《新刑律》和其他法律草案中。对此，沈家本却不发表意见，任由他们写入，带着碰运气的心理，看能不能蒙过去。然而，终究没有蒙过去。《新刑律》刚出台，争论随即来了。这个老人不得不站出来，因为，只有他还勉强有和对手对话的资格，也只有他熟悉对手的逻辑。他知道，惟有用对手知道的逻辑去辩论，才有保住修律成果的希望。

写到此，我似乎听到这个老人长叹一声，对那些年轻人说："平等二字，不提也罢了。"总而言之，沈家本对平等的理解，不但有其自己的方式，而且也有个人独特的思想经历。其中的曲折，不是用非此即彼的框架能够说明。仍应强调的是，对沈家本的理解，应该基于他的地位、经历和教育背景，特别是身兼律学专门家和传统士人的身份。正是因为这一身份带来的见识，使得沈家本对平等的述说，既有代表性，又有独特性，并至今令人寻味。

第十二章 沈家本的刑法思想

一 刑罚人道主义

（一）东西方的标准：仁与人道主义

所谓刑罚人道主义，即是将犯罪人作为伦理主体对待，而不是物体处理。刑罚人道主义意味着对于人的主体的承认，其中心思想是，犯罪人是人，因而必须将其作为人，而不是作为手段对待。[1] 刑罚人道主义是人本主义[2]对于人的价值的

① 曲新久：《刑法的精神与范畴》，中国政法大学出版社 2000 年版，第 539 页。

② 所谓的人本主义、人道主义和人文主义仅仅是提法上的不同。人本主义主要在哲学上提出，人道主义则是在伦理学上提出，人文主义则是在人文学科上而言。但关注点都是对人作为主体，作为目的的认识。

认识在法律上的体现，一个人即使犯了罪仍旧是人，刑罚不能剥夺其主体的意义。人本主义（或人道主义）在法律上的具体体现就是对人的权利的承认、保护，对国家权力的限制（比如罪刑法定），推而衍之，民主法治精神在一定程度上而言，可谓人本主义的体现。但是，人本主义的观念在传统中国里并没有合适的土壤。中国古代社会虽然有如孟子提出的"民为贵，社稷轻之，君为轻"这种民本的思想，不过民本不等同于民主，"君为轻"并不是说"君"不是民的统治者，因为他的合法性来自于天，人们充其量可以去推翻一个腐败的政权，然后再找一个真正代表天命的政权。[①] 在中国古代社会，个人依附于家族，受宗法控制，个人只有就家族而言才有意义，并不具备独立的资格，而国家不外乎是家族的延伸。同时，古代中国也没有西方近代意义上的民族国家的概念，更难奢谈对国家权力的限制（只是限制吏权）。综上所述，落实到个人身上的"权利"也就无从谈起。"权利"仅仅是"权势和货财"，到了近代才有现代意义上的像"Right"、"Droit"这样的权利的概念。[②] 那么也就有了这么一个问题：如何来评价刑罚？西方社会中罪犯是人，自然有人的权利，所以要保障其人权，刑罚的野蛮和文明正是以此为标准进行判断。而中国古代社会的标准又是什么呢？进一步讲，古人如何来评价法律、法制的好坏呢？答案是"仁"。"仁"是儒家思想的核心。古人微言大义，"仁"字

---

① 参见林毓生《论民主与法治的关系》，载林毓生《中国传统的创造性转化》，三联书店 1988 年版，第 89—90 页。

② 李贵连：《话说"权利"》，载《北大法律评论》第 1 卷第 1 辑，法律出版社 1998 年版，第 115—127 页。

包括“孝悌”、“忠恕”、“爱人”多种含义。其后孟子通过对“仁”的继承，在“性善论”的基础上提出了系统的“仁政”学说。所谓仁政，也就是用同情人的心情去实施同情人的政治。① 儒家思想在汉武帝“罢黜百家，独尊儒术”后成为中国古代社会的正统思想，传统法律也经过引经注律、引经决狱、儒臣主持立法等途径而儒家化。② 儒家思想对沈家本的影响可谓根深蒂固，用儒家的思想的核心之一——“仁”、“仁政”来评价法律、法制的优劣，已成他的一种标准。

① 参见李贵连主编《中国法律思想史》，北京大学出版社 1996 年版，第 43 页。

② 有必要指出，先秦的儒家和后期的儒家已有不同，后者已经吸收了法家、道家等的一些思想。但不可否认，两者有很大的继承关系。有学者认为儒家学说对历代法律的影响只存在于家族主义和等级制度等有限领域，儒家思想的精髓——“仁”从来没有被“儒家化”了的律典所接受；法家思想的真谛“严刑酷罚”、“重刑轻罪”也从来没有被“儒家化”了的律典所抛弃过。（苏亦工：《明清的律典与条例》，中国政法大学出版社 2000 年版，第 13—14 页）但有学者对此提出异议，认为儒法在国家主义和家族主义上有共识之处，甚至在重刑治国的思想上也是存在通融的地方，儒家推崇的礼制自晋代以来一直是历代王朝律典定罪量刑的基本依据。所以法律儒家化是深刻和真实的……儒家思想的精髓“仁”是由“孝悌”、“忠恕”、“爱人”等内容构成。“孝”是中国传统法律的理论基础之一，也是儒家化了的律典历代所接受，所具体化了的内容。历代律典对人的生命价值的重视、对家庭传继的重视，也体现了“仁”的精神。（刘广安：《〈明清的律典与条例〉书评》，载《中外法学》2000 年第 2 期，第 251 页）尽管学者对法律儒家化的实际意义存在异议，但不可否认的是儒家的思想已成社会的意识形态，已成为一种评判的标准。所以以“仁”来评价法律是完全可能的。法律儒家化具体方法的介绍，可见瞿同祖《中国法律之儒家化》，载瞿同祖《瞿同祖法学论著集》，中国政法大学出版社 1998 年版。

（二）沈家本"仁"的法律观和反对重刑的思想

在《历代刑法考 · 刑制总考》中，沈家本对唐虞至明代的法制进行了全面的考察。他抨击商朝的炮烙、醢脯等酷刑，认为"淫刑以逞，而国亦随之亡矣"。荀子所谓"治则刑重，乱则刑轻"的重刑思想"非笃论也"[①]。他批评秦朝专任刑罚的法制，认为"重刑之往事大可鉴矣"，告诫"世之用刑者，慎勿若秦之以刑杀为威，而深体唐虞钦恤之意也"[②]。他称赞隋朝初年"隋文帝除枭轘之惨刑，减流徒之年限，以轻代重，化死为生"。被称为"得古今之平"的唐律正是在隋律的基础上建立，"隋之立法，可谓善矣"[③]。

他对唐朝的法制评价最高，认为"其可谓仁矣"[④]！可见，沈家本反对重刑。认为刑罚的暴虐是导致国家灭亡的重要因素，刑法的宽平与否成为衡量"仁政"的重要尺度。当然，这种评价，仍是传统的"仁——轻刑（反对重刑）"模式，他的讨论似乎也没有摆脱中国传统"人治"与"法治"的辩论模式，比如他讲到：

> 夫法之善者，仍在有用法之人，苟非其人，徒法而已。观于唐室开创之初，布宽大，削烦峻。贞观四

① 《刑制总考一》，《历代刑法考》（一），第 11 页。
② 《刑制总考二》，《历代刑法考》（一），第 17 页。
③ 《刑制总考三》，《历代刑法考》（一），第 44 页。
④ 《刑制总考四》，《历代刑法考》（一），第 53 页。

年，天下断死罪三十九人，刑轻而犯者少，何其盛也？迨武氏肆虐，毒流宇内，初未改唐之律令，而用法者为周兴，来俊臣之徒，遂使朝士宗亲咸罹冤酷。玄宗开元年间，号称治平，人罕犯法。二十五年，刑部所断天下死罪五十八人。迨李林甫用事，信任罗希奭、吉温之徒，复起大狱，以诬陷所杀数十百人，如韦坚、李邕等皆一时名臣，天下冤之。益可知有其法者尤贵有其人矣。大抵用法者得其人，法即严厉亦能施其仁于法之中；用法者失其人，法即宽平亦能逞其暴于法之外。此其得失之故，实筦乎宰治者之一心，为仁为暴，朕兆甚微，若空言立法，则方策具在，徒虚器耳。①

以上可以大致推出沈家本的逻辑“仁主、仁者——仁政——轻刑”，反对重刑，推行轻刑是仁法（古人对法和刑是没有明显区分的），是仁政的一个重要表现，原因在于有好的执法之人。他的这番儒家的逻辑，在历史上可以找到类似的表达。但我们也注意到，在讨论死刑制度时，沈家本比较了重杖致死、绞和斩三种死刑的轻重，认为是绞刑最轻，同时他讲到“近来东西各国有单用绞刑者，亦仁术之一端也”②。而且他还发现中国传统经典中一些关于刑法的表述与西法颇为相似。比如《吕刑》的“与其杀无辜，宁失不经”，沈家本就认为

① 《刑制总考四》，《历代刑法考》(一)，第51页。
② 《刑制总考四》，《历代刑法考》(一)，第53页。

“泰西之法颇与此旨暗合，知圣人之言其包蕴宏矣”①。很明显，此时沈家本已经接触到了西方的刑法，西法的思想开始对他产生了影响，并和他固有的反对重刑的主张接壤。

《删除律例内重法折》是沈家本力主改革刑罚制度的一篇重要奏折，是他反对重刑思想的集中体现。正是在他的倡导努力下，清代的凌迟、枭首、戮尸、缘坐、刺字等酷刑得以删除。这篇奏折也是沈家本用“仁”最集中的文章。全文共有13处提到“仁”字。其中“仁政”6处，“不仁”3处，“仁人”2处（包括“仁人之心”，“仁人之言”），“仁”2处（包括“推之以仁”、“法外施仁”）。其中的“不仁”3处，正是当时西方人对中国酷刑的指责。这就引申出一个问题：西方刑法的所谓“仁术”，指的是刑罚人道，中国刑罚的所谓“不仁”，无非就是“不人道”，但我们知道，西方的刑罚人道主义，是建立在对人的价值的认识上，而中国的轻刑，则是仁主推行仁政的一个重要组成部分，或者说是仁政的表现。一个关注罪犯本身，一个强调执法者，两者焦点是不一致的。那么沈家本此时是否已经了解到东西方法文化背后的差异，用“仁”来评价是醉翁之意不在酒，用当时士大夫熟悉的话语进行托古改制呢，还是仅仅停留在表面上的认同呢？

晚清时期，西学东渐，沈家本主持修律的过程也是他学习西方法律了解西方法律文化的过程，而在这个过程中，他慢慢地认识到东西方法律背后的差别。比如说笃疾、废疾的人（按：即残废、聋哑、精神病者）犯罪，中国古代法律一般给予减免刑罚，外国的刑法也有类似的规定，但沈家本已经认识到

---

① 《刑制总考一》，《历代刑法考》（一），第9页。

其背后的差别:"至今日东西各国之刑法,以癫狂为精神病,若有所犯,皆病使之然,故不为罪。其生而聋哑者,精神实不完备,故亦在宥恕减轻之列。其余形体虽不具,而知识无异常人,皆不得与前二者同论,与中律之笃疾、废疾一概可邀矜恤之仁者,不尽相同。"①一个是"仁"的表现,一个是从科学角度出发,两者并不相同。可见,此时,沈家本用"仁",已经是旧瓶装新酒,目的是以"仁"为标准来改造旧律。但是,了解东西方的区别并不代表他已经理解、接受了西方的刑罚人道主义,换言之,这个"仁"的内涵是什么,是中式的,还是西方的,尽管它的表现形式可能是相同的?这里可以转变成三种可能:(1)他已经理解接受了刑罚人道主义,只是用"仁"这种中国熟悉的话语来论证更容易被接受。(2)他其实还没有真正理解刑罚人道主义,屡屡提到西方对中国的指责不过是为了利用当时变法的大环境来实现自己"仁"的法律观。(3)他理解了刑罚人道主义,同时认为中国传统的"仁"法虽然和西法在某些地方有所不同,但它们有内在沟通的东西。也就是说,沈家本的仁法,已经是东西方法律内在沟通的东西。

(三)人格:仁与刑罚人道主义的媒介

也许解决这个疑问的关键在于对"罪犯——人"的认识上。中国传统法律由于受家族主义和阶级(层)观念的影响,犯法之人的身份、社会地位的不同,会使得他(她)"同罪而异罚",换句话说,中国传统法律上没有一个抽象的"人"的概

---

① 《答王仁山问笃疾废疾》,《寄簃文存》卷四,《历代刑法考》(四),第2204页。

念，我们的“人”是具体的，是和他（她）的身份、社会地位紧密联系在一起的。当然，中国传统的文化里也有如“天地之性，人为贵”的观点，并且深刻地影响了沈家本。沈家本称赞汉光武帝下诏：“其杀奴婢，不得减罪”，及“敢炙灼奴婢，论如律。免所炙灼者为庶人”，及删除奴婢射伤人弃市律，认为他深知此义，但它仅仅是作为一种哲学的推论而提供给时人以道德评判的标准，尚未上升到制度的层面，[①]这种观点本身，是将人类作为整体而与他物（比如禽兽、草木）进行比较，体现的恰恰是人对他物的优越性，换言之，关注的仅仅是作为整体的“人（类）”而非现实中单个的“人”。沈家本（或汉光武帝）用之，是一种演绎。

后来，沈家本的文章里开始出现了“人格”这一概念。同样是对光武帝的举措，沈家本称赞“此即尊重人格之权舆”[②]。“人格”一词是舶来品，在潜移默化中不知不觉地影响了沈家本，人与禽兽、畜产相区分，似乎用“天地之性，人为贵”来解释也说得通，但沈家本却用了“人格”这个概念，“生命固应重，人格尤宜尊”，人格是超脱于生命的东西，人格不是具体的（相对于生命），它更是一种“人”的价值。罪犯具有人格，奴婢具有人格，在这种情况下，他会感慨西方监狱的变革，“泰西监狱，初亦未得感化之宗旨，而惟以苦人、辱人为事。迨后有仁慈者出，目睹夫惨毒之方，残刻之状，同为人类，何独受此，于是倡为感化之说，播于欧洲”[③]。于此，尽管沈家本还是不忘“仁

① 参见本书“沈家本的人格平等观”。

② 《汉律摭遗》，《历代刑法考》（三），第1468页。

③ 《监狱访问录序》，《寄簃文存》卷六，《历代刑法考》（四），第2238页。

者”的作用，但他更看到了罪犯和其他人一样，也是人，这是不同人（有罪的、无罪的）之间的比较，而不再是人与其他事物的比较，人已经从哲学上的抽象落实到法律上的抽象。

中国传统的仁和仁政，从人的血缘天性出发，强调爱人，人皆有恻隐之心，所以可以实行仁政。但其着眼点仍在仁者身上，刑罚的仁慈是仁政的表现和结果，并没有从罪犯本身来强调，传统的“人为贵”的哲学更多是从人类的整体出发，即使被引申关注到具体的人，也是力图谴责贵贱等原有社会等级差别的不平等，在一定程度上而言，也可以看成是仁的逻辑的正常演绎。但人格概念的引进，润物细无声地在沈家本的思想中占据了主动。罪犯有人格，所以他不能受到有辱人格的刑罚，这和仁政已经有所不同，原来的仁政的结果已经变成了需要强调的原因。尽管我们可以说沈家本并不了解刑罚人道主义，因为他的文章中并没有看到这个用法，但正是有了“人格”这一概念，我们必须承认，他已经把握了刑罚人道主义的脉搏。“人格”于此，已经沟通了东方的仁政和西方的刑罚人道主义。

而这一沟通，来得如此的和谐，也许沈家本都没有清晰地意识到自己微妙的变化，如果我们仍要追问其原因，情理也许是一个重要的因素。他推崇西方监狱的“建筑之法、待遇之法、监督之法”，认为是“酌理准情”①。中国传统的仁政，从血缘人性出发，当然也是符合情理的。在沈家本看来，情理正是沟通中学西学的关键，他认为：“无论旧学新学，不能舍情理

① 《监狱访问录序》，《寄簃文存》卷六，《历代刑法考》（四），第2238页。

而别为法也，所贵融会而贯通之。”[①]正因为如此，尽管仁和刑罚人道主义，侧重点并不相同，但人格为媒，情理为介，在沈氏的心里已经贯通无阻了。

（四）沈家本“托古改制”的合理性

中国人有信而好古的心理，中国历史上的改革变法，也大多采取了托古改制的策略。远有汉代的王莽，近如清末的康有为，都是典型的范例。沈家本主持的法律改革，似乎也难脱此嫌。比如他通过应劭的《风俗通》，认为“古人设狱之宗旨，非以苦人、辱人，将以感化人也”，与当代西方监狱的宗旨是一致的。但是“自此义不明，而吏之武健严酷者，其惨毒之方，残刻之状，难以偻指。由是感化之地，变而为苦辱之场……揆诸古人之宗旨，不大相径庭哉”[②]。比如他推崇周朝的刑官制度，认为“方今欧洲之政，严于警察而宽于刑罚，卫生（按：保卫民生）之事尤为讲求，颇与古法相合”，而中国“自秦以后，密于用刑，而疏于用禁，卫生之事，并无专官，此治之所以不古若也”[③]。再如他援引《晋书·刑法志》中刘向所说“律法断罪，皆当以法律令正文，若无正文，依附名例断之，其正文、名例所不及，皆勿论。法吏以上，所执不同，得为异议。如律之文，守法之官，唯当奉用律令。至于法律之内，所见不同，迺得为异议也。今限法曹郎

① 《法学名著序》，《寄簃文存》卷六，《历代刑法考》（四），第 2240 页。
② 《监狱访问录序》，《寄簃文存》卷六，《历代刑法考》（四），第 2237 页。
③ 《历代刑官考》，《历代刑法考》（四），第 1964—1965 页。

令史，意有不同为驳，唯得解释法律，以正所断，不得援求诸外，论随时之宜，以明法官守局之分”之语时，他的按语是："今东西国之学说正与之同，可见此理在古人早已言之，特法家之论说无人参究，故称述之者少耳。"

在沈家本的文章奏折中，论述某种制度规定中西暗合，中西相合的例子很多，其背后的逻辑就是对反对者说，我的改革并非一味模仿西方，而是还这些制度规定以中国古代本来的面目。换言之，改革的合法(合理)性在于古代曾经存在，而不是因为现在西方所有。当然，托古改制，托古是手段，改制才是目的。但是，这种改革的策略本身是否存在合理性呢？我觉得不能简单一刀切。这里可以分为两种情况，一种是托古在沈家本那里纯粹是手段，不过是为了敷衍那些极端保守分子而不得以为之，另一种则是两种法律间的确存在着沈家本认为相似的东西。托古，是因为古代的理想状态在西方法治中得到了实现，那么，向西方学习，是回到这种状态的途径。那么，托"古"不仅仅是手段，而且也是目的。如果是第二种情况，托古改制是具有合理性的。上文关于"人格"概念对沈家本影响的分析，已印证了第二种情况的存在。

沈家本讲到"方今之崇尚西法者，未必皆能深明其法之原，不过藉以为炫世之具，几欲步亦步，趋亦趋。而墨守先型者，又鄙薄西人，以为事事不足取。抑知西法之中，固有与古法相同者乎"①。此处我们可以看到，清末的法律改革，不仅仅有着"祖宗之法不可变"的保守势力，也有着向西法

① 《裁判访问录序》，《寄簃文存》卷六，《历代刑法考》(四)，第2235页。

一边倒的激进力量，而以沈氏为代表，提出的以“情理”融会贯通中西法学的第三种道路，很少有人真正去理解。律学传统的式微已经使得古律(例)中的情理离我们越来越远，同样，对他的“托古改制”，我们也仅仅是一带而过，缺乏更加深入的分析。

二　传统“罪刑法定”的近代转化

罪刑法定作为一种理念，在 1215 年的英国大宪章里，它首次以法律的形式进行表达。大宪章第 39 条规定：“凡自由民非经其贵族依法判决或遵照国家法律的规定，不得加以拘留、监禁、没收其财产、剥夺其法律保护权或加以放逐、伤害、搜索或逮捕。”这一规定，后来发展为英美法系的“未经法律正当程序，不得剥夺任何人的生命、自由或财产”(美国《宪法修正案》第 5 条)的“正当的法律程序”模式，和以 1810 年法国刑法典为代表的“无论违警、轻罪或重罪，不得判处犯罪前法律未规定的刑罚”(1810 年法国刑法典第 4 条)大陆法系模式。罪刑法定作为近代西方刑法的一项基本原则，代表着对罪刑擅断的彻底否定。对此，费尔巴哈明确表达为：无法律则无刑罚，无犯罪则无刑罚，无法律规定的刑罚则无犯罪(Nulla poena sine lege, Nulla poena sine crime, Nullum Crimen sine poena legali)。罪刑法定原则的基础是三权分立的理论和费尔巴哈的心理强制说。前者代表着对人权的保障，后者立足于犯罪的预防。按照刑法理论的通说，罪刑法定在大陆国家有如下涵义：(1) 刑法应以制定法为依据，排斥习惯法；(2) 刑法不得类推解释或类推适用；（3）刑法不得溯及既往；（4）刑法不得有绝对的不定期刑。①

（一）中国古代法中的相关条款

中国古代是否存在罪刑法定原则，学界一直存在争议，笔者不想就此问题展开论述。② 但法律如何适用（能否类推）、法律的溯及力（从新、从旧）等问题是在任何时空中都存在的。据此我们先看看中国古代法律中相关条款的规定（括号内表示律文间的小注）。③

法律适用：

唐

《唐律疏议·名例》"断罪无正条"：④

> 诸断罪而无正条，其应出罪者，则举重以明轻；[疏]议曰：断罪无正条者，一部律内，犯无罪名。"其应出者"，依贼盗律："夜无故入人家，主人登时杀者，勿论。"假有折伤，灼然不坐。又条："盗缌麻以上财物，节级减犯盗之罪。"若犯诈欺及坐

---

① 参见何秉松《刑法教科书》，中国法制出版社 1997 年版，第 52—61 页；曲新久：《刑法的精神与范畴》，中国政法大学出版社 2000 年版，第 358—421 页。

② 具体介绍可见徐岱《罪刑法定与中国古代刑法》，载《法制与社会发展》2000 年第 1 期，第 65—74 页。

③ 这里只是为分析需要，简单地列举。对史料更加详细的把握，可见《明律目笺一·断罪无正条》，《历代刑法考》（四），第 1807—1825 页。

④ 《唐律疏议》，刘俊文点校，法律出版社 1999 年版。

赃之类，在律虽无减文，盗罪尚得减科，余犯明从减法。此并“举重明轻”之类。其应入罪者，则举轻以明重。［疏］议曰：案盗贼律：“谋杀期亲尊长，皆斩。”无已杀、以伤之文，如有杀、伤者举始谋是轻，尚得死罪，杀及谋而已伤是重，明从皆斩之坐。又例云：“殴告大功尊长、小功尊属，不得以荫论。”若有殴告期亲尊长，举大功是轻，期亲是重，亦不得用荫。是“举轻明重”之类。

宋

《宋刑统·名例律》“断罪本条别有制与例不同（举重明轻）”：

……［疏］诸断罪而无正条，其应出罪者，则举重以明轻。［议曰］断罪无正条者，一部律内，犯无罪名。“其应出者”，依贼盗律：“夜无故入人家，主人登时杀者，勿论。”假有折伤，灼然不坐。又条：“盗缌麻以上财物，节级减犯盗之罪。”若犯诈欺及坐赃之类，在律虽无减文，盗罪尚得减科，余犯明从减法。此并“举重明轻”之类。又云，其应入罪者，则举轻以明重。［议曰］案盗贼律：“谋杀期亲尊长，皆斩。”无已杀、以伤之文，如有杀、伤者举始谋是轻，尚得死罪，杀及谋而已伤是重，明从皆斩之坐。又例云：“殴告大功尊长、小功尊属，不得以荫论。”若有殴告期亲尊长，举大功是轻，期亲是重，亦不得用荫。是“举轻明重”之类。

明

《大明律·名例律》"断罪无正条"：

凡律令该载不尽事理，若断罪而无正条者，引律比附。应加应减，定拟罪名，转达刑部，议定奏闻。若辄断决，致罪有出入者，以故失论。

清

《大清律例·名例律》"断罪无正条"：

凡律令该载不尽事理，若断罪而无正条者，(援)引(他)律比附。应加应减，定拟罪名，(申该上司)议定奏闻。若辄断决，致罪有出入者，以故失论。

条例：

引用律例如律内数事共一条，全引恐有不合者，许其止引所犯本罪。若一条止断一事，不得任意删减，以致罪有出入，其律例无可引用援引别条比附者，刑部会同三法司公同议定罪名，于疏内声明"律无正条，今比照某律、某例科断，或比照某律、某例加一等、减一等科断"详细奏明，恭候谕旨遵行。若律例本有正条，承审官任意删减，以致情罪不符，及故意出入人罪，不行引用正条，比照别条，以致可轻可重者，该堂官查出即将该承审之司员指名题参，书吏严拿究审，各按本律治罪。其应会三法司定拟者，若刑部引例不确，许院、寺自行查明律例改正。倘院、寺驳改犹未允协，三法司堂官会同妥议。如院、寺扶同朦混，或草率疏忽，别经发觉，将院、寺官员一并交部议处。

此外，在《大清律例》“总类”门下，有“比引律例”一节，按语是：“律无正条，则比引科断，今略举数条，开列于后，余可例推。”随后列举了30条比引律例的例子。

法律的溯及力：

明

《大明律·名例律》“断罪依新颁律”：

凡律自颁降日为始，若犯在以前者，并依新律拟断。

清

《大清律例·名例律》“断罪依新颁律”：

凡律自颁降日为始，若犯在以前者，并依新律拟断。（如事犯在未经定例之先，仍依律及已行之例定拟。其定例内有限以年月者，俱以限定年月为断。若例应轻者，照新例遵行）

条例：

律例颁布之后，凡问刑衙门敢有恣任喜怒，引拟失当或移情就例，故入人罪，苛刻显著者，各依故失出入人律坐罪。

以上是中国古代法律相关条款的大致罗列。从中可以看到，就法律适用而言，在某种行为没有明确的法律与之对应的情况下，有两种司法技术予以补救。一种是以《唐律疏议》和《宋刑统》为代表的“举重以明轻”和“举轻以明重”，另一种则是以《大明律》和《大清律例》为代表的“比附”。从现代法的角度看，前者可称为自然解释，后者则相当于类推解释。就文本上看，比附的采用是非常的慎重，需要中央刑部甚至是皇帝的批准，司法者对于此技术的适用也背负着巨大的责任，随时可能因为比附不当而受到“官司出入人罪”的处罚。① 就法律溯及力而言，明代采取了从新原则；而清律则更进一步，增加了从轻原则。②

（二）《大清现行刑律》的相关条款

清末修律时期，《大清现行刑律》作为传统法的《大清律例》和现代法的《大清新刑律》之间一个过渡性的法律，其相关条款的规定是考察法律转型时期法律理念是否产生变化及如

① 注意，此处仅仅是从文本上分析，表达与实践的不一致在古代法中的例子比比皆是。在接下来的论述中对此问题会进一步分析。

② 就笔者看来，清律的规定存在着自相矛盾之处，在下面的论述中会予以详细的说明。

何变化的关键所在。《大清现行刑律》是沈家本主持下修订的，从中也可以折射出沈氏关于这个问题的某些看法。在论证方法上，笔者拟列举当时的官方意见（修订法律馆的《大清现行刑律案语》）和学理（京师法律学堂的教材《大清现行刑律讲义》）的相关解释，以求更全面的反映此问题。

《大清现行刑律》保留了"断罪无正条"和"断罪依新颁律"的条款。

法律适用：

《大清现行刑律案语》[①]"断罪无正条"：

原律："臣等谨按此律应仍其旧，理合陈明。"

原例："臣等谨按此条系雍正十一年定例专为刑部现审而设，而现在刑部改为法部，现审划归大理院，亦无三法司名目，例内前后各节与近今办法不符，且例意重在比附加减，恐一有不慎致滋流弊，自应改为内外问刑通例，将刑部会同议罪并院寺驳改各层概行节删，谨将修改例开列于后。"

修改：引用律例，如律内数事共一条，全引恐有不合者，许其止引所犯本罪，若一条止断一事，不得任意删减以致罪有出入。其律例无可引用，援引别条比附者，问刑衙门务宜详慎斟酌情节，声明律无正条，合比照某律某例科断或比照某律某例加一等减一等科断，案应具奏者，详细奏明恭候谕旨遵行。若律例本有正条，承审官任意删减，以致情罪不符及故意出入人罪，不行引用正条，比照别条以致可轻可重者，该上司查出，或于部院驳请，将承审之员指名奏参，按律治罪。

另外，在"凡例"中还提到"比引律例三十条原附于刑律之

---

① 《大清现行刑律案语》，清宣统元年法律馆铅印本。

后，自光绪二十九年刑部奏准删除十条，实存二十条，兹拟分别去取加具按语，将应存各条移入各本律例之内，庶援引较有依据，亦省辗转比附之烦”。

《大清现行刑律讲义》[1]“断罪无正条”：

“按此乃明律，雍正三年删定，易‘转达刑部’四字为‘申该上司’，并入‘援’字、‘他’字，文义较为明显。唐律亦有此目而文稍有不同。唐律云：诸断罪无正条，其应出罪者则举重以明轻，应入罪者举轻以明重云云。虽未明言比附，而举此明彼即隐寓比附加减之意。盖天下之事变无穷而律例之所载有限，若不比照加减则高下出入无所准绳。故承审官临时裁酌务祈平允，申该上司议定奏闻，不得以律无正条辄任一时之臆见径行决断，致罪有出入也。再者比附之法由来已久，书云：上下比罪，礼云：比以成之。汉尚书有决事比，公府有辞讼比，刑法志云：比者，例也。三千之律不能尽天下之罪，不免上下以求其比，可见事变无穷法制有限，全在比附酌量以适于中，故律后有比引律条一门，而刑部亦称比部，即此意也。但现在泰西各国刑法，惟俄律尚有比例一法，其余各国均无此例，日本采用法德二国刑制，凡法律上无正条者，无论何种所为不得处罚，现在新定民刑诉讼法第七十六条采用其意亦有律无正条不论何项行为不得为有罪之语，此法若行，则此律即议废。惟中国情形不同，比附一法恐不能骤除，现在外省已有顶驳者。将来能否行之无弊，尚难预决也。”

法律的溯及力：

《大清现行刑律案语》“断罪依新颁律”：

---

① 〔清〕吉同钧等辑：《大清现行刑律讲义》，清宣统元年法部律学馆石印本。

原律："臣等谨按此律应仍其旧，理合陈明。"

原例："臣等谨按此律应仍其旧，理合陈明。"

从文本上看，法律的变化似乎不大。关于法律的溯及力的"断罪依新颁律"丝毫未动，而有关于法律适用的"断罪无正条"也只有例文发生了些许变化。但如果我们仔细观察，也可以发现在法律的冰山下，已经在悄悄地发生着改变。一是清末的官制改革，司法权限发生变动。原来的比附需要三法司共同议定罪名，现在是由问刑衙门独立完成，虽然都要"恭候谕旨遵行"，但比较之下，司法权可谓趋向"独立"（相对意义上讲），而这已经涉及到罪刑法定背后的制度设计问题。[①] 二是比引律例条文的删除和转移。虽说是"省辗转比附之烦"，但恐怕"援引较有依据"才更是关键。援引有依据是趋向法定主义的一个强烈信号。另一个就是通过吉同钧的讲义透露出来的，大清民事刑事诉讼法草案中已经采取了西方的罪刑法定原则，它的实施会导致中国传统的"比附援引"的废除。至此，西方罪刑法定的原则已经是呼之欲出了。在这里，我不禁要感叹沈家本的用心良苦，作为一个"以律鸣于时"[②]的技术官僚，他对法律实践有着更深的理解。以"折冲樽俎，模范列强"为宗旨的《大清新刑律》是他立法的目标，但他也意识到"惟是

① 当然沈氏所理解的司法独立，三权分立等能否等同于西方近代意义上的这些理念呢？笔者认为不尽相同，无论是沈氏的生平经历，还是文章著述，都没有看到他对清廷统治的不满，他所支持的司法独立，是在皇权之下的"司法独立"。

② 王式通：《吴兴沈公子惇墓志铭》。转引自李贵连《沈家本与清末立法》，载李贵连《近代中国法制与法学》，北京大学出版社 2002 年版，第 254 页。

刑罚与教育互为盈朒，如教育未能普及，骤行轻典，似难收弼教之功。且审判人才，警察之规程，监狱之制度，在与刑法相维系。虽经渐次培养设立，究未悉臻完善。论遭递之理，新律因为后日所必行，而实施之期殊非急迫可以从事”。通过观察，他发现“日本未行新刑法以前，折衷我国刑律，颁行《新律纲领》，一洗幕府武健严酷之风，继复酌采欧制颁行，改定律例三百余条以补纲领所未备，维持于新旧之间，成效昭著”[①]。于是向日本学习，修订《大清现行刑律》作为过渡性的法律就成了他的最佳选择。一言以蔽之，稳扎稳打，步步为营的“渐进主义”[②]是也。

（三）罪刑法定与《大清新刑律》

从《大清现行刑律》到《大清新刑律》，代表着中国传统法向现代法的转型。旧律的概念、术语、体例都发生了彻底的变革。法律背后的理念，也有巨大的变化。一个典型的代表就是比附的删除和西方近代意义上的罪刑法定原则的正式确立。在具体介绍沈家本对此原则的理解之前，先看看中国近代罪刑法定原则的输入。

最早向国人介绍罪刑法定原则的是近代维新思想家黄遵宪。在他的巨著《日本国志》中，专门开辟《刑法志》一栏，翻译

---

① 以上引文见沈家本等《大清现行刑律奏折》，《大清现行刑律案语》，清宣统元年法律馆铅印本。

② 《死刑惟一说》，《寄簃文存》卷三，《历代刑法考》(四)，第 2101 页。当然沈氏在此文中谈论的是死刑存废问题，但他所提到的“惟以渐进为主义”，在笔者看来，实际上是贯穿整个修订法律过程的策略，故此借用。

介绍日本当时的《治罪法》和《刑法》(即日本统称的《旧刑法》，和后来颁布的《刑法》相区别)。《刑法》的第 2 条是：法律无正条，虽所为有不合者，不得遽行其罚。黄遵宪解释说："刑法为一国公法，官民所共守，未有正条而处罚之，似为非理。然而旧法条例未备，不得不别设不应为一律，以备临时酌议。新法既删除此条，并明示此语，所以防滥纵也。"[①]很明显，这是一个关于罪刑法定原则的条款，但是，条文的翻译不完全准确，[②]而黄氏的理解则更有问题，且不说"似为非理"显得底气不足。"不应为"是《大清律例》中少有的概括性较强的条款，[③]类似"口袋罪"，日本曾学习中国刑律，将该文引入。但黄氏的所谓"删除此条，并明示此语，所以防滥纵也"，显然也是从刑法"天网恢恢，疏而不漏"的控制犯罪功能出发。罪刑法定原则背后的对罪刑擅断的否定乃至三权分立的理论背景，黄氏看来由于时代的特殊性(中国近代法学尚未起步)和自身的学术渊源(法学非其专长)，无法真正地理解。[④]

如果说黄遵宪还无法真正地理解罪刑法定原则，那么到了制定《大清新刑律》时，沈家本等法律起草者的理解已经大

---

① 李贵连：《二十世纪初期的中国法学(上)》，载李贵连主编《二十世纪的中国法学》，北京大学出版社 1998 年版，第 12—21 页。

② 李贵连：《二十世纪初期的中国法学(上)》，载李贵连主编《二十世纪的中国法学》，第 21 页。该条文的日文原文见《二十世纪初期的中国法学(上)》的注 26。

③ 《大清律例·杂犯》"不应为"：凡不应得为而为之者，笞四十；事理重者，杖八十。律注：律无罪名，所犯事有轻重，各量情而坐之。

④ 笔者在这里并非对黄遵宪有任何批评之意。相反，在笔者看来，黄氏对中国近代法学的发展，可谓居功甚巨。正是通过他的翻译(尽管有错误)，国人得以接触到新的法言法语。对一个人物的评价，需要在历史的语境里去理解。

不相同。我们按法条的顺序进行介绍。

法律的溯及力：

《大清新刑律》第一条："凡本律自颁行以后之犯罪者适用之，若在颁布之前未经确定审判者，俱从本律处断，但颁布以前之律例不为罪者不在此限。"

理由：

本条定刑法效力之关于时者。第一项规定本于刑法不溯既往之原则，与第十条规定采用律无正条不处罚之原则相辅而行不宜偏废也。第二项前半指犯罪施行前，审判在施行后，定新旧二律之中，孰当引用也。关于本题之立法例有二，一为比较新旧二法，从轻者处断之主义，法国刑法第四条，比国刑法第二条，德国刑法第二条，匈牙利刑法第二条，荷兰刑法第一条第二项，纽约刑法第二条，日本现行刑法第二条第三项，日本改正刑法第六条，意国刑法第二条第三项，布加利亚刑法第二条第二项，挪威刑法第三条等皆本乎是。二即不分新旧二法，概从新法处断之主义。英国用之，我国明律亦主此义。本朝虽有第一主义之例，然律之本文仍有犯在以前并依新律拟断之规定。议者谓被告犯罪之时已得有受当时法律所定之刑之权利，诚如此说应一概科以旧律之刑，不应复分新旧二律之轻重也。况臣民对于国家并无所谓有受刑权利之法理也，或又谓若使新律重于旧律而旧律时代之犯人科以新律之重刑，则与旧律时代受旧律轻刑之同种犯人相较似失其公平。诚如此说,则使新律施行之后仅此旧律时代之同种犯人科以旧律之轻刑,彼新律时代之犯人据新律而科重刑者,若互相比较则又失其公平矣。若又谓刑失之严不如失之宽,从新律之轻者,所以为宽大也。然刑不得为沽恩之具,非可严亦可宽者。夫制定法律乃斟酌国民之程度以为损益,既经裁可颁布,即垂为一代之宪章,不宜复区别轻重宽严也。欧美及日本各国,多数立法例所以采用第一主义者,盖受法国刑法之影响,而法国刑法之规定则其时代之反动耳,于今日固无可甄择者。我国自古法理,本有第二主义之立法例,此本案所以不与多数之例相雷同而仍用第二主义也。第二项后颁行以前之律例不为罪者不在此限,其旨与前微异。盖一则新旧二律俱属不应为之罪恶,不过轻重之差。一则新律虽为有罪而旧律实许其行为,因判决在后遽予惩罚有伤溪刻也。①

依近代刑事立法思潮,禁止溯及既往乃为罪刑法定的一大原则,此原则明示国家刑罚权对人民权益的干预,一定要在有预见与能预见的条件下,方得为之。唯有如此,才能确保刑法的安定性,刑法的保障功能也才能获得维持。② 从立法例上来看,中国古代法中,明代采取的是从新主义,而清代加入律注,增加了从轻原则。对于清律的这一条款是否规定了溯

① 《大清光绪新法令》第19册,商务印书馆印行,第29—30页。

② 黄源盛:《传统中国"罪刑法定"的历史发展》,载台湾地区《东海法学研究》第11期,1996年12月,第14—15页。

及既往，学界有不同意见。张伟仁先生认为：清朝虽有比较“新旧二法从其轻者”之例，然而，律的本文仍有犯在以前并依新律拟断的规定。因此，与之相悖的行为，虽然发生在律文颁布以前，但在颁布之后事发到官者，仍依照新律断罪。这显然正面否定了罪刑法定的原则，盖所谓“新律”其实是一种“事后立法”，依照新颁之律断罪，就是使新律的效力溯及既往。[1]但戴炎辉先生持有异议。他分析律后的小注，认为清代的实践是以附例取代律文，或以新例改旧例，所以实际上新法不溯及既往，但如果新法比旧法为轻，则听从新法。[2] 学者的不同意见和法律规定（在一定程度上）自相矛盾有关。律文本身沿袭明律，采取从新主义的原则。但单纯从律注来看（注意：不看律文），条例则是规定了从旧为原则，新例轻者从新。有清一代，律文和条例是最重要的两种法源。律文由于政治“符号”作用，[3]自乾隆五年（1740 年）修律以后，不再增删。对律文修改补进的办法就靠律注和条例。“法与时转”的条例在司法实践中发挥着更大的作用，律文则有成为一纸具文的可能。这也不难解释为何现代的学者会因为这一法律条款产生不同意见，而古人则无此问题。吉同钧说道：

按此乃明律，乾隆五年添入小注，唐律无此一条，当系明代所纂，盖律设大法，历代不易，而斟酌损

① 张伟仁：《传统观念和现行法制》，载《台大法学论丛》第 17 卷第 1 期，1987 年 12 月。转引自黄源盛《传统中国“罪刑法定”的历史发展》，第 14 页。

② 参见戴炎辉《中国法制史》，台湾地区三民书局 1979 年 9 月版，第 21 页。转引自黄源盛《传统中国“罪刑法定”的历史发展》，第 14 页之注 35。

③ 黄静嘉：《沈家本年谱长编序》。

益，又必因时制宜，故事犯未结案者，即当依新颁之律科断，不得仍泥旧文。注云新律轻者照新律遵行，可见此言新颁之律较旧例为轻，故当从轻照新例科断，若新例重者，其犯前仍遵照旧例，不得拘泥此条，仍以新律处断，致涉苛刻，此与犯罪未老疾律同一宽恤之意……①

所以立法理由认为原来实施的是"比较新旧二法，从轻者处断之主义"，笔者认为是更加恰当的。到了《大清新刑律》，采取的是原则从新，只有在旧律不认定是犯罪时，才适用旧律的"例外从轻"。

就当时主持修律的沈家本来说，他的意见是"概依新律"，即采取从新主义，其理由主要从法律的确定性出发：

旧律和新律岂能无轻重互异之处，而概依新律者，非但谓遵王之制也。法律为人人所当遵守，既定而颁行之，则犯罪不论新旧，断罪自当一律，不得再有参差，致法律失信用之效也。若如旧说，例应轻者，照新例行，新例严而犯在前者，应照旧例。其参差孰甚哉。②

当时帮助中国立法的日本学者冈田朝太郎也认为从学理上讲，应该不分轻重均适用新法，他的理由是：

① 〔清〕吉同钧等辑：《大清现行刑律讲义》，清宣统元年法部律学馆石印本。
② 《明律目笺一·断罪依新颁律》，《历代刑法考》(四)，第1807页。

（一）刑法之设，为维护国家之安宁秩序起见，非为犯罪者之利益起见。故国家以新法处分犯罪者，即有较旧法为重而犯罪者无要求国家仍从旧法之权利。若不分新旧，务从其法之罪轻者，是专为犯罪者之利益起见也。殊与立法之本旨不合。（二）国家之改正刑法，因旧法之不适当也。旧法不适当则新法之必适当也可知。故不论轻重，自当一以新法为断。中国向采从新主义，故唐律明律大清律皆有犯在以前并依新律拟断之规定。刑草即采取中国自古相传之法理，而不与各国多数之例相同，亦保存国粹之意也……①

虽然当时的立法理由上并没有详细地说明为何在从新之余，仍留有一个适用旧律的例外，从现有的资料来看，我们也无法看出沈家本对新律后这一尾巴的意见。不过有一点很清楚，即沈氏从新主义的观点在法律条文中得到实现。而我们更要注意到，这时候立法者的认识，已不是吉同钧所理解的“断罪依新颁律”的规定是“与犯罪未老疾律同一宽恤之意”这种古代法的思想，而是明确提到“刑法不溯既往”这一罪刑法定的派生原则。冈田对中国古代法的理解不无偏颇（比如他对唐律、清律的认识），但他所谓的“采取中国自古相传之法理”和“保存国粹”在很大程度上解释这一条款的规定，在当时并没有引起争议。

---

① 熊元翰编辑：《刑法总则》（法律丛书第五册），安徽法学社印行，1913年第4版，第20页。

法律适用：

《大清新刑律》第十条：“凡律例无正条者不论何种行为不得为罪。”

理由：

> 本条所以示一切犯罪须有正条乃成立，即刑律不准比附援引之大原则也。凡刑律于正条之行为若许比附援引及类似之解释者其弊有三。第一，司法之审判官得以己意于律无正条之行为比附类似之条文致人于罚，是非司法官直立法官矣。司法立法混而为一，非立宪国所应有也。第二，法者，与民共信之物，律有明文乃知应为与不应为。若刑律之外，参以官吏之意见，则民将无适从。以律无明文之事忽援类似之罚是何异于以机阱杀人也。第三，人心不同亦如其面，若许审判官得据类似之例科人以刑，即恣意出入人罪，刑事裁判难期统一也。因此三弊，故今惟英国视习惯法与成文法为有同等效力，此外欧美及日本各国无不以比附援引为例禁者。本案故采此主义不复袭用旧例。①

据此，现代意义上的罪刑法定原则第一次在中国以国家大法的形式予以表达。立法理由的笔墨全在阐述罪刑法定的对立面——比附援引的种种弊端。援引比附废除，马上“难者

① 《大清光绪新法令》第19册，商务印书馆印行，第34—35页。

锋起”,引来如潮的反对意见。[1]

反对意见大致可归纳为三类:第一,虽说比附援引容易造成轻重失衡,但它毕竟是有所依据,而现在由审判官临时判断,一来没有限制,二来审判官的自身水平有限,同样会轻重失衡,造成出入人罪。第二,法条有限,情伪无穷,删除比附,无法更好地规范犯罪。第三,针对立宪国所要求的行政、司法分离,认为比附仍属司法,而新律给予审判官酌量轻重的权力,却是司法、行政合而为一。[2]

沈家本在《断罪无正条》中予以系统全面的反驳。在这篇文章里,他以时间为轴,从《尚书》、《周礼》等先秦典籍,《汉书》、《晋书》等二十四史,《唐律》、《明律》等历代法典中探幽发微,列举比附定罪的来源和弊端,论证罪刑法定的必要性和合法性。虽然行文体现的仍是其托古改制的倾向,但他对史料的熟悉和驾驭,不由得人不钦佩。其中对唐、明、清三朝法律相关条款的比较分析,颇有分析实证的影子,足见其律学大师的风范。比如他认为唐律“举重而明轻,举轻而明重”是“用律之例,而非为比附加减之用也。观《疏议》所言,其重其轻皆于本门中举之,而非取他律以相比附,故或轻或重仍不越夫本律之范围。其应出者,重者且然,轻者更无论矣。其应入者,轻者且然,重者更无论矣”。其宗旨“恕平”。而明律的“引律比附,应加应减定拟”是由

---

① 从一些资料中可以反映出来,如《修正刑律按语》(修订法律馆印刷)讲到:“谨按此条(第十条)即为不准比附援引,而设原奏业经剀切言之,仍邮传部并四川、两广、云南、贵州、湖广、湖南、江西、河南、两江等省签注。独于此条,驳诘尤力……”。

② 《明律目笺一·断罪无正条》,《历代刑法考》(一),第 1821—1823 页。

唐律修改而来，但其宗旨已经不同，需要“议定奏闻”来补救比附的弊端。但明律毕竟是“事同者方许比附”，主要还是在“本门律内上下比附”，而清律以律注的形式加入一个“他”字，“盖既为他律，其事未必相类，其义即不相通，牵就依违，狱多周内，重轻任意，冤滥难伸。此一字之误，其流弊正有不可胜言者矣”。沈氏上述的这些话，用现代法言法语来概括，就是“自然解释”和“类推解释”的区别。正如沈家本在《新刑律草案》补笺中说：

> 本律虽不许比附援引，究许自然解释。自然解释者，即所犯之罪与法律正条同类，或加甚时，则依正条解释而用之也。同类者，例如正筑马路，正条之禁马车经过，则象与骆驼自然在禁止之列。加甚者，例如正条禁止钓鱼，其文未示及禁止投网，则投网较垂钓加甚，自可援钓鱼之例定罪也。①

对于反对意见的第一点，他以文字狱为例，痛斥比附援引是“舞文弄法，何所不可，尚何限制之有”。而《新刑律草案》规定量刑的幅度，审判官不能超越这个范围，所谓“无所限制”并不成立。可见他主张“刑罚相对法定制”，使

---

① 黄源盛：《传统中国“罪刑法定”的历史发展》，载台湾地区《东海法学研究》第11期，1996年12月，第18页。

司法保有应有的裁量弹性。[①] 他虽同意当时审判人才缺乏，但认为如果以此为借口来阻挠新法的实施，却"犹七年之病求三年之艾"。权衡之下，当然要先治本。可见沈氏的目的是希望以新法的实施为突破口，带动法律的全方位改革，进而实现他"法律救国"[②]的最终目标。

对于第二点，沈家本从自身刑曹经验出发，一方面认为"案情之千奇百怪出于情理之外者往往有之，而罪状之出于律例之外，情轻者或亦时有，不过科以不应，情重者则未曾一睹。盖律文经千数百年，此数千年风俗递有变迁，而罪状之可名者未见出乎律例之外，是皆由千数百年经验而来，非出于一二人之曲见，故历代虽多损益，亦不过轻重出入，而大段未尝改也。人之悻免者，殆亦绝无仅有矣"。法律源于经验，足以规范社会。另一方面，对于那些钻法律空子的"奸民之尤"，"平时当有以制之"，单纯靠比附是不行的。沈家本没有详细解释何以制约那些"奸民之尤"，但很明显，他意识到了仅仅依靠比附这种司法技术，无法真正地规范犯罪。比附的存在，实际上是弊多利少。而他的主张，正如他在《奏进呈刑律草案折》中反映的，是"法律之用，简可驭繁"。他举例说，"谋杀应处死刑，不必问其因奸因盗，如一事一例，恐非立法家逆臆能尽之也"。中国传统法律的一个重要特点就是为了使罪刑相当，过分着眼于犯罪具体情况的种种差别，其结果就是立法越来越繁琐

① 黄源盛：《传统中国"罪刑法定"的历史发展》，载台湾地区《东海法学研究》第 11 期，1996 年 12 月，第 18 页。

② 关于沈家本法律救国思想的介绍和分析，可参见李贵连《沈家本研究三题》，载李贵连《近代中国法制和法学》，北京大学出版社 2002 年版，第 300—303 页。

而概括性的原理原则难以发展。[1] 沈家本的努力，可谓对古代法的改良。

对于第三点，沈家本以其人之道还治其人之身，反驳说："既云无此法而定此例，方为立法，乃无此法而即用此例，是司法者自创为之矣，不且与立法相混乎？"

比起反对者相对空洞而且缺乏法律功底（比如认为审判官有酌量轻重的权力是司法、行政合而为一）的异议，沈家本的反驳既有实践支持（如文字狱的例子），兼有学理说明，无疑要雄辩得多。但如果我们想对沈家本的罪刑法定思想做更深入的考察，需要对援引比附的思维模式、功能以及它在司法实践中存在的弊端有一个清楚的认识，同时对当时在政治改革大背景下沈氏所追求的目标有相当的了解，才有更准确的把握。在下面的论述中笔者从案例入手，希望做出上述的努力。

（四）比附援引与罪刑法定

如下所选的两个案例来自沈家本编辑的《刑案汇览三编》[2]，对司法过程如何援引比附有比较详细的描述。同时它们是性质相同的案件，可以彼此参照，增加理解。

---

① 参见瞿同祖《法律在中国社会中的作用——历史的考察》，载《瞿同祖法学论著集》，中国政法大学出版社 1998 年版，第 406 页。中国古代立法具体主义的特点当然包括多种原因，瞿先生的观点是颇具说服力的一种。

② 《刑案汇览三编》是沈家本为了续纂祝庆琪、鲍书芸的《刑案汇览》所收集的清代道光、咸丰、同治、光绪四朝的重要刑案，是了解清代司法实践的重要资料。

案例1 推车在途等候将妇女推走 光绪十年

苏抚咨：常住、吕得胜、魏五听从魏怀城伙抢杨徐氏卖钱分用。魏怀城携刀，魏五推车，余俱徒手，同伙十人行至中途，朱曰缮因与徐氏之夫杨志刚认识，恐被指控，向魏怀成告之。魏五亦因胆怯不敢同往，魏怀成即令魏五同朱曰缮在途等候，魏怀成等偕抵杨志刚门首，魏怀成留常住、吕得胜等在外了望，与蒋五等拨门进内。杨志刚起捕，被魏怀成用刀拒伤，将杨徐氏抢拉，魏怀城背负徐氏一同逃出。寻见魏五等告知拒捕行抢情由，喝令徐氏坐车，嘱魏五推至沛县孔献斌家藏匿，魏怀城旋将徐氏价卖，缉获常住等到案审供不讳。该抚将常住、吕得胜均依聚众伙抢妇女已成为从例各拟绞监候，并称魏五听从伙抢妇女讯止推车在途等候并未到场同抢，例无治罪专条，将魏五于伙抢为从绞例上减等拟流等因。查：常住、吕得胜听从逸犯魏怀成起意伙抢素无瓜葛之杨徐氏已成，按伙抢妇女为从例均罪应拟绞，既据该抚声明该二犯尚有伙劫得赃等案各归彼案，从重拟结，应毋庸议。至魏五一犯听从魏怀成伙抢杨徐氏，始则同谋，继则推车在途等候，迨魏怀成等将徐氏抢出喝令坐车，该犯即将徐氏推至沛县孔献斌家，是徐氏之被抢，虽由于魏怀成等之聚众，而徐氏之嫁卖实成于该犯之推送，其始终帮护，毫无畏怯之情，并非被逼勉从及同谋未经同抢者可比。该抚因其有胆怯不敢同往之言，遽谓其并未经到场同抢，并谓例无专条量为减等,不知例载为从皆绞监候一语,虽未显分为从之罪,而伙谋同往之犯,或入室帮抢,或在外看人,或事后帮同架拉,已兼包于皆字之中,例义显明,细绎可得。该犯如果有畏法之心,当向魏怀成告知时自必速行逃避,何竟推车守候?直至魏怀成吓逼徐氏坐车,该犯即竟行推送,是其于未事之先预谋在途等候以待推送情事更属显然。且魏怀成等将徐氏抢出喝令坐车,该犯尤难保无帮同架拉及逼迫恐吓情事。此等情节,在秋审尚应入实,定案时岂得遽议宽减?该抚于同谋同抢之犯既量减拟流,将来拿获同该犯在途等候并未帮同推送之朱曰缮,又将何以科之,应令该抚悉心研鞠,另行按例妥拟,到日再议。

据该抚遵驳复讯,该犯实未预在途等候以待推送。因魏怀成凶狠,逃后恐被寻害灭口,且因有车在途,是以未即逃走。迨魏怀成喝令杨徐氏坐车,亦无帮同架拉情事,并据杨徐氏之夫杨志刚到案供明,尚属可信。前次酌减拟流,系照成案办理,非敢舍例任意轻减。惟部谓徐氏之被抢虽由于魏怀成之聚众,而徐氏之嫁卖实由该犯之推车,究竟应拟何罪,例无明文,咨部核示等语。查聚众伙抢妇女已成,首从罪应斩决、绞候,情罪綦重,况该省徐准一带,此等案件又复层见叠出,全在司谳者严究确情尽法惩办,庶足以示警戒而安善良。若以部驳另拟之案并不认真办理,仍复固执前说,迨明知与例不符,又援引办过成案咨部请示,欲使部中无可置词迁就完结，尤非核实办公之道。复将此案详细查核，商谋同抢者，首伙共系十人，祇该魏五一人推车同往，其为预备抢人之用夫何待言。迨各犯走散后，该犯等三人将杨徐氏用车由丰县推至沛县地方藏匿，其为预先商定尤属显然。乃该省迭加研讯，其于中途守候也，则以为心生畏惧所致，其不肯推车转回也，则以为恐被杀害所致，其将被抢之人由丰县地方推至沛县也，则又以为并非预谋亦非始终甘心种种情节，无非曲为该犯开脱之意，而于情理之是否允协，例文之是否相符，则一概置之不顾。但谓未经帮同抢夺即不问前后情节轻重，均应减等，无论该犯所供并未至事主门口祇在中途停车守候，本系狡展之词，即使所供属实，而先后始终其事亦难贷其缳首之罪。臣部非于例外从严也，朝廷惩创匪类不得已而立一重法，乃用法者又复故意从轻，无怪乎玩法之徒日多一日，而此等案情终无少息之时也。至所引杨菁所从王老头与杨劝谋抢杨李氏价卖成案，杨菁因与事主认识，恐被指报，言明在家守候，与魏五之推车同往情节迥不相同。且王老头抢夺杨李氏之时，首伙仅系二人，例止将首犯拟绞为从均无死罪，与此案例内载明为从皆绞监候者，亦属大相悬绝，何得援以为据。惟该抚既意在从轻，若由臣部驳令再行另拟，难保不仍执前议转于公事无裨，案情既无可疑，应即由臣部按例定拟。魏五合改依聚众伙谋于素无瓜葛之家入室抢夺妇女已成为从皆绞监候例，拟绞监候。事犯招解在光绪十一年正月初四日恩旨以前，系伙抢妇女为从，并未入室架拉，妇女已经给亲完聚，不在不准援减之列，应照奏定章程减发极边烟瘴充军，仍照名例以极边足四千里为限，到配杖一百折责安置。

案例2　伙众抢夺妇女中途畏惧送回　光绪五年

直督咨：金幅碌起意纠邀在逃之王白朋、刘廷千同伙三人至曹登堂家伙抢其甥女李氏，出门行至中途因李氏啼哭称业已许字有家，金幅碌等闻而畏惧，即行送回。甫至村外，适曹登堂等寻追至彼，金幅碌等即将李氏交与曹登堂领回，央免控告。查阅原咨县详声称，例无伙众抢夺妇女中途畏惧送回作何治罪专条，将金幅碌比照强夺良家妻女中途夺回及尚未奸污者照已被奸占律减一等定拟例，于聚众伙谋入室抢夺妇女斩罪上减一等，拟杖一百、流三千里。经臬司以该犯金幅碌与曹登堂素无瓜葛，纠伙抢夺曹登堂甥女李氏业已出门，即属已成，按例罪应斩决，惟其行至中途一闻李氏哭诉，知已许字有家，不待控告即送交曹登堂领回，尚有畏法之心，核与知人欲告而于财主处首还之律相符。至抢夺良家妻女中途夺回及尚未奸污照已被奸占律减等拟流之例，系指并非伙众而言。今该犯金幅碌结伙已至三人，既有聚众伙谋抢夺妇女已成本例可循，似未便舍正例于不问。

惟查无伙众抢夺妇女已成中途畏惧送还作何治罪明文,比核叅观,应将金幅碌改依聚众伙谋于素无瓜葛之家抢夺妇女已成为首例应斩立决,仍照知人欲告而于财主处首还律减罪二等于原犯斩罪上减二等,杖一百、徒三年。该督以此案金幅碌罪外虽据该司核议定谳,惟查道光八年苏抚咨陆象贤纠众强抢大宝姑旋即畏惧送回并未成婚将陆象贤比依强窃知人欲告而于财主处首还之律,于聚众伙谋入室抢夺妇女为首斩罪上减二等杖一百、徒三年。经部以强夺妻女最关妇女名节,一经抢获即属已成,虽畏罪送还并未奸污,究未出首到官,与强窃盗首还事主财物者迥别,不得比照自首问拟,将陆象贤比照强夺良家妻女中途送回及尚未奸污者照已被奸占律减一等定拟例,于聚众伙谋入室抢夺妇女斩罪上减一等杖一百、流三千里,核与此案情事相同。今将该犯金幅碌于伙众抢夺妇女斩罪上减二等拟徒,似觉轻纵,饬司再行核拟。兹据呈称:陆象贤减流之案,与此案情事虽尚相同,惟原案内声称陆象贤将大宝姑抢出后欲与花烛成礼,是已抢回家内。金幅碌将李氏抢出后甫至中途,一闻李氏哭诉即行送还,尚未回抵家门,似与陆象贤之已抢回家内者情节较轻,应将金幅碌仍照前拟,合依聚众伙谋于素无瓜葛之家抢夺妇女已成为首斩立决例,仍照强窃盗知人欲告而于财主处首还减二等律于原犯斩罪上减二等,拟杖一百、徒三年。咨部示复。等因。查:知人欲告于事主处首还减罪二等之律，系专指强窃盗财物而言，至强夺妻女关系妇人名节，较强窃盗财物情节为重，自不得遽行比照，至滋轻纵。惟查：伙抢妇女为首与未伤人之首盗治罪同一斩决，即其畏惧送还亦与盗犯之闻拿投首情节相等，此等案件向系比照未伤人之首盗闻拿投首例拟军，历经办理有案。今金幅碌起意纠邀在逃之王白朋等同伙三人将素无瓜葛曹登堂甥女李氏抢夺出门，行至中途，因李氏哭诉业已许字有家，闻而畏惧即行送还交曹登堂领回，央免控告。虽尚有畏法之心，惟所犯罪应斩决因其畏惧送还酌量减等已属幸邀宽典，未便以抢出后甫至中途送还与抢回家内者不同强为区分。所引江苏者陆象贤之案并非通行，例不准援以为据。应将金幅碌改比依未伤人之首盗闻拿投首实发云贵、两广极边烟瘴充军例，拟实发云贵、两广极边烟瘴充军，仍以极边足四千里为限，至配杖一百折责安置。该督将金幅碌减二等拟徒之处，应毋庸议。

在第一个案例中，江苏巡抚以魏五的行为没有明确的法律规范，将拟定为流罪的刑罚。针对刑部的不同意见，江苏巡抚特别提出："系查照成案办理，非敢舍例任意轻减。"很显然，在原来的判决书中他没有提到自己对成案的参考，[1]巡抚在

① 成案的概念在法学界一直没有清晰的解释。其定义来自《刑案汇览·凡例》"例无专条、援引比附、加减定拟之案"，苏亦工先生据此认为成案（转下页）

此特别指出，作为自己判决的申辩理由。但刑部对两个案件进行了对比，提出了自己的反对意见，认为“情节迥然不同”。

(接上页)是在制定法出现空缺时，可供司法当局援引的一种法源。他将其当作一种可供司法部门参考的“已成之案”。(苏亦工：《明清律典和条例》，中国政法大学出版社 2000 年版，第 55 页)郑秦教授认为“所谓成案，就是案例，已经判决生效的案例，很类似英美法系的判例”。(郑秦：《乾隆五年律考——律例定型与运行中的条例》，收入郑秦《清代法律制度研究》，中国政法大学出版社 2000 年版，第 66 页)而 D · 布迪、C · 莫里斯则理解是“比照判决的案件以及因案情特殊而改变法定刑的案件”。(〔美〕D · 布迪、C · 莫里斯著，朱勇译：《中华帝国的法律》，江苏人民出版社 1995 年版，第 148 页)乃至何勤华教授要做出狭义和广义成案的区分。(何勤华：《清代法律渊源考》，载《中国社会科学》2002 年第 2 期)但他根据《刑案汇览 · 凡例》理解的狭义的刑案基本和 D · 布迪、C · 莫里斯一致。成案到底是可以用来援引比附的案件，还是援引比附其他律例条文判决的案件呢？笔者认为，就字面的意思理解，应该是后者，但就笔者阅读清代的司法判决书的经验来看，在实践中也指被援引的案件(两个案例可以佐证)。法学界的不同理解可能与此有关。

D · 布迪、C · 莫里斯在对《刑案汇览》选出的 190 个案例进行分析的时候，发现只有 16 例明确提到了先例。据此认为：“中国的法官们在遇到疑难案件时毫无疑问会小心地寻找可资帮助的先例，但他们并不认为有义务象英美法官们经常做的那样明确标示先例的出处”。(〔美〕D · 布迪、C · 莫里斯著，朱勇译：《中华帝国的法律》，第 173 页)但就笔者的了解，这跟官方禁止(或不鼓励)在司法中援引成案有关，而不能简单地归结于“义务”。关于清代司法中援引成案的情况，有两种不同的意见，一方以台湾学者张伟仁先生为代表，他从整理的清代档案入手，并兼以学理的分析，认为引用成案断案如“凤毛麟角”。(参见张伟仁《清代的法律教育》(下)，第 28—29 页注 197。《清代的法律教育》一文连载于《台大法学论丛》第 18 卷第 1 期(上)(1988 年 12 月)和第 2 期(下)(1989 年 6 月)。张先生整理档案的介绍可见张伟仁《研究计划概述(代序)》，收入张伟仁辑著《清代法制研究》，台湾商务印书馆 1983 年版，第 63 页)一方以何敏博士为代表，她从《刑案汇览》的案例出发，认为“清代在司法实际中，除律例之外，还大量援用成案以牵引比附。”(参见何敏《清代注释律学研究》，中国政法大学博士学位论文，(转下页)

根据清代的法律,"抢夺(强占)良家妇女"与"聚众抢夺(伙抢)妇女"行为(犯罪主体在三人或三人以上)的惩罚大相径庭,前者首犯是绞刑,从犯则无须受死,后者的从犯也要处于绞监候的死刑(尽管最后不一定执行)。最后,刑部坚持了自己的意见,将魏五依照聚众伙抢妇女为从的例文判罚绞监候。在这

(接上页)第152—156页)两者都是有实证资料的支持,而且案件的类型都是以重要的刑事案件为主。这就引起我对这种利用实证资料进行研究的方法的反思,这可能涉及到一个"实践与表达"的问题。郑秦教授发现清代刑部档案中,大部分案件定罪量刑的依据是律而不是例,与当时一些书籍反映的情况相反,他推理是:断案过程多以例为据,而最后上报奏请时则引律为证,原因是为了避免因例之歧异而使案件遭驳斥,公认律要比例规范得多。(参见郑秦《乾隆五年律考——律例定型与运行中的条例》,收入郑秦《清代法律制度研究》,第62—63页)陈张富美(Fu-mei Chang Chen)通过对祝庆琪、鲍书芸的《刑案汇览》,祝庆琪、鲍书云的《续增刑案汇览》,潘文舫、徐谏荃的《新增刑案汇览》,吴潮、何锡俨的《刑案汇览续编》的9000多个案例及类似资料的数百个案例的考察,试图发现私家注释(主要是《大清律辑注》)在司法判决中,是否作为一种法律渊源存在,或者是否作为一种阐明和适用法律的辅助工具,以及如果是的话,是以何种方式进行的(see, Fu-mei Chang Chen, The Influence of Shen Chih-ch'i's Chi-Chu Commentary Upon Ch'ing Judicial Decision, Essays on China's Legal Tradtion, Edited by Jerome Alan Cohen, R. Randle. Edwards and Fu-mei Chang Chen, Princeton University Press, Princeton, New Jersey(1980), p. 172.),结果她发现只有18个案例明确地援用了《大清律辑注》(还有3个是间接引用)。但她也指出,存在着很多利用辑注但不注明出处的情况,尽管她只发现一个这样的例子(p. 172)。她的分析是(1)她所见的只是案件要略,而最能体现对辑注的援引出现在原始的案例报告中,案件的选编可能会有选编者个人的爱好。(2)案例汇编并不能充分反映辑注对司法意见的影响,因为刑部一般不允许详细地援引辑注(p. 205)。我觉得:张伟仁先生整理的清代档案,作为"省级和中央级司法官司处理重大刑案后对皇帝所作的报告",可能会存在这种法律文书"格式化"的情况。而何敏博士的论点也有待进一步考察,毕竟有大量户婚田土的民事案件的存在。

个案例中，可以看出中央和地方对案件的不同意见，成案成为地方官员支持自己判决的重要理由，而刑部官员也对其援引的成案表现出重视并进行了仔细的分析。考察的重点在于此案和彼案犯罪的情节和处罚的轻重，刑部正是以此作为否决地方判决的理由。

第二个案例也是一个伙抢妇女的案件。在县一级的审判中，同样是以没有"治罪专条"比照抢夺良家妇女律处罚。到了臬司那里，与上一个案子相似，同样指出了在此案中，犯罪构成要件（结伙已至三人，构成"聚众"）与比照的律文不符合，指出"例有专文"，必须严格依照例文来断案。但问题同样是面对突变的现实，僵化的例文同样没有做出具体的规定，于是臬司比照了"强窃知人欲告而与财主处首还"这样一个看起来似乎风马牛不相及的律文来进行处罚。总督此时援引了道光八年的陆象贤的成案，认为两案"情事相同"，而此案的判决在其看来，"似觉轻纵"，于是让臬司"再行核拟"。臬司勉强认为"情事虽尚相同"，但又坚持情节稍有不同（原案"情节稍轻"），仍坚持自己的判罚。于是总督向刑部提出咨询。刑部认为臬司的比照是不恰当的，"强夺妻女关系妇女名节"，比强窃盗财物情节要重。到这里，刑部的意见与成案中给出的意见是一样的。但刑部又以该成案并非通行，不准援引将它轻轻带过。刑部有自己的主意，那就是：（1）"伙抢妇女为首"与"未伤人之首盗"处罚相同。（2）"其畏惧送还"与"盗首之闻拿投首"情节相等。（3）有这样比照处理的成案。所以刑部最后将其比依"未伤人之首盗闻拿投首"例进行判决。

在这两个案子中，我们可以看到在清代的司法中对于"罪—罚"这一关系的考虑，其着眼点是在"罚"上，布迪和莫里斯所说“中国历史上法律制度的重心不在于制定行为规范，而在于当为人民所公认的错误行为发生后，对于该行为确定合适刑罚”[1]，可谓一语中的。“情节”二字是频繁提到的字样，但我们须在历史的语境里去理解它。从“强夺妻女关系妇女名节，较强窃盗财物情节为重”到“惟查伙抢妇女为首与未伤人之首盗治罪同一斩决，即畏惧送还亦与盗犯之闻拿投首情节相等”，“情节”于此，既包括事实（如第1个案件：与魏五之推车同往情节迥然不同），更表示司法官心中的衡平，而非我们通常所理解的犯罪构成。司法官员并没有依照“分析犯罪构成——确定罪名——判罚”的进路来考虑案件。他更像弗兰克所说的，已经有一个判决（刑罚），然后再来寻求所依据的法条。[2] 这一步尤为关键，一旦情节确定，刑罚自然可以确立。而“罪刑法定”的传统和“一事一例”这种法律条文的僵化又使得司法官员缺乏（毫无）自由裁量的权力，为了寻求一种合法性的支持，他需要寻求相应刑罚的法条，而罪名的考虑则在其次。司法官员的思维是从“罚—罪”。这种思维模式与其说是“罚当其罪”，即刑罚应与所犯罪行相对应，毋宁是“‘罪’当其罚”，罪名（法条）的确定在于它符合司法法官希望给予的惩罚。这就是为什么从现代法的观点来看，如果进行类推，“伙抢妇女已成中途畏惧送回”这种法无明文规定的情况更应该援引“强夺良家妇女中途送回”这一法条，两者只有人数上的多寡。而在刑部看来，更应该比照“未伤人之首盗闻拿投首”这一法条。原因不在别的，在于追求一种“情节”与刑罚的

---

① 参见〔美〕D·布迪、C·莫里斯著，朱勇译《中华帝国的法律》，第421页。

② 参见沈宗灵《现代西方法理学》，北京大学出版社1992年版，第337—341页。

对应关系。所以,(在第2个案例中)刑部可以同意道光八年成案中对“比依强窃之人欲告而于财主处首还之律”的批驳,却又以该成案并非通行,而不予以援用。同时自己则援用了比照“未伤人之首盗闻拿投首例”进行判决的成案,而这个成案是否通行,我们则不得而知。而道光八年的成案的确是比照“强占良家妻女”来判决,其主要原因也是因为比照“盗犯之闻拿投首”“迥别”,用那个稍觉疑惑的总督的话来说就是“似觉轻纵”,刑罚的是否能符合司法者心中的衡平才是案件决定最关键的要素。同样,如果我们真正透析第一个案例中的成案,我们就可以理解,江苏巡抚援引的原因实际在于该成案所依据的“强占良家妻女”的法条(罪名)有减等处罚的规定,而不是现代法所理解的类推要素。按照这样的推理,其实古代的司法官员并非没有自由的裁量权,只要他能把握住“情节”,就不难进行合法的自由裁量。

一言以蔽之,比附援引背后,是一种罪罚倒置的思维模式①。它的出现,解决了具体而僵化,却又必须具引②的法条如何规范“情伪无穷”的社会事实——这一传统法的困境。一方面,它满足了“具引”背后专制权力所追求的对司法之控制,使其“罪刑法定”;另一方面,它亦实现了法律对社会施以严格的政治控制之功能,即所谓的“天网恢恢,疏而不漏”。可谓一箭双雕。

---

① 当然,可以质疑:从两个案例是否就能得出这一结论,从特殊到普遍的跳跃是否太快?但笔者是在读了大量案例后有如上结论,并非仅仅从两个案例中得出。这两个案例仅仅是典型的代表,特此说明。

② 《大清律例·刑律·断狱》“断罪引律令”:“凡官司断罪,皆须具引律例,违者,如不具引,笞三十……”。

有意思的是，尽管沈家本在制定《大清新刑律》时旗帜鲜明地反对比附援引，但他编撰《刑案汇览三编》时，追求的是“就前人之成说而推阐之，就旧日之案情而比附之”①。可见他并非绝对地反对比附。也许可以反驳说，第一，沈氏的思想可能是一个不断发展的过程，他在《刑案汇览三编序》的最后也说到“此编半属旧事，真所谓陈迹故纸也”，可见是对《刑案汇览三编》在一定程度上的否定。第二，此“比附”不一定是彼“援引比附”的“比附”，笔者的结论有望文生义之嫌。我同意沈氏的思想有发展变化，但他认为“此编半属旧事”的主要原因是当时的旧律已经改造，而且新刑法草案即将颁行，法律发生重大变革，而不是对比附的反对。对第二个质疑，就笔者阅读《刑案汇览三编》的经验来说，其中大量的案例是比附判决的，沈氏将其收入，正是对其认可。尽管“就旧日之案情而比附之”的“比附”可能仅仅是“参考”之意，但笔者的结论仍然站得住脚。那么，沈家本反对比附援引的原因何在？

在《断罪无正条》这篇文章中，引了《读律琐言》的一段话：“今问刑者于死罪比附皆奏闻，流徒以下比附鲜有奏者，安得罪无出入哉？虽无出入，尤当以事应奏不奏论罪，其不思也乎！”明律以“刑部议定奏闻”对“引律比附”做出限制，对不经过刑部，任意断决，造成罪有出入者，还要以“故失罪”追究。但实际上，除了死刑的案件，其他案件很少有上报刑部的。所以《琐言》感叹“安得罪无出入哉”？并提出即使对那些判决正确的案件，也要以“应奏不奏论罪”加强限制。沈家本引用这

① 《刑案汇览三编序》，《寄簃文存》卷六，《历代刑法考》（四），第2225页。

段话是为了说明援引比附在实践中存在的弊端。清代同明代一样,对比附援引同样做出严格限制,但在实践中却是"因比附而罪有出入,治罪之事久以无闻,律文后半同虚设矣"。情况比明代更甚,表达和实践的不一致可见一斑。落实到具体的层面,我们可以发现当时的社会制度无法有效地约束比附援引。清代的司法制度,大致可分为两个层次,省级以下(包括省级)的司法机构对所谓的"户婚田土细故"的民事案件和简单的刑事案件,即一般的笞、徒案件具有终审权;流刑以上的重大刑事案件,则必须上报中央。① 就法律人的情况而言,精通法律的技术官僚只是集中于中央一级的刑部,主要是律例馆。而社会传统、教育科举在内的诸多因素对法律的轻视,则使得大多数的官员缺乏法律素养,②司法实务需要刑名幕友的辅助,而幕友由官员雇佣,只对官员本人负责。在这种制度下,省级以下的司法机构有很大的自主权(想想由它们终审的浩瀚的案件),同时又缺乏有效的监督机制(包括对官员和幕友),司法中的"高下其手"实际上无法避免。

丰富的刑曹经验使得沈家本并非简单地、只是在理论层面上就事论事地反对援引比附,他是在律成具文实践中援引比附缺乏有效约束,弊端日趋突出的情况下,祭出罪刑法定的大旗,对传统的"罪刑法定"来一个"创造性转换"。与此同时,如果在政治改革的大背景下观察沈氏的主张,我们不难发现

---

① 〔日〕寺田浩明:《日本的清代司法制度研究与对"法"的理解》,收入〔日〕滋贺秀三、寺田浩明、岸田美绪、夫马进:《明清时期的民事审判与民间契约》,王亚新、梁治平编,王亚新、范愉、陈少峰译,第115—116页。

② 比如沈家本就曾抱怨奉天省的官员"多不知刑名事,每年应驳之稿,有多至百余件"(沈家本:《刑案汇览三编序》)。

其背后的“意味深长”。

中国近代“筹备立宪”，虽然目的无非是巩固皇权、攘外安内，但立宪国的行政、立法和司法分立等形式要件仍得具备。在立宪国的目标下，行政、立法和司法分立（尽管只是形式上）已经成为一种“政治正确”。正如前所述，西方的罪刑法定原则是以三权分立学说为其理论基础，罪刑法定原则和司法独立紧密联系。沈家本是司法独立的积极提倡者，①而他对官场规则的熟悉使其更多地从实践出发而非空谈理想，正如贺卫方教授所说：“在中国从事改革事业的人，只有忧国忧民的热情是不够的，官场的历练所培养的经验和谋略也是确保改

① 在《历代刑官考》这篇长文中，沈氏沿袭其托古改制的方法，历数各代刑官设置，认为中国古代也有类似西方的司法独立制度，只是到了明代，“刑狱初归刑部，大有独立之意。其后锦衣、东厂先后设立，生杀之柄，非操自佞幸，即属诸阉竖，匪独权之不统一也，惨毒之祸及于忠良。明制之弊，无逾此生。元无大理而明设之，元刑部有狱而明仍之。唐、宋以刑部覆大理，明则以大理覆刑部；唐、宋尚书属尚书省，尚为行政之官，明则天下刑名皆归刑部，大理寺不过复按之而已。司法行政混合之制，盖至于明不可复分矣。”（《历代刑法考》（四），第 2006—2007 页）在《裁判访问录序》中，沈氏讲道：“西国司法独立，无论何人皆不能干涉裁判之事，虽以君主之命，总统之权，但有赦免，而无改正。中国则由州县而道府，而司，而督抚，而部，层层辖制，不能自由。从前刑部权力颇有独立之势，而大理稽查，言官纠劾，每为所牵制，而不免制肘……”（《寄簃文存》卷六，载沈家本《历代刑法考》（四），第 2235 页）沈氏通过这些言论，力主在当时行政司法不分的中国实现司法独立。清末官制改革，改刑部为法部，专任司法，改大理寺为大理院，专掌审判。但两者范围如何划分，并没有一个明确的界限。在此情况下，终于爆发了部院之争。虽然部院之争，归根到底无非是权力之争。而沈氏希望由他所在的大理院自行决定法官的人选，也有悖于司法的独立。但笔者认为，需要在历史中理解沈家本，他要进行法律改革，必然需要掌握相应的权力，尤其是人事任免的权力，即所谓司法独立“勿求之于形式，而求之于精神”。

革顺利进行的重要条件。”[①]在这种情况下，他当然会利用这个“政治正确”来为“罪刑法定”正名。这也就不难解释为什么《大清新刑律》第10条的立法理由会以“司法立法混而为一，非立宪国所应有也”作为删除比附援引的第一要素。而罪刑法定原则的确立，比附援引的废除，也更有利于推进司法的独立。[②]

在沈家本的努力下，中国传统的对官吏强调君权的罪刑法定主义变成了近代司法独立下的罪刑法定原则。尽管我们可以认为所谓的司法独立并不彻底，其确立更像是一种政治角力的产物。但我们不能否认，罪刑法定原则在客观上，的确起了如蔡枢衡先生所说的“对君和官强调民权”这种保障民权的作用，[③]而这一点和西方近代的罪刑法定原则是吻合的。沈氏对“中国传统的创造性转化”[④]，实在是功不可没。

三　传统“罪刑相当”的近代转化

罪刑相当原则又称罪刑均衡、罪刑相称或罪刑相适应原则。作为一种西方刑法理念，它源于启蒙思想家，其目的是为了反对中世纪刑罚的专断和严厉，实现刑罚上的公平和正义。

① 贺卫方：《沈家本传·序》。
② 从文本上分析，比附援引所要求的“申该上司”就不符合司法独立的要求。
③ 蔡枢衡：《中国刑法史》，广西人民出版社1983年版，第131页。
④ 借用林毓生先生的一本书名。

在贝卡里亚、边沁、康德和黑格尔等古典学派那里，它有了明确的表达和具体的理论基础，并对18世纪末和19世纪的新刑法典产生重大影响。1791年和1810年法国的刑法典就是一个典型代表。这一原则在后期古典学派和新古典学派那里有过一定的发展变化，但基本内容并无实质性的改变；也受到倡导刑罚各别化的近代学派的挑战，但仍具有强大的生命力。它的基本涵义包括：(1) 罪刑相当是指刑罚的性质和强度要与犯罪的性质和严重程度相称，轻罪轻刑，重罪重刑，刑当其罪，不允许轻罪重刑或重罪轻刑。(2) 衡量犯罪轻重的尺度，是犯罪的性质及其对社会的危害，对社会的危害愈大，犯罪就愈严重。衡量刑罚轻重的尺度是它给犯人造成的痛苦或侵害。痛苦的程度或侵害的程度愈大，刑罚就愈严重。(3) 罪刑相当原则还包括刑罚在其实施方式上与犯罪相适应。为了使人们清楚地看到刑罚是犯罪的必然结果，必须迅速及时地对犯罪执行刑罚。(4) 犯罪和刑罚的均衡关系只能由法律加以规定。任何司法官员都无权超越法律的规定增加既定刑罚。(5) 犯罪与刑罚的均衡关系是随着时代的变化、国家或社会情况的变化而变化的，应当根据不同时代、不同国家和社会的情况去构建相应的罪刑均衡关系。① 罪刑相当的思想，在中国古代不乏有类似的表达。比如荀子就说"刑当罪则威，不当罪则侮"，将刑罚和犯罪看作是一种对等的报偿关系，② 甚至"刑称罪则治，不称罪则乱"，将罪刑相当上升到国家治乱的高度。瞿同祖先生也指出，中国古代立法繁琐的原因在于

① 参见何秉松《刑法教科书》，中国法制出版社1997年版，第78—95页。

② 参见张国华《中国法律思想史新编》，北京大学出版社1998年版，第84页。

为追求罪刑相当，过分着眼于犯罪具体情况的种种差别。[①]笔者对如上思想和观点的引用，并非是“西方的东西，中国也有”这种列文森(Joseph Levenson)所讥讽的心理。[②] 毕竟，两者面对的是不同的历史传统和社会制度，而(更关键的是)中国的“罪刑相当”也缺乏西方那种哲学上的理论论证的深度。笔者在此，希望借用西方罪刑相当的基本内涵作为分析框架，来看看清末这一社会转型时期，沈家本如何主张(或实现)传统“罪刑相当”的转化，以及其背后所折射的对古代法特征的修改。

(一) 沈家本关于罪刑相当的法理表达

沈家本在《论杀死奸夫》一文中系统地提出了他的法理思想，针对当时杀死奸夫者无罪的陋习，他从历史比较的角度，围绕七个方面进行了批判，其中第二点他讲道：

> 罪人拒捕，律载：罪人本犯应死之罪而擅杀者，杖一百。注：以捕亡一时忿激，言若有私谋者另议。《辑注》云：“按擅杀止杖一百之法，本为捕亡者而言，然必罪人有逃走之情，捕人别无私意之事，方拟此律，在常人不得引用也。观狱卒陵虐罪囚至死者

---

① 参见瞿同祖《法律在中国社会中的作用——历史的考察》，载《瞿同祖法学论著集》，中国政法大学出版社 1998 年版，第 406 页。

② 林毓生：《中国人文的重建》，载林毓生《中国传统的创造性转化》，三联书店 1988 年版，第 36 页。

绞，罪囚之中固有应死者矣，何以概曰绞乎？又死囚令人自杀者，下手之人以斗杀论。既曰死罪囚矣，何以又曰斗杀论乎？以此推之，常人擅杀死罪之囚人，自当另议也。”观于此说，即罪犯应死之人，常人亦不得任意杀之，而况非罪犯应死之人乎。和奸，律止拟杖，与罪犯应死者大相悬殊。在官司差人擅杀应死罪犯，尚应拟杖，而谓常人可以任意杀人，所杀者又罪止拟杖之人，轻重相衡，失其序矣。失其序者，不合乎法理。此可议者二。①

沈家本认为，有捕亡职责的差役擅自杀死犯死罪的犯人都要判处杖刑，而男女和奸并不是死罪，擅自杀奸夫的人却无罪，根据“举轻而明重”这种律学的方法，这显然不合乎法理，他的所谓“序”，就是犯罪和刑罚之间要有一定的对应关系，也就是罪刑相当的思想。当然，“轻重相衡”仅仅是一种法律逻辑上的论证，沈家本心中“罪刑相当”的内涵是什么？又是如何实现的？仍需要有具体的事例来佐证。在接下来的论述中，笔者将列举沈氏对传统法中罪与罚关系进行调整的有代表性的例子，并在此基础上展开分析。

（二）沈家本对传统法中罪与罚关系的调整

首先，我们来看在立法上，沈家本对传统法中罪刑关系的变革。

---

① 《寄簃文存》卷二，《历代刑法考》（四），第 2084—2085 页。

1.《大清现行刑律》

沈家本主持修订的《大清现行刑律》与以往的《大清律例》相比，一个重要变化就是户役内的承继、分产以及婚姻、田宅、钱债等条中，纯属民事者，不再科刑。[①] 也就是说，从《大清现行刑律》起，开始有了民事规则和刑事规则的区分，不再以刑罚作为维护民事关系的手段，换言之，侵犯户役内的承继、分产以及婚姻、田宅、钱债等相关民事关系的行为，不再被认为是犯罪。

2.《大清新刑律草案》

在《大清新刑律草案》(包括《修正刑律草案》)中，沈家本对传统法进行大胆的改造：

(1) 内乱罪不处以惟一死刑。内乱罪相当于传统法中的谋反。《大清律例》对谋反者，是"不分首从，已未行"，都要"凌迟处死"[②]。而《大清新刑律》第100条则对"内乱罪"规定："一、首魁死刑或无期徒刑。二、执重要之事务者死刑、无期徒刑或一等有期徒刑。三、附和、随行者二等至四等有期徒刑。"并在101条至103条对未遂、预备、阴谋等不同情况做出了相应的处罚。[③]

(2) 无夫奸妇女不为罪。《大清新刑律》第二十三章"关于奸非及重婚之罪"说："奸非之罪自元以后渐次加重。窃思奸非虽能引起社会国家之害，然径以社会国家之故科以重刑，于刑法之理论未协。例如现时并无制限泥饮及惰眠之法，原以是等之行为非刑罚所能为力也。奸非之性质

① 《大清现行刑律(钦定)》卷前奏疏。

② 《大清律例·刑律·贼盗》"谋反大逆"。

③ 《大清光绪新法令》第20册，商务印书馆1909年(宣统元年)版。

亦然。惟礼教与舆论足以防闲之，即无刑罚之制裁，此种非行亦未必因是增加。此本案删旧律各条而仅留单纯之奸非罪也。”[①]沈家本一方面指出：“无夫之妇女犯奸，欧洲法律并无治罪之文……近日学说家多主张不编入律内，此最为外人着眼之处，如必欲增入此层，恐此律必多指摘也。”另一方面，认为“此事有关风化，当于教育上别筹办法，不必编入刑律之中”[②]。

（3）删除“犯罪存留养亲”条款。罪犯不能因为长辈需要赡养而享有“刑罚个别化”的特权。沈家本的理由是：中国古代并没有罪人留养之法，后来到北魏时才开始有这种法律，但并不合理，前人有过非议，嘉庆皇帝也曾批评此条款。[③]

（4）“亲属相奸”归入“和奸”罪中，不再作为单独的罪名。也就是说“亲属相奸”不被看作特殊的犯罪。同样的方式处理的还有“干名犯义”、“亲属相盗”、“亲属相殴”、“故杀子孙”、“杀有服卑幼”、“妻殴夫、夫殴妻”。

（5）删除“子孙违反教令”条款。《大清律例》规定：子孙违反父母、祖父母的教令，如果父母、祖父母起诉，子孙要受“杖一百”的刑罚。沈家本认为违反教令属于教育上的事，“无关刑事”，不必规定在刑律中。[④] 也就是说子孙违反教令不是

---

① 《大清光绪新法令》第 20 册，商务印书馆 1909 年（宣统元年）版。

② 《书劳提学新刑律草案说帖后》，《寄簃文存》卷八，《历代刑法考》（四），第 2286 页。

③ 《书劳提学新刑律草案说帖后》，《寄簃文存》卷八，《历代刑法考》（四），第 2283 页。

④ 《书劳提学新刑律草案说帖后》，《寄簃文存》卷八，《历代刑法考》（四），第 2286 页。

犯罪，无须刑罚惩罚。

其次，在沈家本的文章奏折中，也可以看到他对罪刑关系的思考。

1. 废除缘坐

沈氏在《删除律例内重法折》中力主删除缘坐。他说：

> 缘坐之制，起于秦之参夷及收司连坐法。汉高后除三族令，文帝除收孥相坐律，当时以为盛德。惜夷族之诛尤间用之，故魏、晋以下仍有家属从坐之法。《唐律》惟反叛、恶逆、不道律有缘坐，他无有也。今律则奸党、交结近侍诸项俱缘坐矣，反狱、邪教诸项亦缘坐矣。一案株连，动辄数十人。夫以一人之故而波及全家，以无罪之人而科以重罪，汉文帝以为不正之法，反害于民。北魏崔挺尝曰："人有罪延及阖门，则司马牛受桓魋之刑，柳下惠膺盗跖之诛，不亦哀哉！"其言皆笃论也。罚弗及嗣，《虞书》所美。罪人以族，《周誓》所议。今世各国咸主持刑罚止及一身之议，与罪人之不孥之古训实相符合，洵仁政之所当先也。拟请将律例缘坐各条，除知情者仍治罪外，其不知者悉予宽免，余条有科及家属者准此。

2. 虚拟死罪改为流徒

《大清现行刑律》对戏杀、误杀和擅杀这三种罪行，都按照斗杀罪名判处绞监候死刑，但实际上经过秋审复核，往往判处流刑。所以三者是虚拟的死罪。沈家本考察了古今中外的法律后，主张废除虚拟的死罪，戏杀改判为徒罪，误杀和擅杀改判为流罪，并根据具体情况，给予相应的量刑。虽然沈家本认为这些努力“不过去其虚拟之罪名，仍于生死无关出入”①，但这一努力，在笔者看来，使刑法更显得“名实相符”，取得形式上的一致。

3. 改轻为重

（1）旧律对犯盗窃罪，赃物在四十两下的，刑罚止于笞杖。沈家本从刑曹经验出发，认为当时盗窃案最多的原因有二，一是地方官不知教导，二是定律过轻，难昭惩创。所以在笞杖刑罚废除后，他力主改轻为重，并根据具体情况予以区别，用工作刑罚进行惩治。②

（2）清代法律对妇女除犯“不孝、奸、盗及刁健翻控”等罪外，大都不予实发，改为收赎，而且赎金很低。实发各条，因为多次修改，造成司法中援引困难。收赎则因赎银过轻，容易使奸滑之徒钻法律空子，利用妇女犯罪。面对这种“法轻易犯”的弊端，沈家本认为，国家法律，“范围全国，固不能因中外而殊科，亦不能因男女而异制”，力主对妇女犯罪收赎之法进行改革，改轻为重，根据妇女所犯不同性质的罪行，予以处罚。③这（在一定程度上）取消了因为性别而刑罚个别化的特权。

4. 满汉平等

旧律规定：“凡旗人犯罪，笞杖各照数鞭责。军徒流免发遣，分别枷号……”也就是说，旗人可以用枷号来折抵徒、流等发遣刑罚。沈家本则力主：“旗人犯遣军流徒各罪，照民人一

① 《虚拟死罪改为流徒折》，《寄簃文存》卷一，《历代刑法考》（四），第 2029 页。

② 《变通窃盗条款折》，转据李贵连《沈家本传》，第 216 页。

③ 《变通妇女犯罪收赎银数折》，转据李贵连《沈家本传》，第 216 页。

体同科,实行发配。现行刑律折枷各条,概行删除,以昭统一而化畛域。"他驳斥那些认为"新章之监禁期长,旧律之枷期短,重轻悬绝,不甚相宜"的观点,认为:"畛域之未能化除,正在此等重轻悬绝之处。尽人在覆帱之内,而一轻一重,此成见之所以未能尽融。"①一言以蔽之,沈氏力求统一满汉法律,实行同罪同罚。在改革旧律时,他就将旗人犯罪折枷各制和"满汉罪名畸轻畸重,及办理殊异之处",进行删除、移改、修改和修并,使"旗人犯罪俱照民人各本律本例科断"②。

5. 修改奴婢罪名

当时社会有买卖奴婢的陋习,律文虽然禁止,例文却允许立契价买。沈家本认为既然禁止买卖奴婢,就应该修改奴婢罪名,将奴婢以雇工人对待。③ 身份的改变,也意味着罪罚关系的调整。

6. 其他

在《与受同科议》中,针对当时例文规定:以财行求及说事过钱者,皆计所与之赃,与受财人同科。沈家本在比较唐、明律的规定后,认为该条规定更加严厉。他又从情入手,认为无论是说事过钱之人,还是以财行求之人,都有情可原,情罪相衡,应该有轻重等差的区分,不应该一概而论,所以这条例文应该修改。

在《威逼人致死》中,沈氏对中国人轻生的传统进行了批

---

① 《旗人遣军流徒各罪照民人实行发配折》,《寄簃文存》卷一,《历代刑法考》(四),第 2033 页。

② 《遵议满汉通行刑律折》,转据李贵连《沈家本传》,第 222 页。

③ 《禁革买卖人口变通旧例议》,《寄簃文存》卷一,《历代刑法考》(四),第 2039—2041 页。

判，并对自明朝起所设立的“威逼人致死”的条款提出异议，主张对其原因进行具体的分析，确实是因为“豪恶欺凌、凶徒讹诈”而死的，对胁迫之人就应该严惩。但对于其他如“口角微嫌，逞强殴打”，“失物空言查问”，“钱债无偿，再三逼索，不过危言相怵，冀宿负之能归”，“手足勾挑，语言调戏，少年佻达”等一般情况，则不应该一味归之于肇事者，更不能要求抵命。

（三）沈家本的罪刑相当观

如上是沈家本对传统法中罪与罚关系进行调整情况的大致罗列，大概可分成三种类型：(1) 有些情况不再是犯罪，不受刑律的约束。如一些纯民事行为、无夫妇女的通奸行为、子孙违反教令等。(2) 有些情况需要具体分析，不同情况适用不同的刑罚，如内乱、威逼人致死等。(3) 有些情况需要加重惩罚，如盗窃、妇女犯罪等。而这三种类型的背后，围绕着两个问题：(1) 沈家本如何来实行他的罪刑相当。(2) 沈家本理想的罪刑关系是什么。也就是怎么办和是什么的问题。

1. 方法

第一个问题往往容易被忽视。但如果我们注意到沈氏的身份，就会对这个问题予以重视。沈家本不仅仅是一个律学大师，更是一个法律实务家。刑曹的经验和官场的历练使得他在考虑问题时更多地从实践角度出发，而不是空谈理论。比如说改轻为重的两个例子就是从法律的有效性来考虑的，没有实务经验，无法做出这样的判断。

首先，沈家本使刑法更加“名实相符”，典型的例子就是将虚拟的死罪改为徒流。虽然只是形式上的一致，但在当时提倡法律文明的大背景下，死刑数量的繁杂的确容易授人以话柄，而且虚拟死罪还要经历秋审，程序繁琐。所以虚拟的死罪改为徒流，是一举多得之举。沈氏的目的不仅仅是形式上的一致，他希望“将斗杀及各项死罪分别较量，择其情节轻者，奏请减等”。其最终目的是使刑罚“由重到轻，与各国无大悬绝”[①]。真正实现刑罚的文明。

其次是对传统法“罪刑相当”实现方式的修正。传统法的“罪刑相当”通过立法的具体主义来实现。如果我们借助法理学上的“假定的前提——归结”[②]这一法律规范的框架来进行分析，就会发现假定的前提是极端的烦琐。以杀人罪为例，就包括故杀、谋杀、误杀、过失杀、斗杀、戏杀六种形式，而且这六种形式以外，还有如对犯罪方式的描述，如“采生折割人”、“造畜蛊毒杀人”、“车马杀伤人”等罪名，有如对犯罪对象的具体要求，如“谋杀制使及本管长官”、“谋杀祖父母父母”等罪名。而与之相对应的归结（法律的后果）则毫无弹性可言。由于家族主义（强调身份差别）和阶级观念（强调社会地位差别）对立法的影响，加上逻辑精神的匮乏，使得法律呈繁杂僵化之势，而导致的结果就是“比附援引”的盛行。沈家本在《进呈刑律草案折》中表达了他的“法律之用，简可驭繁”观点。他举例说，“谋杀应处死刑，不必问其因奸因盗，如一事一例，恐非立法家逆臆能尽之也”。而他主持起草的《大清新刑律》正是“简可驭繁”的体现。同样以杀人罪为例，第 299 条规定：“凡杀人者处死刑、无期徒刑或一等有期徒刑。”这已是现代的刑法

① 《虚拟死罪改为流徒折》，《寄簃文存》卷一，《历代刑法考》（四），第 2029 页。

② “假定的前提”指规范适用的各种条件，“归结”指法律后果。

规则,假定前提简明扼要且概括力强,归结则有一定的选择,富有弹性。立法理由说道:

> 本案除分则第一章(按:关于帝室之罪)及第三章(按:关于国交之罪)危害既遂罪并第三百零八条(按:教唆或帮助他人自杀或受人之嘱托承诺而杀人者)等特别之情形外,所有普通杀人罪惟本条规定之。其刑为死刑、无期徒刑或一等有期徒刑三种,其轻重悉任审判按情节而定。杀人者死虽为古今不易之常经,然各国法典并未加以限制,即以中律而观,妻之于夫与夫之于妻,其间轻重悬绝。推而至尊长、卑幼、良贱亦复如此区分。此本条所科不仅死刑之理由也。即论犯罪之情节,有大可恶者,有大可恕者,于杀人之犯为更甚,例如为父兄复仇,虽非当场,究属情有可原。又如因细故而逞忿,虽死者小有不直,亦属法无可贷。此中情变万端,决非二三十条之例可以赅载,奚能执一以绳之也。此本条所科不仅死刑之又一理由也。
>
> 《现行律例》杀人罪各条有可就删削者兹附揭其理由如下:第一、谋杀、故杀之别,东西各国刑法皆同,然其刑之轻重,实非法律所能预为分判。理由有三:一、有预谋之杀意与无预谋之杀意,法理上不能有正确之分别。二、即使可分,而同一杀人刑法究无轻重之差。三、因犯意出于预谋而加重其刑,何以别种犯罪俱无特予以重刑之规定,则预谋之杀伤自无应处重罚之理由也。第二、毒杀、非毒杀之

别，此种区别亦不可用。其故有三：一、毒物非毒物之界限虽在理化学之国难得正确之判别。二、即使能为判别，仍不能于无限杀人手段中特指用毒为独应重罚。三、用毒之手段虽属可恶，然犯人之情节仍有可恕不可恕之分，则刑罚仍不能一例也。第三、谋杀制使及本管长官，此类情节固属罪大恶极，然死刑已为极刑，有犯自可援用，无须于杀人之外多立名称。第四、误杀。按盗略罪、诱略罪并无误盗误略之明文，独于杀伤时特设规定，何也？征诸刑法之学理，手段与目的物之错误不得变更罪质罪名，故其处分亦不得与未错误者有所区别也。第五、杀子孙、奴婢及妻妾。凡臣民者，国家之元质，其生命非父母、尊长、本夫所能夺，此欧美各国公认之原则。子孙、奴婢、妻妾若无应死之罪，固不待论，即有应死之罪，自有审判官，非常人所能专擅也。

要之，凡杀人有应科死刑者，有仅科一等有期徒刑已足惩戒者，其间之等差非法律所能预定。顾此条仅称为杀人者，不复设以上各项区别，而其科以死刑、无期徒刑或有期徒刑，均任审判官之秉公鞫劾而已。①

从杀人罪的立法理由中，我们可以看到新旧之间的变化，一方面，由于受西方法学理论的影响，已经认识到原来一些罪名的分类不科学，比如毒杀、误杀等，这些规定得以

① 《大清光绪新法令》第20册，商务印书馆1909年(宣统元年)版。

删除。更重要的是，“罪刑相当”实现模式的转变，那就是从具体主义的立法向司法的过渡。在家族主义和阶级观念的影响仍然存在的情况下，法律尽管也保留了相关的条款，如第 300 条规定凡杀尊亲属者处死刑，第 302 条则规定了对伤害尊亲属的处罚，但更多的是将包括了身份、地位、具体情节在内的“无穷情伪”的判断交给了司法去处理，由司法在“刑罚相对法定制”（黄源盛先生语）的范围内做出最适当的裁判。在《书劳提学新刑律草案说帖后》这篇文章中，沈氏多次提到“判决录”，所谓“判决录”，是指由最高司法机关发布的有指导意义的案例。[①] 沈氏希望通过“判决录”的形式，来具体规范某些传统罪名的量刑等级，比如说“干名犯义”、“亲属相盗”、“亲属相殴”、“故杀子孙”、“杀有服卑幼”、“妻殴夫、夫殴妻”等罪的量刑标准，而这些行为大可不必作为一个特殊的罪名。例如传统的“干名犯义”，沈家本认为它有关诉讼，应该在编撰《判决录》时，于“诬告罪”中予以详细规定，而不在《大清新刑律》中写明。沈家本对司法的重视，可见一斑。在此，我们也就不难理解沈家本当年为何要花费巨大的精力去收集有代表性的案例，编撰《刑案汇览三编》，而进一步讲，司法既然要承当起如此的重任，沈氏提倡司法独立的意义，也不言自明了。

当然，这不能说沈家本就不重视立法的作用。对因为社会情势变迁所引发的新事物，他曾说到“与其就案斟酌，临时鲜有依据，何如订立专条，随时可资引用”，并强调根据时代的进化，不断补充“律之当议者”。而他也是身体力行，主持制定

---

① 参见本书“沈家本的人格平等观”。

出大量的法规。[①] 但在罪刑法定已经确立、法律不溯既往已经明确的前提下，对罪刑相当的追求，也许司法是更好的方式。沈家本对故杀有相当精湛的研究，[②]当年陕西赵憘憘故杀十岁下胞弟赵九成、赵火成各生死一案，法部主张俱照凡人谋故杀问拟斩监候，而大理院主张以服制定罪改为流二千里，两者意见不一，由律例馆裁断。沈家本尽管倾向法部的判决，但根据律学理论分析，法部援引的期、功以下尊长谋、故杀卑幼俱照凡人谋故杀问拟的例文并不适用该案，所以只能按大理院的解释判决，沈氏也无可奈何。[③] 立法理由中所谓"(杀人罪处罚)轻重悉任审判按情节而定"，不妨可看成他因司法实践的体验而发出的希冀改革之感慨。的确，随着《大清新刑律》的制定，罪刑相当的实现形式也在发生了从立法到司法的根本性的变化。

2. 内涵

瞿同祖先生曾有过精辟的总结：中国古代法律的主要特征表现在家族主义和阶级概念上。[④] 以《大清律例》为例，我们可以看到有如"子孙违反教令"、"干名犯义"、"夫殴死有罪妻妾"、"妻妾殴夫"、"谋杀祖父母父母"、"骂祖父母父母"、"亲

---

① 参见黄源盛《传统中国"罪刑法定"的历史发展》，载台湾地区《东海法学研究》第 11 期，1996 年 12 月，第 18 页。

② 具体的分析可见沈家本《论故杀》，《寄簃文存》卷二，载《历代刑法考》(四)，第 2063—2082 页。

③ 具体介绍见沈家本《故杀胞弟二命现行例部院解释不同说》及《附说》，《寄簃文存》卷三，载《历代刑法考》(四)，第 2131—2141 页。

④ 瞿同祖：《中国法律与中国社会》导论，载《瞿同祖法学论著集》，中国政法大学出版社 1998 年版。

属相奸”、“亲属相盗”等强调家族内身份(差别)、维护家族伦常的罪名。又有如“良贱相殴”、“良贱相奸”、“奴婢殴家长”(如上三者强调良贱间的不平等),“犯罪免发遣”(强调种族间的不平等)等强调阶级差别的法律。一言以蔽之,古代法在很大程度上就是依身份、地位不同强调同罪异罚的法律。从第二部分材料的罗列,我们已不难发现,沈氏在一定程度上对古代法的精神进行了修正,尽管并不彻底(比如说奴婢改雇工人,仍然是不平等关系)。身份上的差别在刑罚上的体现有很大一部分已转移到司法,通过司法来确定,而不在立法上专门予以规定。这在上文已经提到。问题是这种通过司法来进行确定,是沈家本为了与劳乃宣论战而耍的太极,[①]还是本来就是沈家本想采用的方法呢?我的意见是,两者兼而有之(这些行为不再是特殊的犯罪,的确代表着刑法身份色彩的淡化)。但不能否认的是,《大清新刑律》本身,同样有突出强调身份的法律,比如杀尊亲属(第300条)、伤尊亲属(第302条)。这背后,有一个选择的问题,是要维持刑法“简可驭繁”的形式上的需要,还是要突出应该强调的东西呢?在碰到“干名犯义”、“亲属相盗”、“亲属相殴”、“故杀子孙”、“杀有服卑幼”、“妻殴夫、夫殴妻”时,选择的是前者;在“杀尊亲属”、“伤尊亲属”时,选择的是后者。但并不就(一定)能代表说,干名犯义从此不再是犯罪行为,亲属相盗、亲属相殴就不会按服制来定罪、妻

① 清末礼法之争,劳乃宣在《声明管见说帖》中质疑《大清新刑律》为何没有明文规定“亲属相盗”、“亲属相殴”、“故杀子孙”、“杀有服卑幼”、“妻殴夫、夫殴妻”等罪名。沈家本在《书劳提学新刑律草案说帖后》回应说,这可在《判决录》中予以规定其量刑等级而不必专门规定这些罪名。

殴夫、夫殴妻就可以量刑统一。如果真是如此，我想劳乃宣也不会那么善罢甘休的。而另一方面，从沈家本的生平经历来看，他出身于“宦迹不显的诗书世家”，受儒家教育，走的是一条中国传统文人的读书科举之道，并对经学颇有研究。从其文章著作也没有看出他对传统礼教的不满之处。身份、阶级的观念（一定程度上）于其身上存在是可以理解的。

但沈家本对古代法主要特征的修正的确是事实，其答案也许在《禁革买卖人口变通旧例议》这篇文章中可以找到。此文讲到“官员打死奴婢，仅于罚俸，旗人故杀奴婢，仅于枷号，较之宰杀牛马，拟罪反轻，亦殊非重视人命之义”。这里涉及罪罚的对应关系的分析。其关键的“人命的重视”，就在于该文提到的“尊重人格主义”。奴婢、妇女和子孙都有了相对独立的人格，所以奴婢改为雇工人，所以无夫妇女通奸、子孙违反教令，在沈家本的观念里，都可以不再是犯罪，所以妇女犯罪，可以为追求法律的效果改轻为重。但我们必须承认，这一修正，并不怎么彻底。他的罪刑均衡，有来自于新学说，所以有民刑的分离；有来自于司法实践的体悟，如盗窃罪的加重处罚；更多的，是他在接受人格观念后，对古代法律特征的修正。其背后，有为取消领事裁判权而“改同一律”这种形式上的要求，有寻求司法更多的自由裁量权的需要，更有其尊重人格的修正的差别观念。

第十三章 沈家本的司法审判独立思想

一 撤废领事裁判权与沈家本倡议改良司法

收回领事裁判权，是1840年鸦片战争至1949年中华人民共和国成立这一百多年里中国政治生活中的一大话题，也是晚清司法改革的直接原因。有关领事裁判权的著论，自20世纪以来，已数不胜数。法学家、政治家和学者都研究这个问题。沈家本屡以收回领事裁判权为由，而力主采纳西方司法审判制度以改革传统司法体制。故本章即就沈氏为撤废领事裁判权而倡议司法审判独立的思想加以论述。

（一）领事裁判权与清王朝司法主权之关系

为明了撤废领事裁判权与晚清改革司法之关系，以及其为何成为当时的一大争论问题，首先必须对领事裁判权在晚清确立并扩大的历史进行考察。

1. 领事裁判权的历史考察

领事裁判权是一种国际政治特权。简单地说，就是一个国家的人民，在他国领土内居住，不受居住国的司法管辖，而由驻在那个国家的本国领事，对这些侨民行使裁判权。世界上，欧洲国家的远古时代有类似制度（或者，更确切地说是有类似习惯）。如希腊商人在地中海沿岸经商，即有用商人出生地法律之请求；罗马国家亦曾允许居住罗马之居民选择罗马法或法兰克或伦巴第法中的任何一种法律参加诉讼。15 世纪时，意大利领事在荷兰、伦敦各地，英国领事在瑞典、挪威、意大利等地，都行使民刑裁判的法权。然而到了 17 世纪，随着政治的进化、国家组织的完备、法律的严密，领事裁判权遂绝迹于欧洲各国。

（1）传统中国对涉外案件的处理

鸦片战争前，我国既无领事之制，亦无治外法权之说。《唐律·名例》第 48 条化外人相犯条："诸化外人，同类自相犯者，各依本俗律；异类相犯者，以法律论。"《疏议》："化外人，谓蕃夷之国，别立君长者各有风俗，制法不同。其有同类自相犯者，须问本国之制，依其俗法断之。异类相犯者，若高丽之与百济相犯之类，皆以国家法律，论定刑名。"这体现了盛唐的胸怀阔大，是中国中心的优越感的表现，它把外国作为藩属国，很难说是国际公法。[①]

从明代中叶起，西欧商人教士开始进入中国。但是，初来之葡萄牙人、西班牙人和荷兰人都未向中国提出法权要求。1535 年即中国明嘉靖十四年和 1583 年即明万历十一年，法国人和英国人已分别在东方回教国家先后取得治外法权。但是 1637 年（明崇祯十年）和 1660 年（清顺治十七年）英法先后进入中国时均未向中国提出法权要求。自此以后，迄至鸦片战争的漫长时间里，虽然因清王朝推行闭关锁国政策，对外交往不频繁，外人来华贸易却也未中断过。在这种断断续续的交往中，涉外刑民案件时有发生，但不管哪一个国家都没有正式提出法权要求。清政府对这些案件的处理也没有什么章法。直到鸦片战争前，因海禁未开，交往尚稀，中外交往有矛盾有冲突，交涉案件虽时有发生，但对国家主权并未造成重大威胁。因此法权问题，处于一种随意状态。

（2）列强在华领事裁判权的确立

西方列强在中国行使的领事裁判权制度，不是源于习惯，而是根据条约。鸦片战争前，英国就有这种野心。1833 年，英国东印度公司董事兼英国众议院议员史汤登爵士（Sir George Staunton）向众院提出一项提案，要求英国政府在中国设立法院，以便审理与英国居民有关的各类案件，据此香港设立法院，审理有关英国人的案件。但是这种侵犯国家主权的行为，并未引起清朝统治者的注意。最早表露外国领事裁判要求的条约是 1843 年（道光二十三年）通称《虎门条约》的

① 参见爱德华《清朝对外国人的私法管辖》，载高道蕴、高鸿钧、贺卫方编《美国学者论中国法律传统》，中国政法大学出版社 1994 年版。

《中英五口通商附粘善后条款》。该条约第六款规定：英国船只中之“水手船上人等，俟管事官与地方官先行立定禁约之后，方准上岸。倘有英人违背此条禁约，擅到内地远游者，不论系何品级，即听该地方民人捉拿，交英国管事官依情处罪，但该民人等不得擅自殴打伤害，致伤和好”①。因为是第一次在条约中做这种规定，词义比较含混。

由于清王朝对列强这种投石问路、觊觎法权的窃贼行径毫无觉察，因此，接着而来的条约，便明目张胆地将领事裁判权列为其中的条款。

1843年《中英五口通商章程》第十三款规定：英国侨民与中国人民，“倘遇有交涉词讼，管事官不能劝息，又不能将就，即移请华官共同查明其事。既得实情，即为秉公定断，免滋讼端。其英人如何科罪，应由英国议定章程、法律发给领事官照办。华民如何科罪，应治以中国之法，均应照在江南原定善后条款（按：即《虎门条约》）办理”②。这是第一次鸦片战争后，西方列强通过条约攫取清王朝法权的规定。取得这种权利的，除英国之外，尚有美、法等国家。③ 这些条款，对审判机构和适用法律做了明确的规定，清朝廷自此逐步丧失了对外国侨民的法律管辖权。

---

① 王铁崖编：《中外旧约章汇编》第1册，三联书店1957年初版，第35页。

② 王铁崖编：《中外旧约章汇编》第1册，第42页。

③ 《中美五口通商章程》（1844年7月3日，通称《望厦条约》）第二十一款规定：“嗣后中国民人与合众国民人，有争斗、词讼、交涉事件，中国民人由中国地方官捉拿审讯，照中国例治罪；合众国民人由领事官捉拿审讯，照本国例治罪。但须两得其平，秉公断结，不得各存偏护，致启争端。”见王铁崖编《中华旧约章汇编》第1册，第54—55页。

(3) 列强在华领事裁判权的扩大

列强确立了在华领事裁判权之后，并未以此为满足。通过第二次鸦片战争，领事裁判权之范围更加扩大，规定更为具体。

1858 年(咸丰八年)《中英天津条约》第十五款规定：英国属民相涉案件，不论人产，皆归英官查办。第十六款：英国民人有犯事者，皆由英国惩办；中国人欺凌扰害英民，皆由中国地方官自行惩办。两国交涉事件，彼此均须会同公平审断，以昭允当。第十七款：凡英国民人控告中国民人事件，应先赴领事官衙门投禀，领事官即当查明根由，先行劝息，使不成讼；中国民人有赴领事官告英国民人者，领事官亦应一体劝息。间有不能劝息者，即由地方官与领事官会同审办，公平讯断。继英国之后，其他列强，援机会均等之例，一一取得这种特权。前述条约第十六款中的“皆由英国惩办”一句，1876 年的《中英烟台条约》又特别加以明确为：“由英国领事官或他项奉派干员惩办。”而“会同”二字之本意则明确为：“两国各口审断交涉案件，两国法律既有不同，只能视被告为何国之人，即赴何国官员处观审。倘观审之员以为办理未妥，可以逐细辩论，庶保各无所隅。各按本国法律审断。”该条约并明确规定：“凡遇内地各省地方或通商口岸有关系英国人命盗案件，议由英国大臣派员前往该处观审。”上海会审公堂的设置亦为此条约所规定：“前经英国议由详细章程，并添派按察司等员在上海设立承审公堂，以便遵照和约条款办理；目下英国适将前定章程酌量修正，以归尽善。中国亦在上海设有会审衙门，办理中外交涉案件，惟所派委员审断案件，或因事权不一，或因怕招嫌怨，往往不能认真审追。兹议由总理衙门照会各国驻京大臣，应将通商口岸如何会同总署议定承审章程妥办商办，以昭公允。”①

日本与中国开始因同受西方列强压迫，彼此有对等互惠的领事裁判权，但是甲午战争后，对等变为不平等，互惠变成独惠。1895 年 4 月签订的《马关条约》规定：“在日本国军队驻守之地，凡有犯关涉军务之罪，均归日本军务官审断办理。”②1896 年 7 月签订的《中日通商行船条约》明确规定：第二十款：日本在中国之人民及其所有财产物件，专归日本妥派官吏管辖。凡日本人控告日本人，或被别国人控告，均归日本妥派官吏讯断，与中国官吏无涉。第二十一款：凡中国官员或人民控告在中国之日本臣民负欠钱债等项，或争在中国财产物件等事，归日本官讯断。凡在中国日本官员或人民控告中国臣民负欠钱债等项，或争中国人之财产物件等事，归中国官员讯断。第二十二款：凡日本臣民被控在中国犯法，归日本官员审理。如果审出真罪，依日本法律惩办。中国臣民被日本人在中国控告犯法，归中国官员审理。如果审出真罪，依照中国法律惩办。③

以上是不平等条约中有关扩大领事裁判权的主要规定（为免繁赘，其他不平等条约中有关规定，不再列叙。大体所有西方国家对中国的条约，都有类似规定）。这些规定，概括

① 此外，1880 年 11 月《中美续约附款》第四款规定：“倘遇有中国人与美国人因事相争，两国官员应行审定，中国与美国允此等案件，被告系何国之人即归其本国官员审定。原告之官员于审定时，可以前往观审，承审官应以观审之礼相待。该原告之官员，如欲添传证见，或审讯、驳讯案中作证之人，可以再行传讯。倘观审之员以为办理不公，亦可逐细辩论，并详报上宪。所有案件，各审定之员均系各按本国律法办理。”

② 王铁崖编：《中外旧约章汇编》第 1 册，第 618 页。

③ 王铁崖编：《中外旧约章汇编》第 1 册，第 666 页。

起来，有如下几点：

1. 领事裁判权原本为与中国订有条约的外国人而立，因此凡不牵涉外国的诉讼事件，均属中国之法权，与领事裁判权无涉，由清朝官吏依清朝法律处理。

2. 依据条约规定，凡属于同一个与中国缔约国的外国人，他们彼此间的争讼纠纷，纯由该国领事裁判，或由其他该国在中国的特设法庭裁判，适用该国的法律。遇有刑事案件，清朝官府的差役虽可拘捕人犯，但是犯人必须押交犯人所属国家的官吏收领，由其处置。

3. 甲乙两国都与中国订有条约，甲国人与乙国人间产生争讼，清朝政府不能过问。这种诉讼，由甲乙两个国家的官员，依其法律处理。其法律手续如何，由甲乙两国依照他们彼此间的协定办理。

4. 如果出现与中国无约的甲国人，控告与中国有约的乙国人，即甲国人为原告，乙国人为被告，则法权属有约的乙国官员。如果被告为甲国人，原告为乙国人，则法权属于清朝官府。如果争讼的双方，都是与中国无约的外国人，则法权亦属于清朝官府，适用清朝法律。

5. 凡与中国缔约的外国人与中国人发生争讼，无论是刑事案件还是民事案件，均归被告所属国家的法庭处理，适用法律，也是被告人本国的法律。这是领事裁判权中的最重要的一点。这一点的确立，使清王朝失去对外国侨民的法律管辖和制裁权。

就字面看，领事裁判权制度中，执行法权的是各国驻中国的领事，实则并不限于领事，凡是与清朝缔约国家特别指定的官员和法院，都能执行这种领事法权。这一点，《中英烟台条约》解释《中英天津条约》第十六款中的“英国”二字为“英国领事官或其他奉派干员”即十分明确。以上海为例，设立领事法庭的除英、法、美之外，还有德、俄、比、丹、意、日、巴、荷、挪、西、葡、瑞典、瑞士十三国。1865 年，由于英国在上海的侨民增加很快，英国政府派洪卑（Edmund Hornby）为审判官，在上海设立高等法院，取代了原来的领事法庭，正式名称是“英皇在中日高等法院”（H. B. M.'s Supreme Court for China and Japan），即英国按察使署。该法院管辖在中国和日本境内一切以英国侨民为被告的案件，其上诉机构为英国枢密院。1904 年（光绪三十年）英国枢密院颁布命令，特设一个“英皇在中国的高等法庭”，上海区域的民刑初审案件，全归这个高等法庭管辖，其他各口的民刑案件，仍归各地领事法庭管理。重大案件，则须禀明上海的高等法庭，高等法庭有权随时调取领事法庭正在审理中的案件，由自己自行处理。美国的领事裁判权，原来由美国驻京公使与各国领事执行，1906 年（光绪三十二年）美国议会制定法律，设立“在中国的合众国法庭”，在上海开庭，并轮流在广州、天津、汉口开庭。法庭开庭地点在各地的美国领事馆。其首任审判官为威尔佛莱（L. R. Wilfley）。美国驻各口岸的领事，对案情轻微的刑民案件，有权作出判决。新设法庭只管理重大的民刑案件，并作为领事判决的上诉法庭，法庭法官与检事长由美国任命。日本在中国共有领事法庭达 35 处之多，在天津、奉天、上海和青岛总领事馆，因案件繁多，设领事、副领事一人专理司法事务，该领事或副领事，由日本现任司法官中选任，检察官由领事馆主事代理。在 20 世纪初期，日本更公开在清王朝的祖宗发祥地东北设立法院。① 这些外国在华法院，所适用的

① 参考李贵连《沈家本传》（第 176—177 页）、袁燮铭《晚清上海公共租界政权运作机制述论》（《史林》1999 年第 3 期）和程道德主编《近代中国外交与国际法》之第一章（现代出版社 1993 年版）。

法律主要是各本国的现行法律，有时也参考当地风俗习惯。①

2. 领事裁判权与晚清教案

第二次鸦片战争以后，中外订约，“各国入华贸易，并兼传教，其人渐众，其事亦渐多”②。就教案的管辖来讲，“中外交涉，译署总其成，而教案则地方官之责也”③。这些进入中国民间社会的传教士及其多数教民，多置中国朝廷法令于不顾，实际对民间社会产生较大规范作用的风俗习惯更对他们不起作用。因为此类风俗习惯原本没有权力和制度的保障，仅靠舆论和行为惯性得以遵行。传教士与中国民众之间基本上不存在相同的思想意识，从一开始就置身于社区公众舆论和行为惯性之外。教民们本身就有游离于此种约束的动机存在，在传教士们的影响和鼓励下，也逐渐脱离了此种约束范围。中国普通民众与传教士和教民的交往缺乏共同的既定规则和产生共同规则的思想基础。④ 教士经常依靠超宗教的政治权力，尤其是利用因领事裁判权而产生的司法豁免权压制中国

① 具体情况参见吴颂皋《治外法权》的相关部分，即第255—257页。

② 《筹办夷务始末》同治朝，卷71，第32页。

③ 何德刚：《客座偶谈》卷3，上海古籍书店1983年影印本，第12页。

④ 美国学者周锡瑞对19世纪末的鲁西南和苏北地区的传教和教案进行了研究，认为这些远离省城的两省交界地区，在民族国家未能建立之前，必然出现一些权力真空。这种权力真空状态为野心勃勃的天主教派——安治泰领导的天主教圣言会提供了在该地区建立和稳固传教据点的机会。教民数量不断增加，部分原因是教会吸收了一些违法分子（自1860年以来基督教传教工作在中国取得合法地位以来，这种情况比较普遍）。不法之徒被教会的保护伞所吸引，因为急于招收教徒的传教士是不受大清法律约束的。在这种情况下，教民与土匪的界限越来越模糊，教案遂不可避免了。（参考美国学者柯文《历史三调：作为事件、经历和神话的义和团》，江苏人民出版社2000年版，第17页）

普通民众，因此，民众为抵制西方价值观的传播、维护文化传统和既有规则的教案遂比比而是。与沈家本发生直接关系的教案就至少有两起，一是曾使其身陷囹圄并险些丧命的保定教案，[①]一是发生在沈氏老家的归安海岛交涉案。[②] 所以对教案的危害，沈家本发出了沉重的慨叹：

> 教案为祸之烈，至今而极，神甫、牧师势等督抚，入教贱愚气凌长官，凡遇民教讼案，地方啬于交涉，拙于因应。审判既失其平，民教之相仇益亟。盖自开海禁以来，因闹教而上贻君父之忧者，言之滋痛。推原其故，无非因内外国刑律之轻重失宜有以酿之。此惩于教案而不得不改者也。[③]

在处理教案的过程中，教士由于领事裁判权的存在而不受中国法律和官员的管辖，甚且通过该国领事或公使向地方

---

① 关于保定教案及对沈氏的影响参见李贵连《保定教案与沈家本被拘考》，见《比较法研究》，2000 年第 1 期。

② 根据《东方杂志》的记载，美国南监理会教士韩明德，按照地契计算，曾买地 47 亩余，而恃强占地百余亩。他还勾结当地典吏和团防，欲思永占该地。该地绅士不能平，遂于光绪三十一年，由美国上海署领事会同教会长及中国的洋务局官员调解，尽管该教士在调解中占了便宜，该处绅士考虑到调和民教之必要而答应。但该教士以为调解内容没有达到其意欲之结果，因此上告于美国驻杭州领事，该领事听信一面之词而偏袒该教士，遂引起绅士之愤怒。后经过多方交涉和高层的干预，问题得到解决，但教士的骄横和民教矛盾的尖锐于此可见。（参考李贵连《沈家本年谱长编》，台北成文出版社 1992 年版，第 120—121 页）

③ 转引自李贵连《沈家本中西法律观论略》，见氏著《近代中国法制与法学》，北京大学出版社 2002 年版，第 324 页。

官施加压力，地方官为自保难免偏袒教士一方，中国当事人就必然处于被不公平对待的位置，因而会激发对官员和洋人的不满情绪。此种情况必然产生两个后果，一是革命党人利用此种情况，并以此为根据宣传清政府的官员们与洋人勾结欺压民众，从而证明清政府是洋人的朝廷；二是此种不满情绪的积累，必然会有爆发的一天，义和团运动就是比较重要的事件。事实证明，这两种情况都对清王朝构成了致命的威胁。欲保证此类威胁从根本上消除，在当前洋人又不会主动放弃他们在中国获得的领事裁判权的情况下，惟一的，也即是釜底抽薪的办法就是我们自己改良法律和司法，消除洋人继续保有领事裁判权的口实，从而收回这种不应该给予外国人的司法特权。

4. 租界对清王朝司法主权的重大破坏

(1) 租界和会审公堂

《虎门条约》签订，允许外国在五个通商口岸租赁房屋和土地，这个条款成了外国在中国设立租界的依据。1843 年 11 月 8 日(道光二十三年九月十七日)，英国驻印度马德辣斯野战队上尉巴富尔(也译作巴尔福)以英国驻上海首任领事的身份到上海，第二天会见上海道台宫幕久，要求租房设领事馆，随即在上海城内西姚家弄寻得顾姓(一说是姚平书)房子一幢五十二间(年租四百元)作为住宅和领事馆。11 月 17 日上海正式宣布开埠。开埠后，冒险家纷至沓来，为此，巴富尔硬要上海道台划出一个地方，就是现在的外滩。几经交涉，1845 年 11 月 9 日(道光二十五年十一月初一)订立《上海土地章程》(Shanghai Land Regulation)共 23 条。租界因此得以设立。

会审公堂又称会审公廨，它随上海租界的设立而设立。公共租界和法租界均设有会审公堂。1868 年(同治八年)订立的上海洋泾浜设官会审章程(1905 年修改)规定："公堂由清朝遴委同知一员，专驻洋泾浜，管理各国租界内钱债斗殴窃盗词讼等案件。设立一个公馆，备置枷杖以下刑具。凡有华民控告华民以及洋商控告华民，无论钱债与交易各事均由公堂提讯定断，并照中国常例讯断。并准起将华民刑讯关押，及发落枷杖以下罪名。""所有案件，如遇牵涉洋人必须到案者，必须由领事官会同委员审问，或派洋官会审。如果案情只关系中国人，并无洋人在内，即听中国委员自行讯断，各国领事不予干预。""华洋互控案件，审断必须两得其平，按约办理，不得各怀意见。如系有领事管束之洋人，须按条约办理；倘系无领事管束之洋人，则委员自行审断，但仍然要邀请一个外国官员陪审，一面详报上海道查核。倘两造有不服委员听断者，准双双赴上海道及领事官处控告复审。""有领事之犯罪洋人，按约由领事惩办；其无领事之洋人，即由委员酌拟罪名，详报上海道核定，并与一有约之领事，公商酌办。至华民犯罪，即由该委员核明轻重，照例办理。"会审公堂的外国会审员，是临时到堂的外国官员。清朝所派承审委员，本为公堂之领袖，但审理案件时，常遭外国陪审委员的干涉。外国陪审委员的意见，倘与承审员不合，外国陪审员可以拒绝接受清朝承审官的判决。会审公堂之职权，限于中国人与外国人的诉讼，或完全关系租界内中国人的诉讼。完全关系外国人的案件，无论原、被告属于同国籍之人，抑或不同国籍之人，均由领事处理，会审公堂不得过问。

从以上规定可以看出，从形式上，中国会审官在会审公堂中居于主要地位，不管是民事案件还是刑事案件，都是如此。会审领事，不过陪审、会审而已。但是，实际上审判实权却被会审领事操纵，连律师也必须由会审领事签字同意才能出庭。

(2) 租界内的领事裁判权对清王朝的威胁

晚清内忧外患，朝廷应付此种局面非常困难。在专制制度之下，人民虽然被剥夺了言论自由权，但不能消除人民对朝廷腐败统治的不满，一有合适的机会，此种不满情绪就会变本加厉地发泄出来。由于领事裁判权的存在，各通商口岸的租界不受清王朝的政治和司法权力管辖，这就为那些对清朝专制统治不满的人们提供了一个揭露批判清朝廷的自由场所。在租界内，资产阶级改良派和革命派都办了自己的刊物，宣扬自己的主张。这些反对派在租界内的活动，对清朝廷的统治构成直接威胁，1903 年的"《苏报》案"表现得比较显著。[①] 通过该案，清政府意识到要有效镇压革命党人在租界内宣传革命，就必须废除列强在华领事裁判权。

（二）为撤废领事裁判权而改革司法

列强通过不平等条约获得了领事裁判权，并在随后的条约和司法实践中将其逐步扩大，对清王朝的统治产生了巨大的危害，厥有二端：一是随着国际法观念的传入和民族独立意识的增强，此种破坏最高司法权的统一为主权国家不能容

---

① 李启成：《领事裁判权制度与晚清司法改革之肇端》，《比较法研究》2003 年第 4 期。

忍之事情;更主要的还在于其妨碍清政府处理教案和镇压反对派。列强继续保有领事裁判权的最冠冕堂皇的理由在于他们认为清朝的法律及其司法太过野蛮,不合于西方列强的文明标准。欲保护西人在中国的传教、经商等各项利益,舍领事裁判权无由。庚子拳变,清政府曾试图借用民众的力量以武力收回列强在华权利,当然也包括领事裁判权,结果遭到惨败,险些社稷将倾。既然武力不足以收回,惟有参照列强的标准,按国际接轨的方式改良本国的法律以争取列强的承认,就成为清政府的惟一选择。

1899 年,日本政府经过将近 30 年的努力,终于以和平的方式成功地收回了领事裁判权。[①] 值此前后,英国政府首先表达了鼓励中国改良法律和司法的意见。1902 年 9 月 5 日订立《中英续订通商航海条约》,第十二款为:“中国深愿整顿本国律例以期与各国律例改同一律。英国允愿尽力帮助中国以成此举。一俟查悉中国法律情形及其审断办法与其他相关之事皆臻妥善,英国可无放弃其治外法权之时,英国即允弃其

---

① 列强在日本的领事裁判权始于 1618 年(长庆十三年)与英国订立的条约,规定“英国水手、船员等有违例者,均归其船长裁判”。到 1853 年与美国订约时,更明白确立了领事裁判权。随后,西方列强大多在日本都确立了此一司法特权。明治维新以后,日本政府先后于 1871 年、1885 年、1889 年三次提议废除,均遭到列强拒绝。1894 年(明治二十七年),日本首先与英国订约裁撤领事裁判权,其中规定了三个前提条件:1. 条约于五年后实行。因为条约要实行,须假以时日,才能观察该国法律及所有手续的完备程度。2. 日本必须改正法典,且实行一年以上的时间。欲冀完善之法律、正当之裁判,非施行一年以后,不能使列强信任。3. 日本须加入万国著作权同盟和万国工业财产保护同盟。以上三条,日本朝野同心,上下一致,悉行遵守,列强乃于 1899 年(明治三十二年)7 月同意放弃在日本的领事裁判权。

治外法权。”[①]光绪二十八年(1902年)二月二十三日,张之洞与袁世凯、刘坤一联衔保荐沈氏为修订法律大臣,负责“按照交涉情形”[②]修订法律。欲使“审断办法”臻于妥善,为列强所认可,则必须模范西方的司法审判制度,改革传统的司法体制。所以司法改革必然是法律改革的题中应有之义。以上所述乃沈氏萌生司法改革思想的时代背景。

沈氏在担任修律大臣之后已经意识到通过改良法律和司法审判制度对于废除领事裁判权的重大意义。光绪三十一年(1905年)三月二十日,沈氏向清廷上《删除律例内重法折》,指出:

> 盖西国从前刑法,较中国尤为残酷,近百数十年来,经律学家几经讨论,逐渐改而从轻,政治日臻美善。故中国之重法,西人每訾为不仁。其旅居中国者,皆借口于此,不受中国之约束。夫西国首重法权,随一国之疆域为界限,甲国之人侨寓乙国,即受乙国之裁制,乃独于中国不受裁制,转予我以不仁之名。此亟当幡然变计者也。方今改订商约,英、美、日、葡四国,均允中国修订法律,首先收回治外法权,实变法自强之枢纽。[③]

之后,当改良法律或司法遭遇内外种种压力之时,沈氏往

① 《张之洞全集》第11册,河北人民出版社1998年,第8853页。
② 《大清德宗景皇帝实录》卷498。
③ 李贵连:《沈家本年谱长编》,台北成文出版社1992年版,第127页。

往以收回领事裁判权为重要理由来驳斥对方。[①] 所以废除领事裁判权是沈氏主张司法改革，推行司法独立的动因，也是使其改革获得合理性的最重要根据。

二 司法审判独立——沈家本改良司法的核心范畴

（一）中西古今之置换——沈家本对司法独立思想的把握

西方的司法独立思想早在鸦片战争以后不久即开始传入中国，[②]其渠道也不少，大致包括从会审公堂和外国人在华领事法庭所获得的直观认识、清政府的一些驻外使节的介绍、游历西方或阅读西学书籍的中国学者的介绍，以及来华外国人的叙述和建议等，这些介绍和传播，虽然有其一定的作用，但在沈氏看来，更主要的是，“方今世之崇尚西法者，未必皆能深明其法之原本，不过借以为炫世之具，几欲步亦步，趋亦趋”，其后果是造成新旧之间的截然对立，“而墨守先型者，又鄙薄西人，以为事事不足取”，离把握司法独立之实质还差得远呢！

---

① 详见李贵连《沈家本年谱长编》第 132 页《删除律例内重法折》、第 151 页批评上海会审公堂的《申明新章折》、第 157 页《进呈诉讼法先行试办折》、第 186 页为筹办大理院所上奏折、第 239 页《刑律草案告成分期缮单呈览并陈修订大旨折》、第 323—325 页之奏进《修正刑律草案》奏折等等，都是运用废除领事裁判权这个重要法宝来批驳对方观点。这也是笔者费较大篇幅检讨领事裁判权的原因。

② 参考罗昶、高其才《近代中国的司法改革思想》，《现代法学》1999 年第 6 期。

鉴于“值事穷则变之时，而仍有积重难返之势，不究其法之宗旨何如，经验何如，崇尚者则拘乎其墟，而鄙薄者终狃于其故”，要改变这种情况，真正在中国推行司法独立，达到改良裁判的目的，第一步就是到国外考察，近距离地观察和探讨西方司法独立之本原。由于沈氏作为清末法律改革的负责人，事务繁忙，故于光绪三十一年(1905 年)九月奏派刑部候补郎中董康等赴日本调查裁判监狱事宜。董康等考察完毕后，根据其在日本考察的情况，撰写了《裁判访问录》和《监狱访问录》，其主要内容则辑入《调查日本裁判监狱报告书》，于光绪三十三年(1907 年)由农工商部铅印出版。沈氏皆为之作序，该序文皆收入《寄簃文存》八卷中。在序言中沈氏概括介绍了西方的司法独立思想，他首先指出现今提倡司法独立的重大意义，“伏查司法独立，与立宪关系至为密切，日本开港之初，各国领事俱有裁判之权。逮维新以来，政府日孜孜于裁判统一，不数十年卒使侨民服从于其法律之下，论者谓国力之骤张，基于立宪，其实司法独立隐收其效。方今厘定官制……以法部专任司法，大理院专掌审判，此为司法独立之朕兆，亦即制定宪法之权舆”[①]。至于司法独立之真谛，在沈氏看来，“西国司法独立，无论何人皆不能干涉裁判之事。虽以君主之命，总统之权，但有赦免而无改正”，即司法权免于行政权干涉的外部独立。西方的司法独立，不仅仅是外部独立，还有一个法官不受别的法官，尤其是法院行政长官和上级法院法官的干预，即司法的内部独立，但沈氏在其相关的论述里面基本没有

① 沈家本：《调查日本裁判监狱情形折》，见《调查日本裁判监狱报告书》，北京农工商部光绪丁未铅印本。

提及。这个原因笔者将在后面分析。

沈氏对源于西方的司法独立有了自己的认识，如何向当国者、同僚及广大的国人介绍，使得他们比较容易接受这个东西，必须采取恰当的方法，方能排除阻力，达到改良司法的目的。沈氏所采取的方法是证明司法独立观念虽借鉴于西方，但实是我中国固有之良规，以此反驳“狃于故常者之訾议”，因此中国采用司法独立，不是“以夷变夏”。所以沈氏以为“宋之提点刑狱，元之廉访司，俱专掌刑狱；即明之按察使与布政使分职而理，其初各行省未设督抚，按察一官独任刑名之事，初未尝有人节制之也”。沈氏在《裁判访问录》序里进一步申明了这个观点：

> 抑知西法之中，固有与古法相同者乎……至若大司徒所属之乡、遂大夫诸官，各掌乡遂之政教禁令，而大司寇所属之乡士、遂士、县士分主国中遂、县之狱，与乡、遂诸大夫分职而理，此为行政官与司法官各有攸司，不若今日州县官行政、司法混合为一，尤西法与古法相同之大者。夫古法之不同于今而不行于今，非必古之不若今，或且古胜于今。而今之人习乎今之法，一言古而反以为泥古，并古胜于今者而议之。谓古法之皆可行于今，诚未必然。谓古法皆不可行于今，又岂其然。西之于中，亦犹是耳。①

通过沈氏的论述，中与西的问题就巧妙地被置换为古与今

① 《历代刑法考》(四)，第 2235—2236 页。

的问题，故可以在一定程度上驳斥那些反对意见。像张之洞所说的司法独立“乃出自东洋学生二三人之偏见，袭取日本成式，不问中国情形”的观点就不是那么有说服力了。尽管不容讳言，晚清推行司法独立乃移植于西方法文化确是事实，但通过沈氏的论证，似乎司法独立乃我国古已有之的国粹，说它“不问中国情形”则失之偏颇。如果说沈氏主张成立的话，那么像张之洞所主张的“州县不审判，则爱民治民之实政皆无所施，以此求治，未见其可”[①]的观点就难以自圆其说。因为如沈氏考察，周代实行政刑分理，像张之洞所说的，那周朝的行政官员的爱民治民之政是无从实施，周朝又何至有八百年天下？当然这是简单的逻辑推理。但就是这种简单的逻辑推理，尽管与事实并非完全吻合，但不可忽视其说服力。还有一点须说明的是，尽管张之洞在整个晚清具有重大影响，其学问文章乃当时士林楷模与领袖，但沈氏在法学上的造诣则为张之洞所远不及，关于司法独立这个法律问题，沈氏的论证当更权威。所以沈氏将移植司法独立这个中西问题置换为古今问题的论证方法对于司法独立在晚清的推行是起了重要作用的。

另一方面，沈氏为了让时人更准确地理解司法独立，而不是简单地等同于“西政中源说”，他苦心积虑，深入地论述了司法审判制度古与今、中与西的不同。“人不能无群，有群斯有争，有争斯有讼，争讼不已，人民将失其治安。裁判者，平争讼而保治安者也。顾古今中外习俗不尽同，裁判之事即不能尽同。不同者而必欲强之使同，其势必有所阂，由是阻力生焉。”关于古今的不同，在沈氏看来，“其在上古之世，风俗浑朴，科条

① 《张文襄公全集》卷 197。

简易。中古以降，风俗趋于浇漓，事日繁剧，若仍以简易之科条行之，能乎？是故自秦以来，裁判各自为法。汉有读鞫、乞鞫之律，而后世无文。《唐律》考囚不过三度，考满不承，取保放之，而今无此法。若是之类，非止一端"。关于中西之不同，此乃沈氏论证较为着力的地方，因为这是当时之所以进行司法改革的原因，也是其合理性所在。沈氏认为，中与西的不同有两个方面，即"中与西之不能同"和"中西之同而不同"。"中与西之不能同"主要体现在两个地方：一是司法独立与司法兼理，"西国司法独立，无论何人皆不能干涉裁判之事，虽以君主之命，总统之权，但有赦免，而无改正。中国则由州县而道府，而司，而督抚，而部，层层辖制，不能自由"。二是有无刑讯，"西法无刑讯，而中法以拷问为常。西法虽重犯亦立而讯之，中法虽宗室亦一体长跪"。"中西之同而不同者"就是裁判中的供与证的运用问题，"中、西言之裁判所凭者，曰供，曰证，中法供、证兼重，有证无供，即难论决。《唐律》狱囚取服辩，今律承之。可见中法之重供，相沿已久。虽律有众证明白即同狱成，及老幼不考讯，据众证定罪之文，特所犯在军流以下者，向来照此办理。至死罪人犯，出入甚钜，虽有此律，不常行用，盖慎之也。西法重证不重供，有证无供，虽死罪亦可论决"①。虽然沈氏没有能够深入分析中西不同现象背后隐含的法观念以及这些法观念产生的社会背景及法律传统，但他对这些现象的列举还是较为准确的，有助于时人初步明了中西审判之异同，也可看出西方司法独立观念统辖之下的审判制度的优越性所在。

的确，司法独立观念乃西方法律文明的产物，但沈氏也意

① 《历代刑法考》(四)，第 2235 页。

识到在西方以及西方化了的日本所实行的司法审判制度仍然存在一定的差别。观察到这些差别，并对产生这些差别的原因进行分析，有助于准确把握我们的学习对象，同时方能大致辨别哪些东西是我们该学，哪些是我们不能学的。某种制度的移植，欲达致较好的效果，必须尽量不与本国的风土人情相悖。正是基于上述考虑，沈氏观察并思考了这个问题，并根据自己的理解作了介绍。“泰西裁判之制，英、美为一派，德、法为一派，大略相同而微有不同。日本多取诸德、法，然与德、法亦不尽相同。盖立法以典民，必视乎民以为法而后可以保民。即如陪审官，实创自英。英本以自治为国，故此职最重。法改民主之后，经人民要求，亦用此制，德亦仿行，然皆不若英之出于习惯之自然。故日本不用此制，而别设检事一官。此东与西之不同者。英美无区裁判，而德有之，日本用德制也。此西与西之不同者。”从这些不同的现象进行反思，沈氏以为，“凡此不同之故，亦仍视乎其国之政教风俗，有不能强之使同者。因民以为治，无古今中外一也。”①所以，司法改革不能脱离本国的政教风俗。

综上所述，沈氏对西方司法独立思想的认识主要集中于司法免于外来干预，尤其是行政权的外部独立以及司法独立所可能达到的效果这两个方面。改革的顺利推行，尤其是在中国这样一个传统的惰性势力甚大的国家，一个必要的条件就是改革所凭借的“真知”能够得到广泛地传播和接受。所以必须讲求宣传策略。沈氏对司法独立的宣传策略有二：一是将司法独立说成是中国古已有之的制度，以古今问题置换为

① 《裁判访问录序》，《历代刑法考》(四)，第 2236 页。

中西问题；另外一个就是指出西方各国司法独立具体做法的不同之处，强调司法独立必须合于一国风土人情。宣传策略也是双刃剑，虽可能达到易于接受的效果，但又容易对宣传对象本身造成误会。所以沈氏也强调了司法审判制度古与今、中与西的不同，从而在事实上肯定了源于西方司法独立的独特性。这种既肯定又否定的看似矛盾的现象，是改革阶段，尤其是初期阶段的常见现象。改革就是在这种遮遮掩掩、羞羞答答的面具之下获取养分、破土而出的。

（二）对传统司法体制的批评和变通

沈氏长期居官“秋曹”，对传统司法体制的弊端知之甚深。他对传统司法体制的批评主要集中在三个方面：一是在传统司法体制下司法官员法律知识的缺乏，这在前面已经论及，兹不赘述；一是行政官兼理司法制度背后的传统中国官僚体制；另一个就是对传统司法体制下的刑讯问题。初一看，沈氏的批评没有什么新奇之处，自明清以来，类似的批评之声就不绝于耳。但沈氏作为法学专家，尤其是作为精通中国律学的殿军人物之一，同时又对西方的司法审判制度有精到的理解，所以他的批评从理论上讲是应该有所贡献的。下面试作分析。

沈氏批评行政官兼理司法制度，着重点在于其背后的传统官僚制度。他认为，设官乃“为民事所设”，有一官即有一官之职分，必当官之人各尽其职分，则才可说国家未虚设此官。但后来国家设官则违背了此一原则，设官不必有具体的职分，因此造成了以下的弊端，“进取之路，升转之阶，但为人谋，不以事计，遂有无一事而增数官者，其弊一。伴食之流，窃禄之辈，不亲公牍，世亦相容，遂有作此官而不作一事者，其弊又一。不考例案，未叙年资，应对偏公，奔走无误，逐在人前，遂有职分不相当而冒昧从事者，其弊又一”。结果造成官员们“急流竞进，利禄为心，用不必才，官失其守”，无多少法律知识的行政官兼理司法事务遂能够得到社会的承认。“在他官皆不当如此，况安民和众”①的刑官？因此，沈家本专门撰写了《历代刑官考》，对于古今刑官变迁的原因，得失之道等问题进行了深入地探讨，认为刑官是需要专门的律学或法学知识的，绝非外行所能胜任，从而间接肯定了司法独立的正当性。

在中国传统司法体系中，刑讯问题一直得到广泛的注意，批评之声不绝于耳，但其批判之目的是把刑讯控制在一定范围内。晚清由刘坤一、张之洞首先提议禁止刑讯，光绪三十一年(1905 年)三月，沈家本与伍廷芳联名上折，赞同有保留的废除刑讯并得到朝廷的赞同。但废除相沿数千年的刑讯不是一纸命令或一个奏折能够解决的，在全国范围内都不同程度的受到抵制，其中表现最明显的是号称全国文明审判之地的上海会审公堂。针对这种情况，沈氏又与伍廷芳联名上《申明新章折》，要求制止各地继续刑讯。“即如上海会审公堂，时闻有刑求杖责之事，人言啧啧，必非无因。查上海自开关商埠以来，华洋杂处，风气开通。同治年间，设立会审公堂，专理租界内词讼。凡会讯之员，于中外法律，理应谙熟。此次议废身体之刑，和中外而相通，尤应切实推行，以一政令。该公堂何以仍蹈从前积习，沿用严刑，腐败情形，于斯可见。臣等窃谓立国之要领，存乎法权，而法权之推暨，在乎严守。夫上海，我

① 李贵连：《沈家本年谱长编》，第 314 页。

国之版图也;公堂,我国之官吏也。以我国之官吏,行我国之法令,揆诸公理,孰敢逾越?且将来新律告成,范围全国,凡领土之内,法权在所必行。正宜乘此时机,先于通商各口,试行裁判诉讼之法,以为基础。乃上海为各埠之领袖,竟至首先梗阻,殊出情理之外。"[①]因此要求从严参办。在此,沈氏已经认识到,刑讯的存在不只是因为办案官员缺乏专业知识和道德情操,刑讯要想真正得到控制尚须在制度设计和法律规定上面想办法。遗憾的是一百年后的今天,刑讯问题依然在很大范围内存在,翻越报章杂志时有所见,颇有触目惊心之感。沈氏对刑讯原因分析超越了简单的人性分析,推至于制度建构和法律规定,是一个大的进步。但如何把建构的制度和相关的法律规定落到实处,则需要我们的努力。

终清一代一直存在秋审制度,让高级行政官僚参与对死刑案件的直接审理和复核,从本质意义上看是与司法独立之义根本矛盾的。但因为其政治仪式上的意义大于其在司法方面的意义,代表了皇权的至高无上性,而晚清的司法独立是皇权之下的独立,所以,秋审不能废除。面对这种情况,沈氏首先找到了秋审制度暂时存在的合理性,从慎刑的角度来论述了这个问题,"秋朝审一字增损,动关生死,未可以寻常文牍薄之,不宜遽停复核之制",但"推原会审定例之初意,本为严杜拘陷锻炼之弊。现法院编制法既行,法官之资格皆由慎选而来,并设三审之阶,广通呼吁;行合议之制,博采舆情;此外如律师之辩护,鞫问之公开,凡为被告人谋利益者无微不至,详慎至此,实无深故之虞";"国家政令不宜首尾两端",秋审实与

① 李贵连:《沈家本年谱长编》,第150—151页。

皇帝谕旨所规定的“划分司法权限，令行政各官不准违法干涉”，即司法独立相矛盾；但更重要的还在于“以司法之重寄，而分任夙未涉猎之人，已非循名核实之意”，所以须进行改革。改革的办法为“嗣后秋审人犯，外省径由按察司或提法司审勘，缮具招册后尾，咨呈法部核议，其督抚布政司会审之制即行停止。朝审人犯，概由法部核议，无须奉派核复大臣，其朝审会同九卿审录之制亦行停止。至法部核定之后刊刻招册，进呈黄册等事，仍照旧办理”。至此，秋朝审制度更成为君权至高无上的仪式，已基本失去独立存在的根基，于司法独立无大碍。只要君主专制得以推翻，秋朝审制度彻底退出历史舞台就完全可能了。

所以沈氏对传统司法审判体制的批评较前人有所阐发，其原因之一就是有了西方司法独立的参照，其体现就是从官僚制度本身评判兼理司法制度，力图以制度设计的方式限制刑讯和对秋朝审的改革。这些批评和思考有的获得了较大的成功，有的成效甚微。但其本身已经融会了一个基本的价值判断：即司法独立的优长。“如果一个人不理解别的社会，他就不能恰当地理解他自己的社会；既然如此，他甚至不能够真正理解他自己的社会。这样，他就得去理解过去和现在的各种社会或那些社会的重要‘部分’，正如那些社会理解他们自身一样。”[①]沈氏作此价值判断的重要前提就是对西方司法审判制度的把握。这种把握就需要本人通过长期的观察和思考逐步确立一个新的概念框架或者说是参照系。某个特定的概

① 〔美〕列奥·斯特劳斯著、彭刚译：《自然权利与历史》，三联书店 2003 年版，第 59 页。

念框架或参照系一般来讲只不过是反映了他自己的社会在他那时代理解他自身的方式。沈氏确立的新概念框架和参照系恰表明了他已突破了旧有的思维模式和价值体系。此乃沈氏批评传统司法审判体制的"新颖"之处，是沈氏的司法独立观念的一块重要基石。

（三）重视对司法人才的培育

只有修订的新律和独立的司法审判机构，尚不能达到改良审判的目的，尤须有合格的司法人员。传统中国司法体制不能令外人满意，除了实体法残酷，程序法欠缺的原因之外，更重要的还在司法领域，即刑讯以及审判为胥吏劣幕操纵等问题，而产生这些问题的根本原因还在于法学教育不发达所导致的司法官员缺乏法学知识，即外行问案。司法官员对案件的审理并不是将机械的法条简单地适用于案件的事实中去自然得出审理结论。就一般情况而言，由于法律体系不可能是自足的，必然有法律漏洞的存在。由于存在法律漏洞，随着时间的变迁，严格适用法律可能会导致不公的判决。因此，在这种情况下，法官都要本着自己对法律精神的把握，运用裁量权作出判决，这不是外行所能胜任的。何况传统中国的法律规则抽象化程度不够，大量的案例的存在，比附援引的广泛运用，更增加了外行司法的困难。

鉴于此，沈家本遂与伍廷芳一起上折请求设立法律学堂以培育裁判人才，"深虑新律既定，各省未预储用律之才，则徒法不能自行，终属无用。当此各国交通，情事万变，外人足迹遍于行省，民教龃龉，方其起衅之始，多因地方官不谙外国法律，以致办理失宜，酿成要案。将来铁轨四达，虽腹地奥区，无异通商口岸。一切新政，如路矿商标税务等事，办法稍歧，诘难立至，无一不赖有法律以维持之。然则弥无形之患，伸自主之权，利害所关，非细故也。至于查照通商条约议收治外法权，尤现在修律本意。亟应广储裁判人才，以备应用”。在沈氏看来，作为一个合格的司法审判人员，“各国法律之得失既当研厥精微互相比较，而于本国法制沿革以及风俗习惯尤当融会贯通心知其意”。而当时国内法政人才的情况是，京师大学堂政法科大学“须预备科及各省高等学堂毕业学生升入。现在预科甫设，计专科之成，为期尚远，进士仕学等馆其取义在明澈中外大局，于各项政事皆能知其大要，法律仅属普通科学之一，断难深造；出洋游学毕业法科者虽不乏人，而未谙中国情形，亦多轩格”。鉴于此现状，日本改革的经验值得我们参考：“日本变法之初，设速成司法学校，令官绅每日入校数时，专习欧美司法行政之学，昔年在校学员现居显秩者颇不乏人。”由于现今司法审判为“内政外交之枢纽”，为“强国利民，推行无阻”起见，故建议“在京师设一法律学堂，考取各部属员在堂肄习，毕业后派往各省，为佐理新政分治地方之用”。

沈氏对设立京师法律学堂非常重视，并为法律学堂拟定了学生修习课程。按照学部为大学堂法律学门所拟定的课程，酌量损益，分别聘请中外教习，逐日讲授。由于时日紧迫，需才孔亟，沈氏以每日多加授课钟点的办法，将四年制的大学堂学制改为三年，但课程绝不减少。另外，还在京师法律学堂内设立速成科，学制为一年半，专习刑律、诉讼、裁判等法。学生毕业之后，其任用更是一个问题。如果任用得当，于司法改良乃至整个新政大有裨益；如果没有恰当的任用程式，不仅会影响学堂的生源，而且达不到开办法律学堂的目的。所以"应将学律各员于毕业后请简派大臣，详加考验，分别等差。其列优等者交部带领引见，按照原官品级，以道府直隶州知州知县等官，请旨录用"①。宣统二年底，京师法律学堂乙班学生即将毕业，沈家本即向朝廷上折，要求破格改官录用，因为"我国风气，愿为行政官者多，愿为司法官者少，使非于已成之才多方诱掖，恐司法前途终无发达之可期"。尽管最后学部和清政府都没有同意沈家本的看法，但沈氏对法学人才的重视于斯可见。

京师法律学堂的创办，起到了一个开风气之先的作用。所以全国大多数省份都建立了法政学堂，晚清法学教育得到了迅速的发展，由此储备了一批审判人才。随后筹设各级审判厅，由这些法政毕业生充任法官的大致占法官总人数的40％以上，在宣统二年法官考试以后，这个比例还有所提高。② 尽管晚清的法学教育存在诸多问题，但晚清法学教育得到了很大的发展当是不争的事实，沈氏首创设立法律学堂，培养法政人才，功不可没。

（四）沈氏司法审判独立思想的发展

晚清司法改革先在中央展开。在清政府为预备立宪所进行的官制改革将大理寺改为大理院，作为全国最高司法审判

① 李贵连：《沈家本年谱长编》，第132—133页。
② 参见李启成《宣统二年的法官考试》，台湾中国法制史学会主编《法制史研究》第3期。

机构，同时将刑部改为法部，专掌司法行政事宜。沈家本被任命为首任大理院正卿。司法独立随着官制改革而成为一个现实问题。沈氏力主司法独立，并认为应从速进行。综观沈氏司法独立思想，大致可以分为两个阶段：第一阶段是部院之争前后所主张的重精神而勿求形式的司法独立观；第二阶段是法院编制法颁布之后把司法独立的关注焦点转移到制度建设方面。

1. 重精神而勿求形式——部院之争前后的司法独立观

沈家本就任之后面临的第一个问题就是筹设大理院的问题。沈氏以为，筹设大理院，乃“改良裁判，收回治外法权之要领”，不可简陋和敷衍，在人员调用和筹措经费方面做了很多工作。在他看来，欲仿照西方实行司法审判独立，则“法庭宜先设也，监狱学宜讲求也，高等裁判及地方裁判所与谳局宜次第分立也，裁判人才宜豫为储备也”①。此乃沈氏对于中国实行司法独立所作的从上到下、从里到外的全面规划。

沈氏自主持晚清法律改革始就一直赞成司法独立，这不存在什么问题。② 但在晚清中国这个特定时空里，究竟如何方能实现司法独立，取得司法独立在西方所获得的效果？有没有必要按照其在西方的制度设计亦步亦趋？对此，他的思想有一个发展变化的过程。

---

① 《光绪朝东华录》，光绪三十二年十月，第120页。

② 沈氏赞成司法独立的论述很容易见到，试举两例：“宪法精理以裁判独立为要义，此东西各国之所同也”；“东西各国宪政之萌芽，俱本于司法之独立”。（李贵连：《沈家本年谱长编》，第201、229页）

清廷在分设法部和大理院之时，只笼统规定法部专任司法，大理院专任审判，但二者的具体范围究竟若何，二者的权力边界何在等具体问题都没有任何明确的解释。由于近代中国试行司法独立这是第一次，无先例可遵循，时人对西方相关制度的了解也多流于那些易见的制度层面的东西，对于制度背后的观念以及形成观念的传统则所知甚少，所以各人对司法独立的理解不同，都倾向于作有利于自己的解释，因此爆发了部院权限之争。部院权限之争的核心就是大理院官员的荐选问题，也就是一个人事权的问题。沈氏以现时中国法律教育尚未发达为由，反对法部干预大理院官员人选，坚持大理院官员由大理院堂官请简请补。而法部则以用人权属于司法行政之范围，大理院官员应由法部遴选。单纯以西方三权分立的法理来观察，沈氏主张的由大理院自行决定大理院和各级审判厅法官的人选，则与此相悖。正是从这个角度梁启超批评沈氏"将一切用人行政区划审判区域修律各事"，都纳入大理院权限，"恰恰倒置"①。从这一点看，似乎沈氏的主张有违司法独立之义。

产生这种看似矛盾的原因尽管有权力斗争的因素掺杂其中，但更重要的是沈氏较多地考虑了当时中国的国情，希望因地制宜，达到"勿求之于形式，而求之于精神"的真正司法独立。他在《裁判访问录》序言中明确表达了此种意思：

> 中国今者方议改裁判之制，而礼教风俗不与欧

① 丁文江、赵丰田编：《梁启超年谱长编》，上海人民出版社1983年版，第381页。

> 美同。即日本为同洲之国,而亦不能尽同。若遽令法之悉同于彼,其有阻力也固宜然。我法之不善者当去之,当去而不去,是之为悖。彼法之善者当取之,当取而不取,是之为愚。夫必熟审于政教风俗之故,而又能通乎法理之原,虚其心,达其聪,损益而会通焉,庶不为悖且愚乎。日本斋藤参事所述裁判之制,颇称详备,凡所谓宗旨何如,经验何如,其大端已具于是。是在讲究斯法者,勿求之于形式,而求之于精神,勿淆群言,勿胶一是,化而裁之,推而行之,斯变通尽利,平争讼,保治安,阻力罔勿消,而势亦无所阂矣。古今中外之见,又何必存哉?[①]

沈氏此种注重追求精神内核的司法审判独立观,就其思想发展阶段而言存在一定的合理性。他在接触西方的司法审判独立观念之前,长期供职于刑部,对传统司法制度极为了解。尽管他对传统司法审判制度有批评,但中国传统法,包括传统司法审判体制,一直是沈氏思想得以型构的主要“知识”。也正是在这个意义上,杨鸿烈将沈氏界定为“深了解中国法律且明白欧美法律的一个近代大法家”[②]。沈氏得以了解并接受西方法的一些观念和原理,除了国恨身危等政治、个人背景之外,其知识背景则限于中国法的概念框架体系。以既有的法言法语来言说、解读外来的制度结构和观念体系是法文化交流的普遍现象。在既有的法言法语里面,固有的思维方式

① 《历代刑法考》(四),第2236—2237页。

② 杨鸿烈:《中国法律思想史》下册,商务印书馆1998年版,第312页。

在此种法文化的交流中始终发挥着重要作用。在中国传统“明刑弼教”的国家治理框架内,法即是刑,更多的是作为“弼教”之重要手段而存在。其本身的目的在很大程度上消隐于其中,重实体忽视程序成为中国传统法的重要特征,反映到司法领域,则为追求公平正义的具体结果而相对忽视案件的审理过程。沈氏了解并赞成司法独立除了与国际接轨这个“政治正确”原因外,追求公正高效的司法则是其主要的职业考虑。

在西方,司法独立原则得以确立和巩固的一个重要前提是法律至上原则的确立并在整个社会得到接受。这些原则和观念先在英国这个普通法国家形成。[①] 在欧洲大陆,尤其是法国,通过启蒙思想界,最重要的是孟德斯鸠,在阐明权力分立原则时进一步明确了司法独立原则,并将之上升为宪政国家主要的制度设计之一。孟氏对司法独立原则作了重要阐释,司法权作为惩罚犯罪和裁决私诉的机关,是一种重要的国家权力,它应该是独立和超然的,既不能交给特定阶层,即常设性的立法团体来行使,也不能交给特定职业所专有,应由人民选举出的法庭和陪审法官行使,其中,法官同被告人的地位平等,司法权必须依法行使。故司法审判权完全独立为宪政所必须。

将司法独立作为一个宪法原则固然重要,但更重要的是要有一整套制度设计来加以保障。西方国家经过几个世纪的发展,到20世纪初晚清法律改革之时,已经形成一整套相关的制度保障,如严格的法官任用制度、法官不可更换制、法官

---

① 参考《司法权与王权》,见〔美〕罗斯科·庞德著、唐前宏等译《普通法的精神》,法律出版社2001年版。

专职及中立制、法官不受民事起诉的豁免权、法官高薪制、法官惩戒制、自由心证制、法官退休制等。[①] 我们可以想象，如果没有这些看似琐碎的制度设计，作为宏大理想的司法独立必定落空，甚至整个宪政大厦也有倾覆之虞。

作为部院权限之争核心问题的大理院人事权归属，沈氏以当时中国法学教育不发达、法学人才奇缺为理由主张大理院人事权主要归大理院，进而提出司法独立应首重精神实质而不要斤斤计较于所谓形式问题的观点。作为兼通新旧的法学大师，当时主要由他本人挑选大理院人选，可能会取得较好的效果，但以此偶然、随机获得的较好效果来取代某种制度的正当设计，从整个制度的良好运作、最大程度地发挥该制度的功效这个角度来看，发生得不偿失结果的可能性太大。因为沈氏的论证逻辑没有超出治法一治人的范畴。此先例一开，任何人皆可以从中获取在制度外，甚至超越制度行动的正当性。一个可能的逻辑结果就是制度建构的虚置。就经验层面而言，这种现象，古今中外皆有发生，在近代中国尤为易见。所以，沈氏一方面以筹设独立的司法审判机构等制度设计来推行司法独立，另一方面又出于某种权宜之计的考虑而超越制度之上行动。这种逻辑层面上的矛盾之处使得沈氏主张的说服力大为削弱，其直接结果是部院之争只能在压力之下寻求暂时的妥协。尽管从学理上看，沈氏偏重精神内核的司法独立观存在逻辑上的紧张关系，但考虑到改革初期的背景和沈氏处身的艰难，一个世纪之后的今天，此类情况在不同层面依然反复出现，所以对古人不应苛责，而应抱同情理解的态

① 谭世贵：《论司法独立》，《政法论坛》1997 年第 1 期。

度。因为局外人说局外话易，居中人办实事难矣。

2. 精神形式并重——沈氏晚年司法独立观

部院之争问题在朝廷的压力之下双方以妥协的方式暂时解决，沈氏从大理院调任法部，但继续进行其修订法律的工作。光绪三十三年(1907年)八月二日，沈家本上《酌拟法院编制法缮单呈览折》，综观该草案之内容，规定审判衙门掌管民刑诉讼案件，审判衙门内部则实行四级三审制度，基本肯定并贯彻了司法独立原则，更重要的是它以法规的形式清晰界定了司法行政和司法审判之间的界限。所以该草案经宪政编查馆作了一些基本上是技术方面的修改后，于宣统元年(1909年)颁布。上谕以为，该草案"系参考列邦之制度，体察中国之情形，斟酌拟定，尚属周妥。立宪政体必使司法、行政各官权限分明，责任乃无诿卸，亦不得互越范围。自此次颁布法院编制法后，所有司法之行政事务，著法部认真督理，审判事务著大理院以下审判各衙门，各按国家法律审理。从前部、院权限未清之处，即著遵照此次奏定各节，切实划分"①。此后，筹办各级审判厅、划分司法区域以及法官的考试任用诸问题尽归法部负责，从这些规定的形式以及其体现的精神都基本上按照西方司法独立来进行制度设计。

沈氏以为真正的司法独立，不光是要在法律上保障法官独立，也须法定法官职权，防止法官滥用法律而妨碍司法审判独立之本意。在《刑律草案告成分期缮单呈览并陈修订大旨折》中，他建议删除比附援引，指出比附"与立宪尤为抵牾，立宪之国，立法、行政、司法三权鼎峙，若许署法者以类似之文致

① 李贵连：《沈家本年谱长编》，第233页。

人于罚，是司法而兼立法矣。其弊一。人之严酷慈祥，各随禀赋而异，因律无正条而任其比附，轻重偏畸，转使审判不能统一。其弊又一”。但将法官的作用严格限制在机械适用法律的范围内，实际上不可能，因为法院的判决过程本身就包含法律适用与法律发现两种不同形式。① 故沈氏接着又沿用西方的自由裁量权观念为参考进行制度设计，即“各刑酌定上下之限，凭审判官临时审定，并别设酌量减轻、宥恕减轻各条，以补其缺”②。从制度层面革除了传统司法所遗留的一大弊端，以规制于立法之内的自由裁量权取而代之，是符合司法独立之精神的，有助于司法独立在近代中国的生成与发展。

至于如何方能实现司法独立，沈氏以为在独立的审判机关设立以后，首先应分别民刑案件适用不同的诉讼规则，进行审理。早在光绪三十二年，沈氏即与伍廷芳联名上《进呈诉讼法拟请先行试办折》，首先明确指出诉讼法的重要性，诉讼法与实体法“二者相因，不能偏废”。况且有日本的做法可以作为借鉴，“日本旧行中律，维新而后，踵武泰西，于明治二十三年间，先后颁行民事、刑事诉讼等法，卒使各国侨民归其衿束，藉以挽回法权。推原其故，未使不由于裁判、诉讼咸得其宜”③。所以借鉴西方民刑分庭审理的制度，将适用于司法审判的诉讼规则略分刑事通用规则，民事通用规则以及刑事民事通用规则三类，并提出设立陪审制和律师制度的建议，由

① 〔德〕考夫曼、哈斯默尔主编，郑永流译：《当代法哲学和法律推理导论》，法律出版社2002年版，第159页。

② 李贵连：《沈家本年谱长编》，第243页。

③ 李贵连：《沈家本年谱长编》，第157—160页。

此，刑事案件与民事案件在程序上即可以区分开来。如果有律师和陪审员等界入，审理案件的民刑分离原则应该是能够贯彻下去的。惜该建议未能得到采纳而实行。如果说制定新式的诉讼法，进行民刑案件的分庭审理，尽管对收回领事裁判权有所助益，但诚如张之洞所言，外国领事裁判权的存在，只是“半由于中国裁判之不足以服其心，半由于中国制度不能保其身家财产”，是“已失之法权，不能仅视本法为挽救”，“其实则专恃兵力之强弱，战守之成效以为从违”。且沈氏所设想的律师制度和陪审制度在中国贸然推行的效果也不无疑问，张之洞的质疑也不是没有道理的，“若果不查情势，贸然举行，而自承审官、陪审员以致律师证人等，无专门学问，无公共道德，骤欲行此规模外人貌合神离之法，势必良懦冤抑，强暴纵姿，盗已起而莫惩，案久悬而莫结”①。尽管如此，沈氏作为晚清法学大家，考虑问题的角度不似主要作为政治家的张之洞那般从社会、政治层面立足，其注意力和活动能量之范围在很大程度上限于法律领域。单从这个角度看，欲改革司法，达到收回领事裁判权的目的，从诉讼和裁判入手，首先分析民事刑事案件倒是抓住了传统司法审判体制的症结所在。

之后，沈家本又分别拟定《大清刑事诉讼律草案》和《大清民事诉讼律草案》。沈家本尤看重民事诉讼律，认为“司法要义，本匪一端，而保护私权，实关重要。东西各国法制虽殊，然于人民私权秩序维护至周，既有民律以立其基，更有民事诉讼律以达其用。是以专断之弊绝，而明允之效彰。中国民、刑不分，由来已久，刑事诉讼虽无专书，然其规程，尚互见于刑律；

① 李贵连：《沈家本年谱长编》，第167—168页。

独至民事诉讼，因无整齐划一之规，易为百弊丛生之府”①。晚清各级审判厅审理案件，基本形成了一套民事审判程序和刑事审判程序，与沈氏拟定的这两个诉讼法草案所规定的程序不存在大的差异。② 由此可见，尽管这两个草案未能施行，但其对晚清司法乃至民国司法的发展都有一定的影响。

特别要指出的是，为了论证推行司法独立的必要性与紧迫性，沈氏精辟地分析了传统行政司法不分这种治理模式之危害，沈氏以为，行政官兼理司法，危害极大，主要有四：一是行政官员没有专门的法学知识，“吏治之兴替，繄州县是系。而任是职者，卒从科举捐纳而来，律例成案夙所未谙。一旦策名士版，盲者登途，方位罔辨，其克副明允之选者几希。即使有志修习，律义简奥，既非浅涉所能领悟。且地方应办之事初非一端，冲要之区尤为纷繁。而尽责之州县，一人之身，其智力亦有所不逮，学无专精，由于官无专职”。二是胥吏容易营私舞弊，盖“行政官易，司法官难。趋舍乃人之恒情，孰肯就难而舍易。况行政官之交接酬酢，其事孔多。方日役议于奔走伺应之中，岂复能躬亲治狱。大抵各省，首县及冲繁州县无不有委员数人为之。于是奸胥劣幕遂得因缘作弊，愚弄本官，坐使审判大权落于其手，永为若曹累积衣食之需”。三是上诉制度流于虚设，相关法规几乎形同具文，“勘转之制，本为慎重刑狱。而上官遇事驳诘，则稽延株累之弊在所不免；地方官惮于解省，便宜处分者有之，讳匿不报者有之。以中国幅员二十倍于日本，而达部之案反不及日本二十分之一。权衡彼我，其理

① 李贵连：《沈家本年谱长编》，第378页。

② 详见李启成《晚清各级审判厅研究》，北京大学出版社2003年版。

益显。层层牵辖,转令朝廷成宪等于弁髦”。四是有碍于收回领事裁判权,“领事裁判权不过以彼之法绳彼之民。然英之于上海,德之于胶澳,华民讼案亦越俎代谋;近日本更大开法院于辽左,卧榻之旁岂容他人鼾睡,矧其为陪都重地耶。法权所在,则主权随之。以审判不同之故,予以口实,贻蔓草难图之祸”。鉴于传统的行政官兼理司法事务有上述弊端,不能不作改良之举,所以司法独立为今刻不可缓之要图。鉴于有人以现今条件不具备,如人民的程度不够、没有合格的法官等等原因主张缓行司法独立,沈氏以为,这些都是“因循自误之谈”,因为“百梯之山献,积自培塿;九逵之衢,肇于跬步。必待全局完备始图改辙,是永无发轫之一日矣”①。且“各国变法之初,岂必民智甚高,风俗尽美而当,其君臣定议决然毅然,上焉者下令如流水之源,下焉者奉令如从风之草,其始或有一二之不便,而积渐已久,寝成习俗,民亦相忘于不自知焉”②。主张中国之司法改革当尽快举行而不必无端迁延时日。

我们没有发现相关的资料来证明沈氏是否意识到其前期所主张的司法独立偏重精神内核的内在紧张关系,但沈氏后来将其主张司法独立的重心放在了相关的制度设计上面,如筹设独立的地方各级审判衙门、建立法官的选拔任用制度、以立法来规范法官的自由裁量权和诉讼程序等等。事实上,这种从理想层面的追求转向微观的制度设计,既是沈氏对司法独立认识深入的结果,更是在中国进行司法改革的必经之路。沈氏对司法独立的思考和进行的相关实践,成为司法独立能

---

① 沈家本:《调查日本裁判监狱情形折》。
② 李贵连:《沈家本年谱长编》,第 195 页。

够在近代中国展开的一个重要契机。因为司法独立在晚清获得的正当性,到民国得到了继承和发展,而这一切又与沈氏的努力大有关系。

三　结论

列强在华领事裁判权的存在并对清政府造成的巨大危害,以及沈自身对由领事裁判权支撑的教案的苦涩体味,使作为晚清修律大臣的沈家本因缘际会,成为晚清主持司法改革的重要人物。沈氏在司法改革中遇到阻力,也每每祭起废除领事裁判权的法宝来驳斥反对观点,为自己的主张寻求合法性。可以说,没有撤废领事裁判权的要求,就没有沈家本的司法改革思想。沈氏司法改革,是以尽速推行以西方大陆法系为模式的司法独立为中心进行的。其司法独立思想大致分为两个阶段,一是部院之争时期,主张重精神实质而不计形式的司法独立;二是法院编制法颁布之后直到沈氏过世,偏重于围绕司法独立观念进行制度设计。

沈氏在任大理院正卿时主张司法独立重精神而不计形式,其结果是把在理论上属于法部的审判官员任用权掌握在大理院。而在担任法部堂官后则主张完全的司法独立,结果自然是审判人员的任免大权又回到了法部。所以难免有人怀疑沈氏这些主张有争夺权力的动机在内。但综观沈氏前后对司法独立的见解,他还是一直主张实行西方那样的司法独立的。虽然沈家本在法部担任侍郎是虚职,但他司法独立思想发展的阶段性正好与其官位的变化有客观联系,故很难确认其主观上是否有揽权之意图。

沈氏对司法独立有自己的认识，也有自己的观点，但没有系统。造成这个结果的原因主要有两个方面：一是司法独立观念移植于西方，沈氏处于此种观念被移植的早期，时代的因素使他这方面的思想观念不可能有系统性。整个近代的法学都是如此，又岂止沈氏的司法独立思想为然？二是沈氏以62岁始奉命修律，才开始大规模学习西方法，包括司法审判独立观念，在此之前，一直受传统律学的影响，并且造诣精深。年纪太大而始学，焉能有系统？所以尽管其没有系统，但也是历史使然，没有什么遗憾的。

沈氏关于司法独立的认识尽管缺乏严密的系统性，但其围绕司法独立观念所进行的制度设计工作还是取得了很大的成绩。但自近代以来，司法独立的展开终究步履蹒跚则为沈氏之经历所预见。诚如有学者所指出的，“没有分权传统固然是司法不能独立的重要原因，然而从社会学的角度观察，司法的不独立还由于我们从来就没有产生出一种独立的法律职业，以及独立的法律职业所必然带来的副产品——法律学术和法律知识传统。在一个更广泛的层面上说，如果我们这个国家没有形成对司法独立起到有力的支持作用的社会环境和社会资源，司法独立云云将不过是一种少数人的鼓噪，即使能够在官方的规范里加以规定，结果仍不过是口惠而实不至，成为表层制度的花瓶”①。我们在一百年后的今天反思沈氏的司法独立思想，不是为先人的某些求全之缺而叹息，而是通过梳理先人的思想和实践为今天的类似改革寻求某种“知识”。

① 贺卫方：《司法独立在近代中国的展开》。见何勤华主编《法的移植与法的本土化》，法律出版社2001年版，第52页。

第十四章　结语：反映论？进化论？会通中西论？

晚清法律改革，离我们已经过去百年了。今天，当我们回顾这段历史，其间的思想冲突，大致可集中在以劳乃宣为代表的“反映论”、以杨度为代表的“进化论”和以沈家本为代表的“会通中西论”三者之间。本书虽以沈家本评传为题，然未尝不欲以沈家本个人为线索，展现晚清法律改革的场景。同时，一个思想家的思想，必须放在与同时代其他人的思想的比较与对立中才有澄清的可能。因此，在本书结尾，有必要结合劳乃宣、杨度等人的思想，对沈家本的会通中西论作一个简单的评述。

一　劳乃宣的“反映论”

劳乃宣的家族主义礼法观，已于上文所述。这里，有必要再对其深入地加以分析。

劳乃宣认为，人类社会可以划分为三种，一种是“农桑之国”，一种是“猎牧之国”，一种是“工商之国”。这种将社会分为不同类型的学说，无非是要为法律的类型说提供支持。因为按照劳乃宣的逻辑，既然存在不同的社会，那么也会形成与这些社会相对应的不同类型的法律。这三种相应的法律类型就是“家法”、“兵法”和“商法”。

提出这样的法律类型说，用意何在呢？其用意无非是要为中国的法制改革定向。按照劳乃宣的意思，既然不同的社会形成不同特征的法律，那么这些不同的法律都是社会产生的结果，只要社会不变，法律就不能变。当然，劳乃宣不是用的“社会”与“法律”这样的概念。在他那里，“社会”有一系列的替代概念，如“民性”、“风俗”等等。他说：“中国戎夷，五方之民，皆有性也，不可推移。”“民性”是不可改变的。什么样的“民性”，又形成什么样的法律。“民性”、“风俗”的性质，决定着法律的性质。

既然法律是从“民性”和“风俗”来的，那么只要“风俗”未变，法律也就不变，也不能变。劳氏认为：

> 风俗者，法律之母也，立法而不因其俗，其凿枘也必矣。中国，农桑之国也，故政治从家法；朔方，猎牧之国也，故政治从兵法；欧美，工商之国也，故政治从商法。若以中国家法政治治朔方，以朔方兵法政治治欧美，不待智者而知其不可行也。今欲以欧美之商法政治治中国，抑独可行之无弊乎？①

① 劳乃宣：《新刑律修正案汇录序》，《新刑律修正案汇录》，京师京华印书局，清末刻本，第2页。

可见，劳乃宣提出自己的一套法律类型说，其目的是为了说明“不变”二字，即纲常名教这一固有的中国法传统不能变。

对此，30 年后的一位法学家蔡枢衡先生，用“反映论”来总结劳乃宣的学说，颇为得体。蔡先生说：“反沈派的反映论虽不失为妥当的真理，但因反沈派的反映之根据是农业社会秩序，所以只会看见不适合的一面，忘却了适合的一面。”[①]哪些是反沈派“忘却的一面”呢？蔡先生认为，在当时的中国，虽然农业仍然占有极为重要的地位，但从工商业的发展趋势，已经可以看到农业迟早被工商业代替的前景，他指出：

> 假使他们（指礼派）还能知道工商业和农业各自在社会史上所占的阶段，知道同一时代或同一国家工商业和农业间的关系，他们会不把目前占大多数——以量胜的农业当天皇，而把目前占极小数量——以质胜的工商业作储君。[②]

因此，在蔡枢衡先生看来，由于礼派不能认识到农业社会向工商业社会的转换这一规律，礼派“不能把握住正体，结果只能意识着民族自我之落后的形态，而不认识前进的因素”。

实际上，蔡枢衡先生从两方面评价了劳乃宣为代表的礼派的思想，一方面，“反映论”认识到法律与社会的关系，这是其合理之处。另一方面，由于社会并非停滞不前，社会的不断发展，使得法律变革具有了合理性。但礼派人物却拒绝承认

① 蔡枢衡：《中国法律之批判》，正中书局 1942 年版，第 12 页。

② 蔡枢衡：《中国法律之批判》，第 9 页。

这一点，则未免有所偏颇。

二　杨度的“进化论”

杨度的国家主义立法观也已如前所述。有学者认为，法派的立法主张，纯是从撤销领事裁判权的立场出发，因此，是一种“目的论”[①]。但从杨度来看，提出“国家主义”并不单纯地是为了通过修律来达到撤销领事裁判权的目的，相反，他要用新的理论来推翻旧制度，从而改造中国。

然而，杨度的“国家主义”学说，是一个矛盾的综合体。一方面，他提出瓦解家族制度，解放个人，打碎家庭的束缚，在清末可谓骇世惊俗，朝野为之一震。另一方面，在他的学说体系中，把个人放在国家的附属位置上，保障个人利益或人权，是因为富国强民的需要。换言之，在杨度那里，个人利益和国家利益是对立的，按照他的逻辑，如果个人利益和国家利益相冲突，那么个人利益将无地可容。这样，一个打碎了家庭束缚的个人，又陷入国家的束缚之中。从这一意义上来说，杨度的学说确实也是一种“目的论”。不过，目的不是撤销领事裁判权，而是富国强民。

从杨度的角度来说，人权或权利都是他所认同的。然而，或许是处于他所在的位置，提出个人主义的主张将在政治上陷于不利的地位，因此，他打出了“国家主义”的旗号。但是，

① 蔡枢衡先生认为，沈派是一切以撤销领事裁判权为目的，修律仅仅是一种达到此目的的手段。因此，沈派的学说是一种“目的论”。详见蔡枢衡《中国法律之批判》，第16页。

这样一个偏重“国家”的理论框架，几乎注定了无法处理好国家与个人之间的关系。

杨度所批判的中国古代国家，是在“家国一体”的基础上建构的。在观念上，皇帝虽然握有强大的权力，但作为万民之父，要体恤“子民”，非如此，即为暴君。在现实中，家族势力则在国家与个人之间构筑一道防线，国家尊重家族的势力，不过多地干涉族长和家长的权力。这种结构，固然有效地束缚了个人自由，但家族势力和家族关系，也在某种程度上制约了国家权力。尽管这种制约比起近代英国贵族对国王权力的制约，不可同日而语，然而，也总算是一种制约。

而一旦杨度所着力批判的家族势力瓦解后，个人将直接面对国家权力。在中国这种超大型国家中，如果不是同时出现能够约束国家权力的势力或制度，脆弱的个人是无法抵御国家公权力的侵害的。而无限膨胀的国家权力，极容易导致极权主义(Totalitarianism)[①]国家的形成。这样的结局，自非杨度所愿见到。

不过，杨度的“国家主义”学说的内在矛盾，尚非我们讨论的重点。重要的是，杨度以一种进化论的观点，来论证家族主义和国家主义的关系。他认为，家族主义发展到国家主义，是历史的必然。家族主义是中国贫穷落后的根源，国家主义则代表中国的希望，也是中国的法律制度的归宿。

---

① 学界对“极权主义”的定义尚不统一，但一般认为，极权主义的特征是：“极端主义的意识形态，一党制的国家，秘密警察统治，以及政府垄断社会的经济、文化和信息结构”。引自邓正来主编《布莱克维尔政治学百科全书》，中国政法大学出版社 1992 年版，第 769 页。

杨度的这种社会进化论，明显的受到了斯宾塞(1820—1903年)的影响。斯宾塞的《社会学研究》(The Study of Sociology)于1903年由严复翻译成中文，译名为《群学肄言》。《社会学研究》出版于1873年，比起斯宾塞稍后出版的三卷本的《社会学原理》(The Principle of Sociology)来说，《社会学研究》虽然并不系统，但却反映了斯宾塞在社会学方面的主要思想。在斯宾塞看来，社会就像生物有机体一样，各种制度相互关联并相互支持。社会的进步，也受到进化规律的支配。但总的来说，社会进化的方向，是向着美好和理想的境地。而社会进化导致的社会分工，则是制度更新的最直接的动力。值得注意的是，斯宾塞像理解生物的进化一样理解社会制度，提出了人类社会同样存在着"适者生存"的规律。

整个19世纪60年代以后的40年里，斯宾塞的社会学理论风靡欧美，当社会进化论理论随着严复的译介进入汉语学术界后，"弱肉强食"和"适者生存"，几乎成了同时期中国知识分子对世界的共识，而斯宾塞的社会学学说也一度成为20世纪初中国的主流学说。杨度的"国家主义"学说里面，可以清楚地看到斯宾塞的影子。

实际上，把进化论作为修律的依据，并不是一开始就形成的。清末修律由众多社会原因共同促使而成，而撤销领事裁判权，则是最直接的原因。但是，当礼派对修律发起攻击时，首先指出了撤销领事裁判权不能成为废弃纲常伦理的理由。① 这就逼得法派人物，不得不为制度改革寻找新的理论。社会进化论正好在当时的中国成为时髦的论说，自然得到法

① 劳乃宣：《修正刑律草案说贴》，《新刑律修正案汇录》，第5页。

派人物的青睐。

然而，仅仅用进化论来说明修律的合理性，仍然稍嫌单薄。对于那些置身于制度变革的洪流中的人来说，制度变革使得熟悉的世界发生了翻天覆地的变化。这种变化，既是观念上的不契合，也是行动中的不适应。那些被改变的制度，曾经在过去的日常生活中发挥着普遍的、巨大的作用。它们绝不仅仅是一些具文，相反，人们从内心里信奉这些制度，从行为上习惯了这些制度。因此，采用一个宏观社会学上的类型学说，即使可以启发人们去理解社会与制度之间的关系，但是，要说因此就可以摧毁人们所信奉的准则，是难免受到怀疑的。

事实上，即使承认法派的进化论具有某种合理性，也只能说明与某一类社会相应的法律类型的标准形态。然而，要将这种标准形态落实到制度变革中，法派至少还需要解决两个问题，一是与这个标准形态的法律制度相适应的社会形态是否已经存在；二是那种标准形态，是否放之四海而皆准。

就第一个问题而言，正如有学者指出，法派的一大弊病，是"取消了新法和社会不适合这问题"①。清末的中国社会，官僚和权贵势力仍然盘踞在社会顶层，各种社会资源牢牢地掌握在权贵势力的手中。现代工业只是在官商结合的缝隙中有所萌芽，发生在其他现代国家里的因现代工业而发生的广泛的社会分工的过程，在中国也只是初见端倪。至于说到平等自由等代表现代社会的观念，也远远没有达到全民启蒙的地步。在这样一个时代背景中，因为受到新思想的激励，要在

① 蔡枢衡：《中国法律之批判》，第5页。

中国建立一个全新的现代法律制度，尽管也是有可能的，但想通过不同社会阶层的实力变化，用改革的方式，渐进地达成，却是万万不能。这样一来，法派的进化论，便不再有社会的基础，这种进化论，也不再与法律改革有关系，而是接近于暴力革命论。

就第二点来说，其他欧美现代国家，对中国法律改革的帮助只是提供了一套原则和思路。但就具体制度而言，则只能作为参考。由于受到不同民族的、时代的、地域的以及观念传统的影响，性质上相通的制度，也会在实践中呈现千差万别的姿态。因此，现代法律制度中，才会有大陆法和英美法之分。大陆法系中，才有拉丁法派和日尔曼法派之分。法派之内，又有不同国家法律制度之间的更加细致的区别。

可见，根据某种理想形态去建构的制度，惟有得到实践和历史的检验后，才能成为人们心中难以磨灭的制度。只有这样的制度，才是成熟而自觉的制度。换言之，惟有当文字上的制度成为人们行动中自然遵循的准则时，制度变革才能算是成功。甚至可以说，变革永远没有成功的时候，制度变迁无时无刻不在发生。制度的蜕变和成长，也无时无刻不在发生。凡是对制度的历史有过亲炙的人，都会真切地感受到这种制度变迁的生动性。只有这种变迁的过程展开的时候，制度才具有了进化论者所希望的生命力。因此，正是变迁的过程才是最重要的。

无视过程，以及在过程中磨合的现实性，只是提出一套理想的制度类型，只能算是一种对未来生活的预测。将这种预测当成必须达致的目标，进而把这个预测的目标作为改革的任务，不但可以说是一种幼稚的幻想，而且，由于取消了理想与现实之间的距离，当这种幼稚的幻想病发作时，往往不计现实社会中的成本，不惜牺牲现实生活中的人们的利益，其中的弊害，正不可以道理计。

用理想类型代替现实，是法派的幼稚。但这一点，往往因为法派真诚的目的而被后人原谅了。

实际上，法派和礼派都强调社会与法律之间的对应关系，但礼派斤斤计较于变革中的得失，瞻前顾后，故重在“不变”二字。而法派预测将来之所得，必将大于今日之所失，故重在“变”字。就理论而言，二者并无高下之分。但由于二者对现实与未来的估计不同，从而在同一个时代里有了不同的主张。因此，真正的高下，是法律政策上的高下。蔡枢衡先生说法派的目的是“图强”，因而比礼派终归要“高一筹”①，应该也是这个意思。

三　沈家本的“会通论”

在后人的论述中，由于沈家本主持了清末修律，因此，把礼法之争中的主张用西方现代法理来指导修律工作的一方，称为“沈派”，沈派又称法派、法理派。而把坚持用伦常作为修律的指导思想的一方，称为“反沈派”，反沈派又称礼派、礼教派。

其实，这样的称呼既准确，又不准确。从沈家本在清末修律的言论来看，他同意用现代法学理论来指导修律工作。就此点而言，把他和从国外回来参加到清末修律事业中的年轻人一齐划入法派，并以他的姓氏统称为“沈派”，似无不可。但

① 蔡枢衡：《中国法律之批判》，第16页。

是，认为沈家本和留学生在修律的指导思想上完全相同，又似乎并不妥当。应该注意的是，沈家本从来没有用进化论的观点去论证修律的合理性。

沈家本也推崇现代法理，谈到西方近代法学时，他说："近世纪欧洲学者孟德斯鸠之伦，发明法理，立说著书，风行于世。一时学者递衍，流派各持其是。遂相与设立协会，讨论推寻，新理日出，得以改革其政治，保安其人民。流风所被，渐及东海，法学会称极盛焉。"①艳羡之情，溢于言表。不过，仅凭这些话，说他认同西方法学尚可，说他服膺于西方法学却未必然。因为在这段话前面，还有一大段对《法经》到汉代律学的回顾文字，以说明中国法学的渊源。在这段之后又有下面的文字：

> 独吾中国，寂然无闻。举凡法家言，非名隶秋曹者，无人问津。名公钜卿，方且以为无足轻重之书，屏弃勿录，甚至有目为不祥之物，远而避之者，大可怪也。近今十年来，始有参用西法之议。余从事斯役，访集明达诸君，分司编辑；并延东方博士，相与讲求。复创设法律学堂，造就司法人才，为他日审判之预备。规模略具，中国法学，于焉萌芽。②

这段话，颇能代表沈家本在修律期间的心态。传统律学的式微与法律和法学的"无人问津"有着直接的关联。法律和

① 《法学会杂志序》，《历代刑法考》(四)，第 2244 页。

② 《法学会杂志序》，《历代刑法考》(四)，第 2244 页。

法学均需要有聪明才智之士去解释它、发扬它，传统律学已到了"无人问津"，甚至"远而避之"的地步，遑论法学昌明？

对于中国法学的衰微，《设律博士议》一文也表达了沈家本的看法。"律博士"一职的变迁，是中国古代法学发展的一个缩影。沈家本抓住这个线索，通过对该职官的考证，将中国古代法学的历史浓缩到了数千字内。并指出法学在中国，虽然早已式微，"然赖有此一官，而律学一线之延，遂绵绵不绝"。直到元代不设此官，"而律学遂微"。该文结束时，又有一段文字较能反映沈家本对法学如何能够昌明的看法：

> 法律为专门之学，非俗吏之所能通晓，必有专门之人，斯其析理也精而密，其创制也公而允。以至公至允之法律，而运以至精至密之心思，则法安有不善者?! 及其施行也，仍以至精至密之心思，用此至公至允之法律，则其论决，又安有不善者?![1]

这说明，沈家本相信的是，只要将法律作为"专门之学"，有"专门之人"对其加以作专门研究，那么，"公而允"的法律就能够创制出来，也能够得到很好的施行。结合以后沈家本提议创设京师法律学堂，并襄助创办北京法学会，都说明，沈家本对法律人以及由法律人组成的共同体的作用是极为重视的。传统律学的式微已是不可挽回的事实，而沈家本念兹在兹的是"中国法学"的萌芽。他相信，只要有人来关心、研究法律和法学，中国法学就总有从萌芽到茁壮的一天。

---

① 《设律博士议》，《历代刑法考》(四)，第2060页。

由此，也可看出沈家本不同于劳乃宣和杨度的思想。劳、杨二人的学说都是本质论。不同的是，劳乃宣坚持“好”的法律的本质是纲常礼教，杨度则坚持“好”的法律的本质是“个人主义”或“国家主义”等等。坚持本质论的观点，就有高下之分、先进与落后之分，这是法派和礼派之间争执的关键。

但沈家本在礼法之争中，对本质论的观点评价不多。一方面，固然因时代和所处地位的约束；一方面又何尝不是因为，按照他的逻辑，礼、法两派所持的本质论，都不见得为他所认同。因为按照沈家本的认识，法律和法学研究有着共同的目的，那就是达到“公而允”的境界。这个境界，只要用“至精至密之心思”，总是能够企及的。这个境界本身是不分中西的。既然如此，“旧有旧之是，新有新之是，究其真是，何旧何新”？拘泥于中西之别，新旧之分，反而落于下乘。

实际上，在整个礼法之争的过程中，沈家本并没有明确地在价值判断方面表明自己的立场。但是，通过此前的言论，已经可以清楚地勾画出他对中西法律的看法。换言之，只要看过沈家本在此之前的言论，已经能基本上掌握他对礼法之争的态度。

总的来说，沈家本对修律有自己的规划。这个规划大致可以分为两个步骤：一是“参用西法”；二是“会通中西”。其中，“参用西法”可以视为具体的手段，同时也是奉旨行事。因为光绪二十八年的上谕里明确指出，“将一切现行律例，按照交涉情形，参酌各国法律，悉心考订，妥为拟议，务期中外通行，有裨治理”。因此，“参用西法”，是清政府修律的总纲。如果不是因为有“各国法律”需要“参酌”，清末也就不需要修律。而通过上谕，“参用西法”也被赋予了合法地位。只要能够很好的利用上谕，修律中可能发生的政治风险就能够卸去。另外，“参用西法”也是他必须先行采用的手段。事实上，沈家本在清末修律这段时间里所做的事，一直都是“参用西法”。

但是，只有“会通”才是目的。所谓“会通”，就是融会贯通。把什么融会贯通呢？无非是“中法”与“西法”，“旧法”与“新法”，“传统”与“现代”。因此，在沈家本的文章中，几乎是一有机会就在谈“会通”。较为集中的，则有几个方面。一是认为学说日新月异，不能不会通。做不到会通中西，就只能亦步亦趋地跟在人家后面。他说：“方今环球学说，月异日新，苟非会而通之，又乌能折衷而归一是？”①

二是，会通应该是取长补短，而取长补短则既须深究本民族的风俗习惯，又须深谙法学原理。即所谓“我法之不善者当去之，当去而不去，是之为悖；彼法之善者当去之，当取而不取，是之为愚。夫必熟审乎政教风俗之故，而又能通乎法理之原，虚其心，达其聪，损益而会通焉，庶不为悖且愚乎”②？

既然是取彼之长，舍我之短，那么在沈家本看来，我必有长处，我之长处，自然是要保留的。彼也必有短处，彼之短处，自然是不必参用的。显然，在沈家本那里没有社会与法律类型的对应理论，也看不到进化论的影子。他说：

> 新学往往从旧学推演而出，事变愈多，法理愈密。然大要总不外“情理”二字。无论旧学、新学，不

---

① 《法学通论讲义序》，《历代刑法考》（四），第 2234 页。

② 《裁判访问录序》，《历代刑法考》（四），第 2236—2237 页。

能舍情理而别为法也。所贵融会而贯通之。保守经常,革除弊俗,旧不俱废,新亦当参,但期推行尽利,正未可持门户之见也。①

可见,沈家本是分“新学”和“旧学”的。但“新学”和“旧学”,不是落后与先进、排斥与对立的关系。他所说的新旧,“新”是从“旧”里面“推演而出”。只是因为新的事例层出不穷,新学为了应对事变,理论上才越加精密。因此,新与旧仍是在“会通”框架之中,是可以相互转换的新旧。沈家本也论中学与西学,但他所认识的中西之间,并没有非此即彼、水火不容的紧张关系。他在给吉同钧的《大清律例讲义》的序文中说道:“本原,而考其得失,而遽以西法杂糅之,正如枘凿之不相入,安望其会通哉?”②

这里实际上讲了两个问题,一是经他对中西法律的考订,发现二者的内容“同异相半”,二是如果没有对“中律”的了解,是没有希望做到会通的。而那种将“西法”直接拿来作为中国法律的做法,在沈家本那里也有了一个专门的名字:“杂糅”。

四 结语

礼法之争离我们已经有 90 多年的历史。劳乃宣的观念在清廷覆亡之后,只存在于一些遗老遗少的圈子里,并终于为

① 《法学名著序》,《历代刑法考》(四),第 2240 页。

② 《大清律例讲义序》,《历代刑法考》(四),第 2233 页。

世人所遗忘。现在，虽然学者对其也有研究，[①]但其学说本身对社会的影响极其有限。但是，类似于杨度的“制度进化论”的观念，却已远远超出了法学界的范围，它汇入20世纪中国的各种社会理想中，相互共鸣，激荡人心。

一代又一代的人们相信，先进的制度可以在一个清晨建立起来。在历史的废墟上，制度将以美好的、毫无瑕疵的状态呈现在眼前。那是一个纯粹的、永恒的制度，在这个制度的引导和保障下，人们将无往而不利。至于彼岸与此岸的距离，将在理想制度的大厦中消弭于无形。为了创设这个完美的制度，人们不惜摧毁身边的一切。而在创设的尝试失败后，不惜再次摧毁刚刚创设起来的一切。正是在这些尝试、失败和再尝试的循环中，中国人走完了一个可歌可泣的20世纪。对此，我们已经不忍苛责这段历史和历史中的人物。但是，壮士断腕固然可敬，想通过断腕，忍一时之痛而免去长久的磨难，却与其说是一种勇气，毋宁说是一种投机。中国大地上，仍然将上演和容忍更多的试验，不过，试验场变战场的故事，但愿不再发生。

---

① 李贵连：《劳乃宣的家族主义法律思想》，载《近代中国法制与法学》，北京大学出版社2002年版，第383—396页。

索 引

人名索引

B

宝熙(244)

C

蔡枢衡(3,233,481,485,487)
陈宝琛(200,235,237,266)
慈禧(西太后)(38,51,64,66,85,89,90,93,95,97,99,100,102—104,106—109,130,131,134,237)
崔云松(295,298)

D

戴鸿慈(97,129,130,132—134,140,146,148)
董康(110,118,129,141,142,150,151,154—156,244,247,265,289,292,330,338,455)

F

费尔巴哈(387)

G

冈田朝太郎(111,155—157,175,236,237,247,269,330,332,401)
光绪帝(51,64,85,89,95,97,103,106,237)

H

赫善心(237,247,266)
黄遵宪(114,396,397)

J

吉同钧(318,330,394,395,400—402,492)
江庸(157,189,216,244,247,295,330,331)
瞿鸿禨(111,130,131,148)
瞿同祖(75,423,436)

K

康有为(217)

L

劳乃宣(236,247—249,255,259,265,266,272,284,288,295,299,304,305,344,345,348,349,373,437,438,479—481,484,490,492)
李鸿章(55,89—93,100,107)
梁启超(梁任公)(21,138,140,194)
刘坤一(107,108,120,154,155,158,170,453,461)
刘彭年(122,238)
刘廷琛(237,308,309)

M

梅谦次郎(155,156)
孟德斯鸠(227,228,320,332)
闵连庄(19)

P

潘庆澜(103)
潘祖荫(45,46)

R

荣禄(64,66,68,70,73—75)

S

沈丙莹(17,18,22,26—33,35,37,52,342)
沈桂芬(19,20,27,29,30,87)
沈钧儒(333)
松冈义正(111,155,156,172,184,247,274,330,331)
孙中山(124)

T

谭嗣同(21)
廷杰(85,88,246,247,304)
廷雍(85,88,91,92)

W

汪大燮(7,54,63,64,87,142,148)
汪康年(63)
汪荣宝(237)
汪有龄(331,334)
王宠惠(188)
王式通(194,338)
王仪通(153,330)
吴坛(318)
吴廷燮(247,248,292)
伍廷芳(109,110,112—114,119,152,154,155,158,171,189,201,238,326,461,464)

X

小河滋次郎(111,155,156,331,332)
徐谦(188)
徐筱云(87—89)
许世英(188,189,332)
薛允升(47,51,97,100,102—104,198,210,211,318,341)

Y

严复(363,484)
杨度(237,247,266,280,284,298,304,479,482—484,490,493)
杨鸿烈(4,194)
奕劻(93,100,107,147—149,188,308)
英瑞(111,149,150)
俞廉三(111,149,150,152,156,180,182,184—186)
袁世凯(袁项城)(21,108,112,148,154,155,158,171,188—190,453)

Z

张百熙(100,101,130,195)
张仁黼(129,132,138,143,144,147,148)
张之洞(107,108,120,130,141,154,155,158,171,173,236,238,242,244,453,457,461,474)
章宗祥(189)
赵舒翘(96—98,102,103,198,318)
志田钾太郎(111,155,172,331,332)
朱汝珍(161,163,164)

词语索引

B

北京法学会(331,332)
比附(390,392,393,395,405,406,419,472)
比附援引(3,205,281,395,403,405,407,418,420,422,432,464,472)
部院权限之争(145,468,471)

D

大理院(122,129,131—133,135—138,140,148,174,393,455,466—468,471)

F

法理(226,228—231,235,236,269,270,272,275—277,280,289,295,320,322,332,402,491)
法理派(236,237,487)
法律改革(3—5,7,94,105,110,117,129,158,195,467,470,479)
法律教育(311,312)
法律救国(195,196,200,406)
法派(243,304—307,485—487,490)
法学(4,9,10,12,14,15,105,311—313,316,317,319—323,334,338,397,460,461,488,489)
法治(3,5,7,9—12,202,215,216,235,312,317,320,321,325,377)

G

个人主义(490)
官制改革(129,131,132,395,466,467)
国家主义(235,248,280—284,298,299,482,483,490)

J

家族主义(235,248,280—284,287—289,298,483)
进化论(282)
京师法律学堂(10,111,157,188,325,329,331,335,465,466)

L

类推(387,388,392)
类推解释(405)
礼法之争(187,229,235,309,310,344,437,490,492)
礼教(235,236,243,244,247—250,252,253,256,260,265,268,285,292,293,300,305,349,369)
礼教派(229,237,284,307,487)
礼派(243,343,481,487,490)
立宪(4,8,11,129,140,146,150,153,249,260,281,287,298,299,306,421,455,472)
领事裁判权(4,7,137,172,201,235,248—250,252,267,272,281,438,439,441—445,447—449,451—453,474,476,477,482,484)
律博士(489)
律师制(3,9,226)
律学(47,280,311—313,316,317,347,351—353,460,461,478,488,489)

M

民权(422)

P

陪审制(3,9,226)

R

人本主义(376,377)
人道主义(218,221,223,224,226,376,377,382,384,385)
人格(360—364,366,367,369,370,373,382—384,386,438)
人权(226,298,299,482)
仁(218,219,223,224,372,376—378,381,382,384,385)
仁政(218—221,223,224,226,371,378,381,384)

S

三权分立(132,140,215,320,387,397,421)
审判独立(8,439,454)
司法独立(9,10,141,153,421,454—460,462,463,467,468,470—473,475—478)

T

同光新政(38)
同光之治(38)
托古改制(8,217,233,385,386,

404,421)

W

戊戌变法(105,106,158)

X

宪政(4,5,7,10,11,110,169)
宪政编查馆(147—149,175,180,182,184,237,247,249,260,280,309)
修订法律大臣(110,149,180,187,189,195,201,206,309,453)
修订法律馆(110,113,115,142—144,146,147,149,152,155,160,172,174,184,216,237,246,331,393)

Y

预备立宪(110,150,172,281,466)

Z

治外法权(137,201,239,240,263)
中国法(4,105,187,235)
中华法系(194,206)
资政院(132)
自然解释(405)
罪刑法定(3,205,209,233,377,387,395—397,399,402,403,407,418,420—422,436)
罪刑相当(422—425,431,432,435,436)

文献索引

B

保险规则草案(172)
变通妇女犯罪收赎银数折(121)
变通行刑旧制议(123)
驳稿汇存(48)

C

裁判访问录(141,154)
裁判访问录序(140,199,203,204,208,225,316,372,421,459,491)
刺字集(47,51)

D

大理院审判编制法(133,174)
大明律(390—392)
大清律例(48,56,108,118,125,185,186,236,291,296,323,390—392,397,418,426,427,436)
大清律例讲义序(207,210,316,322,492)
大清民律草案(184,185,204)
大清民事诉讼律草案(182,226,232,474)
大清商律草案(172)
大清现行刑律(7,124,185,186,392,396,426,428)
大清新刑律(148,175,176,187,235,236,243,300,303,392,395—397,401,419,422,432,435—437)
大清新刑律草案(244,246,426)
大清刑事诉讼律草案(180,232,474)
大元村哭天水尚书(98)
调查日本裁判监狱情形折(153)
读例存疑(318)
读例存疑序(336)

F

法律馆调查各省商习惯条例(161)
法学会杂志(189,303,331,333,334,339)
法学会杂志序(200,212,227,316,320,332,488)
法学名著序(6,159,202,215,217,228,311,312,316,319—

323,325,335,371,384,492)
法学盛衰说(10,11,210,311,313,317)
法学通论讲义序(155,316,322,325,326,491)
法院编制法(126,173,186)

G

改订大清商律草案(172)
官司出入人罪唐明律比较说(230)
管见声明说帖(259)
国籍法(178)
国籍条例(179,180)

H

汉律摭遗(189,207,220,223,225,340,341,364,365,367,369)
汉律摭遗自序(210)
汉文刑法总则讲义(157)
河汾旅话(189)
河南集(189)
虎门条约(441,449)

J

寄簃文存(6,10,43,56,78,140,159,160,280,313,336,338—341,343,347,352,371,382—384,396,421,427,429,430,432,436,455)
监狱访问录(154)
监狱访问录序(222,316,383—385)
江楚会奏变法三折(107,154)
进呈诉讼法拟请先行试办折(215)
禁革买卖人口变通旧例议(223,364,370,373,438)

K

宽免徒流加杖片(121)

L

历代刑法考(8,11,140,141,145,159,160,200,202,203,205—208,210,211,214—217,219—221,223,225,227,230,231,236,280,311,312,317,319—322,325,334,335,340,341,347,352,354—356,364,367—369,371,378,382—386,401,421,427,429,430,432,436,456,459,469,488,489,491,492)
历代刑官考(8,9,141,209,340,

421,461)
律例杂说(48)
论国家主义与家族主义之区别(247)
论杀死奸夫(229,236,275,424)
论威逼人致死(231)

M

明律(257,258,276,277,336,404,405)
明律目笺(205,209,340,341,356,368)
墓志铭(20,35,43,45,55,56,70,74,79,80,85,86,88,194,339,395)

N

内定律例稿本(46)

P

派员分赴各地调查考察民商事习惯折(226)
破产律草案(172)

Q

旗人犯军流徒各罪照民人实行发配折(225)
前清法制概要(244)
钦定大清商律(171,172)
钦定大清刑律(309)
清史稿(19,20,47,55,179,238,331)
秋审条款(126)
秋谳须知(48)
曲端论(197)

R

日本国志(114)
日记(22,27,30,32,39,53,64,74,75,199)
日南读书记(49)

S

删除律例内重法折(115,119,212,213,221,222,326,381,428,453)
删除奴婢律例议(223,364)
设律博士议(316,489)
沈寄簃先生遗书(43,54,56,207,312,339,341)
沈家本未刊稿集纂(43)
沈家本未刻书集纂(20)
沈家本奏修订法律情形并请归并法部大理院办理折(216)
沈氏家集(16,18,342)
审判权限厘定办法折(133,174)

声明管见说帖(266,273,344,345,348,437)
实行改良监狱宜注意四事折(222)
书高丽破扇(215)
书劳提学新刑律草案说帖后(259,343,427,435,437)
书四库全书提要政书类后(207,318,319,321)
说文引经异同(189)
死刑惟一说(158,206,396)
宋刑统(389,392)

T

唐律(122,210,211,257,258,276,277,279,280,289,310,314,404,428,440,458)
唐律疏议(49,207,227,337,388,392)

W

违警律(174)
伪造外国银币拟请设立专条折(127)
文选书目(189)
五十年来中国之法制(244,247)
戊戌日记(65,73)

X

现行刑律(125,152,323)
新刑律草案(236,303,405)
新刑律修正案(299)
新刑律修正案汇录(236,266,273,302,344,345,373)
新译法规大全序(5,6,160,209,214,216,320,334,371)
刑案汇览(75,76)
刑案汇览三编(75,198,228,340,341,407,419,435)
刑案汇览三编序(203,211,323,419)
刑案汇览续编(76)
刑案删存(48)
刑法理由书(157)
刑法杂考(48)
刑事民事诉讼法(172,187,226,235,238)
刑统赋疏(189)
刑制总考(208,221,222,225)
修订法律馆奏筹办事宜折(117)
修订法律情形并请归并法部大理院会同办理折(115)
修正刑律草案(176,247—249,299,302,304)
修正刑律草案说帖(249,344,

345,373)
虚拟死罪改为流徒折(122,429)
薛大司寇遗稿序(210)
学断录(46)
雪堂公牍(48)

Y

压线编(44,47,340,341)
元律(279)
岳忠武恢复论(197)

Z

再醮妇主婚人说(231)
浙江留京同学录序(324)
枕碧楼丛书(189,342)
枕碧楼偶存稿(62,91,196,199,325)
政法类典序(6,211,214,312,319,320,335)
中国国籍法草案(180)
中国修订法律之经过(112,142,150)
重刻唐律疏议序(203,225,321,336)
周官书名考古(209)
资政院议场速记录(268,284,304,305,308)
奏呈刑律分则草案折(244)
奏谳汇存(48)
遵议满汉通行刑律折(125)
遵旨复议新编刑事民事诉讼法折(238)

后记

本书撰写的动议已有好几年了。大概是1999年吧，由南京大学法律学系钱大群教授的推介，南京大学中国思想家研究中心蒋广学先生与我联系，希望我能执笔撰写这本评传，纳入南京大学出版社出版的《中国思想家评传丛书》。这部《丛书》的撰写，我早有耳闻，知道它的学术价值。但是，当时我应法律出版社之约，正在撰写《沈家本传》。《传》和《评传》显然是同题之作，在一个相近的时间段里，由一个人就同一课题为两个出版社各撰写一本书，这是很难有新意的。我将这一想法告诉蒋先生。他从《丛书》的选材考虑，认为《丛书》这一工程，各门类的思想家都有了，就缺少法学这一类。而中国法学思想家中，值得为之立传的，当首推沈家本。因此，为《丛书》的完整性起见，希望还是由我撰写。经过反复协商，是年10月，我终于在《协议》上签字，商定2002年完稿。

《协议》是君子式的。然而对我来说却是一份不算太轻的责任。因为我向来不喜欢食言。而且考虑到签字时，《沈家本传》已交稿排印，稍事休息，一鼓作气当能如期还债。有道是，天有不测风云。我根本没有预料到，签字的墨迹未干，我就被逼匆匆远赴美国。这一走就是两年，其间虽然多次回国，但是根本无法考虑本书的撰写。没有时间，没有条件，除了正常的教学之外，一切无心。这种状态，加上法律出版社已于2000年将《沈家本传》出版发行。因此，我通过钱大群教授向蒋先生转达我的意见：解除协议。蒋先生理解我的处境，不以毁约相责，但是仍然要我负责，可以增加撰写人员，也可以推迟交稿时间。2002年正月，中国思想家研究中心周群教授又亲临寒舍，带来重新确认撰写的通知。本书就是在这样一种心态中启动。

本书大部分由我执笔，其中，第十一章"沈家本的人格平等观"和第十四章"结语：反映论？进化论？会通中西论？"由华中科技大学法学院教授俞江博士撰写；第十三章"沈家本的司法审判独立思想"由厦门大学法学院讲师李启成博士撰写；第十二章"沈家本的刑法思想"由北京大学法学院在读博士生陈新宇撰写。他们是本书的作者之一，交稿时他们却不愿意署名。我感谢他们，为此，我也要声明：本书署名虽然是我，这几章的著作权则是他们的。但是，如果里面有什么错误，责任则是我的。本书得以完稿并与读者见面，聂鑫先生帮助录入和校对上编，陈新宇博士的临门一脚——校对全部清样，完成索引，功不可没。在此表示感谢。

李贵连

2004年8月28日

图书在版编目(CIP)数据

沈家本评传 / 李贵连著. —南京: 南京大学出版社, 2005.3(2010.3 重印)
(中国思想家评传丛书 / 匡亚明主编)
ISBN 978-7-305-04326-0

Ⅰ.沈... Ⅱ.李... Ⅲ.沈家本(1840～1913)—评传 Ⅳ.K825.19

中国版本图书馆 CIP 数据核字(2004)第 080984 号

中国思想家评传丛书
沈家本评传
李贵连 著

南京大学出版社出版发行
社址: 南京市汉口路 22 号 邮编: 210093
电话: 025-83596923 025-83592317 传真: 025-83328362
网址: http://www.NjupCo.com
电子邮箱: Press@NjupCo.com
Sales@NjupCo.com(市场部)
南京爱德印刷有限公司
开本 850×1168 1/32 印张 16.5 字数 357 千
2005 年 3 月第 1 版 2010 年 3 月第 3 次印刷
印 数 3001—4000
ISBN 978-7-305-04326-0

定价: 49.50 元